DIREITO CONSTITUCIONAL

para Carreiras Policiais

Autores

Ademir Gasques Sanches Júnior
Alcino Souza
Beatriz Bullo Borges
Denize dos Santos Ortiz
Edson Caetano dos Santos
Jaqueline Menon
Joaquim Leitão Júnior
José Antonio Branco
Milena Fernandes Gallardo Anhê
Rodrigo Gonçalves
Vagner Bertoli
Valéria Isabel dos Santos

Coordenador
Higor Vinicius Nogueira Jorge

DIREITO CONSTITUCIONAL

para Carreiras Policiais

2024

EDITORA JusPODIVM
www.editorajuspodivm.com.br

EDITORA *Jus*PODIVM
www.editorajuspodivm.com.br

Rua Canuto Saraiva, 131 – Mooca – CEP: 03113-010 – São Paulo – São Paulo
Tel: (11) 3582.5757
• Contato: https://www.editorajuspodivm.com.br/central-de-relacionamento

Diagramação: SBNigri Artes e Textos Ltda

Capa: Ana Caquetti

Revisão: Miguel Chibani Bakr Filho

D598 Jorge, Higor Vinicius Nogueira
Direito Constitucional para Carreiras Policiais / Higor Vinicius Nogueira Jorge – São Paulo: Editora JusPodivm, 2024.

480 p.

IISBN: 978-85-442-5285-7

1. Direito Constitucional. I. Jorge, Higor Vinicius Nogueira. II. Título.

CDD 341.481

Bibliotecária responsável:
Ana Carolina Ribeiro Mois – CRB7 – RJ 007348/0

SOBRE AUTORES

Ademir Gasques Sanches Júnior

Delegado de Polícia no Estado de São Paulo. Graduado em Direito pela Universidade Estadual Paulista (UNESP/FRANCA). Pós-graduado em Direito do Estado pela Universidade Anhanguera-Uniderp. Professor convidado de cursos preparatórios para concursos. Autor de obras jurídicas.

Alcino Ferreira de Sousa Junior

Especialista em Ciências Criminais pela Universidade do Sul de Santa Catarina, UNISUL/SC. Especialista em Processo Penal pela UCAM/RJ. Especialista em Inteligência de Estado e Segurança Pública pela INASIS/MG. Professor na Universidade da Amazônia - UNAMA. Professor da Academia de Polícia Civil do Acre - ACADEPOL/AC. Professor nos Cursos de Investigação de Homicídios Ministério da Justiça - MJSP/SENASP. Delegado de Polícia Civil de classe especial - PC/AC, onde atuou como Diretor do Departamento de Inteligência da Polícia Civil, Coordenador da Divisão Especializada de Investigações Criminais - DEIC, Coordenador do Grupo de Enfrentamento aos Crimes Tributários e Financeiros/GECOT e atual Coordenador da Delegacia de Homicídios e Proteção à Pessoa/DHPP.

Beatriz Bullo Borges

Possui graduação pela Universidade Santa Cecília (2020). Pós-graduada em Direito Processual Civil (2021), Direito do Consumidor (2022) e Direitos Humanos (2022). Professora universitária de Direito Penal, Legislação Penal Especial e Ética Profissional, na Faculdade de São Vicente (UNIBR). Aprovada no concurso Delegado de Polícia Civil do Estado de São Paulo (2023). Instagram: @profabeatrizbullo. E-mail: beatrizbullo.profa@gmail.com

Denize dos Santos Ortiz

Advogada criminalista formada pela UNISINOS em 2000, pós-graduada em direito penal, processo penal, direito penal econômico e processo penal econômico, pela Academia Brasileira de Direito Constitucional - ABDConst, professora da Escola Superior da Advocacia do Estado de Goiás ESA-GO, professora da Faculdade Latu Sensu, professora e mentora da KDJ Mentoria, Mentora para prova da OAB 1ª e 2ª fases e carreiras jurídicas com mais de 250 alunos aprovados, coautora de obras jurídicas, autora e coautora de artigos científicos e Palestrante. E-mail: ortiz.denize@gmail.com. Instagram: @denize_ortiz. Lattes: http://lattes.cnpq.br/8131244917784508

Edson Caetano dos Santos

Delegado de Polícia do Estado de Mato Grosso do Sul. Suboficial da Reserva não Remunerada PMMS. Graduado em Direito pela UCDB – Universidade Católica Dom Bosco (2012). Especialização em Direito Penal e Processual Penal com Capacitação para o Magistério Superior pela Faculdade Damásio De Jesus (2018). Pós-Graduado em Segurança Pública pela Faculdade São Vicente (2022). E-mail: caetano.ms@hotmail.com

Jaqueline Menon

Delegada de Polícia em São Paulo, desde 2016. Bacharela em Direito pela Universidade do Vale do Itajaí - UNIVALI. Pós-graduada com Especialização em Direito Constitucional e em Direito Administrativo. Professora de cursos preparatórios para concursos públicos (Estratégia Carreira Jurídica). Foi professora na pós-graduação da Faculdade Unyleya. Foi advogada (2012) e Servidora Pública do Tribunal de Justiça do Estado de Santa Catarina (2012 a 2016).

Joaquim Leitão Júnior

Delegado de Polícia no Estado de Mato Grosso e lotado no GAECO da unidade desconcentrada de Barra do Garças-MT, pós-graduado em Ciências Penais pela rede de ensino Luiz Flávio Gomes (LFG) em parceria com Universidade de Santa Catarina (UNISUL). Pós-graduado em Gestão Municipal pela Universidade do Estado de Mato Grosso – UNEMAT e pela Universidade Aberta do Brasil. Curso de Extensão pela Universidade de São Paulo (USP) de Integração de Competências no Desempenho da Atividade Judiciária com Usuários e Dependentes de Drogas. Colunista do site Justiça e Polícia, coautor de obras jurídicas e autor de artigos jurídicos. Ex-Diretor Adjunto da Academia da Polícia Judiciária Civil do Estado de Mato Grosso. Ex-Assessor Institucional da Polícia Civil de Mato Grosso. Ex-assessor do Tribunal de Justiça de Mato Grosso. Palestrante. Professor de cursos preparatórios para concursos públicos e integrante da KDJ Mentoria. E-mail: juniorleitaoadv@hotmail.com

José Antonio Branco

Pós-graduado em Metodologia do Ensino de Língua Portuguesa e Estrangeira pelo Centro Universitário Internacional - UNINTER. Pós-graduado em Metodologia do Ensino de Língua Inglesa pelo Centro Universitário Internacional - UNINTER. Pós-graduado em Direito Constitucional pela Faculdade Capital Federal - FECAF. Pós-graduando em Direito Digital pelo Gran Centro Universitário. Bacharel em Letras - Tradução pela Universidade do Sagrado Coração - USC. Graduado em Comércio Exterior pela Faculdade de Tecnologia Internacional - FATEC. Graduado em Processamento de Dados pelo Colégio Técnico Industrial - UNESP. Investigador de Polícia da Polícia Civil do Estado de São Paulo.

Milena Fernandes Gallardo Anhê

Bacharel em Direito pela Universidade do Vale do Rio dos Sinos. Pós graduada em Direito Empresarial pela FGV (Fundação Getúlio Vargas). Participou em diversos cursos de extensão pela UC Davis (Califórnia). Atua como Delegada de Polícia desde 2016.

Rodrigo Gonçalves da Silva

Delegado de Polícia no Estado de São Paulo. Professor de Direito Constitucional, Direitos Humanos e Direito Administrativo com experiência em ensino superior e cursos preparatórios. Advogado por 9 anos, aprovado no Exame n. 139 da OAB/SP. Pós-graduado em Direito Público com habilitação para o exercício de magistério superior pela Escola Paulista da Magistratura. E-mail: rodrigo.gosilva@outlook.com

Site do coordenador da obra: www.higorjorge.com.br

Sumário

1

DIREITO CONSTITUCIONAL

Beatriz Bullo Borges

Denize dos Santos Ortiz

O Direito Constitucional é um ramo do direito público que interpreta as normas constitucionais, tendo como funções regulamentar e delimitar o poder estatal, além de garantir o respeito aos direitos fundamentais.

Para José Afonso da Silva[1], o Direito Constitucional é "o ramo do Direito Público que expõe, interpreta e sistematiza os princípios e normas fundamentais do Estado".

Conforme Marcelo Novelino[2], "é o ramo interno do direito público que tem por objeto o estudo sistematizado das normas supremas, originárias e estruturantes do Estado".

Na lição de Dirley da Cunha Júnior[3]: "é o ramo fundamental do Direito que investiga, estuda e sistematiza as normas e instituições que dispõem sobre as bases e elementos fundamentais do Estado, determinando sua estrutura, organização e seus fins, a composição e o funcionamento de seus órgãos superiores, disciplinando o modo de aquisição e ascensão do poder e os limites de sua atuação, assim como os direitos e as garantias fundamentais do indivíduo e da coletividade."

---

1 SILVA, José Afondo da. **Curso de Direito Constitucional Positivo**. 9. ed. Ver. São Paulo: Malheiros, 1992.

2 NOVELINO, Marcelo. **Direito Constitucional.** 11. ed Editora Juspodivm, 2016.

3 CUNHA JÚNIOR, Dirley. **Curso de direito constitucional.** Salvador: Juspodivm, 2008.

Portanto, o Direito Constitucional constitui a fundação de todo o sistema jurídico. Ele confere legitimidade aos demais ramos do direito, influenciando diretamente suas interpretações, aplicações e validade. Esse papel central assegura que a estrutura legal de uma nação esteja alinhada aos princípios e valores estabelecidos na sua Constituição.

O objeto de estudo do Direito Constitucional é, segundo Cunha Júnior "o conhecimento e estudo científico e sistematizado das normas e instituições que definem a Constituição do Estado"[4].

Ademais, o Direito Constitucional possui fontes primárias e secundárias, dentre as primárias destacamos a própria Constituição Federal e os tratados internacionais incorporados ao nosso ordenamento, conforme dispõe o art. 5º, §3º, da CF/88[5] e como fontes secundárias a jurisprudência, doutrina e os costumes.

---

4 Idem nota 5.

5 § 3º Os tratados e convenções internacionais sobre direitos humanos que forem aprovados, em cada Casa do Congresso Nacional, em dois turnos, por três quintos dos votos dos respectivos membros, serão equivalentes às emendas constitucionais.

2

CONSTITUCIONALISMO

O termo constitucionalismo não possui um conceito estanque ou único, sendo que sua caracterização parte de diversos aspectos e sentidos.

Para André Ramos Tavares o termo Constitucionalismo pode ter as seguintes acepções: limitação do poder arbitrário; imposição de que haja Cartas Constitucionais escritas; indicação dos propósitos mais latentes e atuais da função e posição das Constituições nas mais diversas sociedades e referência a uma evolução histórico Constitucional de um determinado Estado[1].

José Joaquim Gomes Canotilho[2] apregoa que o Constitucionalismo é a teoria ou ideologia que ergue o princípio do governo limitado indispensável à garantia dos direitos em dimensão estruturante da organização político-social de uma comunidade. Para ele, o Constitucionalismo é uma teoria normativa da política, tal como a teoria da democracia ou a teoria do liberalismo.

O conceito preponderante reconhece o Constitucionalismo moderno, como um movimento político, social e jurídico que resultou na organização do Estado, haja vista a previsão de direitos e garantias fundamentais, em uma Constituição, tendo por finalidade a limitação do poder estatal arbitrário e absolutista que reinava no final do século XVIII, de forma irrestrita pelos monarcas[3].

---

1 TAVARES, André Ramos. **Curso de direito constitucional**. 4 ed. São Paulo: Saraiva, 2006.

2 CANOTILHO, José Joaquim Gomes. **Direito constitucional e teoria da constituição**. 2. ed. Coimbra, Portuga: Livraria Almedina, 1998.

3 https://juslaboris.tst.jus.br/bitstream/handle/20.500.12178/147579/2014_gontijo_manfredo_constitucionalismo_neoconstit.pdf?sequence=1&isAllowed=y

O constitucionalismo é dividido em dois sentidos:

- **Sentido amplo:** está relacionado à existência de uma Constituição que organiza o Estado.
- **Sentido estrito:** neste sentido o constitucionalismo está relacionado com a garantia dos direitos dos cidadãos; limitação do poder estatal (que reflete a contraposição com o absolutismo).

Nas palavras de Karl Loewenstein[4]: "a história do constitucionalismo não é senão a busca pelo homem político das limitações do poder absoluto exercido pelos detentores do poder, assim como o esforço de estabelecer uma justificação espiritual, moral ou ética da autoridade, em vez da submissão cega à facilidade da autoridade existente".

Segundo Dirley da Cunha Jr[5]., o constitucionalismo: "o conceito de constitucionalismo está vinculado à noção e importância da Constituição, na medida em que é através desta que aquele movimento pretende realizar o ideal de liberdade humana, com a criação de meios e instituições necessárias para limitar e controlar o poder político, opondo-se, desde sua origem, a governos arbitrários, independente de época e lugar. (...) O constitucionalismo despontou no mundo como um movimento político e filosófico inspirado por ideias libertárias que reivindicou, desde seus primeiros passos, um modelo de organização política lastreada no respeito dos direitos dos governados e na limitação do poder dos governantes".

Nesta senda, o constitucionalismo está relacionado com a existência de uma Constituição que contemple a garantia de direitos, a separação de poderes e a limitação do poder estatal.

Na lição de Canotilho[6], o constitucionalismo é a teoria que ergue o princípio do governo limitado indispensável à garantia dos direitos em dimensão estruturante da organização político-social de uma comunidade. Consequentemente, o constitucionalismo moderno se configura como uma abordagem deliberada para limitar o poder estatal, com o intuito essencial de assegurar direitos.

---

4 LOEWENSTEIN, Karl. **Teoria de la constitución.** Trad. Alfredo Galego Anabitarte. Barcelona: Ariel, 1979.

5 CUNHA JÚNIOR, Dirley. **Curso de direito constitucional** Salvador: Juspodivm, 2008.

6 CANOTILHO, José Joaquim Gomes. **Direito constitucional e teoria da constituição**. 2. ed. Coimbra, Portuga: Livraria Almedina, 1998.

O exame aprofundado do constitucionalismo requer uma análise de sua evolução histórica, um aspecto que exploraremos detalhadamente ao longo deste trabalho.

2.1. CONSTITUCIONALISMO ANTIGO

Este período compreendido entre a antiguidade e o final do século XVIII, destacando-se:

- Estado Hebreu, caracterizava-se por uma organização política fundamentada em um regime teocrático, no qual as leis, em grande parte não codificadas, eram embasadas nos costumes e preceitos religiosos;
- Constitucionalismo Grego[7], com a inexistência de constituições escritas, prevalência da supremacia do parlamento, possibilidade de modificação das proclamações constitucionais por atos legislativos ordinários e a irresponsabilidade governamental dos detentores do poder. Os gregos não só descreviam as características políticas e estruturais da cidade-estado, como também racionalizavam o exercício do poder estatal mediante componentes normativos autônomos, como uma espécie de constituição em sentido material[8];
- Constitucionalismo Romano que forneceu modelos conceituais, como "principado" e "res publica" e tinha como pontos centrais a pacificação social e política, surgindo uma forma de racionalização do poder;
- Constitucionalismo Inglês centralizado no princípio do "Rule of Law" tem papel destacado na concepção do constitucionalismo. Na Idade

7 LOEWENSTEIN, Karl. **Teoria de la constitución.** Trad. Alfredo Galego Anabitarte. Barcelona: Ariel, 1979.

8 Juliano Tavares Bernardes e Olavo A. V. Alves Ferreira, no livro **Direito Constitucional** para concursos, explicam que ainda que a civilização grega prestasse inicialmente obediência ao *thémistes* - o direito divino ou o direito transmitido pelo deus a legítimos representantes humanos -, passou a observar posteriormente o *thesmós*, que era direito ainda de grande conotação religiosa, mas imposto por agente humano investido de autoridade superior. Após, *o thesmós* foi paulatinamente substituído pelo nomos, isto é, a lei formulada pelo legislador e aceita como vinculante pela comunidade. De outro lado, toda cidade-estado grega (*polis*) podia ser abstratamente conceituada pela palavra politeia, cujo significado exprimia a unidade e a identidade da própria polis, em conexão com a relação de cidadania compartilhada pelos respectivos cidadãos (*politai*).

Média, durante séculos, predominaram regimes absolutistas, sendo proibidas quaisquer formas participativas, bem como a imposição de limites aos governantes, considerados verdadeiras encarnações do soberano ou de entidades divinas. Entretanto, o constitucionalismo ressurgiu como movimento de conquistas de liberdades, impondo balizas à atuação soberana e garantindo direitos individuais em contraposição à opressão estatal.

Dentre os pactos celebrados na Inglaterra, reconhecendo a primazia das liberdades públicas contra o abuso de poder, destacam-se:

a) a Magna Carta (1215), outorgada pelo Rei João Sem Terra, como fruto de um acordo firmado com os súditos;

b) a "Petition foi Rights" (1628), firmada entre o Parlamento e o Rei Carlos I;

c) o "Habeas Corpus Act" (1679);

d) o "Bill of Rights" (1689); e) o "Act of Settlement" (1701)[9].

As principais características do constitucionalismo da Idade Média são:

a) supremacia do Parlamento;

b) monarquia parlamentar;

c) a responsabilidade parlamentar do governo;

d) a independência do Poder Judiciário;

e) a carência de um sistema formal de direito administrativo;

f) a importância das convenções constitucionais.

Uadi Lammêgo Bulos[10] apresenta as seguintes características deste Constitucionalismo: necessidade de afirmar a igualdade dos cidadãos perante o Estado, excluindo todo o poder arbitrário; primado da função judiciária; concepção jusnaturalista de constituição, lastreada no pensamento de que as leis preexistem aos próprios homens; existência de documentos garantidores de liberdades públicas e florescimento da ideia de que a autoridade dos governantes se fundava num contrato com os súditos.

9 LOEWENSTEIN, Karl. **Teoria de la constitución.** Trad. Alfredo Galego Anabitarte. Barcelona: Ariel, 1979.

10 BULO, Uadi Lammêgo. **Curso de direito constitucional**. 3. ed. São Paulo: Saraiva, 2009.

2.2. CONSTITUCIONALISMO CLÁSSICO (MODERNO/LIBERAL)

Surge com duas experiências importantes:

a) a Constituição Norte-Americana (1787), que foi a primeira constituição escrita, dando surgimento à constituição rígida, formal e suprema; ao controle de constitucionalidade difuso; separação de poderes; ao federalismo; república e presidencialismo republicano;

b) a Constituição Francesa (1789), que era uma constituição prolixa e analítica.

José Joaquim Gomes Canotilho[11] define a Constituição Moderna com as seguintes características "(1) ordenação jurídico-política plasmado num documento escrito; (2) declaração, nesta carta escrita, de um conjunto de direitos fundamentais e do respectivo modo de garantia; (3) organização do poder político segundo esquemas tendentes a torná-lo um poder limitado e moderado."

Segundo Dirley da Cunha Jr., "(...) no constitucionalismo moderno, a noção de constituição envolve uma força capaz de limitar e vincular todos os órgãos do poder político. Por isso mesmo, a Constituição é concebida como um documento escrito e rígido, manifestando-se como uma norma suprema e fundamental, porque hierarquicamente superior a todas as outras, das quais constitui o fundamento de validade que só pode ser alterado por procedimentos especiais e solenes previstos em seu próprio texto"[12].

Ante o ocorrido, restou consagrado o eixo axiológico pela liberdade, a proteção à propriedade privada, a proteção aos direitos individuais e a exigência de que o Estado se abstenha de intervir na esfera privada, ou seja, ocorreu uma ruptura com o regime absolutista, permitindo que o povo fosse o titular das decisões, surgindo os chamados direitos de 1ª dimensão ou geração, os quais correspondem a teoria desenvolvida por Karel Vasak (1979), difundida por Norberto Bobbio e exposta no Brasil por Paulo Bonavides[13], que ampliou as gerações dos direitos fundamentais. Portanto, a primeira geração está

---

11 CANOTILHO, José Joaquim Gomes. **Direito constitucional e teoria da constituição**. 2. ed. Coimbra, Portuga: Livraria Almedina, 1998.

12 CUNHA JÚNIOR, Dirley. **Curso de direito constitucional** Salvador: Juspodivm, 2008.

13 BONAVIDES, Paulo. **Curso de Direito Constitucional.** 7. ed. rev., atual. e ampl. São Paulo: Malheiros, 1997.

relacionada à liberdade (religiosa, de pensamento, locomoção etc.), que são conhecidos como direitos civis e políticos.

- Constitucionalismo social: surgiu após a 1ª guerra mundial (1914-1918) decorrente das consequências do liberalismo econômico, como a concentração de renda, a exploração da mão de obra, a desigualdade social, o desemprego, a miséria das massas proletárias, a falência de muitas empresas, eclodindo movimentos sociais, entre os quais pode-se mencionar a Revolução Mexicana de 1910 e a Revolução Russa de 1917, tendo como consequência uma forte intervenção estatal principalmente no campo das relações trabalhistas, das previdenciárias e das econômicas, surgindo, neste momento, os direitos fundamentais de segunda dimensão, fazendo com que as Constituições deste período passassem a ser analíticas, ao prever um espectro maior de direitos, garantias e competências.

Os principais documentos desta época são a Constituição Mexicana, de 1917, a Constituição alemã de Weimar, de 1919, a Constituição austríaca, de 1920 e a Constituição Brasileira de 1934. Assim, surge o Estado Social de Direito ofertando prestações positivas aos indivíduos, garantindo-lhes os direitos sociais.

O Estado Social tem como características o intervencionismo, ou seja, intervém em questões que eram deixadas na esfera individual, tais como as questões econômicas, as questões sociais e as questões laborais, chamando para si diversas questões que eram restritas à esfera individual, com a preocupação em garantir mínimas condições de vida digna, o que pode ser relacionado ao mínimo existencial e o estabelecimento de um grande convênio global para estabilidade econômica. Tem-se que o surgimento dos direitos de segunda geração ou dimensão surgem nesta época.

Manoel Jorge e Silva Neto[14] afirma que o Constitucionalismo Social teve os seguintes fundamentos: fundamento sociológico – funda-se nos movimentos sociais contestadores da estrutura vigente, cujo exemplo mais marcante é a Revolução Socialista Soviética; fundamento político – é o resultado da decisão adotada pelas forças políticas predominantes à época da manifestação constituinte; fundamento jurídico – radica-se na necessidade de introduzir na

14 SILVA NETO, Manoel Jorge e. **Curso de direito constitucional**. 8. ed. São Paulo: Saraiva, 2013.

Constituição os elementos sociais, como forma de expressar mais marcantemente o compromisso do Estado com a questão social, bem assim para impedir, inviabilizar ou dificultar a sua retirada por conveniência do legislador ordinário.

2.3. CONSTITUCIONALISMO CONTEMPORÂNEO

Com o fim da 2ª guerra mundial surge o Estado Democrático de Direito com os ideais de um Estado liberal e social, buscando a integração entre democracia e o Estado de Direito, tendo como características a efetividade dos direitos fundamentais, limitação do Poder Legislativo e a democracia substancial, no sentido de respeitar os direitos, inclusive das minorias.

Deste período surge os direitos de 3ª geração ou dimensão abarcando os direitos transindividuais como a autodeterminação dos povos, progresso ou desenvolvimento, direito ao meio ambiente, direito de propriedade sobre o patrimônio comum da humanidade, direto de comunicação, sendo que a doutrina também inclui neste rol os direitos do consumidor, da pessoa idosa e das crianças. Segundo Karel Vasak[15], os direitos de terceira dimensão estão relacionados com a fraternidade.

Os direitos e 4ª geração ou dimensão referem-se à pluralidade e segundo Paulo Bonavides estão inseridos a democracia, a informação e o pluralismo político[16].

---

15 BONAVIDES, Paulo. **Curso de Direito Constitucional.** 7. ed. rev., atual. e ampl. São Paulo. Malheiros, 1997.

16 CF/88 Art. 1º A República Federativa do Brasil, formada pela união indissolúvel dos Estados e Municípios e do Distrito Federal, constitui-se em Estado Democrático de Direito e tem como fundamentos:

I - a soberania;

II - a cidadania;

III - a dignidade da pessoa humana;

IV - os valores sociais do trabalho e da livre iniciativa;

V - o pluralismo político.

3

NEOCONSTITUCIONALISMO

O neoconstitucionalismo, fundado na filosofia neopositivista (pós-positivista) foi um movimento de transformação do Estado e do Direito, em especial da Constituição, que surge, na Europa, na segunda metade do século XX, tendo como um dos principais marcos o julgamento ocorrido na cidade de Nüremberg, Alemanha, no período compreendido entre 1945 e 1949[1].

Segundo Walber de Moura Agra[2] o neoconstitucionalismo tem como uma de suas marcas a concretização das prestações materiais prometidas pela sociedade, servindo como ferramenta para a implantação de um Estado Democrático Social de Direito. Ele pode ser considerado como um movimento caudatário do pós-modernismo. Dentre suas principais características, podem ser mencionadas:

a) positivação e concretização de um catálogo de direitos fundamentais;

b) onipresença dos princípios e das regras;

c) inovações hermenêuticas;

d) densificação da força normativa do Estado;

e) desenvolvimento da justiça distributiva.

1 AGRA, Walber de Moura. **Curso de direito constitucional**. 4. ed. Rio de Janeiro: Forense, 2008.

2 AGRA, Walber de Moura. **Curso de direito constitucional**. 4. ed. Rio de Janeiro: Forense, 2008.

Alex Muniz Barreto[3] citando Gilmar Mendes, Inocêncio Coelho e Paulo Branco informa que o Neoconstitucionalismo tem as seguintes características:

"a) mais Constituição do que leis;

b) mais juízes do que legisladores;

c) mais princípios do que regras;

d) mais ponderação do que subsunção;

e) mais concretização do que interpretação."

O movimento neoconstitucionalista no Brasil chegou algumas décadas após o seu início na Europa, tendo como marco a promulgação da Constituição da República de 1988, que segundo o professor Kildare[4], sofreu fortes influências do jurista português Gomes Canotilho e do jusfilósofo socialista espanhol Elias Diaz.

A Constituição promoveu transição entre o Estado autoritário existente à época em razão da ditadura militar para o Estado Democrático de Direito, sendo que nos seus primeiros artigos consagra os fundamentos e os objetivos da República, a separação dos poderes estatais, os princípios aplicáveis nos âmbitos internos e externos do Estado, os direitos e garantias fundamentais e afirma o Supremo Tribunal Federal como o Órgão de jurisdição constitucional, o que revela, com clareza, a sua aptidão à corrente neoconstitucionalista.

3 BARRETO, Alex Muniz. **Direito constitucional positivo.** Leme, São Paulo: Edijur, 2013.

4 CARVALHO, Kildare Gonçalves. **Direito constitucional – Teoria do Estado e da Constituição – Direito Constitucional Positivo.** 16. ed. Belo Horizonte: Del Rey, 2010.

4

CONSTITUIÇÃO: CONCEITO E SENTIDOS

A palavra Constituição admite diferentes sentidos, no dicionário, constituição designa a ação de constituir ou organizar, ou, organização estabelecida.

Ferdinand Lassale[1] afirma que a constituição "é a soma dos fatores reais de poder dentro de uma sociedade". Se a constituição não correspondesse ao efetivo poder social, refletindo as forças sociais que constituem o poder, ela não passaria de uma folha de papel e não seria, portanto, efetiva. O Brasil adotou o sentido formal. Assim, é considerada norma constitucional a que foi introduzida no texto constitucional através do procedimento adequado.

No contexto político, defendido por Carl Schmitt[2], constituição é diferente de lei constitucional. Assim, a constituição só se refere a estrutura e órgãos do Estado, direitos individuais, vida democrática etc. Os demais documentos inseridos no texto constitucional que não contém matéria de decisão política fundamental, seriam as leis constitucionais. Assim, a constituição seria considerada produto de uma decisão política e poderia ser definida como a decisão política do titular do poder constituinte.

Em seu aspecto material, uma norma é classificada como constitucional conforme o seu conteúdo, pouco importando a forma como ingressou no ordenamento jurídico. Corresponde ao conceito de constituição proposto por Carl Schmitt.

---

1 LASSALLE, Ferdinand. **A essência da Constituição.** 4. ed. Rio de Janeiro: Líber Juris, 1998.

2 SOUZA JÚNIOR, Luiz Lopes. **A Constituição e seus sentidos:** sociológico, político e jurídico? Qual o sentido que melhor reflete o conceito de Constituição?. Disponível em http://www.lfg.com.br. 09 de julho de 2009.

O sentido formal corresponde ao que Schmitt chamou de lei constitucional. Não mais interessa o conteúdo da norma, mas sim a forma através da qual ela foi introduzida no ordenamento jurídico, ou seja, decorrem de um processo legislativo mais dificultoso. Outrossim, a constituição formal é dotada de supralegalidade, ou seja, só pode ser alterada por procedimentos específicos, previstos em seu próprio texto, mais difíceis e solenes do que aqueles previstos para alteração de normas infraconstitucionais.

Sob o critério material, existiriam normas constitucionais fora do texto constitucional, já que o que interessa é o conteúdo, é a matéria. Já sob o aspecto formal, o que interessa é a forma de nascimento da norma. Como exemplo, podemos citar o artigo 242, parágrafo 2, º da CF/88 que prevê que o Colégio Pedro II, localizado na cidade do Rio de Janeiro, será mantido na órbita federal. Este, materialmente, não é um dispositivo constitucional. Mas, formalmente é e deve ser respeitado como qualquer outra norma.

Na esfera jurídica, idealizado por Hans Kelsen, a constituição está localizada no mundo do dever ser e não no mundo do ser, caracterizando-a como fruto da vontade racional do homem e não de leis naturais. A constituição é uma norma pura, sem qualquer pretensão a fundamentação sociológica, política ou filosófica. Kelsen toma a palavra constituição em dois sentidos: lógico-jurídico e jurídico-positivo.

No âmbito lógico-jurídico, Constituição é a norma fundamental hipotética, que tem a função de servir de fundamento para a constituição jurídico-positiva, que equivale à norma positiva suprema.

O sentido jurídico-positivo é a norma posta, o sentido lógico-jurídico é a norma suposta. A constituição é a norma hipotética fundamental e esta é suposta e não posta. O fundamento de todo o sistema seria a primeira Constituição histórica.

Segundo Canotilho[3], "A constituição como norma designa o conjunto de normas jurídicas positivas (regras e princípios) geralmente plasmadas num documento escrito ("constituição escrita", "constituição formal") e que apresentam relativamente às outras normas do ordenamento jurídico caráter fundacional e primazia normativa".

---

3 CANOTILHO, José Joaquim Gomes. **Direito constitucional e teoria da constituição**. 2. ed. Coimbra, Portuga: Livraria Almedina, 1998.

Para Meirelles Teixeira, em seu sentido culturalista, a Constituição seria um produto cultural, que contêm elementos históricos, sociais e racionais. O autor define a Constituição como "um conjunto de normas fundamentais, condicionadas pela Cultura total, e ao mesmo tempo condicionantes desta, emanadas da vontade existencial da unidade política, e reguladoras da existência, estrutura e fins do Estado e do modo de exercício e limites do poder político"[4].

Assim, de todas essas classificações, importa deixar claro que a Constituição deve conter elementos integrantes ou constitutivos do Estado, quais sejam: soberania, finalidade, povo e território (Dalmo Dallari)[5].

4 TEIXEIRA, J, H. Meirelles. **Curso de Direito Constitucional**. Rio de Janeiro: Forense, 1991.

5 DALLARI, Dalmo de Abreu. **Elementos de teoria geral do Estado.** 16. ed. atualizada e ampliada. São Paulo: Saraiva 1991.

5

CLASSIFICAÇÕES DAS CONSTITUIÇÕES

5.1. QUANTO À ORIGEM

a) Promulgadas (abertas, votadas, democráticas): Elaboradas por representantes do povo com legitimidade para tal ato.

b) Outorgadas: Impostas por uma autoridade (ditador, soberano).

c) Cesaristas: O soberano elabora uma Constituição e a submete a aceitação popular através de plebiscito, por exemplo. Segundo os doutrinadores, a Carta Brasileira de 1937, se tivesse passado pelo referendo previsto, seria uma constituição cesarista, o que não ocorreu.

d) Pactuadas: Seriam resultantes de um pacto, um acordo, entre governantes e uma parcela da sociedade. Temos como exemplo histórico a Magna Carta inglesa, de 1215.

5.2. QUANTO À FORMA

a) Escritas: Constam de um documento escrito. Podem ser codificadas (regras previstas em único documento) ou não-codificadas (regras constantes em vários documentos).

b) Consuetudinárias, não escritas, históricas: Formadas por costumes, jurisprudências, tradições, como a Constituição inglesa. Atualmente, verifica-se uma tendência a assumirem a forma escrita.

5.3. QUANTO À EXTENSÃO

a) Sintéticas ou resumidas: Trazem apenas aspectos básicos da vida do Estado, deixando a regulamentação das matérias a cargo dos Estados. Temos como exemplo a Constituição dos EUA.

b) Analíticas (prolixas): Tratam de forma detalhada de vários assuntos, inclusive de matérias que não mereciam estar no texto constitucional. A Constituição da República Federativa do Brasil, de 1988, é um exemplo.

5.4. QUANTO AO CONTEÚDO

a) Material: Só estarão no texto da Constituição as matérias constitucionalmente relevantes, como a organização e estruturação do Estado, separação de poderes e direitos e garantias fundamentais. Também aqui, podemos mencionar como exemplo a constituição norte-americana.

b) Formal: Este tipo de Constituição elege como critério o processo de sua formação, não importando o conteúdo de suas normas. Portanto, qualquer norma presente no texto constitucional, é constituição. Neste sentido, o já mencionado art. 242, par. 2.º, da CF/88, que, apesar de não tratar de assunto constitucional, deve ser considerado constituição por fazer parte do seu texto.

5.5. QUANTO AO MODO DE ELABORAÇÃO

a) Dogmáticas: São elaboradas em um momento único, por uma Assembleia Constituinte, tendo por base os dogmas políticos, estruturais e fundamentais do Estado quando de sua criação. Como exemplo, destacamos a CF/88.

b) Costumeiras ou históricas: Surgem através de um processo lento e contínuo de formação, reunindo os costumes e tradições de um povo, a exemplo da Constituição Inglesa.

5.6. QUANTO À POSSIBILIDADE DE ALTERAÇÃO

a) Rígidas: Exigem, para a sua alteração, um processo legislativo mais solene e dificultoso do que o previsto para a alteração de leis ordinárias.

b) Flexíveis: São alteradas através do mesmo processo pelo qual se altera uma lei infraconstitucional. Como exemplo, temos a constituição inglesa até a edição Human Rights Act, em 1998, em vigor desde o ano de 2000.

c) Semirrígidas ou semiflexíveis: Possuem uma parte que é rígida, e só pode ser alterada por um processo solene, e uma parte que não requer formalidade para sua alteração. Mencione-se aqui a Constituição Brasileira de 1824, que em seu art. 178 prévia (com atualização da grafia): Art. 178. É só constitucional o que diz respeito aos limites, e atribuições respectivas dos Poderes Políticos, e aos Direitos Políticos, e individuais dos Cidadãos. Tudo, o que não é constitucional, pode ser alterado sem as formalidades referidas, pelas Legislaturas ordinárias.

d) Fixa ou silenciosa: Só pode ser modificada pelo mesmo poder que a criou. O exemplo histórico é a Constituição Espanhola de 1876.

e) Imutável ou granítica: São as constituições que se pretendem eternas, inalteráveis. São inviáveis atualmente. Os autores mencionam documentos históricos como a Lei das XII Tábuas e o Código de Hammurabi.

f) Superrígida: Segundo Alexandre de Moraes, a CF/88 seria superrígida porque, além de exigir um procedimento mais dificultoso para alteração de suas normas, contém uma parte imutável, que são as cláusulas pétreas (art. 60, par. 4.º). Ressalte-se que este é um posicionamento minoritário e não é adotado pelo STF, que admite alteração das cláusulas pétreas, desde que não seja para abolir tais preceitos.

5.7. QUANTO À IDEOLOGIA (OU DOGMÁTICA)

a) Ortodoxas: Preveem apenas um tipo de ideologia, como a soviética, de 1977 e as diversas da China marxista.

b) Ecléticas: Contemplam mais de um viés ideológico, como CF/88, que busca conciliar princípios das ideologias liberal e social.

5.8. QUANTO AO SISTEMA (OU SISTEMATIZAÇÃO)

a) Principiológicas: São aquelas nas quais predominam os princípios.

b) Preceituais: São Constituições em que prevalecem as regras. Obs.: Uma parte dos doutrinadores entende que a CF/88 é preceitual, enquanto os doutrinadores mais modernos classificam-na como principiológica.

5.9. QUANTO À FINALIDADE:

a) **Garantia, abstencionistas ou negativas:** Visam a garantia da liberdade, limitando o poder. São típicas do Estado Liberal.

b) **Balanço ou registro:** Refletem um degrau de evolução socialista, fazem um balanço acerca dessa evolução. São típicas dos regimes socialistas.

c) **Dirigentes:** Estabelecem programas, metas a serem cumpridas pelo Estado. São as famosas normas programáticas.

5.10. QUANTO À CORRESPONDÊNCIA COM A REALIDADE (CRITÉRIO ONTOLÓGICO, PROPOSTO POR KARL LOEWENSTEIN)

a) Normativas: Conseguem controlar e disciplinar as relações políticas e os agentes do poder.

b) Nominalistas: Apesar de conterem disposições de limitação e controle de dominação política, não encontram ressonância na realidade, não conseguem se concretizar.

c) Semânticas: São simples reflexos da realidade política, servem como instrumentos dos donos do poder e das elites políticas, sem limitarem o seu conteúdo.

6

SUPREMACIA DA CONSTITUIÇÃO

A Constituição é a primeira lei positiva do Estado, ela que faz a ligação entre o Direito Natural e o Direito Positivo. A Constituição é decorrente, como querem os naturalistas, não de um Poder Constituinte ilimitado, mas de um poder constituinte limitado pelo próprio direito, pelos princípios de direito natural. Por outro lado, a Constituição é a fonte dos poderes estabelecidos ou constituídos. Fixa parâmetros e preceitos a serem seguidos. Assim, a supremacia é exercida em dois sentidos: material e formal.

No que se refere à supremacia material, todo o Poder estabelecido pela Constituição lhe deve obediência, sendo vedado a qualquer desses poderes exigir alguma coisa que não encontre conformidade com a previsão constitucional. Nenhum ato de qualquer dos Poderes pode contrariar as normas constitucionais.

Formalmente, a Constituição fixa a organização, as estruturas, a composição e as atribuições dos Poderes, os quais devem observar todos os procedimentos previstos pela Constituição e apenas podem agir conforme mencionado em normas constitucionais.

Portanto, todos os atos estatais estão sujeitos a uma condição de constitucionalidade, ou seja, para que tenham validade, precisam estar conforme a Constituição, tanto no aspecto material quanto no aspecto formal.

Os atos inconstitucionais não podem sobreviver na ordem jurídica. Dessa forma, o controle de constitucionalidade é condição básica para que prevaleça a supremacia da Constituição. Se o ato inconstitucional prevalece, a Constituição deixa de ser considerada a lei suprema. Por isso tem-se o Supremo Tribunal Federal para proteger a nossa Constituição.

7

ELEMENTOS DAS CONSTITUIÇÕES

As normas da Constituição são agrupadas em grupo conforme expressam suas finalidades. Surgem assim os chamados "elementos constitucionais". Vejamos a classificação proposta por José Afonso da Silva[1].

Elementos Orgânicos: referentes à estrutura do Estado e do Poder. Ex: Título III (Da Organização do Estado); Título IV (Da Organização dos Poderes e do Sistema de Governo); Título VI (Da Tributação e Orçamento), da CF/88.

Elementos Limitativos: normas que limitam a atividade dos poderes estatais através da enumeração de direitos e garantias fundamentais. Ex.: Título II (Dos direitos e garantias fundamentais), exceto o Capítulo II, que trata dos direitos sociais, da CF/88.

Elementos Socioideológicos: normas que revelam o compromisso da ordem constitucional com princípios ideológicos. Ex.: (Estado Liberal e Estado Social, intervencionista) Capítulo II do Título II (Direitos Sociais), Título VIII (Da Ordem Social) da CF/88.

Elementos de Estabilização Constitucional: normas destinadas a garantir a solução dos conflitos constitucionais, instrumentos de defesa do Estado e das instituições democráticas que buscam garantir a paz social. Ex.: Título V (Da defesa do Estado e das instituições democráticas) e dispositivos que tratam da intervenção, emendas à constituição e controle de constitucionalidade, da CF/88.

1 SILVA, José Afondo da. **Curso de Direito Constitucional Positivo**. 9. ed. rev. São Paulo: Malheiros, 1992.

Elementos Formais de Aplicabilidade: normas que possibilitam a aplicação dos próprios dispositivos constitucionais. Ex.: Preâmbulo, disposições constitucionais transitórias (ADCT) e norma que estabelece aplicabilidade imediata dos direitos individuais (art. 5.º, § 1.º), todos a CF/88.

8

PODER CONSTITUINTE

Trata-se do poder de elaborar e modificar normas constitucionais. Portanto, é o poder de estabelecer uma nova Constituição de um Estado ou de modificar uma já existente.

É a expressão da vontade suprema do povo, social e juridicamente organizado. São duas as espécies de poder constituinte: Originário e Derivado. Além do Poder Constituinte Originário e do Poder Constituinte Derivado, a doutrina define outras duas modalidades de poder constituinte: o Poder Constituinte Difuso e o Poder Constituinte Supranacional.

O Poder Constituinte Originário ou de primeiro grau é o poder de elaborar uma nova ordem constitucional, ou seja, de criar uma Constituição, quando o Estado é novo (Poder Constituinte Originário Histórico), ou de substituí-la por outra, quando o Estado já existe (Poder Constituinte Originário Revolucionário). Portanto, é um poder inicial, ilimitado, autônomo e incondicionado.

Por sua vez, o Poder Constituinte Derivado, instituído pelo Poder Constituinte Originário, é subordinado e condicionado. Subdivide-se em Reformador, Decorrente e Revisor.

O Poder Constituinte Derivado Reformador modifica as normas constitucionais por meio das emendas, respeitando as limitações impostas pelo poder constituinte originário.

Já o Poder Constituinte Derivado Decorrente é o poder investido aos estados-membros para elaborar as suas próprias Constituições.

Noutra senda, o Poder Constituinte Derivado Revisor, é o Poder, com prazo estipulado e limitado em lei, para promover uma revisão ampla na CF, respeitando as cláusulas pétreas. A revisão constitucional, prevista no art. 3° do

ADCT, poderia ser feita somente após 5 anos da promulgação da Constituição Federal. Além disso, deveria ser aprovada em sessão unicameral, pela maioria absoluta dos membros do Congresso Nacional.

Ademais, o Poder Constituinte Difuso dá fundamento ao fenômeno denominado de mutação constitucional, através dais quais são dadas novas interpretações aos dispositivos da Constituição, mas sem alterações na literalidade de seus textos, que permanecem inalterados.

Constituem, portanto, alterações informais, decorrentes de fatos e transformações políticas, econômicas e sociais. A função desse poder é, dessa forma, preencher "vazios" constitucionais por meio da interpretação, dando assim continuidade à obra do legislador constitucional quando exerceu o poder constituinte originário: a Constituição.

O Poder Constituinte Supranacional é aquele que busca estabelecer uma Constituição supranacional legítima, a partir de um conjunto de Estados que se inter-relacionam em um processo de integração econômica e política. É a discussão que envolve, por exemplo, a União Europeia e, em menor escala, o Mercosul. Ou seja, é um Poder que cria uma Constituição, na qual cada Estado cede uma parcela de sua soberania para que uma Constituição Comunitária seja criada, onde o titular deste Poder não é o povo, mas o cidadão universal.

9

EMENDAS À CONSTITUIÇÃO

Com previsão no artigo 60 da Constituição Federal, as emendas são instrumentos normativos pelos quais se materializa o poder de reforma constitucional.[1].

Observadas as limitações ao poder de reforma estabelecidas pelo Poder Constituinte Originário, as emendas constitucionais são editadas pelo próprio Congresso Nacional. Bem por isso, o processo legislativo das emendas é especial, visto que segue regras específicas de iniciativa, tramitação e quórum de votação.

No tocante à legitimidade, além do Presidente da República, a Constituição poderá ser emendada mediante proposta de um terço, no mínimo, dos membros da Câmara dos Deputados ou do Senado Federal ou de mais da metade da Assembleias Legislativas das unidades da Federação, manifestando-se, cada uma delas, pela maioria relativa de seus membros.[2]

Ainda, vigora em nosso texto constitucional a regra da não repetibilidade[3], ou seja, a proposta igual de modificação constitucional não pode ter sido anteriormente rejeitada ou considerada prejudicada na mesma sessão legislativa.

---

1 FERREIRA, Olavo Augusto. BERNARDES, Juliano. **Direito Constitucional** - Vol. 17. 9. ed. Editora Juspodvim, 2020.

2 Art. 60. A Constituição poderá ser emendada mediante proposta: I - de um terço, no mínimo, dos membros da Câmara dos Deputados ou do Senado Federal; II - do Presidente da República; III - de mais da metade das Assembleias Legislativas das unidades da Federação, manifestando-se, cada uma delas, pela maioria relativa de seus membros.

3 Art. 60. § 5º A matéria constante de proposta de emenda rejeitada ou havida por prejudicada não pode ser objeto de nova proposta na mesma sessão legislativa.

A Constituição, também, não permite seja sequer "objeto de deliberação" qualquer proposta de emenda tendente a abolir alguma das cláusulas pétreas, implícitas[4] ou explícitas.[5]

Importante ressaltar as limitações ao poder de reforma[6], vez que a Constituição não poderá ser emendada na vigência de intervenção federal, de estado de defesa ou de estado de sítio.

A tramitação e o quórum de votação são especiais, pois exige quórum de 3/5 do total dos votos dos parlamentares, em dois turnos de votação, em cada uma das Casas (sessões bicamerais).[7]

Por fim, as emendas à Constituição recebem número de ordem próprio e são promulgadas pelas Mesas da Câmara dos Deputados e do Senado Federal.

---

4 A doutrina majoritária cita, como cláusula pétrea implícita, as limitações ao poder de tributar e a titularidade do poder constituinte originário e derivado.

5 Art. 60. § 4º Não será objeto de deliberação a proposta de emenda tendente a abolir: I – a forma federativa de Estado; II – o voto direto, secreto, universal e periódico; III – a separação dos Poderes; IV – os direitos e garantias individuais.

6 Art. 60. § 1º A Constituição não poderá ser emendada na vigência de intervenção federal, de estado de defesa ou de estado de sítio.

7 Art. 60. § 2º A proposta será discutida e votada em cada Casa do Congresso Nacional, em dois turnos, considerando-se aprovada se obtiver, em ambos, três quintos dos votos dos respectivos membros.

10

SISTEMA CONSTITUCIONAL DAS CRISES

10.1. ASPECTOS INTRODUTÓRIOS

O Sistema Constitucional das Crises, segundo com Olavo Augusto Viana[1], consiste num conjunto de normas constitucionais cujo objetivo é a manutenção ou o restabelecimento da normalidade da ordem constitucional em situações de gravidade extrema.

Esse sistema se baseia em dois critérios básicos: a necessidade, que preconiza que o sistema constitucional de crises só pode ser acionado em casos de extrema gravidade, que coloquem em risco a própria ordem constitucional; e a temporariedade, que consiste na vigência temporal limitada ao período em que a situação emergencial perdurar.

10.2. ESTADO DE DEFESA

Para Marcelo Novelino[2], o estado de defesa compreende medidas temporárias destinadas a preservar ou reestabelecer, em área restrita e determinada, a ordem pública ou a paz social ameaçadas por fatores políticos, sociais ou por fenômenos naturais de grandes proporções.

Os pressupostos materiais para sua decretação são (1) a necessidade de preservação da ordem pública ou da paz social, em razão da (2) existência de

---

1 FERREIRA, Olavo Augusto. BERNARDES, Juliano. **Direito Constitucional** - Vol. 17. 9. ed. Editora Juspodvim, 2020.

2 NOVELINO, Marcelo. **Direito Constitucional**. 11. ed. Editora Juspodvim, 2016.

grave e iminente instabilidade institucional ou (3) manifestação de calamidade de grandes proporções na natureza.

No que se refere aos pressupostos formais, de acordo com a Constituição Federal, devem ser observadas as seguintes formalidades: (1) prévia manifestação dos Conselhos da República e da Defesa Nacional; (2) expedição de decreto presidencial[3] , que, nos termos e limites da lei, especificará (2.1) o tempo de duração da medida, que não poderá ser superior a 30 dias, admitida uma única prorrogação, por igual período, se persistir necessidade; (2.2) as áreas atingidas, as quais não podem atingir todo o território nacional; e (2.3) as medidas coercitivas.[4]

Ainda, a decretação do estado de defesa, apesar de depender de um juízo de conveniência do Presidente da República, se submetesse ao controle político e jurisdicional.

No controle político simultâneo, cabe ao Congresso Nacional decidir, por maioria absoluta, acerca da decretação do estado de defesa ou de sua prorrogação (CF, art. 136, §4º). Ainda, cabe criar, nos termos do artigo 140 da CF, a comissão de cinco membros, designados por sua mesa diretora, para acompanhar e fiscalizar as medidas referentes ao estado de defesa. Já no controle político posterior à cessação da crise, o Congresso Nacional deverá avaliar se houve algum tipo de excesso para fins de responsabilização dos executores ou agentes pelos ilícitos cometidos.[5]

---

3 Art. 84, IX Compete privativamente ao Presidente da República decretar o estado de defesa e o estado de sítio.

4 Art. 136 § 1º O decreto que instituir o estado de defesa determinará o tempo de sua duração, especificará as áreas a serem abrangidas e indicará, nos termos e limites da lei, as medidas coercitivas a vigorarem, dentre as seguintes: I – restrições aos direitos de: a) reunião, ainda que exercida no seio das associações; b) sigilo de correspondência; c) sigilo de comunicação telegráfica e telefônica; II – ocupação e uso temporário de bens e serviços públicos, na hipótese de calamidade pública, respondendo a União pelos danos e custos decorrentes. § 3º Na vigência do estado de defesa: I – a prisão por crime contra o Estado, determinada pelo executor da medida, será por este comunicada imediatamente ao juiz competente, que a relaxará, se não for legal, facultado ao preso requerer exame de corpo de delito à autoridade policial; II – a comunicação será acompanhada de declaração, pela autoridade, do estado físico e mental do detido no momento de sua autuação; III – a prisão ou detenção de qualquer pessoa não poderá ser superior a dez dias, salvo quando autorizada pelo Poder Judiciário; IV – é vedada a incomunicabilidade do preso.

5 Art. 141. Cessado o estado de defesa ou o estado de sítio, cessarão também seus efeitos, sem prejuízo da responsabilidade pelos ilícitos cometidos por seus executores ou agentes.

No tocante ao controle judicial, caberá ao Judiciário controlar a execução das medidas e repelir quaisquer excessos. Atua, também, na fiscalização da legalidade das prisões provisórias especiais (art. 136, §3º) e incide sobre os pressupostos formais das medidas de exceção.

10.3. ESTADO DE SÍTIO

O estado de sítio consiste na adoção de medidas e suspensões temporárias, apresentando maior gravidade que o estado de defesa, para ser decretado o Presidente da República deve, obrigatoriamente, solicitar autorização do Congresso Nacional, sendo que citada autorização deve ser dada por maioria absoluta de cada uma das casas legislativas.

Os pressupostos matérias para sua decretação – também chamados de pressupostos de fundo – são alternativos e consistem em: (1) comoção grave de repercussão nacional, caracterizada por séria crise capaz de colocar em risco as instituições democráticas ou o governo legalmente eleito; (2) ocorrência de fatos comprobatórios da ineficácia de medida adotada durante o estado de defesa; (3) declaração de estado de guerra pelo Presidente da República ou resposta a agressão armada estrangeira (CF, art. 137).

Os pressupostos formais, por sua vez, são cumulativos, devendo observar os seguintes procedimentos: (1) oitiva do Conselho da República e do Conselho de Defesa Nacional, órgãos consultivos do Presidente da República, cujas manifestações não o vinculam; (2) autorização por maioria absoluta do Congresso Nacional, em atendimento a solicitação fundamentada do Presidente da República; (3) decreto do Presidente da República, estabelecendo a duração da exceção, que não poderá ser superior a 30 dias, prorrogável por igual período, mais de uma vez – prazo este que se aplica somente quando o fundamento é a comoção grave de repercussão nacional ou ocorrência de fatos que comprovem a ineficácia das medidas tomadas durante o estado de defesa. Na hipótese de guerra, a medida perdurará pelo tempo que se fizer necessária.

O Congresso Nacional realiza o controle político em três momentos: a) prévio, já que a decretação depende de sua prévia autorização; b) concomitante: art. 140, a Mesa do Congresso, ouvidos os líderes partidários, designará comissão composta por cinco de seus membros para fiscalizar e acompanhar a execução das medidas; c) sucessivo: cessado o estado de sítio, as medidas aplicadas em sua vigência serão relatadas pelo Presidente, em mensagem ao Congresso, com especificação e justificação dessas providências. O controle jurisdicional é amplo em relação aos limites de aplicação das restrições autorizadas.

10.4. FORÇAS ARMADAS

Nos termos do artigo 142 da Constituição Federal, a Marinha, o Exército e a Aeronáutica constituem as Forças Armadas, sendo consideradas instituições nacionais regulares e permanentes, destinadas à defesa da pátria, garantia dos poderes constitucionais e, por iniciativa de qualquer destes, da lei e da ordem.

Organizam-se com base na hierarquia e na disciplina, sob autoridade e comando supremos do Presidente da República, que tem por atribuições nomear os comandantes da Marinha, do Exército e da Aeronáutica, promover seus oficiais-generais e nomeá-los para os cargos que lhe são privativos. Ainda, nos termos previstos no *caput* do artigo 143 da Constituição, a Lei 4.375/64 regula o serviço militar obrigatório.

Podemos citar, também, algumas peculiaridades em relação à disciplina dos demais órgãos estatais:

a) não cabe habeas corpus em relação a punições disciplinares aplicadas aos militares;

b) as patentes são conferidas pelo Presidente da República;

c) são proibidas a sindicalização e a greve;

d) enquanto em serviço, não pode filiar-se ao partido político.

À medida que encerramos nossa jornada pelo vasto e intrigante universo do Direito Constitucional, é imperativo reconhecer o quão fundamental este ramo do direito é para a estruturação da sociedade e para a proteção dos direitos e liberdades individuais. Este livro procurou desvendar os complexos conceitos e as nuances que constituem a espinha dorsal do ordenamento jurídico brasileiro, visando não apenas preparar os candidatos para concursos públicos mas também instigar a reflexão sobre a importância da Constituição na vida cotidiana. O estudo do Direito Constitucional, com suas ricas discussões sobre poder, governança, direitos humanos e justiça social, é mais do que uma exigência para a aprovação em concursos; é um convite à cidadania ativa e ao compromisso com a construção de uma sociedade mais justa e equitativa.

Olhando para o futuro, os aspirantes a cargos públicos que se debruçaram sobre as páginas deste livro estão agora mais preparados para enfrentar os desafios que encontrarão pela frente, armados não só com o conhecimento teórico necessário, mas também com uma compreensão aprofundada da aplicabilidade prática da Constituição. A caminhada rumo à aprovação em concursos é árdua e repleta de obstáculos, mas a dedicação e o estudo aprofundado das leis que regem nossa sociedade são passos decisivos na direção do sucesso. Que este livro sirva como uma bússola nessa jornada, guiando-os não só à realização profissional, mas também ao aprimoramento pessoal como guardiões dos princípios constitucionais que asseguram nossa liberdade e dignidade.

REFERÊNCIAS BIBLIOGRÁFICAS

- AGRA, Walber de Moura. **Curso de direito constitucional**. 4. ed. Rio de Janeiro: Forense, 2008.
- BARRETO, Alex Muniz. **Direito constitucional positivo.** Leme, São Paulo: Edijur, 2013.
- BONAVIDES, Paulo. **Curso de Direito Constitucional.** 7. ed. rev., atual. e ampl. São Paulo. Malheiros, 1997.
- BRASIL. CONSTITUIÇÃO DA REPÚBLICA FEDERATIVA DO BRASIL. Disponível em: https://www.planalto.gov.br/ccivil_03/constituicao/constituicao.htm.Acesso em: 13/02/2024.
- BULO, Uadi Lammêgo. **Curso de direito constitucional**. 3. ed. São Paulo: Saraiva, 2009.
- CANOTILHO, José Joaquim Gomes. **Direito constitucional e teoria da constituição**. 2. ed. Coimbra, Portugal: Livraria Almedina, 1998.
- CARVALHO, Kildare Gonçalves. **Direito constitucional - Teoria do Estado e da Constituição - Direito Constitucional Positivo**. 16. ed. Belo Horizonte: Del Rey, 2010.
- CUNHA JÚNIOR, Dirley. **Curso de direito constitucional** Salvador: Jus-Podivm, 2008.
- DALLARI, Dalmo de Abreu. **Elementos de teoria geral do Estado.** 16. edição atualizada e ampliada. São Paulo: Saraiva, 1991.
- FERNANDES, Bernardo Gonçalves. **Direito Constitucional**. 13. ed. rev. atual. e ampl. São Paulo: Editora Juspodivm, 2021.

- FERREIRA, Olavo Augusto. BERNARDES, Juliano. **Direito Constitucional** – Vol. 17. 9. ed. Editora Juspodvim, 2020.
- GONTIJO, Manfredo Schwaner. Constitucionalismo e Neoconstitucionalismo em linhas gerais. **Revista Eletrônica do Tribunal Regional do Trabalho da 5ª Região**. Ano III, n. 5, Nov. de 2014. Disponível em: https://juslaboris.tst.jus.br/bitstream/handle/20.500.12178/147579/2014_gontijo_manfredo_constitucionalismo_neoconstit.pdf?sequence=1&isAllowed=y. Acesso em: 08 ago. 2024.
- LASSALLE, Ferdinand. **A essência da Constituição**. 4. ed. Rio de Janeiro: Líber Juris, 1998.
- LENZA, Pedro. **Direito Constitucional Esquematizado**. 24. ed. Saraiva Jus, 2020.
- LOEWENSTEIN, Karl. **Teoria de la constitución.** Trad. Alfredo Galego Anabitarte. Barcelona: Ariel, 1979.
- MORAES, Alexandre de. **Direito Constitucional**. 13. ed. Editora Atlas. São Paulo, 2003.
- NOVELINO, Marcelo. **Direito constitucional**. 3. ed. São Paulo: Método, 2009.
- NOVELINO, Marcelo. **Direito Constitucional**. 11. ed. Editora Juspodvim, 2016.
- SILVA, José Afondo da. **Curso de Direito Constitucional Positivo**. 9. ed. rev. São Paulo: Malheiros, 1992.
- SILVA NETO, Manoel Jorge e. **Curso de direito constitucional**. 8. ed. São Paulo: Saraiva, 2013.
- SOUZA JÚNIOR, Luiz Lopes. **A Constituição e seus sentidos: sociológico, político e jurídico.** Qual o sentido que melhor reflete o conceito de Constituição? Disponível em http://www.lfg.com.br. 09 de julho de 2009.
- TAVARES, André Ramos. **Curso de direito constitucional**. 4. ed. São Paulo: Saraiva, 2006.
- TEIXEIRA, J, H. Meirelles. **Curso de Direito Constitucional**. Rio de Janeiro: Forense, 1991.

11

FORÇA NORMATIVA DA CONSTITUIÇÃO. EFETIVIDADE DAS NORMAS CONSTITUCIONAIS

Milena Fernandes Gallardo Anhê

A noção da força normativa da constituição é um dos pilares que conferem a direção da estrutura constitucional. O precursor e principal nome atrelado a essa teoria é Konrad Hesse, cuja obra que se destaca sobre o tema é "A força normativa da constituição".

Interessa saber que Hesse escreve a obra em contraponto ao que foi inicialmente proposto por Ferdinand Lassale. Em seu texto, Hesse começa expondo o trabalho de Lassalle, para depois apresentar seu pensamento de que a Constituição escrita possui força normativa própria, ainda que de forma mais ou menos limitada. Afirma que numa relação entre a Constituição jurídica e a realidade político-social está reconhecida a dicotomia; porém, ressalta que é necessário um equilíbrio nessa relação. Uma não pode existir sem a outra. Revela que a Constituição é a expressão do "ser" e do "dever ser". Na sua eficácia, deve imprimir ordem e conformação à realidade político-social. E que deve haver equilíbrio entre o "ser" e o "dever ser". E é nesse momento que o autor cita que a Constituição terá força normativa quando houver, para os principais atores na ordem constitucional, "vontade de Constituição" (HESSE, 12), que seria: a) o entendimento da necessidade e do valor de uma ordem normativa inquebrantável, que sirva de amparo contra arbítrios; b) o entendimento de que essa ordem constituída é mais do que uma ordem legitimada pelos fatos, o que faz com que tal ordem precisa ser constantemente legitimada; e c) essa ordem não conseguirá ser eficaz sem o concurso da vontade humana.

Para essa teoria, a fim de que a Constituição possa representar sua força normativa, o conteúdo da constituição deve não só incorporar os movimentos de seu tempo, como também deve ser possível adaptá-la quando necessário alterações de condicionantes, isto é, uma mudança nas relações fáticas pode ou deve provocar mudanças na Constituição. Informa que deve possuir poucos princípios fundamentais e que deve incorporar os direitos e deveres, a divisão e concentração de poder.

Sobre o tema, Wolfgang Sarlet assim sintetiza a questão dos mecanismos que amparam e viabilizam a força normativa da Constituição:

> "Percebe-se, portanto, que são vários os mecanismos que amparam e viabilizam a força normativa da Constituição, cuidando-se tanto de fatores externos quanto de fatores internos, ou seja, previstos e regulados pela própria Constituição. Da mesma forma, a força normativa de uma constituição é sempre a de determinada Constituição e da sua peculiar articulação com a realidade social, política, cultural e econômica, mas também com os demais subsistemas daquela concreta ordem jurídica, ainda que também nessa seara se possa falar em elementos comuns às ordens constitucionais em geral. Assim, é correto afirmar que o problema da força normativa é um problema de todas as constituições, mas como ele se manifesta e como ele se resolve é sempre algo que não pode ser reconduzido pura e simplesmente a uma teorização abstrata e genérica. Dentre os fatores externos (ao texto constitucional) temos a pressão da dinâmica social e econômica, mas também os impulsos por parte do processo político, por mais que a própria política seja também regulada constitucionalmente. Uma sociedade fragilizada, com uma economia dependente e em crise, dificilmente assegura os pressupostos para que os direitos sociais previstos no texto constitucional tenham eficácia e efetividade em termos sequer próximos dos ideais. Estruturas sociais conservadoras podem obstaculizar a concretização de imposições constitucionais e mesmo de direitos fundamentais. Da mesma forma, atores sociais e políticos (incluindo aqui os agentes do Poder Judiciário como agentes políticos) comprometidos e capacitados para transformar a vontade em realidade são indispensáveis. Já no caso dos elementos internos, cuida-se das garantias e instrumentos que a própria Constituição oferece para assegurar a sua própria preservação e afirmação, seja em nível de controle de constitucionalidade dos atos dos poderes constituídos e da criação de uma jurisdição constitucional forte, ou mesmo no concernente

> a outras garantias, como a previsão de limites formais e materiais ao poder de reforma constitucional, ações constitucionais de proteção dos direitos fundamentais, a regulação de estados de exceção (v.g., estado de sítio), entre outros fatores que aqui poderiam ser referidos."
>
> (Sarlet; Marinoni; Mitidiero, 2022, 302-303)

Veja-se que este pensamento recebeu abrigo não apenas na doutrina nacional como também no Supremo Tribunal Federal. A propósito, segue o importante julgado:

> "BRASIL. Supremo Tribunal Federal (2. Turma). EMENTA: Recurso Extraordinário. Agravo Regimental. 2. Tributário. Contribuição Social. Lei nº 7.689/88. Inconstitucionalidade do art. 8º da Lei nº 7.689/88. Precedentes: Plenário, RREE 146.733- SP, rel. Min. Moreira Alves, D.J. de 06.11.92 e 138.284-CE, rel. Min. Carlos Velloso, D.J. de 28.08.92.
>
> 3. A interpretação do texto constitucional pelo STF deve ser acompanhada pelos demais Tribunais. 4. A não-observância da decisão desta Corte debilita a força normativa da Constituição. 5. Agravo regimental a que se nega provimento." (RE 203498 AgR, Relator(a): GILMAR MENDES, Segunda Turma, julgado em 08-04-2003, DJ 22-08-2003 PP-00044 EMENT VOL-02120-35 PP-07339)

Lendo o acórdão, é possível perceber, a preocupação do STF desde então com a manutenção da força normativa da nossa Constituição brasileira.

Efetividade das normas constitucionais

A efetividade das normas constitucionais tem íntima relação com a força normativa da Constituição, na medida em que a efetividade traduz-se em pretensão de máxima realização da norma constitucional. Explica-se. Enquanto a eficácia jurídica está no plano do "dever ser", a efetividade (ou eficácia social) está no plano do "ser". Seria a realização concreta, efetiva, daquele primado, daquela norma constitucional. Uma norma constitucional deve ser, portanto, interpretada de modo que o intérprete lhe dê maior efetividade.

Interessante exemplo é trazido por Wolfgang Sarlet, (p. 302), que trata do direito de greve dos servidores públicos. Primeiramente, a maioria do STF entendia que se tratava de norma de eficácia limitada, e admitia-se a propositura de mandado de injunção, mas para efeito apenas de declarar em abstrato a inconstitucionalidade por omissão e remeter a questão ao Congresso Nacional. Não se propiciava a efetividade, a concretização do direito. No entanto, a posição do STF mudou com relação à eficácia da norma e os meios para a sua realização, vindo o STF a reconhecer o direito subjetivo à greve por parte dos servidores, bem como, em termos práticos, como se poderia assegurar a fruição do direito e salva-guardar interesses e direitos de terceiros, no caso, determinando, entre outros aspectos, a aplicação do estatuto legal que rege a greve no setor privado, no que couber.

Ainda sobre a máxima efetividade, veja-se que o Supremo Tribunal Federal, no julgamento da inconstitucionalidade de prisão civil do depositário infiel, no RE 466.343, entendeu que os magistrados devem buscar extrair a máxima eficácia das declarações internacionais, observando, internamente, o princípio hermenêutico básico da primazia da norma que se revelar mais favorável à pessoa humana.

A efetividade da norma constitucional expressa o seu cumprimento pela materialização dos preceitos legais. A realidade aproxima-se da norma. Busca-se que as normas constitucionais tenham, além de eficácia jurídica, a eficácia social, conforme a doutrina já mencionada. Há um viés neoconstitucionalista que exige aproximação do texto constitucional com a realidade.

12

SISTEMA CONSTITUCIONAL: OS VALORES NA CONSTITUIÇÃO. DOS PRECEITOS FUNDAMENTAIS. FINS E FUNÇÕES DO ESTADO

12.1. SISTEMA CONSTITUCIONAL

Se sistema é uma reunião de elementos por algum motivo relacionados entre si, o sistema constitucional é uma reunião de normas de direito constitucional. Essa é a concepção clássica de sistema constitucional. A doutrina localiza dois requisitos para essa reunião: ordem e unidade ou, na lição de BOBBIO, reproduzida em TAVARES (Tavares, 2023, 264) coerência e unidade:

> "Para que se possa falar em ordem é necessário que os entes que a constituem não estejam somente em relacionamento com o todo, mas também num relacionamento de coerência entre si. Quando nos perguntamos se um ordenamento jurídico constitui um sistema, nos perguntamos se as normas que o compõem estão num relacionamento de coerência entre si, e em que condições é possível essa relação."

No item 6.5 retomar-se-á uma distinção que cabe aqui pincelar, no sentido de esclarecer que, se o sistema constitucional é um sistema de normas constitucionais, "Normas jurídicas" seriam gênero que contém duas espécies: princípios e regras.

Não custa relembrar, no entanto, que a definição do nosso sis tema jurídico é a definição Kelseniana, naquela relação hierárquica de fundamentação e validade, isto é, cada norma obtendo seu fundamento e validade daquela norma que lhe é superior. No topo, está a Constituição. Ocupa o mais alto nível hierárquico nesse sistema. Veja que esse raciocínio se emenda perfeitamente ao que foi ensinado por BOBBIO, pois se a Constituição está no topo, é ela que também tem o papel, lá de cima, de conferir ao ordenamento jurídico a ordem e a unidade, numa relação que demanda coerência entre si.

12.2. OS VALORES NA CONSTITUIÇÃO

Como aponta TAVARES (Tavares, 2023, 270-271), se a Constituição se encontra no topo, no ápice do ordenamento, é dela que exsurgem os valores compreendidos como fundamentais naquela sociedade. Ressalta:

> "Não se pode compreender o Direito como "mero somatório de regras avulsas, produto de atos de vontade, ou mera concatenação de fórmulas verbais articuladas entre si. O Direito é ordenamento ou conjunto significativo e não conjunção resultante de vigência simultânea; é coerência ou, talvez mais rigorosamente, consistência; é unidade de sentido, é valor incorporado em regra". Na teoria do Direito como fenômeno cultural elaborada por PETER HÄBERLE, as forças sociais não podem ser tratadas simplesmente como objetos, devendo ser integradas na concepção de Direito e Constituição. Essa lição se mostra extremamente preciosa para fins de revelar a impossibilidade de afastar as normas de Direito dos valores sociais que são consagrados em cada estrutura jurídica existente nos diversos países. A ideia de "Constituição aberta" leva a essa permeabilidade. Tais "valores", a partir dessa concepção, passam a integrar o cerne do Direito. Seu endereço jurídico mais adequado é a Constituição, documento fundamental da ordem juridicamente positivada. Como advertiram CAPPELLETTI e SAJA, Presidente da Corte Constitucional italiana, o Direito Constitucional vivo, longe de ser mero discurso técnico, é "realização de valores essenciais da coletividade". Toda Constituição é composta por um sistema de normas, tal como o restante do ordenamento. Sublinhe-se, neste ponto, que se trata de um sistema normativo em toda a sua extensão, já que se apresenta composto por normas dotadas, sem nenhuma exceção, da necessária imperatividade. Apenas ocorre que a Constituição, por ser fundamento das demais normas, ancora os principais valores a serem absorvidos e resgatados em sua necessária desenvoltura ulterior, pelo restante das normas integrantes do sistema jurídico."

No entanto, nem sempre foi assim. Os estudos constitucionais demonstram que as constituições, de forma mais primitiva, consubstanciavam-se em documentos de divisão e estruturação de poder e de divisão de competências. Não obstante, com as mudanças de paradigmas históricos, especialmente após a Segunda Guerra Mundial, há também uma mudança de viés constitucional, e hoje, a grande maioria dos sistemas constitucionais incorpora valores.

A reflexão de TAVARES (Tavares, op. cit., 274-275) é fundamental para a compreensão da inserção de valores no sistema constitucional:

> "O acolhimento de valores fez com que se desmistificasse a neutralidade axiológica da Constituição, que vinha sendo apontada pela doutrina. Como lembra CRISAFULLI, os princípios constitucionais, que até então eram meras pautas dogmáticas ou científicas, são convertidos em Direito positivo, com plena eficácia normativa. Ou seja, "A inovação consiste, pois, na declaração formal que uma Constituição realiza de sua inspiração ideológica". Pode-se asseverar, com GARCIA DE ENTERRÍA, que "A Constituição assegura uma unidade do ordenamento essencialmente sobre a base de uma 'ordem de valores' materiais expressos nela e não sobre as simples regras formais de produção de normas". A Constituição espanhola, de 29 de dezembro de 1978, chegou a referir-se expressamente a um rol de "valores superiores", nos seguintes termos: "Artigo 1º, 1 – A Espanha constitui-se em Estado social e democrático de direito, que afirma como valores superiores do seu ordenamento jurídico a liberdade, a justiça, a igualdade e o pluralismo político". Evidentemente, ainda que não se encontre nos demais Textos Constitucionais uma norma de clareza tão límpida como esta, a verdade é que as Constituições não estão livres de valores, antes os pressupõem e os acolhem em seu seio, algumas expressamente, outras implicitamente. Como observa CAPPELLETTI: "As Constituições modernas (...) contêm a indicação daqueles que são os supremos valores, as rationes, os Gründe da atividade futura do Estado e da sociedade". A própria Constituição brasileira incorpora um extenso rol de valores, embora a eles se refira, em determinado momento, como fundamentos do Estado (art. 1º), em outra oportunidade, denominando-os objetivos fundamentais da República (art. 3º), além de contemplar inúmeros outros valores referidos difusamente."

Veja-se que muda a própria concepção – o Estado antes puramente legalista a um Estado dirigido pelos valores de determinada sociedade. E o que se vê nos dias atuais, em especial com as lições do Neoconstitucionalismo, que se antes havia preocupação com a hierarquia entre as normas, o que se ressalta agora é a hierarquia não apenas formal, mas também axiológica (valor), so retudo no que tange à dignidade da pessoa humana e dos direitos fundamentais.

Trazendo para os valores na nossa Constituição, TAVARES (Id., 2023, 276-278) ainda emenda com a seguinte ideia:

> "Não se quer sustentar, aqui, que os preceitos fundamentais da Constituição brasileira sejam expressão equivalente ou idêntica a esses valores superiores. O que se quer afirmar é que todos os preceitos fundamentais partem de uma ideia central, encartada na Constituição. Os preceitos fundamentais realmente se diferenciam dos demais preceitos constitucionais por sua importância, o que se dá em virtude dos valores que encampam e de sua relevância para o desenvolvimento ulterior de todo o Direito. Como acentua PECES-BARBA, quanto às normas que trabalham com esses valores, desde que se admita que "estamos perante uma norma básica, parece difícil intentar situá-la no universo das normas jurídicas como se se tratasse de qualquer norma isolada, que não tivesse esse papel central". Os valores (sociais) consagrados e amparados constitucionalmente (posição normativa) como básicos de um ordenamento jurídico transformam as normas que os abrigam em lex legum, legge tra le leggi, "normas-origem" (CAPELLA), "normas de identificação das demais normas" (PECES-BARBA), "normas sobre normas, constituindo um direito sobre direito" (MARIA HELENA DINIZ), "regras de reconhecimento" (HART), "normas de segunda instância" (BOBBIO), "ideias fundamentais e informadoras" (DE CASTRO), "superfontes" ou "fonte das fontes" (FLÓREZ-VALDÉS), ou, como quer a Constituição brasileira de 1988, "preceitos fundamentais". E isto tanto do ponto de vista formal (legitimidade das fontes produtoras – decorrência do Estado de Direito Constitucional) quanto material (legitimidade de conteúdo das demais normas jurídicas produzidas de acordo com as fontes formais)."

Ainda, outra característica da demonstração desses valores é que esses preceitos fundamentais são compatíveis com uma perpetuidade (não necessariamente rigidez da norma ou imutabilidade).

A razão de ser dessa ideia é que, enquanto aqueles valores são entendidos pela sociedade como válidos, a norma tem o dever de impedir que se dissolvam. Uma ruptura com esses valores, é, no fundo, uma ruptura com aquela estrutura, com o próprio sistema.

Como se vê, fechando a o ponto sobre os valores e sua expressão na constituição, percebe-se que a ideia de perpetuidade é necessária, tal como já bem ressaltado pela doutrina, e ainda, que os princípios estruturantes devem permanecer estáveis, sob pena de uma ruptura constitucional, a ponto de ser dissolvida no embate entre os atores políticos.

12.3. DOS PRECEITOS FUNDAMENTAIS

Já foi falado que a Constituição é a base onde se encontram os valores inafastáveis, os "valores supremos" ou "valores superiores". E é assim que a doutrina coloca os preceitos fundamentais como "a alma da constituição", nos dizeres de TAVARES (Tavares, op. cit., 279):

> "E, embora se permita a mudança ou até a supressão de alguns desses preceitos, pela via reformadora (já que nem todos se encontram, como se verá, acobertados pela garantia explícita da intangibilidade reformadora), pode-se seguramente afirmar que uma alteração mais extensa provocaria a mudança da própria concepção de Constituição até então vigente."

Necessário saber o que seriam e onde estariam encontrados esses preceitos fundamentais. O que primeiro se ressalta é que não há, na doutrina, referência a "preceito" como espécie ou gênero autônomo de normas. O que se tem é a Constituição Federal, em seu artigo 102, § 1º, citando o que segue:

> "§ 1º A arguição de descumprimento de preceito fundamental, decorrente desta Constituição, será apreciada pelo Supremo Tribunal Federal, na forma da lei."

Citar que preceitos fundamentais e princípios fundamentais são a mesma coisa estaria errado. Segundo a melhor doutrina, não o são. Preceitos fundamentais podem ser princípios fundamentais, mas podem ser outras regras que não são princípios, mas são regras fundamentais.

Aqui, TAVARES (Tavares, op. cit., 285) coloca uma explicação bastante didática:

> "Ademais, atribuir, no contexto constitucional, ao vocábulo "preceito" o mesmo conteúdo que é atribuído ao vocábulo "princípio", ou mesmo ao vocábulo "regra", seria amesquinhar o instituto da arguição, conferindo-lhe um traçado incompatível com sua posição de medida a serviço da defesa, preservação e,

> eventualmente, restabelecimento da ordem constitucional. Não se compatibiliza, pois, aqui, com a medida constitucionalmente criada, uma interpretação tímida, acanhada. Equivaleria a impor uma incongruência à própria Constituição."

E continua (Id., 2023, 290):

> "Dessa forma, pode-se afirmar que nem todo princípio constitucional é um preceito fundamental nem todo preceito fundamental será uma norma principiológica, apenas adquirindo essa qualidade na medida em que seja pertencente à categoria dos princípios. Assim, todo princípio é, naturalmente, um preceito, mas não um preceito qualquer, antes apresentando natureza principiológica (já que entre os preceitos existem regras). E será preceito fundamental apenas em casos nos quais se agregar a sua condição principiológica a natureza da fundamentalidade."

Também não se confunde com regra. Na lição de Tavares (2023, 291), uma regra pode ter qualidade de preceito fundamental, caso se apresente como crucial dentro do sistema jurídico pátrio, embora sem chegar a alcançar o patamar de princípio, ou seja, como se trata de uma regra, não teria baixa abstratividade. Refere que, qualitativamente falando, certas normas podem ocupar o mesmo "nível" de princípios, para fins de proteção pela medida constitucional especial da arguição de descumprimento. Cita como exemplo as regras específicas de separação de poderes.

Lenza (2023, 796-798), seguindo a mesma linha doutrinária, também expõe que na legislação não encontramos um conceito de preceito fundamental, mas que doutrina e STF buscam sua definição. Diz que o STF até o momento não conseguiu definir com precisão o que seria preceito fundamental, mas que, em alguns julgados, indicaram o que não seria preceito fundamental.

Prossegue o doutrinador:

> "Valemo-nos, então, de algumas sugestões da doutrina para conceituar preceito fundamental. Para o Professor Cássio Juvenal Faria, preceitos fundamentais seriam aquelas "normas qualificadas, que veiculam princípios e servem de vetores de interpretação das demais normas constitucionais, por exemplo, os 'princípios fundamentais' do Título I (arts. 1. º ao 4. º); os integrantes da cláusula pétrea (art. 60, § 4. º); os chamados princípios constitucionais sensíveis (art. 34, VII); os que integram a enunciação dos direitos e garantias fundamentais (Título II); os princípios gerais da atividade econômica (art. 170); etc.".

> Para Bulos, "qualificam-se de fundamentais os grandes preceitos que informam o sistema constitucional, que estabelecem comandos basilares e imprescindíveis à defesa dos pilares da manifestação constituinte originária". Como exemplos o autor lembra os arts. 1.º, 2.º, 5.º, II, 37, 207 etc."

Quanto a função dos preceitos fundamentais, pode se dizer que são, ao mesmo tempo, fontes imediatas das demais normas e também expressão direta das ideias fundamentais do ordenamento jurídico, com evidente força normativa.

12.4. Fins e funções do Estado

A doutrina entende que a legitimação dos atos do estado depende da adequação desses atos a suas finalidades. Ressalta ainda que existe uma relação entre os fins do estado e as funções que ele desempenha.

O que se deve saber de pronto é que os fins do estado são os seus objetivos, o que ele almeja quando desempenha suas funções. Nesse sentido se entende como fim do estado, por exemplo, a garantia da segurança. As funções correspondem à maneira pelas quais aqueles objetivos vão ser atingidos.

Sobre os fins e funções do Estado, de forma bem sucinta se elencará quais são os principais autores sobre o tema e a evolução do estudo a partir desses autores, sendo a semente inicial o pensamento de Aristóteles, que concebe a ideia de **constituição mista**, defendendo a divisão de funções para o exercício do poder político.

O primeiro nome a mencionar é o de Thomas Hobbes, autor inglês do século XVII. Para ele, o objetivo central do Estado era garantir a segurança e manutenção da ordem. O segundo nome que deve ser mencionado é o de John Locke, também da Inglaterra, em período posterior a Hobbes, e, para esse autor, a principal função do estado é garantir a propriedade privada. Em seguida, devemos citar Montesquieu, pois para ele o fim do estado é o de garantir a liberdade, momento em que ele expõe a ideia de separação de poderes, em seu "O espírito das leis".

Cumpre destacar a doutrina de LENZA (Lenza, 2023, 1025- 1026):

> "O grande avanço trazido por Montesquieu não foi a identificação do exercício de três funções estatais. De fato, partindo desse pressuposto aristotélico, o grande pensador francês inovou

> dizendo que tais funções estariam intimamente conectadas a três órgãos distintos, autônomos e independentes entre si. Cada função corresponderia a um órgão, não mais se concentrando nas mãos únicas do soberano. Essa teoria surge em contraposição ao absolutismo, servindo de base estrutural para o desenvolvimento de diversos movimentos, como as revoluções americana e francesa, caracterizando-se, na Declaração Francesa dos Direitos do Homem e do Cidadão,1 em seu art. 16,2 como verdadeiro dogma constitucional. De acordo com essa teoria, cada Poder exercia uma função típica, inerente à sua natureza, atuando independente e autonomamente, não mais sendo permitido a um único órgão legislar, aplicar a lei e julgar, de modo unilateral, como se percebia no absolutismo. Cabe alertar, conforme destacou, com acerto, Manoel Gonçalves Ferreira Filho, que "a divisão funcional do poder – ou, como tradicionalmente se diz, a 'separação de poderes' – que ainda hoje é a base da organização do governo nas democracias ocidentais, não foi invenção genial de um homem inspirado, mas sim é o resultado empírico da evolução constitucional inglesa, qual a consagrou o Bill of Rights de 1689. De fato, a 'gloriosa revolução' pôs no mesmo pé a autoridade real e a autoridade do parlamento, forçando um compromisso que foi a divisão do poder, reservando-se ao monarca certas funções, ao parlamento outras e reconhecendo-se a independência dos juízes. Esse compromisso foi teorizado por Locke, no Segundo tratado do governo civil, que o justificou a partir da hipótese do estado de natureza. Ganhou ele, porém, repercussão estrondosa com a obra de Montesquieu, O espírito das leis, que o transformou numa das mais célebres doutrinas políticas de todos os tempos"."

Ainda sobre a separação de poderes, o autor complementa (Lenza, op. cit., 1027):

> "A distribuição do poder entre órgãos estatais dotados de independência é tida pelos partidários do liberalismo político como garantia de equilíbrio político que evita ou, pelo menos, minimiza os riscos de abuso de poder. O Estado que estabelece a separação dos poderes evita o despotismo e assume feições liberais. Do ponto de vista teórico, isso significa que na base da separação dos poderes encontra-se a tese da existência de nexo causal entre a divisão do poder e a liberdade individual. A separação dos

poderes persegue esse objetivo de duas maneiras. Primeiro, impondo a colaboração e o consenso de várias autoridades estatais na tomada de decisões. Segundo, estabelecendo mecanismos de fiscalização e responsabilização recíproca dos poderes estatais, conforme o desenho institucional dos freios e contrapesos". Nesse sentido, a jurisprudência do STF: "EMENTA: (...). A essência do postulado da divisão funcional do poder, além de derivar da necessidade de conter os excessos dos órgãos que compõem o aparelho de Estado, representa o princípio conservador das liberdades do cidadão e constitui o meio mais adequado para tornar efetivos e reais os direitos e garantias proclamados pela Constituição. Esse princípio, que tem assento no art. 2.º da Carta Política, não pode constituir e nem qualificar-se como um inaceitável manto protetor de comportamentos abusivos e arbitrários, por parte de qualquer agente do Poder Público ou de qualquer instituição estatal. (...). O sistema constitucional brasileiro, ao consagrar o princípio da limitação de poderes, teve por objetivo instituir modelo destinado a im- pedir a formação de instâncias hegemônicas de poder no âmbito do Estado, em ordem a neutralizar, no plano político-jurídico, a possibilidade de dominação institucional de qualquer dos Poderes da República sobre os demais órgãos da soberania nacional" (MS 23.452, Rel. Min. Celso de Mello, j. 16.09.1999, Plenário, DJ de 12.05.2000 - original sem grifos)."

Outro nome a ser citado é o de Jean-Jacques Rosseau, ele acreditava que a principal finalidade do estado era garantir a igualdade, do ponto de vista econômico. Também poderia citar Karl Marx, que viveu no século XIX e para ele também os fins eram de igualdade, mas seria de uma igualdade social entre as pessoas.

Por fim, deve-se citar a lição de JELLINEK (1974, 242). Para o autor, os fins do Estado podem ser resumidos em duas finalidades: fins jurídicos: direcionamento da atividade estatal à implantação e proteção do direito; outros fins: propõem-se à afirmação do poder estatal e ao incremento da cultura. Com base nesse argumento de base, ele chega ao seu raciocínio de divisão das funções do Estado.

Na doutrina do autor supra, as funções de estado são as seguintes: a) legislativa (estabelecer normas jurídicas abstratas); b) administrativa (lida com os problemas concretos e aplica as normas jurídicas); c) jurisdicional (manutenção e proteção do direito mediante decisões de cunho jurídico.

TAVARES (Tavares, 2023, 1265-1266) assim sintetiza a questão doutrinária:

> "Cumpre ainda observar que de ARISTÓTELES a MONTESQUIEU a referência às funções do Estado encontrava-se inserida no estudo político da melhor forma de organização do poder no Estado. É só com JELLINEK que o problema das funções do Estado passou a ganhar autonomia e relevo científicos. Assim, embora o estudo das funções do Estado já viesse, de forma explícita ou implícita, de há muito, a formulação de teorias a seu respeito é relativamente recente. A teoria das funções do Estado sempre esteve, e de resto continua assim, conexa com o problema das características, fins e poderes do Estado. Embora o termo "poder" seja impróprio, como observado no início deste estudo, a verdade é que o próprio vocábulo "função" pode ter emprego não homogêneo, causando a indeterminação. Além de ser utilizado pelas diversas áreas do conhecimento humano, mesmo na Ciência Política os autores emprestam-lhe vários significados. Há funções do Estado e há funções dos diversos órgãos e agentes dele, mas que não se confundem, pois uma coisa são as funções do Estado e outra bastante diversa são as funções que deve desempenhar determinado órgão do Estado. As funções do Estado, que interessam mais de perto aqui, pode-se dizer, são aquelas atreladas aos órgãos da soberania nacional. Os "órgãos de soberania" são os órgãos caracterizados por receber diretamente da norma constitucional seu status, sua conformação, competência, composição, numa palavra, sua definição. São estes os órgãos que podem conceber-se como titulares legitimamente exercentes de funções estatais, particularmente da função de governo (em contraste com a mera função administrativa), presente em cada um deles. Assim concebida, a separação de poderes exige uma teoria material das funções. Ou seja, é preciso que se possa identificar quais as principais funções ("poderes") a serem exercidas em um Estado. A doutrina da separação dos poderes, contudo, serve atualmente como uma técnica de arranjo da estrutura política do Estado, implicando a distribuição por diversos órgãos de forma não exclusiva, permitindo o controle recíproco, tendo em vista a manutenção das garantias individuais consagradas no decorrer do desenvolvimento humano. E é na Constituição que se encontra o grau de interdependência e colaboração entre os diferentes órgãos existentes e as suas respectivas atribuições. Neste caso, tem-se uma teoria da separação de poderes como uma específica teoria acerca do arranjo institucional desenhado em cada Estado pela respectiva Constituição."

Com relação às funções estatais nos Estados modernos, fica mos com a síntese de LENZA (Lenza, 2023, 1030):

> A teoria da "tripartição de Poderes", exposta por Montesquieu, foi adotada por grande parte dos Estados modernos, só que de maneira abrandada. Isso porque, diante das realidades sociais e histó- ricas, passou-se a permitir uma maior interpenetração entre os Poderes, atenuando a teoria que pregava a separação pura e absoluta deles. Dessa forma, além do exercício de funções típicas (predominantes), inerentes e ínsitas à sua natureza, cada órgão exerce, também, outras duas funções atípicas (de natureza típica dos outros dois órgãos). Assim, o legislativo, por exemplo, além de exercer uma função típica, inerente à sua natureza, exerce, também, uma função atípica de natureza executiva e outra função atípica de natureza jurisdicional. Importante esclarecer que, mesmo no exercício da função atípica, o órgão exercerá uma função sua, não havendo aí ferimento ao princípio da separação de Poderes, porque tal competência foi constitucionalmente assegurada pelo poder constituinte originário.

LENZA (Lenza, 2023, 1031) prossegue com a bastante cobrada caracterização exposta por José Afonso da Silva:

> função legislativa: "consiste na edição de regras gerais, abstratas, impessoais e inovadoras da ordem jurídica, denominadas leis"; função executiva: "resolve os problemas concretos e individualizados, de acordo com as leis; não se limita à simples execução das leis, como às vezes se diz; comporta prerrogativas, e nela entram todos os atos e fatos jurídicos que não tenham caráter geral e impessoal; por isso, é cabível dizer que a função executiva se distingue em função de governo, com atribuições políticas, colegislativas e de decisão, e função administrativa, com suas três missões básicas: intervenção, fomento e serviço público"; função jurisdicional: "tem por objeto aplicar o direito aos casos concretos a fim de dirimir conflitos de interesse".

Prossegue o autor Lenza, op. cit., 1032-1034, fazendo a importante correção doutrinária, para a qual se chama a atenção:

> "Depois de todo o visto, devemos apenas sistematizar a imprecisão do uso da expressão "tripartição de Poderes". Isso porque o poder é uno, indivisível e indelegável. O poder não se triparte. O poder é um só, manifestando-se por meio de órgãos que exercem funções. Dessa maneira, temos: a) poder: uno, indivisível e

> indelegável, um atributo do Estado que emana do povo; b) função: "a função constitui, pois, um modo particular e caracterizado de o Estado manifestar a sua vontade"; c) órgão: "os órgãos são, em consequência, os instrumentos de que se vale o Estado para exercitar suas funções, descritas na Constituição, cuja eficácia é assegurada pelo Poder que a embasa". Assim, todos os atos praticados pelo Estado decorrem de um só Poder, uno, indivisível e indelegável. Esses atos adquirem diversas formas, dependendo das funções exercidas pelos diferentes órgãos. O órgão legislativo, por exemplo, exerce uma função típica, inerente à sua natureza, além de funções atípicas, conforme vimos no quadro anterior, ocorrendo o mesmo com os órgãos executivo e jurisdicional.
>
> A correspondência entre funções e órgãos é imposta e decorrente da separação orgânica dos poderes e, naturalmente, está explícita no texto de 1988, destacando-se: art. 44: o "Poder" Legislativo (função) é exercido pelo Congresso Nacional (órgão), que se compõe da Câmara dos Deputados e do Senado Federal; art. 76: o "Poder" Executivo (função) é exercido pelo Presidente da República (órgão), auxiliado pelos Ministros de Estado; art. 92: são órgãos do "Poder" Judiciário (função):11 I - o Supremo Tribunal Federal; I-A - o Conselho Nacional de Justiça; II - o Superior Tribunal de Justiça; III - os Tribunais Regionais Federais e Juízes Federais; IV - os Tribunais e Juízes do Trabalho; V - os Tribunais e Juízes Eleitorais; VI - os Tribunais e Juízes Militares; VII - os Tribunais e Juízes dos Estados e do Distrito Federal e Territórios (órgãos)."

Por fim, deve-se destacar que na Constituição Federal de 1988, o constituinte coloca a separação de poderes como cláusula pétrea, na dicção do art. 60, § 4º, inc. III.

13

PRINCÍPIOS CONSTITUCIONAIS: INTERPRETAÇÃO, CONCEITO, CONTEÚDO, FUNÇÃO E RELEVÂNCIA. PRINCÍPIOS E NORMAS

13.1. PRINCÍPIOS CONSTITUCIONAIS: INTERPRETAÇÃO, CONCEITO, CON TEÚDO, FUNÇÃO E RELEVÂNCIA

Em primeiro lugar, cumpre destacar que a CF88 inova quando rotula os princípios dos arts. 1º a 4º como princípios fundamentais. Isso, no entanto, não quer dizer que somente aqueles que ali se encontram são fundamentais, nem que os princípios constitucionais estejam todos concentrados no Título I da Constituição, porque são inúmeros os exemplos de princípios constitucionais que estão dispersos no decorrer do texto constitucional.

Os princípios são espécie do gênero normas jurídicas. A distinção entre princípios e regras será feita no item seguinte. Peña Moraes (Moraes, 2024, 98-99) assim conceitua os princípios constitucionais:

> "Os princípios constitucionais são extraídos de enunciados normativos, com elevado grau de abstração e generalidade, que preveem os valores que influenciam a ordem jurídica, com a finalidade de informar as atividades produtiva, interpretativa e aplicativa das regras, de sorte que eventual colisão é removida na dimensão do peso, a teor do critério da ponderação, com a prevalência de algum princípio concorrente. A respeito, os princípios constitucionais ensejam três observações. Os princípios constitucionais são recobertos de duas modalidades principais de eficácia jurídica, a saber: negativa e positiva. Eficácia

> negativa, porquanto os princípios impossibilitam que sejam praticados atos ou produzidas normas contrárias aos seus propósitos. Eficácia positiva, porquanto os princípios autorizam que sejam exigidas as prestações que compõem o seu conteúdo essencial perante o Poder Judiciário, com o escopo de assegurar a realização de tudo aquilo que a norma pretende no mundo do dever ser, que não tenha sido produzido no mundo do ser."

Importante a definição de Miguel Reale (Reale, 1986, 60): "*Princípios são, pois verdades ou juízos fundamentais, que servem de alicerce ou de garantia de certeza a um conjunto de juízos, ordenados em um sistema de conceitos relativos à dada porção da realidade.*"

Ainda sobre o conceito de princípios constitucionais, convém citar Barroso (Barroso, 1999, 147), que expõe que os princípios constitucionais "são o conjunto de normas que espelham a ideologia da Constituição, seus postulados básicos e seus fins. Dito de forma sumária, os princípios constitucionais são as normas eleitas pelo constituinte como fundamentos ou qualificações essenciais da ordem jurídica que institui."

No que diz respeito à relevância dos princípios, a lição de Bandeira de Mello (MELLO, 2000, 747-748) se impõe:

> "Princípio – já averbamos alhures – é, por definição, mandamento nuclear de um sistema, verdadeiro alicerce dele, disposição fundamental que se irradia sobre diferentes normas compondo-lhes o espírito e servindo de critério para sua exata compreensão e inteligência, exatamente por definir a lógica e a racionalização do sistema normativo, no que lhe confere a tônica e lhe dá sentido harmônico. É o conhecimento dos princípios que preside a intelecção das diferentes partes componentes do todo unitário que há por nome sistema jurídico positivo [...]. Violar um princípio é muito mais grave que transgredir uma norma qualquer. A desatenção ao princípio implica ofensa não apenas a um específico mandamento obrigatório, mas a todo o sistema de comandos. É a mais grave forma de ilegalidade ou de inconstitucionalidade, conforme o escalão do princípio atingido, porque representa insurgência contra todo o sistema, subversão de seus valores fundamentais, contumélia irremissível a seu arcabouço lógico e corrosão de sua estrutura mestra. Isto porque, com ofendê-lo, abatem-se as vigas que os sustêm e alui-se toda a estrutura nelas esforçada".

Irrefutável, portanto, que princípios constitucionais carregam consigo alto grau de imperatividade, e sua relevância está ainda no seu caráter normativo e cogente, cuja violação atinge os próprios valores nele inscritos.

Ainda dentro desse tema, a doutrina de Ingo Wolfgang Sarlet (Sarlet; Marinoni; Mitidiero, 2022, 394-395) chama a atenção para a denominada eficácia negativa dos princípios constitucionais, alertando que esta se manifesta de diversas maneiras:

> "Num primeiro sentido, ela enseja a revogação (ou a não recepção) de normas infraconstitucionais editadas antes da entrada em vigor da CF, que deixam de ser aplicadas naquilo em que frontalmente contrastam com o conteúdo da constituição. Numa segunda acepção, a eficácia negativa diz com a declaração de inconstitucionalidade (em sede de controle difuso ou concentrado) das normas infra-constitucionais posteriores quando em desacordo com a constituição. Ainda no plano de uma eficácia do tipo negativo, embora, salvo melhor juízo, já avançando em direção a uma eficácia do tipo positivo, temos o que talvez seja o efeito mais relevante e próprio dos princípios fundamentais, qual seja, o de servirem como critério material para a interpretação e integração do direito infraconstitucional, mas também, especialmente no caso dos princípios fundamentais, para a interpretação da própria constituição. Nesse sentido, o intérprete/aplicador, no âmbito de suas respectivas limitações funcionais, deverá sempre privilegiar uma interpretação o mais conforme possível aos princípios fundamentais, afastando as opções interpretativas incompatíveis."

O mesmo autor (Sarlet; Marinoni; Mitidiero, 2022, 395-396) alerta para a questão de hipertrofia de princípios:

> "Convém agregar, nessa toada, que a doutrina tem alertado corretamente para o que se poderia designar de uma hipertrofia dos princípios, fenômeno que se verifica em pelo menos dois níveis. Numa primeira acepção, que autores do porte de Lenio Streck têm rotulado como representando uma espécie de panprincipialismo, está em causa não apenas o recurso por vezes desnecessário aos princípios (em detrimento das regras), mas, inclusive, a criação doutrinária e jurisprudencial de novos princípios sem a necessária sustentação no sistema jurídico-constitucional ou mesmo a transmutação em princípios de normas que, em rigor, assumem a estrutura normativa de regras. Outro problema, possivelmente até mais grave – igualmente apontado, entre outros,

> por Lenio Streck –, reside na aplicação desnecessária de princípios para a solução de problemas jurídicos e na atribuição de efeitos aos princípios que são incompatíveis com sua estrutura normativa, resultando, em muitos casos, numa manipulação decisionista dos princípios (. . .)"

Na dicção de Moraes (2024), pode-se resumir as características dos princípios constitucionais da seguinte forma:

- Abertura: os princípios conformam um sistema axiológico (valores), e não um sistema axiomático (irrefutável, encerrado em sua certeza), deixando claro que o sistema jurídico do Estado brasileiro é um sistema aberto de princípios.
- Pluralidade: os princípios podem ser localizados por todo o texto constitucional, e tanto podem estar explícitos ou serem extraídos de outras disposições constitucionais.
- Unidade: os princípios organizam-se em estrutura sistêmica e possuem coerência interna.
- Equilíbrio: os princípios são abstratamente equivalentes entre si, sem a preponderância de um sobre outro.
- Hierarquia: não se trata de uma hierarquia normativa de regras contra princípios, o que se quer deixar claro é que o valor inspirador do princípio norteia de forma axiológica a regra.
- Polaridade (ou Bipolaridade): um valor sempre se contrapõe ao desvalor.
- Analogia: os princípios constitucionais são revelados por dedução ou por indução.
- Historicidade: os princípios constitucionais são duradouros.
- Interdisciplinaridade, os princípios não serão objeto exclusivo da do direito constitucional.

O autor Wolfgang Sarlet (Sarlet; Marinoni; Mitidiero, 2022, 397) traz a classificação que, embora clássica, também é bastante referida em termos doutrinários, que é a classificação de Canotilho:

> (a) princípios políticos constitucionalmente conformadores, são aqueles que veiculam e explicitam decisões (valorações) políticas fundamentais do poder constituinte, e que incluem os princípios

> habitualmente chamados de estruturantes, pois dizem respeito à forma e estrutura do Estado, ao regime político e aos princípios que caracterizam a forma de governo; (b) princípios constitucionais impositivos, que impõem aos órgãos estatais a realização de determinados fins e tarefas, usualmente também chamados de normas definidoras de fins estatais (especialmente na doutrina alemã), como dão conta, no caso brasileiro, precisamente os objetivos enunciados no art. 3.º da CF, entre outros tantos que poderiam ser citados; (c) princípios-garantia, que têm por escopo a instituição de uma garantia para os cidadãos e que em geral também assumem a condição de direitos-garantias fundamentais, como é o caso dos princípios da legalidade penal e tributária, da presunção de inocência, entre outros.

Para o doutrinador Bulos (Bulos, 2014, 291-292), a classificação dos princípios constitucionais deve ser feita considerando os diferentes graus de concretização, e assim o autor especifica seu entendimento:

> "Princípios estruturantes: indicam as ideias norteia duras do estado de direito democrático. Equivalem às linhas mestras da Constituição Federal. Exemplos: CF, artigos 1º e 2º. Os princípios estruturantes concretizam-se por meio dos princípios constitucionais gerais e dos princípios constitucionais especiais;
>
> Princípios constitucionais gerais: São enunciados normativos genéricos de maior grau de abstração e generalidade, que conferem intensidade aos princípios estruturantes. Exemplo: grampos telefônicos e gravações ambientais, praticada de modo clandestino em moral, são desrespeito aos princípios estruturantes do estado de direito democrático (CF, art. 1º, caput) e da dignidade da pessoa humana (CF art. 1º, III), uma vez que tal inconstitucionalidade, que deve ser repudiada venha de onde vier, constitui nítida afronta ao princípio constitucional geral da reserva absoluta de jurisdição, o qual não admite, nem tolera, intromissões à privacidade alheia sem ordem judicial (CF art. 5º, XII); e
>
> Princípios constitucionais especiais (específicos ou setoriais): são enunciados normativos de menor grau de abstração e generalidade, por que atuam em setores específicos da vida constitucional dos estados. Mesmo assim, servem para intensificar ou concretizar os princípios estruturantes. Exemplo: o princípio constitucional estruturante Republicano (CEF art. 1, caput) densifica-se ou concretiza-se por meio do princípio constitucional setorial da não vitaliciedade da legislatura, que tem a duração de quatro anos (CF, art. 44, parágrafo único).

> Mas os princípios constitucionais estruturantes não são somente concretizados por princípios constitucionais gerais ou especiais. As normas constitucionais, independentemente de sua natureza, aplicabilidade ou classificação eficacial, também podem servir de instrumento para densificá-los. Exemplo: a norma constitucional inscrita no parágrafo 4º, III, do art. 60, funciona como elemento de densificação do princípio estruturante do art. 2º, da Carta da República. Resultado: o vetor da separação de poderes não pode ser objeto de proposta de emenda tendente a aboli-lo."

Com base na lição de Peña de MORAES (Moraes, 2024, 102- 105), uma síntese da classificação proposta por BULOS pode ser assim desenhada:

> "Os princípios fundamentais são sínteses das normas constitucionais, que a eles podem ser direta ou indiretamente reconduzidas, com o objetivo de organizar o Estado. (...) O princípio democrático é pertinente aos regimes políticos, evidenciado pela titularidade do poder estatal pelos cidadãos (governo do povo), exercido por meio da representação política (governo pelo povo), com o fim de atender aos interesses populares (governo para o povo). (...) O princípio republicano é referente às formas de governo, identificado pela igualdade perante a lei, bem assim a periodicidade dos mandados políticos, com a consequente responsabilidade dos mandatários. O princípio federativo é relativo às formas de estado, individualizado pela existência de duas espécies de ordens jurídicas, a federal, imanente ao poder central, e as federadas, inerentes aos poderes regionais e locais, singularizadas pelos atributos da soberania e autonomia, respectivamente.
>
> (...) Os princípios gerais são desdobramentos dos princípios fundamentais, que são irradiados pelo ordenamento constitucional, com o objeto de limitar o poder imanente ao Estado. (...) O princípio da legalidade, em conformidade com os arts. 5º, inc. II, e 37, caput, da CRFB, consiste na subordinação ou sujeição das pessoas, órgãos e entidades aos preceitos emanados do Poder Legislativo. Por um lado, o conteúdo do princípio da legalidade, no regime jurídico de Direito Privado, é influenciado pela "doutrina do comprometimento negativo" (negative Binding), isto é, a legalidade decorre da inexistên- cia de proibição em regra jurídica, de forma que os administrados podem fazer tudo aquilo que não é proibido, posto que a relação entre regra jurídica e administrados não é de contradição. Por outro lado, o conteúdo do princípio da legalidade, no regime jurídico

do Direito Público, é informado pela "doutrina do comprometimento positivo" (positive Binding), ou seja, a legalidade deflui da existência de permissão em regra jurídica, de modo que a administração pode fazer tudo aquilo que é permitido, vez que a relação entre regra jurídica e administração também é de subsunção. Nessa ordem de ideias, há a distinção entre o princípio da reserva legal e o princípio da preferência legal, porquanto naquele "só a lei pode criar direitos e obrigações", enquanto neste "o ato não pode dispor de modo diverso ou mais amplo que a lei". O princípio da igualdade, em concordância com os arts. 3º, inc. III, 5º, caput e incs. I e XIII, 7º, incs. XXX a XXXII, 14, caput, 37, incs. I e II, 226, § 5º, e 227, § 6º, da CRFB, corresponde à inadmissibilidade de diferenciações arbitrárias, exteriorizadas sob a forma de discriminação ou privilégio. Com efeito, há a divisão entre princípio da igualdade na lei e princípio da igualdade perante a lei, na medida em que aquela define que a produção das regras jurídicas não pode consubstanciar desequiparações não autorizadas pela ordem constitucional, destinada precipuamente aos órgãos legislativos, ao passo que esta determina que a aplicação das regras jurídicas deve ser realizada em consonância com o estatuído pelas mesmas, ainda que resulte em desigualdades, dirigida principalmente aos órgãos judiciais, reunidas sob a elocução "iguais perante a lei". (...) o princípio da igualdade é dotado de caráter relativo, eis que proíbe as diferenciações de tratamento arbitrárias, assim compreendidas as discriminações (situações de desvantagem) ou privilégios (situações de vantagem), sendo "legítima a desequiparação quando fundada e logicamente subordinada a um elemento discriminatório objetivamente aferível, que prestigie, com proporcionalidade, valores abrigados no texto constitucional". O princípio da inafastabilidade do controle judicial, com fundamento nos arts. 5º, inc. XXXV, e 217, § 1º, da CRFB, denomina a tutela jurisdicional adequada, efetiva e tempestiva das necessidades de Direito Material, por intermédio da preordenação das medidas necessárias à realização das pretensões deduzidas em juízo ou tribunal, como, por exemplo, a tutela de urgência. Em decorrência, a ação, processo e jurisdição exercida pelo juiz, com intervenção do promotor natural, são corolários do princípio da inafastabilidade do controle judicial. (. . .) O juiz natural encerra uma tríplice garantia, quer dizer, proibição do poder de comissão (impossibilidade de instituição de juízos e tribunais extraordinários, precipuamente transitórios e arbitrários), poder de evocação

> (impossibilidade de distribuição de competências posterior ao fato constitutivo do direito do demandante) e poder de atribuição (impossibilidade de instituição de juízos e tribunais especializados, primordialmente permanentes e orgânicos, ressalvados os constitucionalmente instituídos), enquanto o promotor natural expressa a predeterminação em lei do órgão de atuação do Ministério Público para oficiar nos processos que reclamam a intervenção ministerial, inafastável por ato discricionário do Procurador-Geral. O princípio do devido processo legal (law of the land ou due process of law), com fulcro no art. 5º, inc. LIV, da CRFB, designa o critério de aferição da validade dos atos oriundos do Poder Público, revestido de conteúdo dúplice, conforme seja investigado sob o ângulo processual ou substancial. Sob um ângulo, o princípio do devido processo legal processual (procedural due process) é dotado de conteúdo formal, pois assegura a regularidade procedimental, cujos corolários são a demanda, defesa e igualdade entre as partes, de maneira que cada questão submetida à apreciação jurisdicional deve ser resolvida por meio de um encadeamento lógico de atos tendentes à consecução do provimento final (processo), próprio para o caso (devido) e previamente estipulado (legal), deflagrado pela ação exercida pelo demandante, contraposta à defesa oferecida pelo demandado, em igualdade de condições perante o órgão judicial competente. Sob outro ângulo, o princípio do devido processo legal substancial (substantive due process) é provido de conteúdo material, porque assegura o exame do mérito de determinadas valorações administrativas e judiciais, cujo corolário é a proporcionalidade, subdividida em adequação, necessidade e proporcionalidade em sentido estrito, de sorte que cada medida restritiva de direitos fundamentais deve revelar-se adequada, necessária e proporcional stricto sensu, ou seja, deve corresponder ao meio adequado para a persecução dos fins visados pela lei (adequação), não havendo outro meio menos oneroso para que os fins visados pela lei pudessem ser obtidos (necessidade), sendo imprescindível a ponderação entre a medida restritiva de direitos fundamentais e os fins visados pela lei (proporcionalidade em sentido estrito). (...)

Ao final, o autor ainda refere que os princípios setoriais informam um complexo de normas constitucionais afetas a um determinado ramo do Direito Positivo, e aí citamos como exemplo aqueles de direito administrativo, direito civil, direito penal, entre outros.

Por fim, a doutrina também faz distinção entre o que seria convencionado chamar de princípios constitucionais implícitos e os princípios constitucionais explícitos. Os explícitos estão no decorrer do texto constitucional, já os implícitos, como por exemplo os princípios da razoabilidade e proporcionalidade não se encontram dispostos em nenhum artigo específico na Constituição. Isso não quer dizer que não lhes seja deferida eficácia e efetividade. O que ocorre é que os princípios explícitos são considerados como **não escritos**, cuja observância **independe** de explicitação em texto constitucional, pois pertencem à **natureza e essência do Estado de Direito.**

13.2. PRINCÍPIOS, REGRAS E NORMAS

A norma constitucional é uma categoria especial de norma jurídica, pois tem alguns predicados diferentes em relação às normas jurídicas em geral. Isso se mostra claramente ao perceber que na norma constitucional são diversos os conceitos indeterminados e expressões vagas, cuja busca por um significado exige, por vezes, um profundo juízo de valor.

Importante é a distinção de princípios regras e normas, tratada na doutrina e objeto de diversas questões de concursos públicos.

Tanto regras quanto princípios são espécies do gênero norma. Um sistema deve contemplar, como dito anteriormente, normas e princípios. Diferenciar princípios e regras coube à doutrina. LENZA (Lenza, 2023, 359-360) sintetiza a lição de CANOTILHO:

> grau de abstração: "os princípios são normas com um grau de abstração relativamente elevado; de modo diverso, as regras possuem uma abstração relativamente reduzida"; grau de determinabilidade na aplicação do caso concreto: "os princípios, por serem vagos e indeterminados, carecem de mediações concretizadoras (do legislador, do juiz), enquanto as regras são susceptíveis de aplicação direta"; carácter de fundamentalidade no sistema das fontes de direito: "os princípios são normas de natureza ou com um papel fundamental no ordenamento jurídico devido à sua posição hierárquica no sistema das fontes (ex.: princípios constitucionais) ou à sua importância estruturante dentro do sistema jurídico (ex.: princípio do Estado de Direito)"; "proximidade" da ideia de direito: "os princípios são 'standards' juridicamente vinculantes radicados nas exigências de 'justiça' (DWORKIN) ou na 'ideia de direito' (LARENZ); as regras podem ser normas vinculativas com um conteúdo meramente

funcional"; natureza normogenética: "os princípios são fundamentos de regras, isto é, são normas que estão na base ou constituem a ratio de regras jurídicas, desempenhando, por isso, uma função normogenética fundamentante".

REFERÊNCIAS BIBLIOGRÁFICAS

- BARROSO, L. R. **Interpretação e aplicação da Constituição**: fundamentos de uma dogmática constitucional transformadora. 2. ed. São Paulo: Saraiva, 1999.
- BULOS, U. L. **Direito Constitucional ao alcance de todos**. 5. ed. São Paulo: Saraiva, 2014.
- JELLINEK, G. **Teoría General del Estado**. 2. ed. Buenos Aires: Editorial Albatros, 1974.
- LENZA, P. **Direito Constitucional Esquematizado**. 27. ed. São Paulo: SaraivaJur, 2023.
- MELLO, C. A. B. de. **Curso de Direito Administrativo**. 12. ed. São Paulo: Malheiros, 2000.
- MORAES, G. P. de. **Curso de Direito Constitucional**. 14. ed. Barueri: Atlas, 2024. 840 p.
- REALE, M. **Filosofia do Direito**. 11. ed. São Paulo: Saraiva, 1986.
- SARLET, I. W.; MARINONI, L. G.; MITIDIERO, D. **Curso de Direito Constitucional**. 11. ed. [S.l.]: SaraivaJur, 2022.
- TAVARES, A. R. **Curso de Direito Constitucional**. 21. ed. São Paulo: Saraiva, 2023.

14

NORMAS CONSTITUCIONAIS: APLICAÇÃO, NATUREZA, CLASSIFICAÇÃO, LACUNAS NA CONSTITUIÇÃO

José Antonio Branco

Valéria Isabel dos Santos

14.1. NOÇÕES INTRODUTÓRIAS

A confecção de um estudo voltado para o auxílio àqueles que almejam uma vaga nos quadros policiais, quando planejado e construído a partir da análise de questões de certames já aplicados, em concomitância à fundamentação doutrinária, possui um fator de concentração, de alcance retilíneo, de empirismo muito forte, que não pode ser olvidado, ou mesmo, desmerecido. Quando partimos do próprio ponto onde o candidato se encontra, e promovemos o conhecimento e a compreensão das variáveis interpostas nesse caminho, intuímos que a preparação tenha "um que" de empírico, de conscientização e reconhecimento. Isso posto, porquanto, quanto mais o candidato estiver ambientado com as nuances do concurso, com as questões, suas interpretações e resoluções, maior será a probabilidade de êxito.

E quando mencionamos o termo variáveis, não o fazemos por eufemismo. É fato que as barreiras a serem galgadas para a aprovação constituem problemas de tamanhos múltiplos e de formas distintas. Os obstáculos se interpõem tanto pela dificuldade crescente exigida nas questões do certame, como pela impossibilidade de uma preparação que faça frente proporcional a esta última.

De fato, é impossível saber tudo, mas é factível possuir o conhecimento específico que possibilite a análise plena das perguntas a serem respondidas e, desta forma, utilizar o conhecimento da disciplina da forma mais efetiva possível.

Ao utilizarmos a palavra "efetiva", para bem ilustrar ao leitor, podemos traçar um paralelo com dois outros verbetes sinonímicos, ou seja, eficácia e eficiência. Assim sendo, ao candidato, qualquer um dos três termos caberia como resultado. Em outras palavras, para alcançar a meta de ser aprovado num certame público, bastaria ser eficaz, eficiente ou efetivo. Se por efetivo temos uma acepção mais voltada ao concreto, à realidade e ao resultado, caso este seja alcançado, o objetivo estará completamente concluído. Os dois vocábulos restantes, eficácia e eficiência, por outro lado, aferem não apenas o resultado, mas também o processo. Contudo, o candidato eficaz (que chegou aos objetivos utilizando os conhecimentos que tinha) e o candidato eficiente (que chegou aos objetivos utilizando da melhor maneira possível os conhecimentos que tinha), no que tange ao resultado, também alcançarão o objetivo.

A ideia trabalhada, todavia, torna-se divertida quando relacionamos a eficácia e a eficiência ao processo de resolução das questões, e não ao resultado. Nessa senda, ainda que o candidato conduza o processo de forma eficaz, a depender do seu grau de conhecimento, o escopo não será alcançado. Em outras palavras, este apenas terá atuado conforme os conhecimentos possuídos, todavia, se estes forem insuficientes ao grau de dificuldade demandado nas questões, o candidato não obterá êxito.

E isso é algo comum na vida dos concorrentes a cargo público, posto que, muitas das vezes, irão participar de vários certames antes que aglutinem um grau de conhecimento suficiente para que atinjam os patamares exigidos para a aprovação. Como dissemos antes, é praticamente impossível a alguém ter o conhecimento pleno de todos os assuntos abordados numa prova. E este caminho geralmente perdura no tempo individual de cada um dos candidatos, infringindo derrotas àqueles que não consigam se manter estudando ao longo dos anos. Aqui poderíamos divagar sobre outras caraterísticas importantes, como a resiliência, todavia, para permanecermos dentro do nosso escopo de apresentação, primando pela concisão, deixaremos esses e outros aspectos para outras oportunidades.

Dessarte, temos um resultado exatamente proporcional entre a dificuldade da prova e o grau de conhecimento do candidato apto a resolvê-la. Essa proporcionalidade somente atingirá números equivalentes após um tempo específico de estudo, que dependerá, além da dificuldade inerente à prova do cargo almejado, também a uma série de variáveis especificamente relacionadas ao candidato, no que alude ao tempo diário vertido ao estudo, à absorção individual do conhecimento, às estratégias utilizadas, à organização dos horários etc.

De tal forma, portanto, o candidato eficaz somente alcançará seus objetivos quando esses números forem equivalentes, ou seja, quando for possível a ele, utilizando todos os conhecimentos arrebanhados, resolver uma determinada prova de concurso público. Aqui não há "milagres", apenas a equivalência entre os níveis de conhecimento individual e a dificuldade do certame aplicado.

De outro lado, o candidato que souber aplicar a eficiência ao processo de resolução das questões, poderá alcançar o resultado pretendido, mesmo possuindo um nível inferior de conhecimento às dificuldades demandadas. E aqui o "milagre" realmente acontece, posto que, ainda que presente esta disparidade entre a proporcionalidade de conhecimento e a dificuldade, abre-se a possibilidade de classificação para o cargo almejado.

Em conclusão, o que se demanda àquele que objetiva pertencer aos quadros da Polícia Civil é que seja eficiente, ou seja, "faça mais com menos". E essa necessidade vem de encontro com a assertiva trabalhada até o momento, em outras palavras, de que dificilmente o candidato será capaz de aglutinar todo o conhecimento exigido numa prova de certame. Pois é exatamente aqui que se coloca a importância da análise das questões de concursos pretéritos, da doutrina respectiva, bem como da compreensão do raciocínio exigido para o alcance da efetividade no tocante aos acertos pretendidos.

E para finalizar, antes de adentrarmos efetivamente na análise das questões, enfatizamos a dificuldade crescente enfrentada diante dos enunciados confusos, ambíguos e que desaguam em perguntas que comportam mais de uma alternativa plausível de ser escolhida. Muitas das vezes, tem-se apenas a formulação errônea das questões, que por motivos que desconhecemos, não são alvo posterior de reconhecimento e anulação pelas respectivas Bancas responsáveis. Enfim, são várias as vicissitudes que deverão ser enfrentadas e vencidas, e esperamos, (permitam-nos o trocadilho) que este estudo, de forma eficiente, seja efetivo na prestação desse auxílio.

14.2. CONCEITOS, NATUREZA, VALIDADE E ALGUNS ASPECTOS DA CLASSIFICAÇÃO NORMATIVA

As normas podem nascer a partir de dois processos explanados pela doutrina, cujos critérios se assentam na legalidade ou na dedutibilidade lógica.

Nesse sentido, para que tenham pertencimento e sejam válidas diante de um ordenamento jurídico, precisam estar correlacionadas a esse sistema normativo, doravante extraindo seu caráter de validade a partir dos critérios de legalidade, quando estejam explicitamente citadas, ou por meio da dedução, quando seja possível a realização do raciocínio lógico correspondente para a extração dos conceitos implicitamente inseridos nas normas.

Insta mencionar que a norma, uma vez criada, sempre será pertencente à ordem jurídica da qual se exarou, ainda que tenha sido revogada ou invalidada. A exclusão somente ocorre no que tange ao sistema jurídico normativo.[1]

Dessarte, como as normas dependem dos critérios citados para a sua existência, ou seja, da correlação em face de um sistema jurídico anterior, da qual poderão retirar a sua validade, subtende-se a necessidade da preexistência desse sistema, o qual deverá conter outras normas que tenham caráter superior e de primazia sob o arcabouço jurídico que se erguerá sob as suas diretrizes basilares.

Nesse sentido, as normas constitucionais são as responsáveis por aglutinarem a fonte jurídica no qual todas as outras irão beber para o processo existencial de afirmação dentro de um sistema jurídico, cuja constituição detém a força normativa originária.

Ainda que existam teorias diversas quanto à validade da norma, mais especificamente aquelas decorrentes da escola jusnaturalista, positivista ou dos adeptos do realismo jurídico, existe consenso na doutrina majoritária de que a norma será válida no tocante a assunção de seus aspectos de validez formal e material defronte às normas de caráter superior que lhe disciplinam.[2] Nesse diapasão, a norma carecerá adaptar-se às regras do processo de criação/formação, bem como ao conteúdo que lhe será inserido, para que possa convalidar-se diante do sistema jurídico.

Todavia, as normas constitucionais, por serem dotadas de primariedade, não necessitam buscar a sua validade em outras normas superiores, senão, agem como fontes normativas *extra ordinem*, compondo-se, por si só, como

1 BERNARDES, Juliano Taveira; FERREIRA, Olavo Augusto Vianna Alves. **Direito Constitucional – Agora em volume único**. 13. ed., rev., atual. e ampl. – São Paulo: Ed. Juspodivm, 2023. p. 288.

2 BERNARDES, Juliano Taveira; FERREIRA, Olavo Augusto Vianna Alves. **Direito Constitucional – Agora em volume único**. 13. ed., rev., atual. e ampl. – São Paulo: Ed. Juspodivm, 2023. p. 288.

originárias do sistema jurídico que criaram e integram.[3] Assim sendo, superou-se a teoria Kelseniana que exigia que, mesmo as constituições, buscassem sua validade em normas superiores, ainda que fossem apenas pressupostas. Em outras palavras, as normas constitucionais são independentes, prescindindo de quaisquer outras para ratificação de sua validade.

Da mesma forma, por se tratarem de princípios e regras que formam o arcabouço constitucional de um sistema jurídico, diversamente das normas infraconstitucionais, tem vigência condicionada às suas próprias normas. Em outras palavras, tão somente a Constituição detém o poder de limitar temporalmente o período em que as suas normas irão incidir no sistema jurídico.

Nesse sentido, a Constituição Federal de 1988 não trouxe nenhuma regra, sequer implícita, sobre o prazo de vigência de suas normas. E isto cabe também à expressa manifestação do Poder Constituinte derivado, que deverá seguir as regras do sistema jurídico no qual está inserido.[4]

Assim sendo, as normas constitucionais iniciam a sua vigência a partir da promulgação do texto constitucional inovador, ou seja, com o início da nova ordem jurídica, pairando no sistema jurídico até o limite de sua vigência, ou seja, quando nova constituição for promulgada. Afora essa regra específica, uma norma constitucional poderá ser revogada por outra norma mais recente, ou mesmo por mutação constitucional. Esse termo descreve a alteração na interpretação dos conceitos de normas preexistentes, atribuindo-lhes novas conformações de acordo com os aspectos sociais e históricos hodiernos.

As normas oriundas da mutação constitucional, como não ocorrem de maneira predefinida, mas apenas na esteira de movimentos imprevisíveis, tem o início da vigência, muitas das vezes, condicionado pelo próprio STF, no bojo do próprio processo que as analisa.

Existem exceções ao processo de revogação das normas constitucionais pela mutação constitucional ou pela criação de normas mais recentes no tocante as cláusulas pétreas, ou seja, àquelas normas protegidas por limitações materiais que somente podem ser objeto de revogação pelo advento de uma nova Constituição.[5]

---

3 BERNARDES, Juliano Taveira; FERREIRA, Olavo Augusto Vianna Alves. Op, cit. p. 288.

4 BERNARDES, Juliano Taveira; FERREIRA, Olavo Augusto Vianna Alves. Op, cit. p. 292.

5 BERNARDES, Juliano Taveira; FERREIRA, Olavo Augusto Vianna Alves. Op, cit. p. 293.

Outro aspecto que também se encontra inter-relacionado com a existência da norma e, portanto, com a sua possibilidade de produzir efeitos no interior de um decurso temporal, é a eficácia normativa. Explica-se, precipuamente, pela capacidade que a norma possui em produzir, no mundo fático, os efeitos jurídicos pretendidos.

A eficácia da norma constitucional não se baliza pelos mesmos parâmetros de sua vigência, ou seja, a norma pode manter a sua eficácia mesmo padecendo da perda de sua vigência. A retroatividade da norma é um exemplo desse processo. A situação diametralmente oposta também é possível. Nesse caso, a norma mantém a sua vigência, mas é destituída de eficácia.

Dando continuidade à definição de eficácia constitucional, Juliano Taveira e Olavo Augusto explanam:

> Por outro ângulo, a eficácia normativa comporta variações tanto de espécie quanto de intensidade, a depender da extensão de certos pressupostos de natureza jurídica e/ou de natureza fática. Segundo FERRAZ JR., são pressupostos de natureza jurídica que dotam a norma de **eficácia técnica**; e são pressupostos de natureza fática que concedem à norma **eficácia social** (ou **efetividade**).[6]

Os aspectos técnicos escorreitos aludem à formulação da norma e à sua capacidade de ser interpretada e executada de forma plena, sem a necessidade de mediação por outras normas. Quanto a essa primeira assertiva, a norma é válida a produzir efeitos, concretamente, pela sua simples aplicação. Portanto, estas são denominadas normas de eficácia plena. Em sentido oposto, quando lhe faltar qualquer requisito técnico para a completa apreensão de seu poder aplicativo, esta será classifica como norma de eficácia limitada. Aqui, deveras, necessita-se de complementação a partir da criação de outras leis que lhe completem e possibilitem a aplicação de forma concreta.

Ainda existe uma terceira via no que tange aos pressupostos de natureza jurídica, nesse sentido, as normas que possuem eficácia contida ou restringível. Tais casos aludem às normas constitucionais, que entrementes possuírem todos os requisitos para a sua concretização exterior, sofrem algumas restrições de efeito jurídico, por conta da própria cominação que as deixam adstritas

---

6 BERNARDES, Juliano Taveira; FERREIRA, Olavo Augusto Vianna Alves. Op, cit. p. 294.

à regulamentação por normas de caráter inferior.[7] Em resumo, a classificação das normas constitucionais quanto a sua eficácia deriva unicamente dos pressupostos de natureza jurídica.

Já a segunda parte dessa dicotomia, mais precisamente os pressupostos fáticos, refere-se à possibilidade de aplicação da norma constitucional tendo em vista os aspectos sociais ou institucionais. Em outras palavras, derivam de situações concretas do mundo exterior que viabilizam (ou inviabilizam) à aplicação da lei. É também denominada de efetividade normativa.

Nesta, o que se afere é a existência e a predisposição do ambiente propício à aplicação da lei. Em nada adianta o advento de uma norma constitucional que contenha uma regra cuja aplicação seja impossível pela ausência de requisitos fáticos. Em outras palavras, faltaria a adequação entre a norma e o mundo concreto, para a sua plena efetividade.

Os autores Juliano Taveira e Olavo Augusto[8] concordam que as normas constitucionais, tomadas individualmente, praticamente em nada diferem das normas comuns. A única ressalva pontuada refere-se ao fato de que as normas constitucionais são de natureza pública e frequentemente padecem de efetividade, principalmente porque não vem acompanhadas por dispositivos sancionatórios.

Por outro lado, quando pensamos as normas constitucionais como um bloco constitucional, existe uma maior diferenciação no que tange à efetividade normativa. Dessarte, nesse último caso, a efetividade repousa na própria aceitação da "revolução" que trouxe uma nova ordem jurídica ao Estado. Em outras palavras, a sociedade é a responsável por conferir esse *status* à nova constituição, aceitando-a, e às novas normas editadas no bojo da carta constitucional.

14.3. APLICABILIDADE DA NORMA CONSTITUCIONAL

Feitas estas explanações sobre a eficácia normativa da norma, podemos nos estender ao conceito da sua aplicabilidade normativa, haja vista que esta última se posiciona de forma conexa à primeira, dependendo de seus pressupostos de natureza jurídica e fática.

---

7 BERNARDES, Juliano Taveira; FERREIRA, Olavo Augusto Vianna Alves. Op, cit. p. 295.

8 BERNARDES, Juliano Taveira; FERREIRA, Olavo Augusto Vianna Alves. Op, cit. p. 296.

Os autores Juliano Taveira e Olavo Augusto[9] fazem um aporte doutrinário para realizar a diferenciação entre a aplicabilidade normativa e aplicação, em si, da norma. Nessa senda, ainda que a norma detenha todos os requisitos técnicos e fáticos necessários para a sua eficácia, e, desta forma, esteja revestida de aplicabilidade, não terá a sua aplicação ao caso concreto garantida. Assim sendo, temos duas situações distintas, ficando a aplicabilidade normativa detida num campo jurídico abstrato, ainda que dotada de todas as condições reais para a adequação ao mundo exterior, em contrapartida ao próprio ato concreto da aplicação.

O que podemos inferir daí, é que existem outros componentes a serem justa posicionados neste processo. Sendo assim, o que efetivamente determina a aplicação das normas constitucionais são as denominadas metanormas, as quais são responsáveis pela fixação de critérios de aplicabilidade das normas em geral.[10] Isso explica o porquê de normas que já foram revogadas ou expulsas do nosso sistema jurídico poderem ser aplicadas.

Algumas dessas situações aludem às regras da aplicação da norma penal mais benéfica, ainda que revogada, ou da norma revogada que tenha garantido um direito em face de novo diploma contrário.

Um exemplo precípuo de metanorma, disposta na Constituição Federal de 1988, remete ao seu artigo 5°, § 1°, *in verbis*: *"As normas definidoras dos direitos e garantias fundamentais tem aplicação imediata"*.

No que tange à referida metanorma, representativa da efetiva aplicabilidade da norma constitucional no Direito pátrio, formaram-se 5 (cinco) vieses teóricos com o fim de interpretá-la[11]. O primeiro deles classificou a norma como impertinente, ao defender a impossibilidade de se efetuar a correção da norma defeituosa ou incompleta. A simples edição da metanorma, portanto, não teria o caráter irrevogável de levar a sua aplicabilidade.

Outra posição, diametralmente oposta, avocou o argumento de que a norma em tela teria aplicabilidade imediata e eficácia plena, estando o Poder Público obrigado a sua implementação por meio de quaisquer institutos jurídicos disponíveis.

---

9 BERNARDES, Juliano Taveira; FERREIRA, Olavo Augusto Vianna Alves. Op, cit. p. 296.

10 BERNARDES, Juliano Taveira; FERREIRA, Olavo Augusto Vianna Alves. Op, cit. p. 296.

11 BERNARDES, Juliano Taveira; FERREIRA, Olavo Augusto Vianna Alves. Op, cit. p. 296.

Uma terceira corrente tracionou um entendimento intermediário, ou seja, de aplicação parcial da norma constitucional. Isto porquanto a regra esculpida na Constituição não teria o condão de consertar todos os defeitos incutidos nas normas constitucionais. Mas, no caso concreto, caberia ao Judiciário o ônus de prover o cumprimento efetivo do direito por meio da aplicação da norma.

Em outro viés doutrinário, os juristas discorreram sobre o valor interpretativo da máxima eficácia das normas constitucionais, notadamente no tocante a relevância em se consubstanciar a aplicabilidade das normas, independentemente da cláusula em estudo. Portanto, denominaram a cláusula diretiva sob o epíteto de cláusula tecnicamente ociosa.

Outra posição apontou a clausula constitucional como princípio norteador, o qual impõe a máxima otimização de sua aplicabilidade. Nesse contexto, contudo, haja vista ser classificado como princípio, não exerceria efeitos práticos em situações que não tenham um ambiente propício para a concepção do direito.

Esta última posição prevaleceu, levando ao entendimento de que as normas de direitos fundamentais são aplicáveis de imediato, afastando qualquer conceito contraditório que aponte o § 1° do artigo 5° da CF como cláusula meramente programática. Por óbvio, quando da existência de defeitos insanáveis na norma, para a sua adequada aplicabilidade, o Poder Público deve lançar mão de todas as técnicas interpretativas, inclusive a analogia, intuindo superar os erros de formulação ou aplicação presentes nos diplomas constitucionais. Os únicos "defeitos" suportáveis seriam aqueles intencionalmente inseridos pelo legislador com o intuito de condicionar a aplicabilidade da norma à edição de outras regras complementares ou a alterações institucionais.

14.4. LACUNAS CONSTITUCIONAIS

No tocante as lacunas constitucionais, quais sejam as ausências encontradas num sistema de ordenamento jurídico que inviabilizam a aplicação do Direito no mundo concreto, existem várias classificações, todavia, duas podem ser compiladas como as mais funcionais para o Direito Constitucional, alusivas, respectivamente, à tipologia e à intencionalidade do órgão produtor de direito.[12] Vamos a elas.

12 BERNARDES, Juliano Taveira; FERREIRA, Olavo Augusto Vianna Alves. Op, cit. p. 246-247.

Segundo a tipologia, as lacunas constitucionais podem ser classificadas em lacunas normativas (não há uma norma descrevendo uma situação fática específica), lacunas técnicas (a norma não possui todos os requisitos para a sua exteriorização), lacunas axiológicas (há a ausência de uma norma, requerida por norma superior e pelo intérprete da lei) e lacunas institucionais (trata-se de requisito fático, ou seja, ausência de instituição considerada essencial à aplicação da norma).

Doutro modo, no que tange à intencionalidade do órgão produtor de direito, as lacunas normativas classificam-se em intencionais, descobertas ou voluntárias (a lacuna é deixada intencionalmente pelo legislador constituinte) e não intencionais, ocultas ou involuntárias (ocorrem de situações supervenientes ou da impossibilidade em prever situações futuras que tornarão a norma incompleta).

As lacunas involuntárias são eventualmente remendadas pelas reformas constitucionais, no que tange ao Poder Legislativo, e pela via interpretativa, quando se desdobram diante do Poder Judiciário. Já as lacunas voluntárias consubstanciam num assunto mais espinhoso, haja vista a intencionalidade do Poder Constituinte em atribuir determinadas competências a certos órgãos. Sendo assim, o valor interpretativo emprestado pelo Poder Judiciário, nesses casos, sempre é controverso por estar posicionado na tênue linha entre o ato de interpretar ou legislar positivamente.

Insta mencionar ainda outro tipo de lacuna, denominada de "silêncios eloquentes constitucionais".[13] Em outras palavras, trata-se de norma constitucional implícita, no sentido de que, ao se estabelecer determinada regra positiva, alusiva a um órgão específico, subtende-se que o rol é taxativo e que tal regra não se estende a outros órgãos, ainda que a norma não veicule essa informação de forma explicita. Daí que, a interpretação implícita proibitiva é realizada a contrário *sensu* da regra explicitamente veiculada na norma.

14.5. EFICÁCIA DAS NORMAS CONSTITUCIONAIS

14.5.1. Classificação

Doravante, após as explanações dos conceitos sobre eficácia e aplicabilidade normativa, podemos considerar a exposição da classificação das normas

13 BERNARDES, Juliano Taveira; FERREIRA, Olavo Augusto Vianna Alves. Op, cit. p. 249.

constitucionais, segundo sua eficácia normativa, visto que estas repousam no conteúdo trazido nos trechos anteriores.

A classificação utilizada pela jurisprudência do STF, entrementes as críticas doutrinárias em sentido contrário, é de lavra do autor José Afonso da Silva e indica a existência, para os fins de classificação, de três tipos de normas: Normas constitucionais de eficácia plena e aplicabilidade imediata; normas constitucionais de eficácia contida e aplicabilidade imediata; e normas constitucionais de eficácia limitada ou reduzida. Estas últimas se ramificam em normas definidoras de princípio institutivo ou definidoras de princípio programático.[14]

As normas de eficácia plena e aplicabilidade imediata não dependem de qualquer esforço jurídico, posterior a sua promulgação, para alcançarem todos os fins contidos em seus textos. Dessa forma, está já carrega todas as condições e requisitos, jurídicos e fáticos, para a sua aplicabilidade.

Na mesma esteira, as normas de eficácia contida e aplicabilidade imediata são aptas a produzir todos os efeitos decorrentes de sua promulgação, prescindindo da necessidade de complementação ou interpretação. Todavia, diferem das primeiras no que tange a sua eficácia, em outras palavras, por decisão do legislador constituinte, restringiu-se a eficácia da norma em função de norma ulterior que lhe delimitará a abrangência.

Perceba-se, portanto, que a aplicabilidade continua a ser imediata. A restrição corre por conta dos requisitos necessários ao estabelecimento da eficácia. Mas, nesse caso, não ocorre por defeito do diploma, senão pela intencionalidade do próprio legislador em lhe restringir a eficácia. As normas aqui classificadas também podem ser denominadas de normas de eficácia relativa restringível.[15]

De outro lado, as normas de eficácia limitada e aplicabilidade mediata não possuem todos os pressupostos, técnicos ou fáticos, exigíveis para que possam gerar seus efeitos no mundo concreto de forma imediata e plena. Ainda assim, os doutrinadores defendem que as normas caracterizadas pela aplicabilidade mediata, indireta ou diferida possuem uma eficácia mínima, a qual pode garantir a fruição de direitos positivos ou negativos de forma imediata. Nesse sentido também se posicionou o STF, reafirmando que as normas de eficácia

---

14 BERNARDES, Juliano Taveira; FERREIRA, Olavo Augusto Vianna Alves. Op, cit. p. 299.

15 BERNARDES, Juliano Taveira; FERREIRA, Olavo Augusto Vianna Alves. Op, cit. p. 301.

limitada têm o condão, dentro do possível, de afastar quaisquer regras preexistentes que lhe sejam contrárias.[16]

Parte da doutrina as denomina de normas de eficácia relativa dependente de complementação legislativa.

Como exposto acima, deste gênero ramificam-se duas classificações. A primeira delas, as normas definidoras de princípio institutivo, carrega regras gerais de estruturação dos órgãos e institutos públicos a serem implantados pelos entes públicos. Podem ser impositivas, caso contenham normas de caráter obrigatório, ou facultativas, quando apenas proponham as futuras alterações ou complementações.

A segunda, denominada de norma definidora de princípio programático, alude à definição de um esboço geral e principiológico dos objetivos a serem buscados pelo Estado. Por meio dessas, delineiam-se os objetivos a serem alcançados e os traços gerais que irão ordenar o planejamento dessas metas. Aludem precipuamente aos fins sociais demandados ao Estado. Podem inclusive trazer a menção à edição de normas para a implementação dos objetivos almejados.

É importante ressaltar, para que os candidatos não sejam surpreendidos numa eventual prova de concurso, que parte da doutrina ainda colaciona dois outros níveis na respectiva classificação, ou seja, normas de eficácia absoluta ou total e normas de eficácia exaurida e aplicabilidade esgotada.[17] A primeira delas alude às cláusulas pétreas ou às normas que formam o núcleo imutável da Constituição. A segunda, às normas transitórias, que naturalmente perdem a eficácia e a aplicabilidade ao longo do tempo. São exemplos delas as normas do ADCT.

14.6. INTERPRETAÇÃO CONSTITUCIONAL

A interpretação jurídica trata da atribuição de sentido às expressões contidas nos textos jurídicos.[18] No caso da interpretação constitucional, portanto, adjudicamos ao texto constitucional o objeto da interpretação.

---

16 BRASIL. Supremo Tribunal Federal. **Ação Direta de Inconstitucionalidade nº 2.381/RS.** Requerente: Partido Progressista Brasileiro – PPB. Requerido: Governador do Estado do Rio Grande do Sul. Relator: Ministro Sepúlveda Pertence. Disponível em: https://redir.stf.jus.br/paginadorpub/paginador.jsp?docTP=AC&docID=347574. Acesso em 29 abr. 2024.

17 BERNARDES, Juliano Taveira; FERREIRA, Olavo Augusto Vianna Alves. Op. cit. p. 305.

18 BERNARDES, Juliano Taveira; FERREIRA, Olavo Augusto Vianna Alves. Op. cit. p. 251.

Por óbvio, existem inúmeras teorias sobre o processo interpretativo, seus métodos e técnicas utilizados, todavia, no que tange à finalidade da interpretação, é possível aglutiná-las em duas vertentes:[19]

Teoria subjetivista, estática, originalista ou voluntária: Tem por objetivo unicamente apreender o sentido, introduzido no texto, pelo legislador originário. Em outras palavras, busca-se compreender, numa acepção histórica e cognitiva, o verdadeiro intento daqueles que produziram a norma.

Teoria objetivista, dinâmica, não originalista ou não voluntarista: Busca-se o sentido atual da norma. Nesta, os fatores intencionais do legislador, bem como o momento histórico em que a norma foi produzida, são esquecidos em função unicamente do contexto social-histórico da interpretação.

Os teóricos da interpretação constitucional criaram duas novas teorias, que ao fim e ao cabo, são apenas variantes das correntes doutrinárias mencionadas. São elas a corrente interpretativista, que prima pela interpretação do texto constitucional de acordo unicamente com seus preceitos, possíveis de serem apreendidos através da união de dois fatores, o conteúdo textual e a vontade do legislador; e a corrente não interpretativista, que trata da possibilidade de se realizar a interpretação dos textos constitucionais por meio de valores externos como a moralidade, a cultura etc.

Esta última, em contrariedade diametral à corrente interpretativista, defende o ativismo judicial.

Outra classificação doutrinária parte do sujeito responsável pela interpretação. São elas a interpretação doutrinária, a interpretação judicial ou jurisdicional e a interpretação autêntica. A primeira é realizada pelos estudiosos do Direito e não tem valor vinculante. A segunda é gerada pela atividade do Poder Judiciário e, em regra, é vinculante apenas para as partes do processo. Por último, a interpretação autêntica é praticada pelo mesmo órgão que edificou a norma ou por outro que tenha o monopólio decisório sobre o assunto.

14.7. MÉTODOS E CONCEITOS APLICADOS À INTERPRETAÇÃO CONSTITUCIONAL

Para a interpretação constitucional, insta mencionar a diferenciação entre dois conceitos distintivos, mais precisamente a disposição normativa e a

19 BERNARDES, Juliano Taveira; FERREIRA, Olavo Augusto Vianna Alves. Op. cit. p. 251.

norma. Nesse diapasão, a disposição normativa alude ao texto jurídico antes do processo interpretativo, em estado *in natura*. Por outro lado, o resultado do processo interpretativo consubstancia-se na norma. Esta, portanto, é o resultado, aquele, o objeto da interpretação.

Além disso, insta mencionar que, a teoria que sustentava que os textos jurídicos, totalmente plenos no tocante ao seu conteúdo e capacidade de exteriorização para o mundo fático, não necessitariam de interpretação, encontra-se cabalmente ultrapassada. Assim sendo, todo texto, ao ter extraído o seu sentido, é objeto de um processo interpretativo, independentemente de sua clareza semântica.

Outro dispositivo que não pode ser olvidado é o limite estipulado aos interpretadores do direito, os quais ficarão concisos ao território textual da disposição normativa. Assim, não se trata de tarefa de criação, senão de interpretação de acordo com o contido na lei constitucional.

Mas do que se trata a hermenêutica constitucional? O processo é o mesmo que fora desenvolvido para a interpretação tradicional? A esta última indagação, como tudo no Direito, existem inúmeras respostas. Todavia, a primeira é mais fácil de ser respondida. Nesse sentido, a hermenêutica constitucional trata do estudo dos processos utilizados na interpretação do texto constitucional. É a forma como se realiza a interpretação das normas constitucionais.

Mas voltando à questão controversa, realmente existem teorias no tocante ao desenvolvimento de uma hermenêutica própria para o direito constitucional, haja vista a afirmação de que os métodos tradicionais seriam insuficientes para tratar da matéria constitucional. De outro lado, outros teóricos afirmam que tais métodos não são originais, mas apenas os mesmos utilizados na interpretação tradicional das normas de forma geral.

Fato é que a hermenêutica constitucional foi desenvolvida e os métodos interpretativos compilados, conforme abaixo colacionados:[20]

Método jurídico (denominado também de método hermenêutico clássico): Defende a realização da interpretação através do método clássico, que contabiliza o teor da disposição normativa a partir de quatro elementos, quais sejam, o texto em si, a gramática interposta; a análise lógica do pensamento infundido no texto; a contextualização histórica da criação da norma; e a análise

20 BERNARDES, Juliano Taveira; FERREIRA, Olavo Augusto Vianna Alves. Op. cit. p. 274-275.

sistêmica, tomando-o no âmbito das regras e instituições do Direito. Portanto, concebe a interpretação como uma atividade técnica e presa puramente ao conteúdo do texto constitucional.

Método tópico-problemático: Realizar-se-á a partir da argumentação, tendo em conta a fictícia subsunção da norma a um caso concreto. Dessa maneira, o ponto de partida é o caso concreto.

Método científico-espiritual: Busca alçar-se a um patamar além da simples análise textual, onde a Constituição é representativa dos valores reais da sociedade. O sentido do texto constitucional, porquanto, perpassa pela apreensão desses valores da sociedade.

Método hermenêutico-concretizador: Propõe-se a realizar a argumentação com base na aplicação hipotética da norma. Diferentemente do método tópico-problemático, todavia, não parte de um problema, senão da compreensão do texto, interposta no processo de aplicação.

Método concretista-estruturante: Em resumo, propõe que a norma seja interpretada juntamente à incorporação dos aspectos empíricos de sua aplicação. Em outras palavras, a norma não pode ser seccionada de seu âmbito de atuação ou da sua aplicabilidade prática. Essas variáveis encontram-se intimamente ligadas ao texto normativo.

Método da comparação constitucional: Promove a interpretação do texto constitucional através do cotejamento com outras constituições. Assim, busca-se o entendimento de um determinado momento histórico-constitucional através do estudo de outros sistemas constitucionais.

14.8. FENÔMENOS CONSTITUCIONAIS

O advento de uma nova Constituição, no tocante às leis inferiores vigentes até aquele momento, podem dar origem a determinados processos, categorizados como recepção, repristinação, mutação constitucional e desconstitucionalização.

Posto isto, a recepção constitucional ocorre diante do processo de recebimento, por parte da nova Constituição, de leis que não sejam contrárias as suas regras e princípios. Desta forma, aquelas normas que forem contrárias ao novo texto constitucional serão revogadas.

A repristinação consubstancia-se na possibilidade de determinada lei, a qual não foi recepcionada por constituição anterior, mas que, quando do advento de nova constituição, com esta se compatibilizando, voltar a ser recepcionada no ordenamento jurídico. Insta advertir que esse tipo de repristinação é controverso, posto que tem o condão de gerar uma grave insegurança jurídica.

Por outro lado, na mutação constitucional ocorre a alteração do texto constitucional, não somente no tocante à norma extraída a partir da interpretação, mas também ao conteúdo textual. Essa interpretação ocorre com base no momento histórico-social presente ao tempo da análise, que pode dimensionar o surgimento, inclusive, de novos direitos, mas também, a interpretação e extração do conteúdo textual maximamente voltado para a consubstanciação dos valores principiológicos defendidos pela Constituição.

Por último, a desconstitucionalização infere a recepção das normas contidas na constituição anterior, pela nova constituição, todavia sob o viés de norma de caráter inferior. Em outras palavras, uma norma constitucional transforma-se numa lei ordinária.

15

CONTROLE DE CONSTITUCIONALIDADE

15.1. SUPREMACIA DA CONSTITUIÇÃO FEDERAL. SISTEMAS DE CONTROLE, CRITÉRIOS E MODOS DE EXERCER O CONTROLE DE CONSTITUCIONALIDADE

O controle de constitucionalidade funda-se na premissa da supremacia da Constituição Federal, donde todas as outras leis inferiores retiram os argumentos para a sua validade.

Dessa forma, a Constituição federal constitui-se em órgão balizador e estrutural de todo o sistema jurídico. As demais normas somente serão válidas se forem compatíveis com os preceitos embarcados nesta última. Pode-se pensar também, a Constituição, como componente piramidal do ordenamento jurídico, ocupante do ápice dessa estrutura, e determinante ao ponto de provocar uma cascata ordinatória em sentido descendente, onde as normas superiores vão validando as inferiores, estando para todas como ponto de partida.

Haja vista a estrutura descrita, ao longo dos anos pensou-se em formas de promoção do controle de compatibilidade dessas normas inferiores às regras e princípios conformados na Constituição Federal. Daí temos a construção de um complexo sistema de vigilância que objetiva impedir que normas inferiores exteriorizem seus mandamentos no mundo concreto.

O controle de constitucionalidade pode acontecer em dois momentos distintos, quais sejam, durante o processo de elaboração da norma, ou posteriormente a sua confecção.

O primeiro deles, de forma prévia ou preventiva, pode ser realizado pelo Poder Legislativo (Comissões de Constituição e Justiça), pelo Poder Executivo (veto jurídico ao projeto de lei) e pelo Poder Judiciário (diante da impetração de mandado de segurança por parlamentar).

A segunda etapa, denominada controle posterior ou repressivo, por sua vez, é realizado sobre a lei já inserida no ordenamento jurídico. Este divide-se em controle político, controle jurisdicional e controle híbrido.

O controle político, no tocante ao Brasil, é controverso, haja vista que classifica a atuação de órgão distinto dos três poderes. Já o controle jurisdicional é aquele realizado pelo Poder Judiciário, pelo STF e TJ, pela via concentrada, ou pelos juízes e demais tribunais, pela via difusa. Em conclusão, o controle híbrido aglutinaria as duas formas de verificação de inconstitucionalidade da norma, qual seja o controle político e jurisdicional.

Portanto, o controle de constitucionalidade, realizado *a posteriori*, pelo Poder Judiciário, é a regra no sistema jurídico brasileiro. Dessa forma, divide-se nos critérios subjetivo (ou orgânico) e formal.

O critério subjetivo ou orgânico abrange o sistema difuso e o sistema concentrado. Por sua vez, no critério formal, o controle se realiza pela via incidental (ou de exceção, ou no caso concreto) e pela via principal (controle em abstrato ou direto)[1].

Trocando em miúdos, o estabelecimento dos critérios subjetivo e formal apenas confere uma perspectiva diferente sobre o mesmo tipo de ação. Assim sendo, o critério subjetivo tem por escopo definir o Tribunal ou juízo onde se concentrará o controle de constitucionalidade. À guisa dessa conclusão, suas subclassificações apenas delimitam a competência dos sujeitos responsáveis pela análise das normas. Destarte, no sistema difuso, o controle pode ser realizado por qualquer juiz ou tribunal, diferentemente do sistema concentrado, que restringe ao STF e ao TJ a competência para a vigilância das normas perante a Constituição Federal e Estadual.

De outra forma, no critério formal pauta-se pelo objeto da ação, ou seja, se a ação tem como pedido principal o reconhecimento da inconstitucionalidade da lei, ou se este será exercido como questão prejudicial ao pedido principal. No último caso, o controle de constitucionalidade ocorre pela via incidental ou de exceção. No primeiro, pela via principal ou de forma abstrata.

Ao aglutinarmos os dois critérios, verificamos que o sistema concentrado de controle ocorre, em regra, pela via principal ou em abstrato. Já o sistema difuso, realizado por qualquer juízo ou tribunal, é realizado pela via incidental (caso concreto).

---

1 LENZA, Pedro. **Direito Constitucional Esquematizado.** 23. ed. São Paulo: Saraiva Educação, 2019. p. 288.

O sistema difuso apresenta algumas características que merecem ser arguidas, como a cláusula de reserva do plenário, a qual institui, conforme o artigo 97 da CF, que a declaração de inconstitucionalidade de lei ou ato normativo do Poder Público, por órgão especial, depende do voto da maioria absoluta de seus membros.

Os efeitos das decisões operadas no controle difuso apenas reverberam entre as partes do processo (*inter partes*), bem como se irradiam retroativamente (*ex tunc*), haja vista que o vício da lei é considerado congênito. O STF tem excepcionado essa regra ao admitir a técnica da modulação dos efeitos da decisão, desde que por maioria de 2/3 dos seus membros, bem como conduzido pelo interesse social e proteção da segurança jurídica.

O controle concentrado, por outro lado, haja vista se concentrar num único tribunal, é realizado por meio de ações de controle de constitucionalidade, classificadas em Ação Direta de Inconstitucionalidade - ADI, Ação Declaratória de Constitucionalidade - ADO, Arguição de Descumprimento de Preceito Fundamental - ADPF, Ação Direta de Inconstitucionalidade por Omissão - ADO e Representação Interventiva - IF. As referidas ações serão explanadas mais a frente, em tópico próprio.

15.2. INCONSTITUCIONALIDADES

A partir do momento em que uma norma, posicionada num patamar inferior à Constituição Federal, apresenta em seu aspecto formal ou de conteúdo, características conflitantes com o texto constitucional, estaremos diante do vício de constitucionalidade.

Nesta descrição, contudo, abarcamos apenas o aspecto comissivo, positivo ou por atuação em que o Poder Público dá azo a situações de inconstitucionalidade pela ação de confecção de normas díspares aos preceitos constitucionais. De outra forma, também pela omissão do Poder legislativo, podemos ter consubstanciada uma situação flagrante de inconstitucionalidade. Portanto, haja vista esses dois aspectos, a inconstitucionalidade pode ser comissiva ou omissiva.

A inconstitucionalidade por omissão, em continuidade, pode padecer de três tipos de vícios, quais sejam, formal (ou nomodinâmica), material (ou nomoestática) ou vício de decoro parlamentar.[2]

---

2 LENZA, Pedro. **Direito Constitucional Esquematizado**. 23. ed. São Paulo: Saraiva Educação, 2019. p. 267.

O primeiro deles, ou vício decorrente de inconstitucionalidade formal, ocorre em relação aos procedimentos ou processo de formação do ato, ou à própria forma do ato. Nesta, portanto, verificam-se os requisitos de elaboração da norma, independentemente do seu conteúdo. Nesse sentido, a norma pode ser materialmente constitucional e, ainda assim, estar eivada da inconstitucionalidade formal.

A depender do momento em que o vício ocorre, a inconstitucionalidade formal classifica-se em orgânica, formal propriamente dita e por violação a pressupostos objetivos do ato.[3] A primeira decorre da incompetência do ente público elaborador da norma, o qual deve ter previsão constitucional para confecção da mesma. A segunda, da inobservância de algum procedimento relativo ao processo de elaboração da norma. Pode ocorrer pela incompetência na fase inicial de deflagração do processo legislativo (vício formal subjetivo), ou nas demais fases (vício formal objetivo). A última, ou vício formal por violação a pressupostos objetivos do ato, alude a inobservância de atos que não se inserem no âmbito do processo de formação da norma constitucional, mas que ainda assim geram o vício de inconstitucionalidade.

Retornando à tríade inicial, a inconstitucionalidade material alude ao erro de conteúdo, ou seja, a norma elaborada traz matéria conflitiva às regras ou aos princípios da Constituição Federal.

Por último, o vício de decoro parlamentar faz alusão ao objetivo institucional do parlamentar, quando movido por vontade distinta daquela que deve selar a atuação legislativa. A título de exemplo, o parlamentar que atua em interesse próprio, movido por motivações escusas, eivaria o ato com o vício respectivo.

Insta mencionar ainda, de lavra da jurisprudência do próprio STF[4], a existência de uma nova categoria de vício constitucional, denominada de "Estado de coisas inconstitucional". Nesta hipótese de inconstitucionalidade, o vício ocorre em decorrência da falência múltipla dos órgãos públicos e, consequentemente, da impossibilidade em se proporcionar a tutela e a entrega

3 LENZA, Pedro. **Direito Constitucional Esquematizado**. 23. ed. São Paulo: Saraiva Educação, 2019. p. 268.

4 BRASIL. Supremo Tribunal Federal. **Arguição de Descumprimento de Preceito Fundamental nº 347/DF**. Requerente: Partido Socialismo e Liberdade – PSOL. Relator: Ministro Marco Aurélio. Brasília. Decisão, 04 de outubro de 2023. Disponível em: https://portal.stf.jus.br/processos/detalhe.asp?incidente=4783560. Acesso em: 29 abr. 2024.

dos direitos fundamentais. Nos casos de reconhecimento do "estado de coisas inconstitucional", abre-se uma exceção ao ativismo jurídico, no tocante às decisões para minorar a crise estabelecida.

15.3. AÇÃO DECLARATÓRIA DE INCONSTITUCIONALIDADE: FINALIDADE, OBJETO E EFEITOS. AÇÕES CONSTITUCIONAIS

As ações utilizadas no controle de constitucionalidade pelo sistema concentrado, conforme já mencionado, podem ser relacionadas em 5 (cinco) vertentes, quais sejam, a Ação Direta de Inconstitucionalidade - ADI, a Ação Declaratória de Constitucionalidade - ADO, a Arguição de Descumprimento de Preceito Fundamental - ADPF, a Ação Direta de Inconstitucionalidade por Omissão - ADO e a Representação Interventiva - IF. Tendo em vista a especificidade de cada uma delas, trataremos separadamente das informações mais relevantes sobre cada um desses institutos.

15.4. AÇÃO DIRETA DE INCONSTITUCIONALIDADE - ADI

A ADI tem por escopo o controle de lei ou ato normativo que se encontre conflitante com os parâmetros conceituais da Constituição Federal. Em regra, é utilizada em via principal, tendo por objeto principal o próprio controle da norma tida como inconstitucional.

As emendas constitucionais também se incluem sob o guarda-chuva do termo lei, todavia, as normas criadas pelo Poder constituinte originário não podem sofrer controle de constitucionalidade.

Lembrando que os atos normativos estaduais ou municipais, que contrariem Constituição Estadual, serão julgados pelos Tribunais de Justiça respectivos, e não pelo STF. Ao STF cabe somente o conhecimento de ADI em face de atos normativos estaduais ou federais que conflitem com à CF/88.

De acordo com a jurisprudência do STF, os efeitos da decisão passam a valer a partir da publicação da ata de julgamento no DJE, independentemente da publicação do acórdão ou do trânsito em julgado da decisão.[5]

5 LENZA, Pedro. **Direito Constitucional Esquematizado**. 23. ed. São Paulo: Saraiva Educação, 2019. p. 370.

No tocante aos legitimados para a propositura da ADI, conforme o rol taxativo inserido na Constituição Federal, em seu artigo 103, podemos enumerar os sujeitos: Presidente da República, Mesa do Senado, Mesa da Câmara dos Deputados, Mesa da Assembleia Legislativa de Estado ou Mesa da Câmara Legislativa do Distrito Federal, Governador de Estado ou do Distrito Federal, Procurador-Geral da República, Conselho Federal da Ordem dos Advogados do Brasil, partido político com representação no Congresso Nacional e Confederação sindical ou entidade de classe de âmbito nacional.

Insta pontuar que a alguns legitimados é necessário demonstrar a pertinência temática em relação à sua função institucional: Mesa da Assembleia Legislativa de Estado ou Mesa da Câmara Legislativa do Distrito Federal, Governador de Estado ou do Distrito Federal e Confederação sindical ou entidade de classe de âmbito nacional.

A declaração da inconstitucionalidade (ou da constitucionalidade) dependerá do voto da maioria absoluta dos ministros da Suprema Corte, sendo necessário o quórum de pelo menos 8 (oito) ministros para a instalação da sessão de julgamento.

Os efeitos da decisão são para todos (*erga omnes*), bem como agem retroativamente (*ex tunc*). Nesse sentido, o ato impugnado é nulo, inexistente, e portanto, retirado do ordenamento. O STF já criou várias exceções a essa regra, na forma de decisões de declaração de inconstitucionalidade sem a pronúncia da nulidade da norma, ou atribuindo-lhe efeitos apenas futuros (*ex nunc*).

15.5. AÇÃO DECLARATÓRIA DE CONSTITUCIONALIDADE - ADC

A ação declaratória de constitucionalidade foi introduzida no sistema jurídico pátrio a partir da Emenda Constitucional nº 3, de 1993, e posteriormente regulamentada pela Lei 9.868/99.

O respectivo instituto tem por escopo declarar a constitucionalidade de lei ou ato normativo Federal. Isso decorre da presunção relativa das normas, no tocante à sua constitucionalidade, ou seja, ainda que presumidamente constitucionais, elas podem ser objeto de ação que conteste essa qualidade.

Diferentemente da ADI, a Ação Declaratória de Constitucionalidade pode aferir o controle apenas das leis e dos atos normativos federais em face da Constituição Federal. O órgão competente é apenas o Supremo tribunal Federal.

No que toca aos legitimados para a sua propositura, a emenda Constitucional nº 45 de 2004 os igualou ao mesmo rol dos legitimados vinculados à ADI.

As decisões em via de ADC, de forma análoga a ADI, também geram efeitos para todos (*erga omnes*), retroativos no tempo (*ex tunc*) e vinculantes aos órgãos do Poder Judiciário e a Administração Pública Federal, Estadual, municipal e Distrital.

Faz-se importante lembrar que as ações de declaração de inconstitucionalidade e declaração de constitucionalidade são ambivalentes, em outras palavras, a decisão contrária à ADI gera a declaração de constitucionalidade da lei ou ato normativo, enquanto, noutro polo, a decisão contrária à ADC gera a declaração de inconstitucionalidade da lei ou ato normativo.

15.6. ARGUIÇÃO DE DESCUMPRIMENTO DE PRECEITO FUNDAMENTAL - ADPF

A ADPF tem previsão constitucional no artigo nº 102, § 1º, todavia, como lhe faltava a regulamentação, somente depois do advento da lei 9.882/99 começou a ser apreciada pelo STF, único tribunal que possui a competência para tal.

O objeto da ADPF, além das leis ou atos normativos, também insere em seu rol qualquer ato administrativo que cause ameaça de lesão, ou lesão, a preceito fundamental. São duas vertentes protecionistas. Na primeira, a ação visa evitar a lesão ao preceito fundamental, possuindo, portanto, efeito preventivo. Na segunda, reveste-se de caráter preventivo, visto que é arguida após a lesão.

No que tange aos legitimados para a propositura da ADPF, o rol é idêntico ao dos sujeitos legitimados à ADI genérica, inclusive com as mesmas observações no tocante a pertinência temática de alguns. Como fator diferencial, na ADPF, o indivíduo que teve preceito fundamental lesado, poderá representar ao Procurador-Geral da República solicitando que este ingresse em juízo.

Exige-se o mesmo quórum de votação (maioria absoluta) e de instalação da sessão de julgamento (no mínimo 8 ministros) dos outros institutos de controle de constitucionalidade mencionados.

Insta pontuar que a ADPF tem caráter subsidiário ou residual, sendo necessário o esgotamento de todos os outros meios possíveis de serem utilizados para o estacamento da ameaça ou lesão ao direito.

As decisões em sede de ADPF tem eficácia contra todos (*erga omnes*) e efeitos retroativos no tempo (*ex tunc*), bem como vinculam todos os órgãos do Poder Público.

15.7. AÇÃO DIRETA DE INCONSTITUCIONALIDADE POR OMISSÃO - ADO

A ação direta de inconstitucionalidade por omissão objetiva remediar a inefetividade das normas constitucionais, ao prover decisões, no tocante as normas de eficácia limitada, que obriguem o Poder Público à adoção de medidas para a sua real concretização. A ADO tem previsão no artigo 103, § 2º, da CF, bem como foi regulamentada pela lei 13.300/2016 e 12.063/2009.

O objeto da ADO consubstancia-se nos atos provenientes do Poder Legislativo, do Poder Executivo (atos secundários de caráter geral) e do Poder Judiciário (alusivo a omissão na regulamentação dos procedimentos do regimento interno).[6]

Como órgão competente, apenas o STF pode conhecer das ações de ADO. No tocante aos legitimados, temos o mesmo rol e as mesmas regras já citadas para a ADI genérica.

Quanto aos efeitos da decisão que declarar a omissão, o tribunal superior dará ciência ao poder competente, responsável pela omissão, podendo não balizar o requerido através de prazo estipulado, ou, de outra forma, estipular o prazo padrão de 30 (trinta) dias, ou outro que entender conveniente, a título de excepcionalidade.

15.8. REPRESENTAÇÃO INTERVENTIVA - IF

Este instituto trata da possibilidade de intervenção, da União, nos Estado, Distrito Federal e municípios localizados em território federal, bem como dos Estados em seus respectivos municípios. A IF tem a sua previsão constitucional nos artigos 36, III e 34, VII, da CF/88.

---

6 LENZA, Pedro. **Direito Constitucional Esquematizado**. 23. ed. São Paulo: Saraiva Educação, 2019. p. 437.

O objeto da IF compreende lei ou ato normativo que viole princípios sensíveis; omissão ou incapacidade das autoridades locais para assegurar princípios sensíveis; ato governamental estadual que desrespeite princípios sensíveis; ato administrativo que desrespeite princípios sensíveis; e ato concreto que viole princípios sensíveis.[7]

A competência para o conhecimento e julgamento da ação de Representação interventiva é unicamente do STF, bem como, o único e exclusivo legitimado, o Procurador-Geral da República, o qual é dotado de autonomia e discricionariedade no tocante a sua propositura.

Por último, é importante lembrar que o judiciário tão somente analisa a admissibilidade do pedido, posto que é o chefe do Poder executivo que decreta a IF.

Destarte, com este tópico encerramos a apresentação dos temas respectivos, esperando ter contribuído, ainda que por meio de uma pequena gota, com o conhecimento que permeia o assunto. Tempestivamente, alertamos que a matéria é extremamente intricada e longa, sendo necessário o aprofundamento dos assuntos debatidos, visto que, pelo propósito deste livro, não puderam ser devassados, mas apenas superficialmente arranhados. Bons estudos a todos e que prossigam em seus caminhos até o objetivo da aprovação!

REFERÊNCIAS BIBLIOGRÁFICAS

- BRASIL. **Constituição (1988). Constituição da República Federativa do Brasil**. Brasília, DF. Disponível em: <http://www.planalto.gov.br/ccivil_03/constituicao/constituicao.htm>. Acesso em: 29 abr. 2024.
- BRASIL. **Emenda Constitucional nº 3, de 17 de março de 1993**. Altera os arts. 40, 42, 102, 103, 155, 156, 160, 167 da Constituição Federal. Disponível em: https://www.planalto.gov.br/ccivil_03/constituicao/Emendas/Emc/emc03.htm. Acesso em: 29 abr. 2024.
- BRASIL. **Emenda Constitucional nº 45, de 30 de dezembro de 2004**. Altera dispositivos dos arts. 5º, 36, 52, 92, 93, 95, 98, 99, 102, 103, 104, 105, 107, 109, 111, 112, 114, 115, 125, 126, 127, 128, 129, 134 e 168 da Constituição Federal, e acrescenta os arts. 103-A, 103B, 111-A e 130-A, e dá outras

7 LENZA, Pedro. **Direito Constitucional Esquematizado**. 23. ed. São Paulo: Saraiva Educação, 2019. p. 450.

providências. Disponível em: https://www.planalto.gov.br/ccivil_03/constituicao/emendas/emc/emc45.htm. Acesso em: 29 abr. 2024.

- BRASIL. **Lei nº 9.784 , de 29 de janeiro de 1999.** Regula o processo administrativo no âmbito da Administração Pública Federal. Disponível em: https://www.planalto.gov.br/ccivil_03/leis/l9784.htm. Acesso em: 29 abr. 2024.

- BRASIL. **Lei 9.868 de 10 de novembro de 1999**. Dispõe sobre o processo e julgamento da ação direta de inconstitucionalidade e da ação declaratória de constitucionalidade perante o Supremo Tribunal Federal. Disponível em: https://www.planalto.gov.br/ccivil_03/leis/l9868.htm#:~:text=LEI%20No%209.868%2C%20DE%2010%20DE%20NOVEMBRO%20DE%201999.&text=Disp%C3%B5e%20sobre%20o%20processo%20e,perante%20o%20Supremo%20Tribunal%20Federal. Acesso em: 29 abr. 2024.

- BRASIL. **Lei nº 9.882, de 3 de dezembro de 1999**. Dispõe sobre o processo e julgamento da argüição de descumprimento de preceito fundamental, nos termos do § 1º do art. 102 da Constituição Federal. Disponível em: https://www.planalto.gov.br/ccivil_03/leis/l9882.htm. Acesso em: 29 abr. 2024.

- BRASIL. Supremo Tribunal Federal. **Arguição de Descumprimento de Preceito Fundamental nº 347/DF**. Requerente: Partido Socialismo e Liberdade - PSOL. Relator: Ministro Marco Aurélio. Brasília. Decisão, 04 de outubro de 2023. Disponível em: https://portal.stf.jus.br/processos/detalhe.asp?incidente=4783560. Acesso em: 29 abr. 2024.

- BRASIL. Supremo Tribunal Federal. **Ação Direta de Inconstitucionalidade nº 2.381/RS.** Requerente: Partido Progressista Brasileiro - PPB. Requerido: Governador do Estado do Rio Grande do Sul. Relator: Ministro Sepúlveda Pertence. Disponível em: https://redir.stf.jus.br/paginadorpub/paginador.jsp?docTP=AC&docID=347574. Acesso em 29 abr. 2024.

- BRASIL. Supremo Tribunal Federal. **Regimento Interno.** Disponível em: https://www.stf.jus.br/arquivo/cms/legislacaoRegimentoInterno/anexo/RISTF.pdf. Acesso em: 29 abr. 2024.

- BERNARDES, Juliano Taveira; FERREIRA, Olavo Augusto Vianna Alves. **Direito Constitucional - Agora em volume único**. 13. ed., rev., atual. e ampl. São Paulo: Ed. Juspodivm, 2023.

- LENZA, Pedro. **Direito Constitucional Esquematizado**. 23. ed. São Paulo: Saraiva Educação, 2019.

16

DIREITOS E GARANTIAS FUNDAMENTAIS

Jaqueline Menon

16.1. CONCEITO

Direitos fundamentais e Direitos humanos

Os "direitos humanos" e os "direitos fundamentais" são essenciais para a realização da dignidade humana. Porém, é possível indicar a diferença entre as expressões no plano de positivação.

O termo "**direitos fundamentais**" é usado para se referir aos direitos reconhecidos pela ordem jurídica interna de um país, enquanto a expressão "**direitos humanos**" é geralmente usada para se referir aos direitos positivados na ordem internacional.

Assim, é possível notar que a Constituição Federal, ao mencionar os direitos nela enumerados, utiliza a expressão "*Direitos e Garantias Fundamentais*" (Título II - CF). Por outro lado, em relação aos direitos estipulados em tratados internacionais, emprega o termo "*Direitos Humanos*" (art. 5º, §3º, CF).

Direitos fundamentais em sentido formal e em sentido material

Em **sentido formal**, os direitos fundamentais são aqueles previstos nos ordenamentos jurídicos de cada Estado. Assim, a fundamentalidade formal é a previsão do direito no rol dos direitos fundamentais.

Por outro lado, os direitos fundamentais em **sentido material** não seriam apenas aqueles fixados pelas normas constitucionais, já que "*seria equivocado* *entender que os direitos fundamentais, no sentido formal, possam resumir todo o catálogo dos direitos fundamentais num senso material, pois os direitos fundamentais estariam em estado contínuo de formação e já se considerariam 'existentes' mesmo no período anterior a respectivo reconhecimento formal pela ordem estatal*".[1] Assim, em uma perspectiva jusnaturalista, a fundamentalidade material emana da abertura da Constituição a outros direitos fundamentais não explicitamente constitucionalizados.

16.2. EVOLUÇÃO

A doutrina classificava os direitos fundamentais em "gerações". Porém, o termo mais utilizado atualmente é "dimensões". A expressão "geração" poderia dar a entender que a evolução desses direitos abandonaria a geração anterior, havendo uma sucessão, substituição ou sobreposição dos direitos, o que não é verdade. Dessa forma, a nomenclatura mais coerente com a evolução constante dos direitos fundamentais é a expressão "dimensão", já que os direitos se complementam (ideia de soma) e nunca se eliminam.

1ª dimensão de direitos

Os direitos de 1ª dimensão refletem a passagem de um Estado Autoritário para um Estado de Direito e, nesse contexto, surge o respeito às liberdades individuais.

O valor central dos direitos de 1ª dimensão é a liberdade, refletindo, portando, em direitos civis e políticos (direitos negativos).

Conforme Bonavides[2], "*os direitos de primeira geração ou direitos de liberdades têm por titular o indivíduo, são oponíveis ao Estado, traduzem-se como faculdades ou atributos da pessoa e ostentam uma subjetividade que é seu traço mais característico; enfim, são direitos de resistência ou de oposição perante o Estado*".

2ª dimensão de direitos

O fato histórico que marca os direitos fundamentais de 2ª dimensão é a Revolução Industrial europeia, a partir do século XIX. Nesse contexto, de

---

1 BERNARNDES, Juliani Taveira; FERREIRA, Olavo Augusto Vianna Alves. **Direito Constitucional.** 12.ed. rev. atual. e ampl. São Paulo: Juspodivm, 2022. p. 596.

2 BONAVIDES, Paulo. **Curso de Direito Constitucional.** 7. ed. rev., atual. e ampl. São Paulo: Malheiros, 1997. p. 563.

péssimas condições de trabalho, surgem, no século XX, os direitos sociais, correspondendo à ideia de igualdade material (e não meramente formal).

Os direitos de 2ª dimensão (direitos sociais, econômicos e culturais) são direitos positivos, prestacionais, já que exigem do Estado uma intervenção no domínio econômico e a prestação de políticas públicas.

3ª dimensão de direitos

Os direitos de 3ª dimensão nascem em meio às mudanças nas relações econômico-sociais na comunidade internacional, pós 2ª Guerra Mundial e o surgimento da ONU.

A sociedade mundial passa a demonstrar preocupação com a coletividade, surgindo, então, os direitos de solidariedade ou fraternidade.

Os direitos de 3ª dimensão são direitos transindividuais, já que se destinam à proteção do gênero humano (universalidade), indo além dos interesses de um único indivíduo, e envolvem, de forma exemplificativa, o direito à comunicação, ao desenvolvimento, ao meio ambiente e à propriedade sobre o patrimônio comum da humanidade. O direito à paz também estaria classificado como de 3ª dimensão de acordo com Karel Vasak.

4ª dimensão de direitos

O grupo de direitos fundamentais abarcados pela quarta dimensão é alvo de divergência doutrinária.

Por um lado, Norberto Bobbio[3] entende que essa dimensão de direitos trataria dos avanços no campo da engenharia genética (clonagem, bioética...).

Em contrapartida, Bonavides[4] afirma que essa dimensão transcorre da globalização dos direitos fundamentais, o que equivale a universalizá-los no campo institucional. Nesses termos, estariam abarcados a democracia (direta), a informação e o pluralismo.

5ª dimensão de direitos

3 BOBBIO, Norberto. **A era dos direitos.** Trad. Carlos Nelson Coutinho. Rio de Janeiro: Campus, 1992.

4 BONAVIDES, Paulo. **Curso de Direito Constitucional.** 7. ed. rev. atual. e ampl. São Paulo: Malheiros, 1997.

Conforme já estudado anteriormente, o direito à paz estaria abarcado pela 3ª dimensão, de acordo com a classificação de Karel Vasak.

Porém, Bonavides, diante da importância conferida ao direito à paz (supremo direito da humanidade), entende que tal direito deva ser tratado em dimensão autônoma, surgindo, assim, a 5ª dimensão de direitos.

DIMENSÕES DOS DIREITOS FUNDAMENTAIS				
1ª dimensão	2ª dimensão	3ª dimensão	4ª dimensão	5ª dimensão
Liberdade	Igualdade	Fraternidade	Globalização	Paz
Direitos Civis e políticos.	Direitos sociais, econômicos e culturais.	Direitos difusos (desenvolvimento, meio ambiente equilibrado, comunicação, propriedade sobre o patrimônio comum da humanidade...) Direito à paz (Karel Vasak).	• Bonavides: democracia (direta), informação e pluralismo. • Bobbio: engenharia genética.	Bonavides: direito à paz (direito autônomo – supremo direito da humanidade).
Direitos negativos (impõe abstenção do Estado).	Direitos positivos / prestacionais (exigem do Estado intervenção no domínio econômico e prestação de políticas públicas).	Direitos de todos os homens (universalidade)		

16.3. CARACTERÍSTICAS

Os Direitos Fundamentais possuem as seguintes características marcantes: universalidade, irrenunciabilidade, imprescritibilidade, inalienabilidade, limitabilidade / relatividade e historicidade.

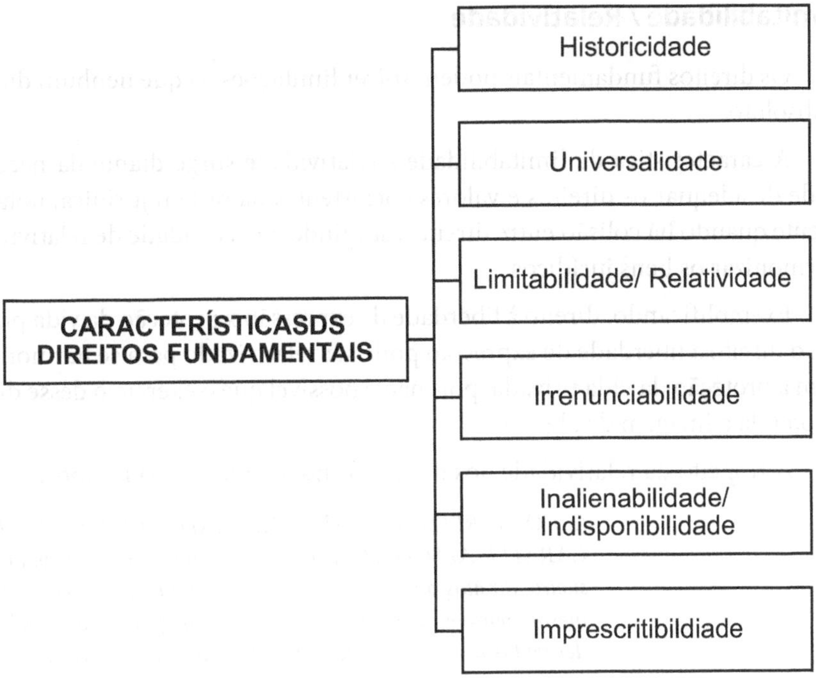

Historicidade

Os direitos fundamentais decorrem de uma evolução histórica, ou seja, foram criados ao longo da história.

Assim, os direitos fundamentais que hoje estão reconhecidos, não surgiram *"do nada"* ou *"de um dia para o outro"*, mas, na realidade, são resultantes de lutas da humanidade no processo histórico.

Ademais, os direitos fundamentais não surgiram todos ao mesmo tempo, mas, sim, de forma gradual, em diferentes momentos históricos, de acordo com a evolução dos próprios direitos e garantias fundamentais.

Universalidade

Essa característica revela que os direitos fundamentais se destinam a todas as pessoas sem qualquer tipo de distinção.

Limitabilidade / Relatividade

Os direitos fundamentais podem sofrer limitações, já que nenhum direito é absoluto.

A característica da limitabilidade / relatividade surge diante da necessidade de adequar os direitos e valores coexistentes na ordem jurídica, notadamente quando há colisão entre direitos, surgindo a necessidade de relativizar e harmonizar os bens jurídicos.

Exemplificando: direito à liberdade de expressão x proteção da vida privada: o direito à liberdade de expressão pode ser relativizado para se harmonizar com a proteção da vida privada, pois não é possível que o exercício desse direito ofenda a imagem de alguém.

A respeito da relatividade dos direitos fundamentais, o STF expôs:

> *(...) OS DIREITOS E GARANTIAS INDIVIDUAIS NÃO TÊM CARÁTER ABSOLUTO. Não há, no sistema constitucional brasileiro, direitos ou garantias que se revistam de caráter absoluto, mesmo porque razões de relevante interesse público ou exigências derivadas do princípio de convivência das liberdades legitimam, ainda que excepcionalmente, a adoção, por parte dos órgãos estatais, de medidas restritivas das prerrogativas individuais ou coletivas, desde que respeitados os termos estabelecidos pela própria Constituição. O estatuto constitucional das liberdades públicas, ao delinear o regime jurídico a que estas estão sujeitas – e considerado o substrato ético que as informa – permite que sobre elas incidam limitações de ordem jurídica, destinadas, de um lado, a proteger a integridade do interesse social e, de outro, a assegurar a coexistência harmoniosa das liberdades, pois nenhum direito ou garantia pode ser exercido em detrimento da ordem pública ou com desrespeito aos direitos e garantias de terceiros. (...). STF – MS: 23452 RJ, Relator: CELSO DE MELLO, Data de Julgamento: 16/09/1999, Tribunal Pleno, Data de Publicação: DJ 05-2000 PP-00020 EMENT VOL-01990-01 PP-00086.*

Não obstante os direitos fundamentais sejam, de forma geral, relativizáveis, há direitos de caráter absoluto, como, por exemplo, a proibição à tortura, a proibição de escravidão e a proibição de extradição aos brasileiros natos.

Irrenunciabilidade

De acordo com essa característica, não é possível ao titular do direito fundamental dispor dos seus direitos. Ainda que o titular não exerça tal direito, não será possível renunciá-lo, já que é inerente à dignidade da pessoa humana

Inalienabilidade / Indisponibilidade

Os direitos fundamentais não são objeto de comércio (não possuem valor econômico), razão pela qual não é possível aliená-los ou negociá-los.

Imprescritibilidade

Os direitos fundamentais não se sujeitam a prazos, podendo ser exigidos a qualquer momento.

16.4. EFICÁCIA DOS DIREITOS FUNDAMENTAIS

Eficácia vertical

Refere-se à aplicação dos direitos fundamentais na relação entre o Estado e o particular. São direitos que limitam a atuação do Estado que, nas suas relações com os indivíduos, não pode violar direitos fundamentais.

Eficácia horizontal

É a oponibilidade dos direitos aos particulares no âmbito de suas relações privadas (particular x particular). Assim, os direitos fundamentais podem surtir efeitos jurídicos na relação entre os próprios particulares, ainda que tais direitos não tenham esse objetivo expresso.

Sobre a aplicação dos direitos fundamentais às relações privadas, podemos destacar os seguintes princípios aplicáveis:

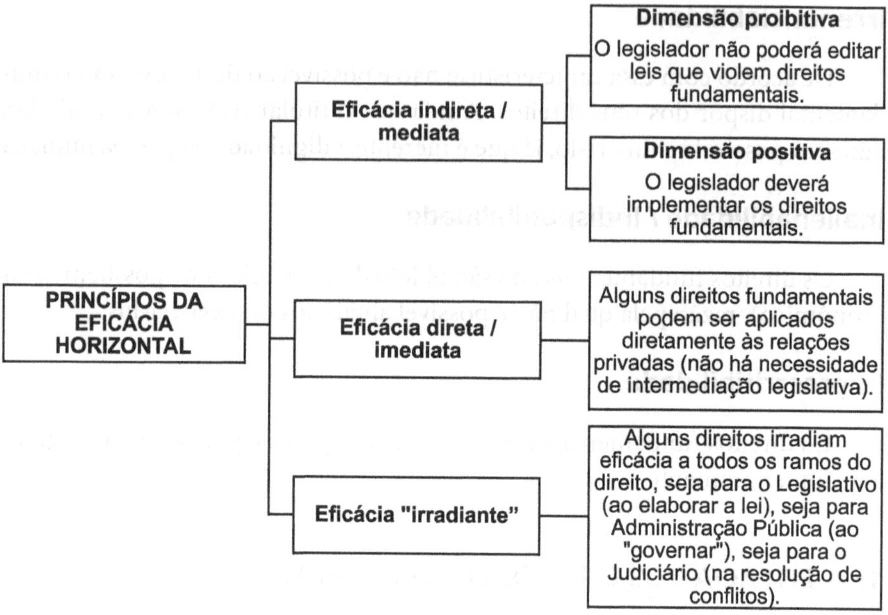

Sobre o tema da aplicação direta dos direitos fundamentais às relações privada ("eficácia horizontal"), temos uma colisão entre o princípio da autonomia da vontade x máxima efetividade dos direitos fundamentais. Assim, será necessária a ponderação de interesses, norteando-se pela razoabilidade e concordância prática e, não sendo possível a harmonização, o Judiciário decidirá qual interesse deverá prevalecer no caso em análise.

Sobre a aplicação dos direitos fundamentais às relações privadas, interessante a leitura de trecho do RE 201.819, que trata sobre a exclusão de membro de sociedade sem a possibilidade de sua defesa, tendo o Supremo Tribunal Federal entendido que houve, no caso, a violação do devido processo legal, contraditório e ampla defesa:

> *(...) EXCLUSÃO DE SÓCIO SEM GARANTIA DA AMPLA DEFESA E DO CONTRADITÓRIO. EFICÁCIA DOS DIREITOS FUNDAMENTAIS NAS RELAÇÕES PRIVADAS. RECURSO DESPROVIDO. I. EFICÁCIA DOS DIREITOS FUNDAMENTAIS NAS RELAÇÕES PRIVADAS. As violações a direitos fundamentais não ocorrem somente no âmbito das relações entre o cidadão e o Estado, mas igualmente nas relações travadas entre pessoas físicas e jurídicas de direito privado. Assim, os direitos fundamentais assegurados pela Constituição vinculam diretamente não apenas os poderes públicos, estando direcionados também*

> *à proteção dos particulares em face dos poderes privados. II. OS PRINCÍPIOS CONSTITUCIONAIS COMO LIMITES À AUTONOMIA PRIVADA DAS ASSOCIAÇÕES. A ordem jurídico-constitucional brasileira não conferiu a qualquer associação civil a possibilidade de agir à revelia dos princípios inscritos nas leis e, em especial, dos postulados que têm por fundamento direto o próprio texto da Constituição da República, notadamente em tema de proteção às liberdades e garantias fundamentais. O espaço de autonomia privada garantido pela Constituição às associações não está imune à incidência dos princípios constitucionais que asseguram o respeito aos direitos fundamentais de seus associados. A autonomia privada, que encontra claras limitações de ordem jurídica, não pode ser exercida em detrimento ou com desrespeito aos direitos e garantias de terceiros, especialmente aqueles positivados em sede constitucional, pois a autonomia da vontade não confere aos particulares, no domínio de sua incidência e atuação, o poder de transgredir ou de ignorar as restrições postas e definidas pela própria Constituição, cuja eficácia e força normativa também se impõem, aos particulares, no âmbito de suas relações privadas, em tema de liberdades fundamentais. (Recurso Extraordinário n. 201.819/2006).*

Já no julgamento do RE 158.215-4, o STF entendeu violados o princípio do devido processo legal e o da ampla defesa na hipótese de exclusão de associado de cooperativa sem direito a defesa. Outro exemplo, é o RE 161.243-6, que o STF entendeu que houve discriminação de empregado brasileiro em relação ao francês na empresa *"Air France"*, tendo determinado, no caso, a aplicação do princípio da isonomia.

Eficácia diagonal

É a expressão utilizada para se referir à oponibilidade dos direitos fundamentais na relação entre particulares, sendo que tais particulares estão em um nível de desigualdade, havendo uma parte mais vulnerável. Por exemplo, nas relações de trabalho: empregador x empregado (parte vulnerável).

Eficácia vertical com repercussão lateral

É a eficácia em relação aos particulares decorrente da incidência do direito fundamental à tutela jurisdicional. Assim, o direito fundamental será concretizado mediante a atuação jurisdicional.

A eficácia horizontal dos direitos fundamentais deve ser mediada pela lei e, quando o legislador se omite, somente resta recorrer à jurisdição. Assim, se o concordar que o legislador negou a proteção àquele direito fundamental, ele fará a intermediação entre os direitos fundamentais e a relação entre os particulares. O direito fundamental será efetivado através da atuação judicial, sendo que essa tutela jurisdicional repercutirá sobre os particulares.

EFICÁCIA DOS DIREITOS FUNDAMENTAIS			
EFICÁCIA VERTICAL	EFICÁCIA HORIZONTAL	EFICÁCIA DIAGONAL	EFICÁCIA VERTICAL COM REPERCUSSÃO LATERAL
Estado x Particular	Particular x Particular	Particular x Particular vulnerável	Eficácia em relação aos particulares, sendo o direito fundamental efetivado mediante atuação judicial.

16.5. FUNÇÕES

Canotilho aponta quatro funções exercidas pelos direitos fundamentais:

- Função de defesa ou de liberdade;
- Função de prestação social;
- Função de proteção perante terceiros;
- Função de não discriminação.

Função de defesa ou de liberdade

Também conhecidos como direitos de resistência, a função de defesa ou de liberdade impõe ao Estado um dever de abstenção ou não-interferência, devendo respeitar o espaço reservado à esfera de liberdade e de autodeterminação dos titulares desses direitos.

Essa função está relacionada aos direitos fundamentais de primeira dimensão, que materializam o direito às liberdades públicas, tais como o direito à liberdade de ir e vir, o direito à intimidade e o direito de reunião.

Função de prestação social

A função prestacional implica em contraprestações positivas em favor da pessoa titular do direito, como, por exemplo, o direito fundamental à saúde, à educação, à moradia, ao transporte coletivo...

Assim, essa atuação positiva do Estado é revelada por meio de prestações materiais (políticas públicas) e estão vinculadas à chamada segunda dimensão de direitos fundamentais.

Função de proteção perante terceiros

Os direitos fundamentais possuem eficácia horizontal, refletindo diretamente nas relações entre os particulares, conforme estudado. Assim, o Estado atua como garantidor, assegurando que não haja violação por parte de terceiros ao direito fundamental de alguém.

Ademais, o Estado ainda deve proteger os direitos fundamentais de maneira adequada, sendo vedada o excesso e, também, a proteção deficiente.

Função de não discriminação

A função de não discriminação diz respeito a todos os direitos fundamentais, que devem promover a igualdade material, resguardando as minorias em face de práticas discriminatórias.

Como consectário, nenhuma pessoa poderá ser privada de um direito fundamental em razão de discriminação.

Ademais, relacionada à função de não discriminação dos direitos fundamentais, está a denominada "função contramajoritária do STF", já que a Corte Suprema tem a obrigação de se contrapor a determinadas práticas impostas pela maioria quando estas ensejarem violação de direitos fundamentais das minorias, a exemplo do que ocorre no caso das situações que envolvem uniões homoafetivas. Assim, a democracia não se pauta, de forma absoluta, na imposição da vontade da maioria em detrimento da minoria. Na realidade, a democracia é o sistema em que a vontade da maioria prevalece, salvo quando isso denotar violação a direitos fundamentais das minorias.

A função contramajoritária do STF está vinculada *"ao relevantíssimo papel que compete a esta Suprema Corte exercer no plano da jurisdição das liberdades: o de órgão investido do poder e da responsabilidade institucional de proteger as minorias contra eventuais excessos da maioria ou, ainda, contra omissões que, imputáveis aos grupos majoritários, tornem-se lesivas, em face da inércia do Estado, aos direitos daqueles que sofrem os efeitos perversos do preconceito, da discriminação e da exclusão jurídica"*, (...) como, por exemplo, *"grupos minoritários expostos a situações de vulnerabilidade jurídica, social, econômica ou política e que, por efeito de tal condição, tornam-se objeto de intolerância, de perseguição, de discriminação e de injusta exclusão"* (RE 477554/MG, Rel. Min. Celso de Mello, 01/07/2011).

16.6. TITULARIDADE

A titularidade diz respeito aos indivíduos e entidades que podem gozar dos direitos e garantias previstos na Constituição Federal, que prevê, em seu art. 5º, *caput*, que "*Todos são iguais perante a lei, sem distinção de qualquer natureza, garantindo-se* ***aos brasileiros e aos estrangeiros residentes no País*** *a inviolabilidade do direito à vida, à liberdade, à igualdade, à segurança e à propriedade (...)*".

Em uma interpretação literal desta norma constitucional, pode-se pensar que tais direitos seriam assegurados *apenas* aos brasileiros (natos e naturalizados) e aos estrangeiros residentes no país.

Todavia, a maioria da doutrina, incluindo a jurisprudência do STF, discorda dessa interpretação literal, julgando-a inadequada, já que os estrangeiros não residentes ficariam sem qualquer proteção.

Assim, prevalece que deve ser feita uma interpretação extensiva desse dispositivo, de maneira que **os direitos básicos sejam assegurados a todos** aqueles que se encontrem em território nacional, incluindo os estrangeiros, mesmo não residentes (ex.: turistas).

O raciocínio é o seguinte: se a dignidade é uma qualidade intrínseca a todo ser humano, independentemente de qualquer condição e, se os direitos individuais são aqueles que a protegem mais diretamente, é imperioso concluir que não se pode deixar de assegurá-los a um indivíduo simplesmente em virtude de sua nacionalidade ou local de residência.

Além disso, é o entendimento atual da doutrina e da jurisprudência que também as pessoas jurídicas podem invocar alguns desses direitos do art. 5º, não apenas os direitos de natureza processual, como o mandado de segurança, mas também de natureza material, como a proteção da honra objetiva.

Inclusive, o STJ sedimentou esse entendimento através da Súmula 227, que prevê que "*a pessoa jurídica pode sofrer dano moral*".

Concluindo, são titulares dos direitos e garantias fundamentais presentes na nossa Constituição Federal:

- **Pessoas físicas**: nacionais, estrangeiras (residentes ou não no país) e, até mesmo, os apátridas (indivíduos que não possuem nenhuma nacionalidade);
- **Pessoas jurídicas**: de direito público ou de direito privado, desde que o direito tratado seja compatível com a sua natureza.

É bem verdade que alguns direitos podem ser restringidos, não sendo aplicados aos estrangeiros, como, por exemplo, a ação popular (apenas para cidadãos, conforme art. 5º, LXXIII, da CF). Ademais, também não se pode cogitar, por exemplo, em direito à saúde de uma empresa, já que esse direito não é compatível com a sua natureza jurídica.

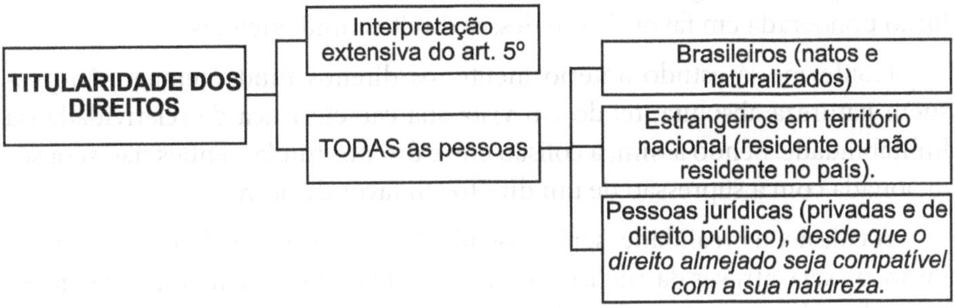

16.7. DESTINATÁRIOS DOS DEVERES

Destinatários dos deveres são aqueles que devem observar (respeitar) os direitos previstos no art. 5º, da CF. Sendo assim, o principal destinatário dos deveres decorrentes dos direitos individuais é o próprio Estado (eficácia vertical dos direitos fundamentais).

Porém, os particulares também são destinatários dos deveres (eficácia horizontal dos direitos fundamentais), muito embora a intensidade com a qual esses direitos sejam aplicados numa relação entre particulares não seja igual àquelas aplicadas na relação com o poder público, já que nas relações privadas prevalece, via de regra, o princípio da autonomia da vontade.

16.8. COLISÃO E PONDERAÇÃO DE VALORES

A Constituição consagra diferentes valores e direitos, que, eventualmente, podem acabar se conflitando entre si. Nesse sentido, Marmelstein (2008, p. 365) ensina que "*as normas constitucionais são potencialmente contraditórias, já que refletem uma diversidade ideológica típica de qualquer Estado democrático de Direito*".[5]

5 MARMELSTEIN, George. **Curso de Direitos Fundamentais.** São Paulo: Atlas, 2008. p. 365.

Desta feita, com frequência, o exercício de um direito fundamental por parte de um titular pode colidir com o direito fundamental exercido por outro titular, gerando, por conseguinte, um conflito entre esses direitos fundamentais.

Importante consignar, ademais, que os direitos fundamentais possuem natureza principiológica e, havendo colisão entre eles, será necessária uma solução ponderada em favor de um desses direitos fundamentais.

Conforme já estudo anteriormente, os direitos fundamentais não possuem natureza absoluta, tendo em vista sua característica de relatividade ou limitabilidade. Sendo assim, a colisão entre direitos fundamentais não será solucionada com a supressão de um direito em favor de outro.

A colisão, na realidade, será resolvida de acordo com a técnica da ponderação, ou seja, através da análise, no caso concreto, do peso ou importância relativa de cada princípio em conflito, para se verificar qual deles prevalecerá no caso em análise, norteando-se pelos princípios da unidade da Constituição, da concordância prática e da proporcionalidade, esta dividida em três máximas: adequação, necessidade e proporcionalidade em sentido estrito.

Assim, a técnica da ponderação consiste em verificar, em um primeiro momento, quais os princípios (valores, direitos e interesses) em conflito, para, depois, analisar as circunstâncias do caso concreto. Por fim, será atribuído o peso / importância aos direitos em conflito, sendo estabelecida a prevalência de um deles sobre o outro (técnica da ponderação).

A ponderação é definida como "*uma técnica de decisão empregada para solucionar conflitos normativos que envolvam valores ou opções políticas, em relação ao quais as técnicas tradicionais de hermenêutica não se mostram suficientes. É justamente o que ocorre com a colisão de normas constitucionais, pois, nesse caso, não se pode adotar nem o critério hierárquico, nem o cronológico, nem a especialidade para resolver uma antinomia de valores.*"[6]

Nesse sentido, "*por possuírem o mesmo grau hierárquico, somente diante das circunstâncias do caso concreto será possível verificar o peso de cada princípio envolvido e a intensidade de sua preferência. A relação de precedência de um princípio sobre o outro é condicionada, vale dizer, em condições diversas o resultado pode ser diferente. Isso ocorre em razão do caráter dos princípios (mandamentos de otimização), entre os quais não existe uma relação absoluta*

6 MARMELSTEIN, George. **Curso de Direitos Fundamentais.** São Paulo: Atlas, 2008. p. 386.

de preferência e cujas ações e situações às quais se referem não são passíveis de quantificação."[7]

Importante lembrar que o **princípio da unidade da Constituição** prevê que a Constituição precisa ser compreendida como um todo, ou seja, os preceitos constitucionais devem ser analisados não de forma avulsa, mas enquanto integrantes de um dado sistema unitário de regras e princípios, havendo a necessidade de compatibilização entre eventuais preceitos discrepantes.

Ainda, temos o **princípio da concordância prática ou da harmonização**, que decorre do princípio da unidade constitucional, estabelecendo que os princípios e valores constitucionais deverão ser compatibilizados através de juízo de ponderação que vise resguardar e concretizar ao máximo os direitos e bens constitucionalmente assegurados, de acordo com as circunstâncias do caso concreto.

Nesse sentido, "*quando houver conflito entre dois ou mais direitos e garantias fundamentais, o intérprete deve utilizar-se do princípio da concordância prática ou da harmonização, de forma a coordenar ou combinar os bens jurídicos em conflito, evitando o sacrifício total de uns em relação aos outros, realizando uma redução proporcional do âmbito de alcance de cada qual (contradição dos princípios) sempre em busca do verdadeiro significado da norma e da harmonia do texto constitucional com sua finalidade precípua*".[8]

Assim, não sendo possível a conciliação ou harmonização entre os direitos em conflito, será necessário, então, o sopesamento (ponderação), de modo que apenas será legítima a restrição a um direito fundamental se for lastreada no princípio da proporcionalidade.

No que concerne ao **princípio da proporcionalidade,** destacam-se três máximas: adequação, necessidade e proporcionalidade em sentido estrito. Vejamos: "*A adequação entre meios e fins impõe que as medidas adotadas, para serem consideradas proporcionais, sejam aptas a fomentar os objetivos almejados. (...) A necessidade (ou exigibilidade) impõe que, dentre os meios aproximadamente adequados para fomentar um determinado fim constitucional, seja escolhido o menos invasivo possível. (...) A proporcionalidade em sentido estrito*

7 NOVELINO, Marcelo. **Manual de direito constitucional**. 9. ed. Rio de Janeiro: Forense; São Paulo: Método, 2014. p. 184.

8 MORAIS, Alexandre de. **Curso de Direito Constitucional**. 14. ed. São Paulo: Atlas, 2003. p. 61.

corresponde à 'lei material do sopesamento', segundo a qual quanto maior for o grau de não satisfação ou de afetação de um princípio, tanto maior terá que ser a importância da satisfação do outro"[9].

Sobre o tema, podemos exemplificar com os direitos fundamentais: liberdade de expressão x direito à privacidade. Tais direitos tutelam bens jurídicos que, repetidamente, estão em rota de colisão. Nesse sentido, o Supremo Tribunal Federal possui o seguinte julgado sobre a temática:

> *(...) APARENTE CONFLITO ENTRE PRINCÍPIOS CONSTITUCIONAIS: LIBERDADE DE EXPRESSÃO, DE INFORMAÇÃO, ARTÍSTICA E CULTURAL, INDEPENDENTE DE CENSURA OU AUTORIZAÇÃO PRÉVIA (ART. 5º INCS. IV, IX, XIV; 220, §§ 1º E 2º) E INVIOLABILIDADE DA INTIMIDADE, VIDA PRIVADA, HONRA E IMAGEM DAS PESSOAS (ART. 5º, INC. X). ADOÇÃO DE CRITÉRIO DA PONDERAÇÃO PARA INTERPRETAÇÃO DE PRINCÍPIO CONSTITUCIONAL. PROIBIÇÃO DE CENSURA (ESTATAL OU PARTICULAR). GARANTIA CONSTITUCIONAL DE INDENIZAÇÃO E DE DIREITO DE RESPOSTA. AÇÃO DIRETA JULGADA PROCEDENTE PARA DAR INTERPRETAÇÃO CONFORME À CONSTITUIÇÃO AOS ARTS. 20 E 21 DO CÓDIGO CIVIL, SEM REDUÇÃO DE TEXTO (...) 8. Para a coexistência das normas constitucionais dos incs. IV, IX e X do art. 5º, há de se acolher o balanceamento de direitos, conjugando-se o direito às liberdades com a inviolabilidade da intimidade, da privacidade, da honra e da imagem da pessoa biografada e daqueles que pretendem elaborar as biografias. 9. Ação direta julgada procedente para dar interpretação conforme à Constituição aos arts. 20 e 21 do Código Civil, sem redução de texto, para, em consonância com os direitos fundamentais à liberdade de pensamento e de sua expressão, de criação artística, produção científica, declarar inexigível autorização de pessoa biografada relativamente a obras biográficas literárias ou audiovisuais, sendo também desnecessária autorização de pessoas retratadas como coadjuvantes (ou de seus familiares, em caso de pessoas falecidas ou ausentes). (ADI 4815, Relator(a): CÁRMEN LÚCIA, Tribunal Pleno, julgado em 10-06-2015, PROCESSO ELETRÔNICO DJe-018 DIVULG 29-01-2016 PUBLIC 01-02-2016).*

9 NOVELINO, Marcelo. **Manual de direito constitucional**. 9. ed. Rio de Janeiro: Forense; São Paulo: Método, 2014. pp. 503-504.

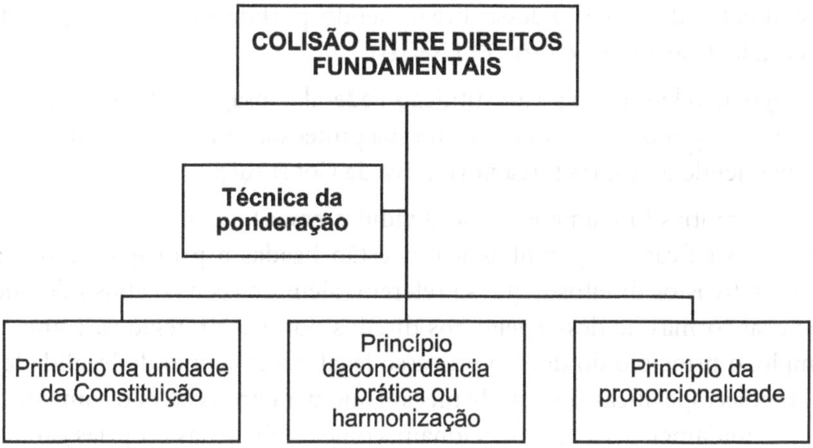

16.9. TEORIA GERAL DAS GARANTIAS

O Título II da CF trata a respeito *"Dos Direitos e Garantias Fundamentais"*. Assim, importante diferenciar *direitos* e *garantias.*

De plano, tanto os direitos, quanto as garantias, são consideradas fundamentais, pois são indispensáveis, essenciais.

Utilizando as lições de Rui Barbosa[10], os **direitos** são bens e vantagens dispostos constitucionalmente (é o bem em si), ao passo que **garantias** são os instrumentos através dos quais se garante, protege ou, eventualmente, corrige violações ao exercício desses direitos (instrumentos de proteção de outro bem).

É importante salientar que todos os denominados "remédios constitucionais" são espécies do gênero "garantias fundamentais", ao passo que almejam resguardar e assegurar direitos fundamentais. Logo, concluímos que todo remédio constitucional é uma garantia fundamental, mas não vale a recíproca. Observem que não é qualquer direito que encontra resguardo nos remédios constitucionais, mas somente os direitos mais valiosos da civilização, considerados como fundamentais.

Para melhor compreensão, vamos exemplificar: a locomoção é um bem em si, sendo, portanto, um direito (art. 5º, XV). O *habeas corpus,* por sua vez, é

---

10 BARBOSA, Rui. **República: teoria e prática:** textos doutrinários sobre direitos humanos e políticos consagrados na Primeira Constituição Republicana. Seleção e coordenação de Hildon Rocha. Petrópolis: Vozes, 1978.

o instrumento de proteção desse direito, sendo, portanto, a garantia que tutela a liberdade de locomoção (art. 5º, LXVIII).

Logo, não basta que a Constituição Federal consagre o direito, é preciso, também, assegurar o instrumento para sua proteção, através das garantias, disso dependendo a própria força normativa da Constituição.

As garantias fundamentais são divididas em: a) garantias gerais e b) garantias específicas. As garantias gerais estão ligadas a princípios e buscam tornar efetivos os direitos a que se referem, além de vedar o abuso de poder e todas as formas de desrespeito aos direitos por elas protegidos, como, por exemplo, o princípio do devido processo legal e o princípio da legalidade. Já as garantias específicas servem de mecanismo para proteção não somente dos direitos fundamentais a que mencionam, como também das próprias garantias fundamentais gerais, como os remédios constitucionais.

16.10. DIREITOS E DEVERES INDIVIDUAIS E COLETIVOS EM ESPÉCIE

O art. 5º, *caput*, da CF estabelece que "*todos são iguais perante a lei, sem distinção de qualquer natureza, garantindo-se aos brasileiros e aos estrangeiros residentes no País a inviolabilidade do direito à vida, à liberdade, à igualdade, à segurança e à propriedade*".

Tal dispositivo prevê cinco direitos fundamentais que são basilares para a criação de todos os demais, irradiando para o ordenamento jurídico brasileiro, quais sejam:

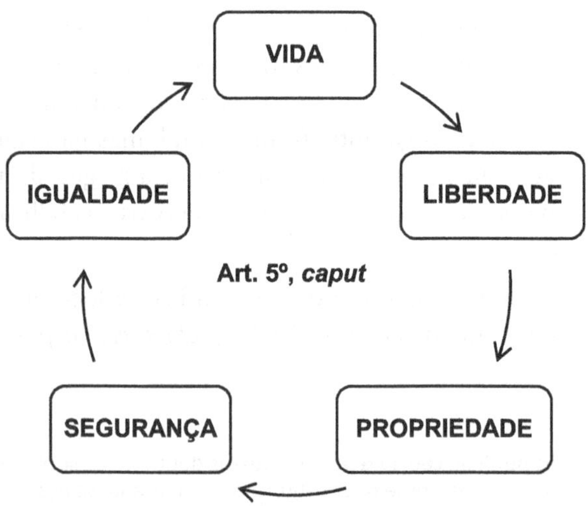

Os direitos e garantias previstos no art. 5º da Constituição Federal são considerados cláusulas pétreas, ou seja, não podem ser modificados ou excluídos, nem mesmo por meio de emenda constitucional.

Importante lembrar que os direitos e deveres individuais e coletivos não se restringem aos citados no art. 5º da CF, podendo ser encontrados, expressamente em outros dispositivos ao longo do texto constitucional, ou, de forma implícita, como desdobramento dos princípios adotados pela própria Constituição. Também pode haver previsão em tratados e convenções internacionais de que o Brasil seja parte. Logo, o rol do art. 5º, CF, não é taxativo.

16.10.1. Igualdade formal x igualdade material

A **igualdade formal** (também chamada de igualdade civil ou jurídica) é aquela comumente utilizada pelo legislador quando da elaboração das leis ("*todos são iguais perante a lei*", conforme *caput* do art. 5º). Em contrapartida, a **igualdade material** (também denominada de igualdade real, fática ou substancial), significa "*tratar igualmente os iguais e desigualmente os desiguais, na medida em que se desigualam*".

Acerca da igualdade material, importante falarmos sobre as **"ações afirmativas"**, que consistem em políticas públicas ou programas privados, normalmente com prazo definido, desenvolvidos com o objetivo de minimizar as desigualdades fáticas, através da concessão de algum tipo de benefício compensatório ocasionados pela hipossuficiência física / econômica, ou pela discriminação.

Um exemplo de ação afirmativa é o sistema de cotas para negros em concursos públicos, estabelecido pela Lei 12.990/2014. Segundo a referida lei, 20% das vagas oferecidas nos concursos públicos para provimento de cargos efetivos e empregos públicos no âmbito da administração pública federal, das autarquias, das fundações públicas, das empresas públicas e das sociedades de economia mista controladas pela União devem ser destinadas a candidatos negros (art. 1º).

Em 2016, a OAB chegou a ajuizar uma ação declaratória de constitucionalidade em defesa da Lei 12.990/2014, solicitando que o STF declarasse a norma compatível com a Constituição Federal. Assim, por ocasião do julgamento, o Ministro Relator Luis Roberto Barroso, expôs que a ideia de igualdade, na compreensão contemporânea, possui tem três dimensões: a igualdade formal, a igualdade material e a igualdade como reconhecimento e, concluiu que a Lei 12.990/2014 atende aos três requisitos da igualdade, razão pela qual foi declarada constitucional. Vejamos um trecho do voto:

(...) começando pela questão da igualdade formal, que é precisamente aquela que impede que a lei estabeleça privilégios e diferenciações arbitrárias entre as pessoas. A ideia de igualdade formal é um mandamento ao legislador, inclusive, para que ele não discrimine as pessoas, não desequipare as pessoas. Mas o que está subjacente aí é que não faça de maneira arbitrária, porque legislar nada mais é do que classificar pessoas e coisas à luz dos mais diferentes critérios. Assim, o que se exige é que o fundamento da desequiparação seja razoável e que o fim visado seja compatível com a Constituição. Pois bem, gostaria de salientar que, neste caso específico, tanto o fundamento quanto o fim são razoáveis, motivados por um dever de reparação histórica e pelas circunstâncias de que existe um racismo estrutural na sociedade brasileira que precisa ser enfrentado. No tocante à reparação histórica, nem há muita necessidade de se investir energia. Ela decorre da escravidão e de pessoas que foram retiradas, à força, do seu habitat natural e depois submetidas a trabalhos forçados e a condições degradantes de vida. E quando vem a abolição do regime escravocrata, essas pessoas são liberadas na sociedade sem nenhum planejamento, sem nenhuma integração, sem nenhum tipo de preparação para viver como pessoas livres em uma sociedade – liberal seria exagero – que começava a se liberalizar. (...) Portanto, o primeiro fundamento é uma reparação histórica a pessoas que herdaram o peso e o custo social do estigma moral, social e econômico, que foi a escravidão no Brasil; e, uma vez abolida, foram entregues à própria sorte, sem terem condições para se integrarem à sociedade. (...) No tocante à igualdade material, nem é preciso me alongar, esse racismo estrutural gerou uma desigualdade material profunda, e, portanto, qualquer política redistributiva precisará indiscutivelmente cuidar de dar vantagens competitivas aos negros. Há uma frase feliz de Martin Luther King também nesta matéria que diz: "É óbvio que se um homem entra na linha de partida de uma corrida trezentos anos depois de outro, o primeiro teria de fazer uma façanha incrível a fim de recuperar o atraso". Logo, para possibilitar a recuperação do atraso existem as políticas de ação afirmativa. Por fim, na questão da igualdade como reconhecimento, ela identifica a igualdade no que se refere ao respeito às minorias e ao tratamento da diferença de uma maneira geral. Assim, igualdade como reconhecimento significa respeitar as pessoas nas suas diferenças, mas procurar aproximá-las, igualando as oportunidades. (STF, Plenário. ADC 41/DF. Rel. Min. Roberto Barroso, julgado em 8/6/2017, repercussão geral – Info 868).

16.10.2. Testemunhas de Jeová (vida x fé)

Um tema polêmico a respeito da **"vida x fé"** é a questão referente às Testemunhas de Jeová, tendo os Tribunais já se manifestado no sentido de que o direito à vida, pressuposto para o exercício de todos os demais direitos, deve ter precedência:

> (...) Conflito no caso concreto dois princípios fundamentais consagrados em nosso ordenamento jurídico-constitucional: de um lado o direito à vida e de outro, a liberdade de crença religiosa. A liberdade de crença abrange não apenas a liberdade de cultos, mas também a possibilidade de o indivíduo orientar-se segundo posições religiosas estabelecidas. No caso concreto, a menor autora não detém capacidade civil para expressar sua vontade. A menor não possui consciência suficiente das implicações e da gravidade da situação para decidir conforme sua vontade. Esta é substituída pela de seus pais que recusam o tratamento consistente em transfusões de sangue. Os pais podem ter sua vontade substituída em prol de interesses maiores, principalmente em se tratando do próprio direito à vida. A restrição à liberdade de crença religiosa encontra amparo no princípio da proporcionalidade, porquanto ela é adequada a preservar à saúde da autora: é necessária porque em face do risco de vida a transfusão de sangue torna-se exigível e, por fim ponderando-se entre vida e liberdade de crença, pesa mais o direito à vida (...) (STJ, REsp: 1391469 RS 2013/0202052-0, Relator Ministro Herman Benjamin, Data de publicação: DJ 28/11/2014).

16.10.3. ADPF 54: aborto de feto anencéfalo

O aborto é a "*interrupção da vida intrauterina, com a destruição do produto da concepção*"[11].

No Brasil, o aborto é considerado crime, tipificado nos arts. 124, 125 e 126 do Código Penal. Porém, há exceções em que o aborto não é considerado crime. O Código Penal traz duas hipóteses em que o aborto é permitido no seu artigo 128: a) quando não há outro meio de salvar a vida

---

11 MIRABETE, Júlio Fabbrini. **Manual de direito penal: parte especial.** 24. ed. São Paulo: Atlas, 2006, p. 62.

da gestante ("aborto necessário"); b) no caso de gravidez resultante de estupro ("aborto humanitário").

Pois bem. A Confederação Nacional dos Trabalhadores da Saúde do Brasil ingressou com a ADPF 54 no STF, pleiteando uma interpretação conforme a Constituição para que fosse declarado que o aborto de fetos anencéfalos[12] não seria crime.

O STF, por ocasião do julgamento da ADPF 54, concluiu que não há crime na interrupção da gravidez de fetos anencéfalos, não havendo necessidade de autorização judicial para a realização da cirurgia de retirada do feto anencéfalo. Segundo a fundamentação exposta, os Ministros argumentaram que o Estado é laico, não podendo a temático do aborto ser analisada sob a ótica religiosa. Ademais, pontuaram que o feto anencéfalo jamais se tornaria uma pessoa, sendo, na realidade, um "natimorto", já que não há vida em potencial. Por fim, ainda se falou sobre a saúde física e psíquica da mulher gestante, que deve ter o direito de escolha assegurado, cabendo somente a ela decidir pela interrupção, ou não, da gravidez.

Ressalto que muitas bancas examinadoras abordam a literalidade do diploma constitucional, razão pela qual é importante a leitura dos dispositivos. Porém, também é necessário saber temas doutrinários e jurisprudenciais que possuem relação com o preceito constitucional, como veremos a seguir.

16.10.4. Direito à igualdade (art. 5º, inciso I)

> *Art. 5º. (...)*
>
> I – homens e mulheres são iguais em direitos e obrigações, nos termos desta Constituição.

Mesmo tendo a Constituição Federal estabelecido a igualdade formal entre homens e mulheres, a lei pode estabelecer distinções com o objetivo de diminuir desníveis e concretizar a igualdade material, conforme já estudado.

12 Feto anencéfalo é aquele que *"por malformação congênita, não possui uma parte do sistema nervoso central, ou melhor, faltam-lhe os hemisférios cerebrais e tem uma parcela do tronco encefálico (bulbo raquidiano, ponte e pedúnculos cerebrais"* (DINIZ, Maria Helena. **O Estado atual do biodireito.** São Paulo: Saraiva, 2001, p. 281).

Nesse sentindo, a Lei 11.340/2006, conhecida como "Lei Maria da Penha", que garante proteção às mulheres contra violência doméstica e familiar, foi considerada constitucional pelo STF quando do julgamento da ADI 4.424, tendo a Suprema Corte entendido que tal diploma promove a igualdade em seu sentido material, tratando-se de uma ação afirmativa (discriminação positiva) em favor da mulher. Vejamos:

> No tocante à violência doméstica, há de considerar-se a necessidade da intervenção estatal. (...) No caso presente, não bastasse a situação de notória desigualdade considerada a mulher, aspecto suficiente a legitimar o necessário tratamento normativo desigual, tem-se como base para assim se proceder a dignidade da pessoa humana - art. 1º, III -, o direito fundamental de igualdade - art. 5º, I - e a previsão pedagógica segundo a qual a lei punirá qualquer discriminação atentatória dos direitos e liberdades fundamentais - art. 5º, XLI. A legislação ordinária protetiva está em fina sintonia com a Convenção sobre a Eliminação de Todas as Formas de Violência contra a Mulher, no que revela a exigência de os Estados adotarem medidas especiais destinadas a acelerar o processo de construção de um ambiente onde haja real igualdade entre os gêneros. Há também de se ressaltar a harmonia dos preceitos com a Convenção Interamericana para Prevenir, Punir e Erradicar a Violência contra a Mulher - a Convenção de Belém do Pará -, no que mostra ser a violência contra a mulher uma ofensa aos direitos humanos e a consequência de relações de poder historicamente desiguais entre os sexos. (...) Representa a Lei Maria da Penha elevada expressão da busca das mulheres brasileiras por igual consideração e respeito. Protege a dignidade da mulher, nos múltiplos aspectos, não somente como um atributo inato, mas como fruto da construção realmente livre da própria personalidade. Contribui com passos largos no contínuo caminhar destinado a assegurar condições mínimas para o amplo desenvolvimento da identidade do gênero feminino. (ADI 4.424, voto do rel. min. Marco Aurélio, j. 9-2-2012, P, DJE de 1º-8-2014.) ARE 773.765 RG, rel. min. Gilmar Mendes, j. 3-4-2014, P, DJE de 28-4-2014, Tema 713

Da mesma forma, não há violação ao princípio da igualdade na Lei 13.104/2015, que passou a prever expressamente o "feminicídio", que é o homicídio doloso praticado contra a mulher, por "razões da condição de sexo feminino", ou seja, menosprezando, desconsiderando a dignidade da vítima enquanto mulher, como se as mulheres tivessem menos direitos do que os homens.

16.10.5. Princípio da legalidade (art. 5º, inciso II)

> Art. 5º. (...)
>
> II – ninguém será obrigado a fazer ou deixar de fazer alguma coisa senão em virtude de lei.

A liberdade é o direito atribuído aos indivíduos de decidirem suas ações e omissões, conquanto não violem o ordenamento jurídico. Essa liberdade está ligada ao princípio da legalidade.

Nesse contexto, é importante lembrar a distinção acerca da legalidade no direito público e no direito privado:

LEGALIDADE	
DIREITO PÚBLICO	**DIREITO PRIVADO**
Subordinação à lei (o administrador público só pode fazer aquilo que a lei autoriza ou determina).	Não contradição à lei (ao particular é dado o direito de fazer tudo, menos o que a lei proíbe).

16.10.6. Proibição da tortura (art. 5º, inciso III)

> *Art. 5º. (...)*
>
> *III – ninguém será submetido a tortura nem a tratamento desumano ou degradante.*

Como corolário do direito à vida, há o direito à integridade física, razão pela qual "*ninguém será submetido a tortura nem a tratamento desumano ou degradante*" (art. 5º, III). Tal previsão é uma diretriz para o uso de algemas. Assim, temos a súmula vinculante nº 11 do STF, que prevê:

> ***Súmula Vinculante 11.*** *Só é lícito o uso de algemas em casos de resistência e de fundado receio de fuga ou de perigo à integridade física própria ou alheia, por parte do preso ou de terceiros,*

> *justificada a excepcionalidade por escrito, sob pena de responsabilidade disciplinar, civil e penal do agente ou da autoridade e de nulidade da prisão ou do ato processual a que se refere, sem prejuízo da responsabilidade civil do Estado.*

Dessa forma, ficou estabelecido que a **regra** é que a pessoa presa não deve ser algemada. Porém, constatada a necessidade excepcional do uso de algemas com base em uma das três hipóteses (resistência do preso à prisão, fundado receio de fuga ou perigo à integridade física própria ou alheia, causado pelo preso ou por terceiros), deve haver a fundamentação, por escrito.

Ainda sobre o uso de algemas, temos o Decreto 8.858/2016, que acrescenta:

> *Art. 3º É vedado emprego de algemas em mulheres presas em qualquer unidade do sistema penitenciário nacional durante o trabalho de parto, no trajeto da parturiente entre a unidade prisional e a unidade hospitalar e após o parto, durante o período em que se encontrar hospitalizada.*

16.10.7. Liberdade de manifestação e pensamento (art. 5º, incisos IV e V)

> *Art. 5º (...)*
>
> *IV – é livre a manifestação do pensamento, sendo vedado o anonimato;*
>
> *V – é assegurado o direito de resposta, proporcional ao agravo, além da indenização por dano material, moral ou à imagem.*

O direito à liberdade (autodeterminação), abrange: direito à manifestação do pensamento, livre exercício a cultos religiosos, direito à crença, direito de reunião, direito de associação, direito de locomoção...

Lembrando que a liberdade de expressão é uma garantia constitucional. Porém, **não é absoluta**, já que há limites morais e jurídicos. Dessa forma, a manifestação desse direito não pode ensejar em manifestações de conteúdo imoral que implicam ilicitude penal (ex.: racismo), devendo ser exercida de maneira harmônica com os demais direitos e garantias constitucional, já que *"um direito individual não pode constituir-se em salvaguarda de condutas ilícitas"* (STF, HC 82.424, rel. p/ o ac. min. Maurício Corrêa, j. 17-9-2003, P, DJ de 19-3-2004).

Partindo dessa premissa é que o **crime de desacato permanece sendo crime** tipificado no art. 331 do Código Penal, não havendo violação ao direito à liberdade de expressão, uma vez que o cidadão pode se manifestar, desde que o faça com civilidade e educação. Logo, a responsabilização penal pelo crime de desacato existe para reprimir excessos, sendo uma salvaguarda para os agentes públicos que estão expostos a todo tipo de ofensa no exercício de suas funções. Vejamos o julgado:

> *(...) 2. De acordo com a jurisprudência da Corte Interamericana de Direitos Humanos e do Supremo Tribunal Federal, a liberdade de expressão não é um direito absoluto e, em casos de grave abuso, faz-se legítima a utilização do direito penal para a proteção de outros interesses e direitos relevantes. 3. A diversidade de regime jurídico – inclusive penal – existente entre agentes públicos e particulares é uma via de mão dupla: as consequências previstas para as condutas típicas são diversas não somente quando os agentes públicos são autores dos delitos, mas, de igual modo, quando deles são vítimas. 4. A criminalização do desacato não configura tratamento privilegiado ao agente estatal, mas proteção da função pública por ele exercida. 5. Dado que os agentes públicos em geral estão mais expostos ao escrutínio e à crítica dos cidadãos, deles se exige maior tolerância à reprovação e à insatisfação, limitando-se o crime de desacato a casos graves e evidentes de menosprezo à função pública. 6. Arguição de descumprimento de preceito fundamental julgada improcedente. Fixação da seguinte tese: "Foi recepcionada pela Constituição de 1988 a norma do art. 331 do Código Penal, que tipifica o crime de desacato". STF. Plenário. ADPF 496, Rel. Roberto Barroso, julgado em 22/06/2020 (Info 992).*

De igual forma, o **discurso de ódio** também não é amparado pela ordem jurídica. O "*hate speech*" (discursos de incitação ao ódio) são manifestações de pensamento que insultam e ameaçam determinado grupo de pessoas em razão da raça, cor, religião, nacionalidade, orientação sexual, ancestralidade ou deficiência. Muito embora haja o direito à liberdade de expressão, tal direito não é absoluto, podendo a pessoa que proferiu o discurso de ódio ser punida, inclusive criminalmente, caso tenha ocorrido um abuso.

Nesse sentido, o Ministro Celso de Mello, em seu voto no RHC 146303/RJ, concluiu que "*a incitação ao ódio público contra qualquer pessoa, povo ou grupo social não está protegida pela cláusula constitucional que assegura a liberdade de expressão*".

O STF, no julgamento do HC 82.424, denegou ordem pleiteada por um escritor de livro com conteúdo racista e antissemita, por entender caracterizado o crime do art. 20 da Lei 7.716/89, já que o direito à liberdade de expressão não abrange a intolerância racial e o estímulo à violência, sob pena de sacrificar inúmeros outros bens jurídicos previstos constitucionalmente.

Denúncia anônima x medidas invasivas

> *"Diante de uma denúncia anônima, deve a autoridade policial, antes de instaurar o inquérito policial, verificar a procedência e veracidade das informações por ela veiculadas. Recomenda-se, pois, que a autoridade policial, antes de proceder à instauração formal do inquérito policial, realize uma investigação preliminar a fim de constatar a plausibilidade da denúncia anônima. Afigura-se impossível a instauração de procedimento criminal baseado única e exclusivamente em denúncia anônima, haja vista a vedação constitucional do anonimato e a necessidade de haver parâmetros próprios à responsabilidade, nos campos cível e penal".*[13]

Assim, ao receber uma denúncia anônima, a autoridade policial deverá: a) realizar investigações preliminares para verificar a confiabilidade da "denúncia"; b) constatada a aparência mínima de procedência, instaura-se o inquérito policial; e c) a autoridade policial buscará outros meios de prova. Porém, em *ultima ratio,* irá representar pela interceptação telefônica ou outra medida que restrinja o direito à intimidade (ex.: busca e apreensão). Nesse sentido, os julgados:

> *Denúncias anônimas não podem embasar, por si sós, medidas invasivas como interceptações telefônicas, buscas e apreensões, e devem ser complementadas por diligências investigativas posteriores. Se há notícia anônima de comércio de drogas ilícitas numa determinada casa, a polícia deve, antes de representar pela expedição de mandado de busca e apreensão, proceder a diligências veladas no intuito de reunir e documentar outras evidências que confirmem, indiciariamente, a notícia. Se confirmadas, com base nesses novos elementos de informação o juiz deferirá o pedido. Se não confirmadas, não será possível violar o domicílio, sendo a expedição do mandado desautorizada pela*

13 LIMA, Renato Brasileiro de. **Manual de Processo Penal**. Salvador: Juspodivm, 2015, p. 129.

ausência de justa causa. O mandado de busca e apreensão expedido exclusivamente com apoio em denúncia anônima é abusivo. STF. 2ª Turma. HC 180709/SP, Rel. Min. Gilmar Mendes, julgado em 5/5/2020 (Info 976).

Sem dúvida notícias anônimas de crime são fontes duvidosas de informações e de provas. Por si só, não autorizam a propositura de ação penal ou mesmo, na fase de investigação preliminar, o emprego de métodos invasivos de investigação, como interceptação telefônica ou busca e apreensão. Entretanto, constituem fonte de informação e de provas que não pode ser simplesmente descartada pelos órgãos da Justiça Criminal. Em um mundo no qual o crime torna-se cada vez mais complexo e organizado, é natural tenha, a pessoa comum, receio de se expor comunicando a ocorrência de um delito. Daí o recurso, usual e muitas vezes sem intenções espúrias, a notícia crimes anônimas. E às autoridades, uma vez recebida comunicação da espécie, cumpre analisar seu conteúdo e realizar averiguações ou investigações preliminares, a fim de verificar a credibilidade. Em caso afirmativo, a investigação, a meu juízo, pode prosseguir, inclusive com o emprego, se houver agregação de novas provas e desde que preenchidos os requisitos legais, de métodos especiais de investigação ou mesmo com a propositura de ação penal, na hipótese, no último caso, de as novas provas caracterizarem justa causa. STF. 1ª Turma. HC 106152/MS, Rel. Min. Rosa Weber, julgado em 29/3/2016 (Info 819)

16.10.8. Liberdade de consciência, crença e culto (art. 5º, incisos VI a VIII)

Art. 5º. (...)

VI – é inviolável a liberdade de consciência e de crença, sendo assegurado o livre exercício dos cultos religiosos e garantida, na forma da lei, a proteção aos locais de culto e a suas liturgias;

VII – é assegurada, nos termos da lei, a prestação de assistência religiosa nas entidades civis e militares de internação coletiva;

VIII – ninguém será privado de direitos por motivo de crença religiosa ou de convicção filosófica ou política, salvo se as invocar para eximir-se de obrigação legal a todos imposta e recusar-se a cumprir prestação alternativa, fixada em lei.

Ensina José Afonso da Silva[14] que a liberdade de crença inclui *"a liberdade de escolha da religião, a liberdade de aderir a qualquer seita religiosa, a liberdade / direito de mudar de religião, a liberdade de não aderir à religião alguma, a liberdade de descrença, a liberdade de ser ateu e de exprimir o agnosticismo. Mas não compreende a liberdade de embaraçar o libre exercício de qualquer religião, de qualquer crença"*.

O Brasil é um Estado laico ou não confessional, razão pela qual não há uma religião oficial da República Federativa do Brasil. Não obstante, o preâmbulo da nossa Constituição assim prevê:

> *Nós, representantes do povo brasileiro, reunidos em Assembleia Nacional Constituinte para instituir um Estado Democrático, destinado a assegurar o exercício dos direitos sociais e individuais, a liberdade, a segurança, o bem-estar, o desenvolvimento, a igualdade e a justiça como valores supremos de uma sociedade fraterna, pluralista e sem preconceitos, fundada na harmonia social e comprometida, na ordem interna e internacional, com a solução pacífica das controvérsias, promulgamos,* ***sob a proteção de Deus****, a seguinte CONSTITUIÇÃO DA REPÚBLICA FEDERATIVA DO BRASIL.*

O STF declarou a irrelevância jurídica do preâmbulo, ou seja, entendeu que o preâmbulo não possui força normativa, não cria direitos e nem obrigações, sendo que a invocação da "*proteção de Deus*" não é norma de reprodução obrigatória nas Constituições Estaduais (ADI 2.076-AC, Rei. Min. Carlos Velloso). Ademais, o STF ainda reforçou que, de fato, o Brasil é um país laico. Porém, o preâmbulo não fere a laicidade do Estado, porquanto Estado laico não significa Estado ateu e o art. 5º, inciso VI, da CF prestigia o princípio da tolerância e do respeito à diversidade.

No mesmo sentido, a expressão "*Deus seja louvado*", presente nas cédulas de real, também não viola os princípios da laicidade estatal, da liberdade de crença ou da isonomia.

16.10.9. Ensino religioso nas escolas públicas

Conforme previsão na Lei nº 9.394/96 (Lei de Diretrizes e Bases da Educação) e no acordo firmado entre o Brasil e a Santa Sé (suprema autoridade

---

14 SILVA, José Afonso da. **Curso de Direito Constitucional Positivo**. 35. ed. São Paulo: Malheiros Editores, 2012. p. 249.

da Igreja Católica), aprovado pelo Decreto-Lei 698/2009 e promulgado pelo Decreto 7.107/2010, as escolas públicas proporcionam aulas de religião com base nos alicerces da Igreja Católica.

Porém, o Procurador-Geral da República ajuizou a ADI 4439/DF solicitando que fosse conferida interpretação conforme a Constituição ao art. 33, §§ 1º e 2º da Lei de Diretrizes e Bases e ao art. 11, § 1º do acordo Brasil-Santa Sé, asseverando que a educação religiosa confessional não é admissível, uma vez que o ensino religioso deve se concentrar na história e no ensinamento das diversas religiões, de acordo com uma perspectiva laica ("modelo não confessional").

O STF, no entanto, julgou improcedente a ADI, estabelecendo que o ensino religioso nas escolas públicas brasileiras pode ser confessional, ou seja, pode ser vinculado a religiões específicas. Porém, deverá ser de matrícula facultativa, sendo assegurada a pluralidade e a diversidade, não podendo haver qualquer tipo de preconceito:

> *O Poder Público, observado o binômio Laicidade do Estado (art. 19, I) / Consagração da Liberdade religiosa (art. 5º, VI) e o princípio da igualdade (art. 5º, caput), deverá atuar na regulamentação do cumprimento do preceito constitucional previsto no art. 210, §1º, autorizando na rede pública, em igualdade de condições, o oferecimento de ensino confessional das diversas crenças, mediante requisitos formais e objetivos previamente fixados pelo Ministério da Educação. Dessa maneira, será permitido aos alunos que voluntariamente se matricularem o pleno exercício de seu direito subjetivo ao ensino religioso como disciplina dos horários normais das escolas públicas de ensino fundamental, ministrada de acordo com os princípios de sua confissão religiosa, por integrantes da mesma, devidamente credenciados e, preferencialmente, sem qualquer ônus para o Poder Público. (STF. Plenário. ADI 4439/DF, rel. orig. Min. Roberto Barroso, red. p/ o ac. Min. Alexandre de Moraes, julgado em 27/9/2017 - Info 879).*

16.10.10. Escusa de consciência

Escusa de consciência é o direito que a pessoa possui de desincumbir-se de cumprir determinada obrigação ou a praticar certo ato por ser ele contrário às suas crenças religiosas ou à sua convicção filosófica ou política, sendo este um direito fundamental assegurado pelo art. 5º, inciso VIII, da CF.

Porém, a própria CF determina que, se o indivíduo se recusar a cumprir a obrigação legal estabelecida, ele deverá, em contrapartida, realizar uma prestação alternativa fixada em lei. E, caso se negue a cumprir tanto a obrigação originária quanto a obrigação alternativa, o indivíduo poderá ter seus direitos políticos suspensos (art. 14, inciso IV, da CF).

Por exemplo, o alistamento militar é obrigatório, conforme art. 143, §1°, da CF, sendo que o serviço alternativo é disciplinado pela Lei 8.239/91. De igual forma, a participação como jurado, em regra, também é obrigatória no Tribunal do Júri (art. 436, CPP), sendo o serviço alternativo estabelecido no art. 438, CPP.

A respeito do tema, o STF fixou a tese em repercussão geral que a escusa de consciência por motivo de crença religiosa permite a fixação de horário alternativo para realização de concurso público:

> *Nos termos do art. 5°, VIII, da Constituição Federal é possível a realização de etapas de concurso público em datas e horários distintos dos previstos em edital, por candidato que invoca escusa de consciência por motivo de crença religiosa, desde que presentes a razoabilidade da alteração, a preservação da igualdade entre todos os candidatos e que não acarrete ônus desproporcional à Administração Pública, que deverá decidir de maneira fundamentada. (STF. Plenário. RE 611874/DF, rel. orig. Min. Dias Toffoli, red. p/ o ac. Min. Edson Fachin, julgado em 19/11, 25/11 e 26/11/2020, Repercussão Geral - Tema 386 - (Info 1000).*

16.10.11. Liberdade de expressão de atividade intelectual, artística, científica e de comunicação. Indenização em caso de violação (art. 5°, incisos IX e X)

> *Art. 5°. (...)*
>
> *IX - é livre a expressão da atividade intelectual, artística, científica e de comunicação, independentemente de censura ou licença;*
>
> *X - são invioláveis a intimidade, a vida privada, a honra e a imagem das pessoas, assegurado o direito a indenização pelo dano material ou moral decorrente de sua violação.*

A Constituição Federal garante a liberdade de expressão da atividade intelectual, artística, científica e de comunicação, independentemente de censura ou licença. Porém, se no decorrer da manifestação desse direito houver violação da intimidade, vida privada ou honra e imagem de alguém, será garantido o direito à indenização pelo dano material ou moral.

Biografia não autorizada

As biografias não autorizadas eram proibidas no Brasil, em razão dos artigos 20 e 21 do Código Civil, por violação ao direito à imagem e à privacidade do biografado. Diante desse cenário, a Associação Nacional dos Editores de Livros (ANEL) ajuizou, em 2012, a ADI 4815 objetivando a declaração de inconstitucionalidade parcial dos artigos 20 e 21 do Código Civil, para que não fosse necessário a anuência da pessoa biografada para a publicação da obra.

Assim, por unanimidade, o STF julgou procedente a ADI, declarando que **não é necessária a autorização prévia para a publicação de biografias,** já que configura liberdade de expressão (art. 5º, IX). Ademais, o art. 220, §2º da CF estabelece que é "*vedada toda e qualquer censura de natureza política, ideológica e artística*", razão pela qual uma regra infraconstitucional (Código Civil) não poderia restringir o direito de expressão e criação de obras literárias.

Por fim, se o biografado ou qualquer outra pessoa retratada na biografia entender que seus direitos foram violados pela publicação, é possível que seja determinada uma retratação, que pode ser realizada não somente por meio de uma compensação financeira, mas também por outras maneiras, como a publicação de uma ressalva, uma atualização com correção, um direito de resposta...

> *(...) 6. Autorização prévia para biografia constitui censura prévia particular. O recolhimento de obras é censura judicial, a substituir a administrativa. O risco é próprio do viver. Erros corrigem-se segundo o direito, não se coartando liberdades conquistadas. A reparação de danos e o direito de resposta devem ser exercidos nos termos da lei. 7. A liberdade é constitucionalmente garantida, não se podendo anular por outra norma constitucional (inc. IV do art. 60), menos ainda por norma de hierarquia inferior (lei civil), ainda que sob o argumento de se estar a resguardar e proteger outro direito constitucionalmente assegurado, qual seja, o da inviolabilidade do direito à intimidade, à privacidade, à honra e à imagem. (STF. Plenário. ADI 4815, Rel. Min. Cármen Lúcia, julgado em 10/06/2015).*

Candidatos com tatuagem em concurso público x liberdade de expressão artística

Em regra, os editais de concurso não podem instituir restrição a pessoas com tatuagem, em razão da garantia à liberdade de expressão artística. Porém, excepcionalmente, é possível que o edital imponha restrições a candidatos que possuam tatuagem cujo conteúdo infrinja valores fundamentais.

O STF, ao analisar o tema em sede de repercussão geral, fixou a seguinte tese:

> *(i) os requisitos do edital para o ingresso em cargo, emprego ou função pública devem ter por fundamento lei em sentido formal e material; (ii) os editais de concurso público não podem estabelecer restrições a pessoas com tatuagem, salvo situações excepcionais em razão do conteúdo que viole valores constitucionais (STF, RE, 898.450, Plenário, Rel. Min. Luiz Fux, j. 17.08.2016, DJE de 31/05/2017).*

Direito ao esquecimento

Maria Celina Bodin de Moraes e Carlos Nelson Konder conceituam o direito ao esquecimento como o direito à autodeterminação informativa, que confere ao titular o controle sobre suas informações e dados.[15]

Assim, um indivíduo pode não querer que um episódio ocorrido em determinado momento de sua vida, ainda que verdadeiro, seja divulgado indistintamente ao público, causando-lhe angústia ou transtornos. Anderson Schreiber consigna que: *"a internet não esquece. Ao contrário dos jornais e revistas de outrora, cujas edições antigas se perdiam no tempo, sujeitas ao desgaste do seu suporte físico, as informações que circulam na rede ali permanecem indefinidamente."*[16]

O tema apresenta um conflito aparente entre o direito à liberdade de expressão x atributos da pessoa humana (direito à vida privacidade, à intimidade e à honra).

O STF, no RE 1010606, concluiu que o "direito ao esquecimento" não é compatível com a Constituição Federal, pois afronta o direito à liberdade de expressão.

Assim, o **"direito ao esquecimento" não possui amparo em nosso ordenamento,** pois haveria uma restrição à liberdade de expressão pelo simples decurso do tempo, o que não seria possível de acordo com o STF. Ademais, a

15 MORAES, Maria Celina Bodin de; KONDER, Carlos Nelson. **Dilemas de direito civil-constitucional**. Rio de Janeiro: Renovar, 2012. p. 287.

16 SCHREIBER, Anderson. **Direito civil e constituição**. São Paulo: Atlas, 2013. p. 466.

honra, privacidade e direitos da personalidade permanecem protegidos por outros mecanismos jurídicos. A tese de repercussão geral firmada no julgamento foi a seguinte:

> *É incompatível com a Constituição a ideia de um direito ao esquecimento, assim entendido como o poder de obstar, em razão da passagem do tempo, a divulgação de fatos ou dados verídicos e licitamente obtidos e publicados em meios de comunicação social analógicos ou digitais. Eventuais excessos ou abusos no exercício da liberdade de expressão e de informação devem ser analisados caso a caso, a partir dos parâmetros constitucionais - especialmente os relativos à proteção da honra, da imagem, da privacidade e da personalidade em geral - e as expressas e específicas previsões legais nos âmbitos penal e cível. (STF. Plenário. RE 1010606/RJ, Rel. Min. Dias Toffoli, julgado em 11/2/2021 (Repercussão Geral - Tema 786 - Info 1005).*

16.10.12. Direito à inviolabilidade da casa (art. 5º, inciso XI)

> *Art. 5º. (...)*
>
> *XI – a casa é asilo inviolável do indivíduo, ninguém nela podendo penetrar sem consentimento do morador, salvo em caso de flagrante delito ou desastre, ou para prestar socorro, ou, durante o dia, por determinação judicial.*

Temos que a regra é a inviolabilidade domiciliar, sendo que ninguém pode ingressar no domicílio de alguém sem consentimento do morador. As exceções (ingresso sem o consentimento do morador), são as seguintes:

SEM CONSENTIMENTO DO MORADOR	
Durante o DIA	**Durante a NOITE**
• **Em caso de flagrante delito;** • **Em caso de desastre;** • **Para prestar socorro;** • **Para cumprir determinação judicial.**	• **Em caso de flagrante delito;** • **Em caso de desastre;** • **Para prestar socorro.**

O conceito de "CASA" é amplo, abrangendo:

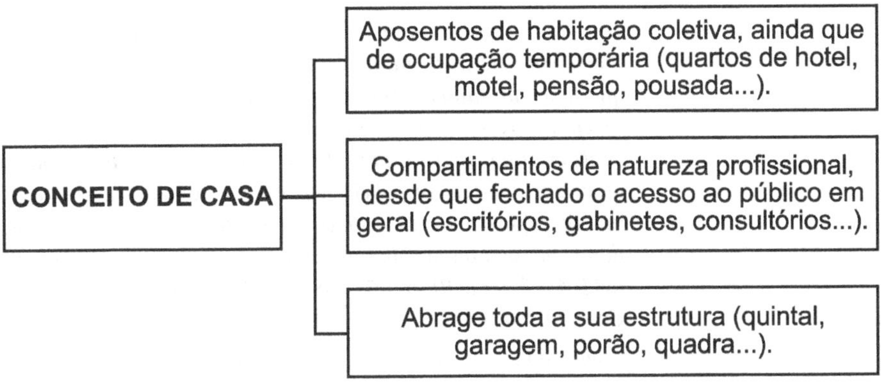

O STJ entendeu que o estabelecimento comercial – em funcionamento e aberto ao público – **não pode receber a proteção** constitucional da inviolabilidade do domicílio, pois não se encaixa no conceito de "casa" que acabamos de estudar (STJ. 6ª Turma. HC 754.789-RS, Rel. Ministro Olindo Menezes – Desembargador convocado do TRF 1ª Região, julgado em 6/12/2022 – Info 760).

Flagrante delito x inviolabilidade domiciliar

O STJ e o STF já se manifestaram no sentido de que é necessário que haja **fundada suspeita** acerca da ocorrência de um crime em determinada casa para que os policiais invadam o local, ainda que sem ordem judicial e sem consentimento do morador.

A **simples intuição** de que está ocorrendo, por exemplo, tráfico de drogas na residência, não permite o ingresso no local sem mandado judicial ou consentimento do morador (STJ, REsp 1.574.681).

Assim, no caso específico, devem existir **fundadas razões** que apontem que no local está sendo cometido um crime (flagrante delito) e a justificativa para o ingresso será posteriormente exposta pela autoridade, sob pena de responsabilização disciplinar, civil e penal.

Por fim, como decorrência da Teoria dos Frutos da Árvore Envenenada, consagrada no art. 5º, inciso LVI, da nossa Constituição Federal, é nula a prova derivada de conduta ilícita (por exemplo, a apreensão de droga), após invasão desautorizada do domicílio, pois evidente o nexo causal entre uma e outra conduta, ou seja, entre a invasão de domicílio (permeada de ilicitude) e a apreensão de drogas (STJ, REsp 1.574.681).

A respeito, vejam os julgados:

> *O ingresso regular da polícia no domicílio, sem autorização judicial, em caso de flagrante delito, para que seja válido, necessita que haja* ***fundadas razões (justa causa)*** *que sinalizem a ocorrência de crime no interior da residência. A mera intuição acerca de eventual traficância praticada pelo agente, embora pudesse autorizar abordagem policial em via pública para averiguação, não configura, por si só, justa causa a autorizar o ingresso em seu domicílio, sem o seu consentimento e sem determinação judicial. (STJ. 6ª Turma. REsp 1.574.681-RS, Rel. Min. Rogério Schietti Cruz, julgado em 20/4/2017 – Info 606).*
>
> *A entrada forçada em domicílio sem mandado judicial só é lícita, mesmo em período noturno, quando amparada em* ***fundadas razões****, devidamente justificadas "a posteriori", que indiquem que dentro da casa ocorre situação de flagrante delito, sob pena de responsabilidade disciplinar, civil e penal do agente ou da autoridade, e de nulidade dos atos praticados. (STF. Plenário. RE 603616/RO, Rel. Min. Gilmar Mendes, julgado em 4 e 5/11/2015 – repercussão geral – Info 806).*

Outros julgados importantes sobre o tema

1) A ausência de mandado não macula a busca e apreensão realizada em apartamento desabitado:

> *Não há nulidade na busca e apreensão efetuada por policiais, sem prévio mandado judicial, em apartamento que não revela sinais de habitação, nem mesmo de forma transitória ou eventual, se a aparente ausência de residentes no local se alia à fundada suspeita de que o imóvel é utilizado para a prática de crime permanente. (STJ. 5ª Turma. HC 588.445-SC, Rel. Min. Reynaldo Soares da Fonseca, julgado em 25/08/2020 – Info 678).*

2) Prova do consentimento do morador:

> *A prova da legalidade e da voluntariedade do consentimento para o ingresso na residência do suspeito incumbe, em caso de dúvida, ao Estado, e deve ser feita com declaração assinada pela pessoa que autorizou o ingresso domiciliar, indicando-se, sempre que possível, testemunhas do ato. Em todo caso, a operação deve ser registrada em áudio-vídeo e preservada a prova enquanto durar o processo. (STJ. 6ª Turma. HC 598.051/SP, Rel. Min. Rogério Schietti Cruz, julgado em 02/03/2021 – Info 687).*

3) É lícito o ingresso de policias, sem autorização judicial e sem o consentimento do hóspede, em quarto de hotel, quando houver fundadas razões da ocorrência de flagrante delito:

> *É lícita a entrada de policiais, sem autorização judicial e sem o consentimento do hóspede, em quarto de hotel não utilizado como morada permanente, desde que presentes as fundadas razões que sinalizem a ocorrência de crime e hipótese de flagrante delito. O quarto de hotel constitui espaço privado que, segundo entendimento do Supremo Tribunal Federal, é qualificado juridicamente como "casa" (desde que ocupado) para fins de tutela constitucional da inviolabilidade domiciliar. No entanto, o STJ fez uma interessante ressalva. O STJ afirmou que, embora o quarto de hotel regularmente ocupado seja, juridicamente, qualificado como "casa" para fins de tutela constitucional da inviolabilidade domiciliar (art. 5º, XI), a exigência, em termos de standard probatório, para que policiais ingressem em um quarto de hotel sem mandado judicial não pode ser igual às fundadas razões exigidas para o ingresso em uma residência propriamente dita, a não ser que se trate (o quarto de hotel) de um local de moradia permanente do suspeito. Isso porque é diferente invadir uma casa habitada permanentemente pelo suspeito e até por várias pessoas (crianças e idosos, inclusive) e um quarto de hotel que, como no caso, é aparentemente utilizado não como uma morada permanente, mas para outros fins, inclusive, ao que tudo indica, o comércio de drogas. No caso concreto, o STJ afirmou que, antes do ingresso no quarto, os policiais realizaram diligências investigativas para apurar a veracidade da informação recebida no sentido de que havia entorpecentes no local. (STJ. 6ª Turma. HC 659.527-SP, Rel. Min. Rogerio Schietti Cruz, julgado em 19/10/2021 – Info 715)*

4) A simples alegação de confissão informal do réu não justifica a busca domiciliar sem mandado judicial:

> *A confissão do réu, por si só, não autoriza a entrada dos policiais em seu domicílio, sendo necessário que a permissão conferida de forma livre e voluntária pelo morador seja registrada pela autoridade policial por escrito ou em áudio e vídeo. (STJ. 5ª Turma. AgRg no AREsp 2.223.319-MS, Rel. Min. Messod Azulay Neto, julgado em 9/5/2023 – Info 778).*

16.10.13. Direito à inviolabilidade das correspondências e das comunicações telegráficas, de dados e das comunicações telefônicas (art. 5º, inciso XII)

> *Art. 5º (...)*
>
> *XII – é inviolável o sigilo da correspondência e das comunicações telegráficas, de dados e das comunicações telefônicas, salvo, no último caso, por ordem judicial, nas hipóteses e na forma que a lei estabelecer para fins de investigação criminal ou instrução processual penal.*

A Constituição Federal garante a inviolabilidade do sigilo das:

- Correspondências;
- Comunicações telegráficas;
- Comunicações de dados;
- Comunicações telefônicas.

Apenas no caso das **comunicações telefônicas** é que há ressalva expressa, exigindo ordem judicial nas hipóteses e na forma que a lei estabelecer para fins de investigação criminal ou instrução processual, conforme tratado pela Lei 9.296/96.

Como regra, o sigilo das **correspondências e das comunicações telegráficas** são invioláveis, exceto nos casos de estado de sítio e estado de defesa, quando tal direito poderá ser restringido, conforme preceitua os artigos 136, §1º, inciso I, "b", e 139, inciso III, da CF.

Não obstante, o STF já admitiu a violação de correspondência dirigida ao preso:

> *(...) A administração penitenciaria, com fundamento em razões de segurança pública, de disciplina prisional ou de preservação da ordem jurídica, pode, sempre excepcionalmente, e desde que respeitada a norma inscrita no art. 41, parágrafo único, da Lei n. 7.210/84, proceder a interceptação da correspondência remetida pelos sentenciados, eis que a cláusula tutelar da inviolabilidade do sigilo epistolar não pode constituir instrumento de salvaguarda de práticas ilícitas. (...) (HC 70814, Relator(a): Min. CELSO DE MELLO, Primeira Turma, julgado em 01/03/1994, DJ 24-06-1994 PP-16649 EMENT VOL-01750-02 PP-00317 RTJ VOL-00176-01 PP-01136)*

Acerca do sigilo bancário **(comunicação de dados bancários)**, importante saber quais os órgãos poderão requerer informações bancárias diretamente para as instituições financeiras:

16.10.14. Liberdade de exercício profissional (art. 5º, inciso XIII e XIV)

> *Art. 5º. (...)*
>
> *XIII – é livre o exercício de qualquer trabalho, ofício ou profissão, atendidas as qualificações profissionais que a lei estabelecer;*
>
> *XIV – é assegurado a todos o acesso à informação e resguardado o sigilo da fonte, quando necessário ao exercício profissional.*

O inciso XIII é uma **norma constitucional de eficácia contida**. Ou seja, a lei infraconstitucional poderá limitar o seu alcance, estabelecendo condições ou requisitos para o pleno exercício da profissão.

Nesse sentido, por exemplo, o art. 8º, IV, da Lei 8.906/94, exige a aprovação no exame da OAB para que o bacharel em direito possa se inscrever junto à OAB. Tal exigência, inclusive, já foi declarada constitucional pelo STF no julgamento do RE 603.583 (Rel. Min. Marco Aurélio, j. 26.10.2011, Plenário, DJE de 25.05.2012, com repercussão geral, Inf. 646/STF).

Porém, acerca da profissão de jornalista, o STF entendeu que não é necessário diploma para o exercício de tal ofício (RE 511.961). Com o mesmo raciocínio, o STF entendeu que não há a necessidade de inscrição em conselho de fiscalização para exercício da profissão de músico, já que eventual restrição apenas se justifica em caso de potencial lesivo da atividade (RE 414.426).

Já o inciso XIV, como decorrência do direito à liberdade de exercício profissional, assegura o direito à liberdade de informação (direito de informar e ser informado), resguardado o sigilo da fonte, quando necessário ao exercício profissional.

16.10.15. Liberdade de locomoção (art. 5º, incisos XV e LXI)

> *Art. 5º (...)*
>
> *XV – é livre a locomoção no território nacional em tempo de paz, podendo qualquer pessoa, nos termos da lei, nele entrar, permanecer ou dele sair com seus bens;*
>
> *LXI – ninguém será preso senão em flagrante delito ou por ordem escrita e fundamentada de autoridade judiciária competente, salvo nos casos de transgressão militar ou crime propriamente militar, definidos em lei.*

A Constituição Federal assegura que é livre a locomoção no território nacional em tempo de paz, podendo qualquer pessoa, nos termos da lei, nele entrar, permanecer ou dele sair com seus bens. Assim, salvo nos casos de transgressão militar ou crime propriamente militar, assim definidos em lei, ninguém será preso senão em flagrante delito ou por ordem escrita e fundamentada de autoridade judiciária competente.

Porém, de forma excepcional, esse direito de locomoção poderá ser restringido na vigência do estado de defesa (art. 136, §3º, inciso I, CF) e na vigência do estado de sítio (art. 137, inciso I, CF).

16.10.16. Direito de reunião (art. 5º, inciso XVI)

> *Art. 5º (...)*
>
> *XVI – todos podem reunir-se pacificamente, sem armas, em locais abertos ao público, independentemente de autorização, desde que não frustrem outra reunião anteriormente convocada para o mesmo local, sendo apenas exigido prévio aviso à autoridade competente.*

De acordo com o art. 5º, inciso XVI, o direito de reunião deve ser exercido:

a) de forma pacífica;

b) sem armas;

c) em locais abertos ao público;

d) independentemente de autorização;

e) desde que não frustre outra reunião anteriormente convocada para o mesmo local;

f) sendo exigido apenas prévio aviso à autoridade competente (comunicado).

O direito de reunião está vinculado a outra garantia fundamental: a liberdade de expressão. Dessa forma, não se pode falar em plena liberdade de expressão se não for garantido o direito de reunião.

A respeito da liberdade de reunião, o STF discutiu no recurso extraordinário 806339/SE o sentido e a abrangência da expressão "*exigido prévio aviso à autoridade competente*", ficando consignado que a ausência de notificação, por si só, não pode implicar a aplicação de multa ou outras sanções aos organizadores da reunião. Na realidade, a exigência de aviso prévio existe somente para permitir que o poder público zele para que o exercício do direito se dê de forma pacífica e que não frustre outra reunião no mesmo local. Dessa forma, o prévio aviso deve ocorrer sempre que possível, mas, se não existir, não se pode falar em reunião ilegal. Por fim, a comunicação não requer nenhum formalismo.

Dessa forma, ficou entendido pelo STF que:

> *A exigência constitucional de aviso prévio relativamente ao direito de reunião é satisfeita com a veiculação de informação que permita ao poder público zelar para que seu exercício se dê de forma pacífica ou para que não frustre outra reunião no mesmo local. (STF. Plenário. RE 806339/SE, Rel. Min. Marco Aurélio, redator do acórdão Min. Edson Fachin, julgado em 14/12/2020 (Repercussão Geral – Tema 855 – Info 1003)*

Marcha da maconha

O STF, por ocasião do julgamento da ADPF 187, considerou legítimo o movimento denominado "*Marcha da Maconha*", tendo em vista os direitos fundamentais de livre manifestação do pensamento (art. 5º, IV) e de reunião (art. 5º, XVI), garantindo, inclusive, o direito das minorias.

> *A mera proposta de descriminalização de determinado ilícito penal não se confundiria com ato de incitação à prática do crime, nem com o de apologia de fato criminoso. Concluiu-se que a defesa, em espaços públicos, da legalização das drogas ou de proposta abolicionista a outro tipo penal, não significaria ilícito penal, mas, ao contrário, representaria o exercício legítimo do direito à livre manifestação do pensamento, propiciada pelo exercício do direito de reunião. (ADPF 187/DF, rel. Min. Celso de Mello, 15.6.2011).*

No entanto, alguns parâmetros devem ser observadas, conforme exposto pelo Ministro Luiz Fux em seu voto: 1) que se trate de reunião pacífica, sem armas, previamente noticiada às autoridades públicas quanto à data, ao horário, ao local e ao objetivo, e sem incitação à violência; 2) que não exista incitação, incentivo ou estímulo ao consumo de entorpecentes na sua realização; 3) que não ocorra o consumo de entorpecentes na ocasião da manifestação ou evento público; e 4) que não haja a participação ativa de crianças e adolescentes na sua realização.

16.10.17. Direito à liberdade de associação (art. 5º, incisos XVII a XXI)

> *Art. 5º (...)*
>
> *XVII – é plena a liberdade de associação para fins lícitos, vedada a de caráter paramilitar;*
>
> *XVIII – a criação de associações e, na forma da lei, a de cooperativas independem de autorização, sendo vedada a interferência estatal em seu funcionamento;*
>
> *XIX – as associações só poderão ser compulsoriamente dissolvidas ou ter suas atividades suspensas por decisão judicial, exigindo-se, no primeiro caso, o trânsito em julgado;*
>
> *XX – ninguém poderá ser compelido a associar-se ou a permanecer associado;*
>
> *XXI – as entidades associativas, quando expressamente autorizadas, têm legitimidade para representar seus filiados judicial ou extrajudicialmente.*

A liberdade de associação, desde que para fins lícitos e vedada o caráter paramilitar, é plena, sendo que o próprio inciso XVIII estabelece o princípio da auto-organização das associações e cooperativas.

Importante ressaltar que o inciso XIX dispõe que as associações só poderão ser compulsoriamente dissolvidas ou ter suas atividades suspensas por decisão judicial. Sendo que, em caso de dissolução compulsória (e apenas nessa hipótese), exige-se que esta decisão judicial tenha transitado em julgado.

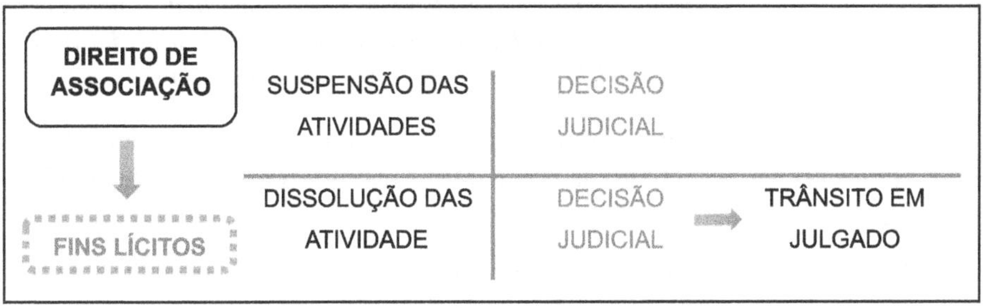

Por sua vez, o inciso XX consagra a liberdade de associação e a liberdade negativa de associação, confirmando, também, o direito à liberdade de expressão, já que estar associado ou não é um ato pautado na livre e espontânea vontade da pessoa. Assim, o indivíduo não pode ser obrigado a se associar, e, uma vez associado, também é livre para decidir se irá continuar associado ou não.

Ainda tratando a respeito desse amplo direito à liberdade de associação, o inciso XXI preceitua que as entidades associativas, **quando expressamente autorizadas**, possuem legitimidade para representar os seus filiados judicial ou extrajudicialmente. Nesse sentido, por fim, o STF, no julgamento do RE 573.232, fixou a tese que "*a previsão estatutária genérica não é suficiente para legitimar a atuação, em Juízo, de associações na defesa de direitos dos filiados, sendo indispensável autorização expressa, ainda que deliberada em assembleia, nos termos do artigo 5º, inciso XXI, da Constituição Federal (...)*".

16.10.18. Direito à propriedade (art. 5º, incisos XXII a XXVI)

> *Art. 5º (...)*
>
> *XXII - é garantido o direito de propriedade;*
>
> *XXIII - a propriedade atenderá a sua função social;*
>
> *XXIV - a lei estabelecerá o procedimento para desapropriação por necessidade ou utilidade pública, ou por interesse social, mediante justa e prévia indenização em dinheiro, ressalvados os casos previstos nesta Constituição;*

> *XXV - no caso de iminente perigo público, a autoridade competente poderá usar de propriedade particular, assegurada ao proprietário indenização ulterior, se houver dano;*
>
> *XXVI - a pequena propriedade rural, assim definida em lei, desde que trabalhada pela família, não será objeto de penhora para pagamento de débitos decorrentes de sua atividade produtiva, dispondo a lei sobre os meios de financiar o seu desenvolvimento.*

A Constituição Federal garante o direito à propriedade (inciso XXII). Porém, tal direito não é absoluto, já que é necessário que a propriedade atenda a sua função social (inciso XXIII).

Dessa forma, a propriedade não é somente um direito individual, como também representa um princípio da ordem econômica (art. 170, incisos II e III, da CF), estando relacionada ao conceito de uma vida digna, consoante os preceitos da justiça social.

Nesses termos, explica Flavio Tartuce[17]: *"a propriedade é o direito que alguém possui em relação a um bem determinado. Trata-se de um direito fundamental, protegido no art. 5.º, inc. XXII, da Constituição Federal, mas que deve sempre atender a uma função social, em prol de toda a coletividade. A propriedade é preenchida a partir dos atributos que constam do Código Civil de 2002 (art. 1.228), sem perder de vista outros direitos, sobretudo aqueles com substrato constitucional"*.

Assim, a propriedade é um direito e, também, um dever: é um direito do proprietário de ter o bem para si (faculdades de uso, gozo e disposição), e também um dever com a coletividade, no sentido de que essa propriedade alcance a função social.

A própria Constituição Federal estabeleceu requisitos para o cumprimento da função social da propriedade que vamos assim esquematizar:

---

17 TARTUCE, Flavio. **Direito Civil: Direito das Coisas (vol.4).** 9. ed. rev., atual. e ampl. Rio de Janeiro: Forense, 2017. p. 79.

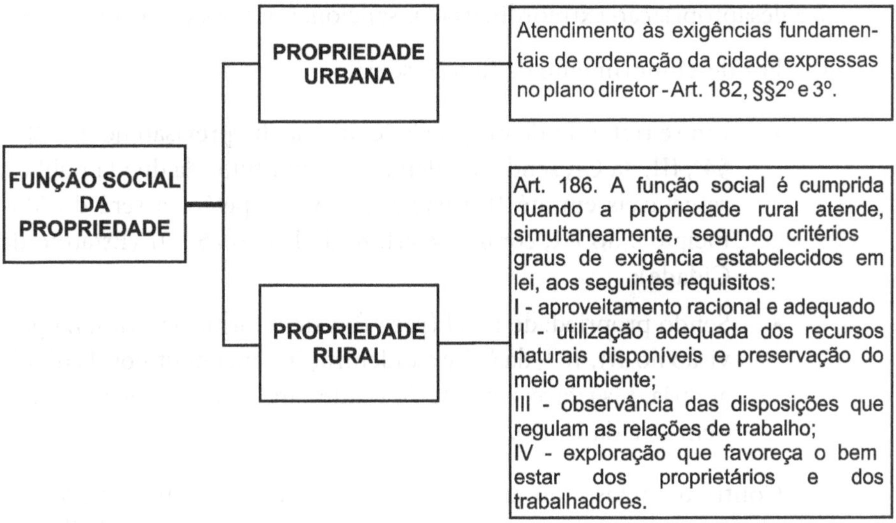

Desapropriação

A desapropriação constitui forma de aquisição originária e compulsória da propriedade, já que independe da anuência do antigo proprietário.

A competência para legislar sobre a desapropriação é privativa da União, conforme art. 22, inciso II, da Constituição Federal, podendo essa competência ser delegada através de Lei Complementar aos Estados e DF (art. 22, parágrafo único).

A desapropriação pode ser:

1) Comum ou ordinária (art. 5º, XXIV);
2) Extraordinária ou sancionatória.

A desapropriação comum ou ordinária é trazida pelo art. 5º, XXIV e baseia-se nos fundamentos: necessidade pública (urgência na utilização do bem, conforme Decreto-Lei 3.365/1941), utilidade pública (conveniência na apropriação do bem, consoante Decreto-Lei 3.365/1941) ou interesse social (sentido social da propriedade, de acordo com o disposto na Lei 4.132/62).

Todos os entes federativos (União, Estados, Distrito Federal e Municípios) podem declarar o fundamento da desapropriação (tratando-se de competência comum, já que a desapropriação pode ser fundamentada em interesses federais, estaduais ou municipais). A indenização, nesse caso, será prévia, justa e em dinheiro.

Já a desapropriação extraordinária ou sancionatória pode ocorrer:

a) Por descumprimento da função social:

- Em se tratando de propriedade urbana, há previsão no art. 182, §4º, III, da CF, sendo a indenização em títulos da dívida pública, resgatáveis em até 10 (dez) anos. A competência será do Município e do DF, conforme art. 8º da Lei 10.257/01 (Estatuto da Cidade);
- Sendo propriedade rural (para fins de reforma agrária), há previsão no art. 184, da CF, e a indenização será em títulos da dívida agrária, resgatáveis em até 20 (vinte) anos. A competência também será da União.

b) Confisco, prevista no art. 243 da CF, no caso de culturas ilegais de plantas psicotrópicas ou quando houver exploração de trabalho escravo. Nessa situação, não há indenização e a competência será da União.

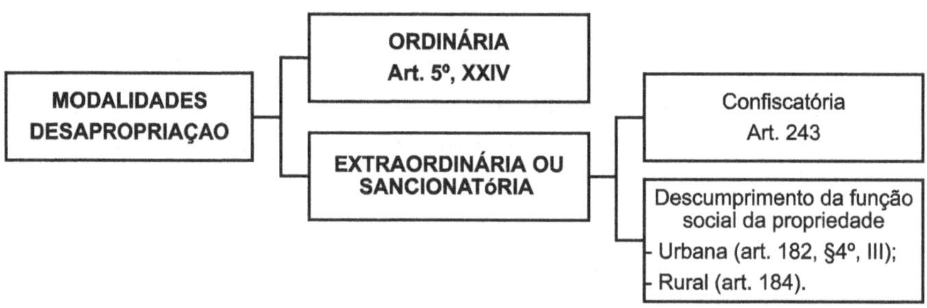

Requisição

A requisição administrativa é uma forma de intervenção do Estado na propriedade privada, estando prevista no inciso XXV do artigo 5º da CF. Assim, em caso de iminente perigo público, a autoridade competente poderá usar a propriedade particular, sendo assegurado ao proprietário indenização ulterior, se houver dano.

Notem que, na requisição administrativa a propriedade particular não é transferida ao Estado. Há somente o uso temporário e compulsório de bens ou serviços particulares para o atendimento de necessidades coletivas urgentes, havendo, no entanto, a possibilidade de indenização **apenas se houver dano**. Assim, na requisição há uma restrição ao caráter exclusivo da propriedade.

Atenção para não confundir requisição com desapropriação!

DESAPROPRIAÇÃO **Art. 5º, XXIV**	**REQUISIÇÃO** **Art. 5º, XXV**
Aquisição originária e compulsória da propriedade.	Uso temporário e compulsório de bens ou serviços particulares, para o atendimento de necessidades coletivas urgentes.
Incide sobre bens.	Incide sobre bens e serviços.
Permanente.	Temporário.
Fundamento: • Utilidade Pública; • Necessidade Pública; • Interesse Social.	Fundamento: • Perigo público iminente.
Indenização • Justa; • Prévia; • Dinheiro.	Indenização • Ulterior, se houver dano.

Impenhorabilidade da pequena propriedade rural

A Constituição garante a impenhorabilidade da pequena propriedade rural, assim definida na Lei 8.629/1993, desde que trabalhada pela família em regime de subsistência (inciso XXVI).

Percebe-se a preocupação da Constituição Federal em garantir a manutenção dos meios mínimos de sobrevivência para a família, realizando, assim, a dignidade humana, fundamento da República Federativa do Brasil (art. 1º, inciso III).

Impenhorabilidade da pequena propriedade rural

Área definida como pequena (Lei 8.629/1993) + Trabalhada pela família em regime de subsistência = **IMPENHORABILIDADE**

Proteção sobre direitos autorais / propriedade intelectual (art. 5º, incisos XXVII a XXIX)

> *Art. 5º. (...)*
>
> *XXVII - aos autores pertence o direito exclusivo de utilização, publicação ou reprodução de suas obras, transmissível aos herdeiros pelo tempo que a lei fixar;*
>
> *XXVIII - são assegurados, nos termos da lei:*
>
> *a) a proteção às participações individuais em obras coletivas e à reprodução da imagem e voz humanas, inclusive nas atividades desportivas;*
>
> *b) o direito de fiscalização do aproveitamento econômico das obras que criarem ou de que participarem aos criadores, aos intérpretes e às respectivas representações sindicais e associativas;*
>
> *XXIX - a lei assegurará aos autores de inventos industriais privilégio temporário para sua utilização, bem como proteção às criações industriais, à propriedade das marcas, aos nomes de empresas e a outros signos distintivos, tendo em vista o interesse social e o desenvolvimento tecnológico e econômico do País.*

Os incisos XXVII, XXVIII e XXIX asseguram a proteção dos direitos autorais (propriedade intelectual), abrangendo:

- Direito Autoral (direitos do autor): regulado especialmente pela Lei 9.610/1998;
- Propriedade Industrial: tratada na Lei 9.279/1996.

16.10.19. Direito de herança (art. 5º, inciso XXX e XXXI)

> *Art. 5º. (...)*
>
> *XXX - é garantido o direito de herança;*
>
> *XXXI - a sucessão de bens de estrangeiros situados no País será regulada pela lei brasileira em benefício do cônjuge ou dos filhos brasileiros, sempre que não lhes seja mais favorável a lei pessoal do "de cujus".*

A Constituição Federal assegura o direito à herança como um direito fundamental, razão pela qual o patrimônio da pessoa falecida deve passar para seus herdeiros, conforme tratado no Código Civil, não podendo o Estado confiscar os bens deixados como herança.

16.10.20. Defesa do consumidor (art. 5º, inciso XXXII)

> *Art. 5º (...)*
>
> *XXXII – o Estado promoverá, na forma da lei, a defesa do consumidor.*

O inciso XXXII do art. 5º da Constituição Federal trouxe a necessidade do Estado promover a defesa do consumidor, culminando, assim, na edição no nosso "Código de Defesa do Consumidor", através da Lei nº 8.078/1990.

16.10.21. Direito de acesso à justiça ou inafastabilidade da jurisdição (art. 5º, inciso XXXV)

> *Art. 5º (...)*
>
> *XXXV – a lei não excluirá da apreciação do Poder Judiciário lesão ou ameaça a direito.*

A Constituição Federal assegura o livre acesso ao Judiciário para pleitear a tutela jurisdicional tanto de forma preventiva (*"ameaça a direito"*) quanto repressiva (*"lesão a direito"*).

O destinatário principal desta previsão é o legislador, que não poderá criar leis que obstem o acesso ao Judiciário.

Em razão do princípio da inafastabilidade da jurisdição, não é mais aceito em nosso ordenamento a denominada "jurisdição condicionada". Assim, não é mais necessário o prévio esgotamento das vias administrativas para que o indivíduo possa se socorrer do Poder Judiciário.

Sendo o direito de acesso à justiça uma cláusula pétrea, somente o próprio poder constituinte originário poderia introduzir exceções a essa regra, como acontece com a Justiça desportiva, prevista na própria Constituição Federal, no art. 217, §§1º e 2º.

Lei 9.307/96 (Lei da Arbitragem)

A Lei 9.307/1996 estabelece que as pessoas capazes de contratar poderão valer-se da arbitragem para dirimir litígios relativos a direitos patrimoniais disponíveis (art. 1º).

O art. 3º da Lei de Arbitragem, por sua vez, consigna que as partes interessadas **podem** submeter a solução de seus litígios ao juízo arbitral mediante convenção de arbitragem, assim entendida a cláusula compromissória e o compromisso arbitral.

Assim, notem que a submissão do litígio ao juízo arbitral é uma faculdade das partes, que escolhem pela jurisdição privada, ao invés da estatal. Nesse caso, apenas será possível o controle judicial da sentença arbitral em relação à sua validade (vícios formais), não sendo cabível o ajuizamento de ação perante o Judiciário para análise do mérito da decisão do juízo arbitral. Ressalto que, em momento algum há na Lei de Arbitragem a exclusão ao direito de ação, o que seria inconstitucional, por vedação ao inciso XXXV.

16.10.22. Direito à segurança jurídica (art. 5º, inciso XXXVI).

> *Art. 5º (...)*
>
> *XXXVI – a lei não prejudicará o direito adquirido, o ato jurídico perfeito e a coisa julgada.*

A Constituição Federal, com o objetivo de garantir segurança jurídica e estabilidade às relações firmadas, estabelece que a lei não prejudicará o direito adquirido, o ato jurídico perfeito e a coisa julgada, ou seja, a lei não poderá retroagir para atingir situação já concretizada por ocasião de lei anterior.

O inciso XXXVI prevê, portanto, um direito de defesa do indivíduo em face do Estado, que não poderá surpreender o administrado com a edição de uma lei nova capaz de prejudicar um fato já solidificado.

Essa garantia constitucional, no entanto, não veda a retroatividade das leis. Mas, na realidade, impede a retroatividade de leis mais prejudiciais àqueles que já preencheram todas as exigências previstas na legislação anterior para a aquisição de um direito.

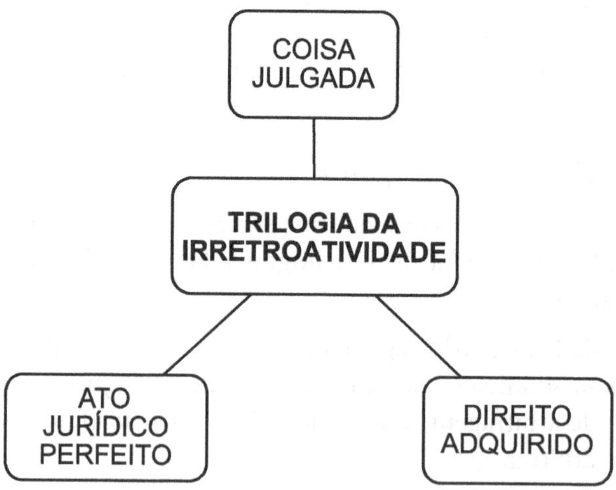

O art. 6º da Lei de Introdução às Normas do Direito Brasileiro (LINDB – Decreto-Lei 4.657/42), assim preceitua:

- Ato jurídico perfeito (§1º): ato jurídico perfeito o já consumado segundo a lei vigente ao tempo em que se efetuou;
- Direito adquirido (§2º): os direitos que o seu titular, ou alguém por ele, possa exercer, como aqueles cujo começo do exercício tenha termo pré-fixo, ou condição pré-estabelecida inalterável, a arbítrio de outrem;
- Coisa julgada (§3º): decisão judicial de que já não caiba recurso.

Importante ressaltar que, para que haja um direito adquirido, é necessário que o titular tenha cumprido todos os requisitos legais previstos, pois, caso contrário, haverá apenas uma mera expectativa de direito.

No ato jurídico perfeito, por sua vez, o titular não só já reúne todas as condições legais para gozar de um direito (direito adquirido), como também já exerceu efetivamente este direito.

Por fim, em que pese a garantia constitucional de que lei não prejudicará a coisa julgada, o Supremo Tribunal Federal, em situação excepcional, afastou a alegação de segurança jurídica na investigação de paternidade julgada sem DNA, fazendo prevalecer o direito fundamental de que toda pessoa possui de conhecer suas origens, já que os direitos e garantias fundamentais não são absolutos. Assim, no caso, houve a relativização da coisa julgada:

> *(...) 2. Deve ser relativizada a coisa julgada estabelecida em ações de investigação de paternidade em que não foi possível determinar-se a efetiva existência de vínculo genético a unir as partes, em decorrência da não realização do exame de DNA, meio de prova que pode fornecer segurança quase absoluta quanto à existência de tal vínculo. 3. Não devem ser impostos óbices de natureza processual ao exercício do direito fundamental à busca da identidade genética, como natural emanação do direito de personalidade de um ser, de forma a tornar-se igualmente efetivo o direito à igualdade entre os filhos, inclusive de qualificações, bem assim o princípio da paternidade responsável. 4. Hipótese em que não há disputa de paternidade de cunho biológico, em confronto com outra, de cunho afetivo. Busca-se o reconhecimento de paternidade com relação a pessoa identificada. 5. Recursos extraordinários conhecidos e providos. (RE 363889, Relator(a): Min. DIAS TOFFOLI, Tribunal Pleno, julgado em 02/06/2011, ACÓRDÃO ELETRÔNICO REPERCUSSÃO GERAL - MÉRITO DJe-238 DIVULG 15-12-2011 PUBLIC 16-12-2011 RTJ VOL-00223-01 PP-00420).*

16.10.23. Princípio do Juiz natural e do Promotor natural (art. 5º, incisos XXXVII e LIII)

> *Art. 5º (...)*
>
> *XXXVII – não haverá juízo ou tribunal de exceção;*
>
> *LIII – ninguém será processado nem sentenciado senão pela autoridade competente.*

O princípio do juiz natural, insculpido no inciso LIII, revela uma limitação aos poderes persecutórios do Estado, representando uma garantia de imparcialidade dos juízes e tribunais. Dessa forma, o juiz da causa (juiz natural) deve ser instituído antes da ocorrência do fato, de acordo com as regras de competência fixadas na lei.

O inciso LIII ainda prevê que o acusado possui o direito de ser "processado" pela autoridade competente, ou seja, por um órgão independente de Estado, garantindo, portanto, também o princípio do promotor natural.

Inclusive, no julgamento do HC 67.759, o STF reconheceu o postulado do "Promotor Natural", consignando que ele *"se revela imanente ao sistema constitucional brasileiro"* e *"repele, a partir da vedação de designações casuísticas efetuadas pela Chefia da Instituição, a figura do acusador de exceção"*, constituindo *"uma garantia de ordem jurídica, destinada tanto a proteger o membro do Ministério Público, na medida em que lhe assegura o exercício pleno e independente do seu ofício, quanto a tutelar a própria coletividade, a quem se reconhece o direito de ver atuando, em quaisquer causas, apenas o Promotor cuja intervenção se justifique a partir de critérios abstratos e pré-determinados, estabelecidos em lei"*.

Como consequência lógica do princípio do juiz natural, é vedada a criação de juízos ou tribunais de exceção (inciso XXXVII), que são aqueles instituídos para um caso em específico, após a ocorrência do fato.

16.10.24. Tribunal do Júri (art. 5º, inciso XXXVIII)

> *Art. 5º (...)*
>
> *XXXVIII – é reconhecida a instituição do júri, com a organização que lhe der a lei, assegurados:*
>
> *a) a plenitude de defesa;*
>
> *b) o sigilo das votações;*

c) a soberania dos veredictos;

d) a competência para o julgamento dos crimes dolosos contra a vida.

São princípios constitucionais explícitos referentes ao tribunal do Júri, conforme art. 5º, inciso XXVIII:

- Plenitude da defesa;
- Sigilo das votações;
- Soberania dos vereditos;
- Competência para julgamento dos crimes dolosos contra a vida.

A **plenitude de defesa** significa que, no Tribunal do Júri, o advogado poderá utilizar argumentações extrajurídicas, invocando, por exemplo, razões de ordem social, política, emocional e religiosa.

Não obstante o princípio da plenitude da defesa, o Plenário do Supremo Tribunal Federal, em 2021, considerou inconstitucional a tese da legítima defesa da honra no cenário do feminicídio, ressaltando, no caso, a preponderância do princípio constitucional da dignidade da pessoa humana, sendo, portanto, vedada **a sua utilização no Tribunal do Júri, sob pena de anulação do julgamento:**

> Legítima defesa da honra não é, tecnicamente, legítima defesa. (...) 2. A legítima defesa da honra é recurso argumentativo/retórico odioso, desumano e cruel utilizado pelas defesas de acusados de feminicídio ou agressões contra a mulher para imputar às vítimas a causa de suas próprias mortes ou lesões. (...) 4. A legítima defesa da honra não pode ser invocada como argumento inerente à plenitude de defesa própria do tribunal do júri, a qual não pode constituir instrumento de salvaguarda de práticas ilícitas. (...) Na hipótese de a defesa lançar mão, direta ou indiretamente, da tese da legítima defesa da honra (ou de qualquer argumento que a ela induza), seja na fase pré-processual, na fase processual ou no julgamento perante o tribunal do júri, caracterizada estará a nulidade da prova, do ato processual ou, caso não obstada pelo presidente do júri, dos debates por ocasião da sessão do júri (...). (STF, ADPF 779 MC-REF/DF, Plenário, rel. Dias Toffoli, 15.03.2021).

Já o princípio do **sigilo das votações** garante que ninguém saberá qual foi o voto dos jurados.

A **soberania dos vereditos**, por sua vez, assegura que a decisão de mérito proferida pelos jurados não seja alterada por um tribunal formado por juízos togados.

Ressalto que é possível recorrer da decisão proferida pelo júri, através da interposição de apelação (recurso de fundamentação vinculada, conforme art. 593 do CPP). Porém, isso não gera nenhuma ofensa à soberania do veredito, já que o tribunal, quando do julgamento do recurso, não irá absolver ou condenar o réu, ou seja, sendo procedente o recurso, será, na realidade, declarada a nulidade do veredito, de sorte que os autos retornarão à vara de origem para que um novo júri seja realizado.

Interessante consignar, no entanto, que cabe revisão criminal da decisão do júri, pois *"a soberania do veredicto do Conselho de Sentença representa garantia fundamental do acusado, e não pode, ela própria, constituir paradoxal obstáculo à restauração da liberdade jurídica do condenado"* (ARE 674.151/MT, Rel. Ministro Celso de Mello, DJe 18/10/2013).

Por fim, o inciso XXXVIII, na alínea "d", prevê a competência constitucional do Tribunal do Júri para o julgamento dos crimes dolosos contra a vida (arts. 121 a 127 do Código Penal, consumados ou tentados), tratando-se de "competência mínima", já que a lei ordinária poderá ampliar esse rol, disciplinando outros crimes que ficarão sujeitos ao julgamento pelo Tribunal do Júri. Porém, não é possível a redução da competência do Tribunal do Júri, por se tratar se clausula pétrea.

Note, ainda, que crimes conexos aos crimes contra a vida também passam a ser de competência do Tribunal do Júri. Nesse caso, se houve um estupro e um homicídio, de forma conexa, ambos serão julgados pelo tribunal do júri, em razão do disposto no art. 78, inciso I, do CPP.

Os examinadores adoram elaborar questões dizendo que os delitos de latrocínio, estupro seguido de morte e lesão corporal seguida de morte são de competência do tribunal do júri. Essa afirmação está incorreta!

ATENÇÃO! Não são de competência do tribunal júri:

- Lesão corporal seguida de morte (art. 129, §3º, CP – competência da Justiça Comum);
- Latrocínio (art. 157, §3º, II, CP – competência da Justiça Comum);
- Estupro seguido de morte (art. 213, §2º, CP – competência da Justiça Comum);

- Ato infracional (Lei 8.069/1990 – competência da Justiça da Infância e Juventude).

Além disso, é importantíssimo que você saiba que a regra de competência do Tribunal do Júri para o julgamento dos crimes dolosos contra a vida (alínea "d"), não é absoluta, pois quando houver a previsão de foro por prerrogativa de função na própria Constituição Federal, a norma geral (Tribunal do Júri), será afastada.

É o que ocorre, por exemplo, nos arts. 29, inciso X, da CF, que prevê que o Prefeito será julgado pelo Tribunal de Justiça. Portanto, caso o foro por prerrogativa de função seja previsto na própria Constituição Federal, a pessoa será julgada no foro privativo, mesmo que se trate de crime seja doloso contra a vida.

Porém, muito cuidado! A **Constituição Estadual** não poderá retirar a competência do Tribunal do Júri fora das hipóteses previstas na própria Constituição Federal. Veja o que dispõe a Súmula Vinculante 45 do STF: "*A competência constitucional do tribunal do júri prevalece sobre o foro por prerrogativa de função estabelecido exclusivamente pela Constituição Estadual*".

Assim, se o foro por prerrogativa de função for previsto unicamente pela Constituição Estadual, prevalecerá a competência do Tribunal do Júri para julgar crimes dolosos contra a vida, por se tratar de uma garantia constitucional.

Por fim, cabe salientar que a inobservância de qualquer dos princípios previstos no inciso XXXVIII implicará na nulidade do veredito proferido.

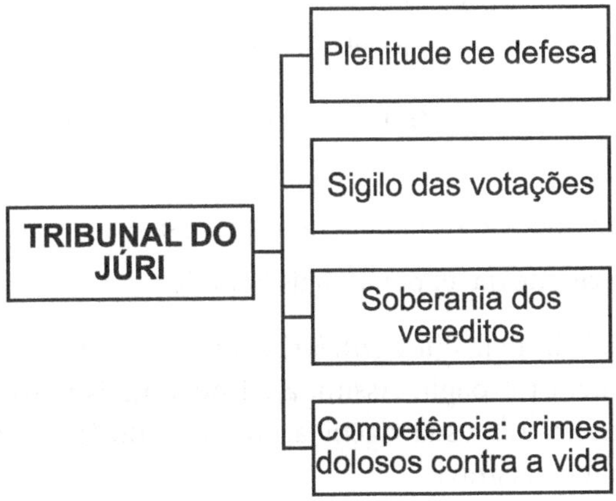

16.10.25. Princípio da legalidade ou reserva legal (art. 5º, inciso XXXIX)

> *Art. 5º (...)*
>
> *XXXIX – não há crime sem lei anterior que o defina, nem pena sem prévia cominação legal.*

O art. 5º, inciso XXXIX, prevê o princípio da legalidade (ou reserva legal), ao assegurar que somente a lei poderá descrever crimes e cominar penas, constituindo, assim, uma real limitação ao poder estatal de interferir na esfera de liberdade individual.

O princípio da legalidade abarca: a) o princípio da reserva legal (não há crime sem lei) e b) o princípio da anterioridade (não há crime sem *lei anterior*).

16.10.26. Princípio da irretroatividade da lei penal *in pejus* ou princípio da retroatividade da lei penal mais benéfica (art. 5º, inciso XL)

> *Art. 5º (...)*
>
> *XL – a lei penal não retroagirá, salvo para beneficiar o réu.*

O art. 5º, inciso XL, que trata sobre o conflito das leis penais no tempo, assegura a:

a) Irretroatividade da lei penal mais gravosa e a

b) Retroatividade da lei penal mais benéfica.

A novatio legis in pejus (*lex gravior*) é a nova lei mais severa ao autor do fato, que não poderá retroagir. Assim, a lei nova mais grave não poderá ser aplicada a fatos anteriores a sua vigência, em razão do "princípio da irretroatividade da lei penal mais grave".

Já a *novatio legis in mellius* (*lex mitior*) é a nova lei mais benéfica ao autor do fato, que deverá ser aplicada aos fatos anteriores, ainda que decididos por sentença condenatória transitada em julgado (art. 2º, parágrafo único, do CP), em razão do "princípio da retroatividade da lei penal mais benéfica".

A *abolitio criminis*, por sua vez, é a extinção de um tipo penal, ou seja, a nova lei descriminaliza uma conduta que anteriormente era considerada criminosa. De acordo com o art. 2º, *caput*, do CP, ninguém pode ser punido por fato que lei posterior deixa de considerar crime, cessando em virtude dela a execução e os efeitos penais de sentença condenatória. Assim, haverá a retroatividade benéfica da lei penal e a extinção da punibilidade do agente, com fulcro no art.107, inciso III, do Código Penal.

Por fim, a *novatio legis incriminadora* ocorre quando uma nova lei entra em vigor passando a criminalizar uma conduta que anteriormente não era considerada crime, ou seja, há uma nova tipificação penal, que antes não existia no ordenamento jurídico. Desse modo, quem praticou a conduta antes da vigência da nova lei, não cometeu crime e não poderá ser punido, em virtude do princípio da "irretroatividade da lei penal *in pejus*".

Assim, de acordo com o inciso XL, a regra é que a lei penal não retroagirá, sendo a retroatividade da lei a exceção, que somente ocorrerá para beneficiar o réu.

CONFLITO DE LEIS PENAIS NO TEMPO		
Novatio legis in pejus	Lei posterior, mantendo a incriminação do fato, torna mais grave a situação do réu (ex.: aumento da pena em abstrato).	IRRETROATIVIDADE
Novatio legis in mellius	Lei posterior, mantendo a incriminação do fato, beneficia de algum modo o agente (ex.: diminuição da pena em abstrato).	RETROATIVIDADE
Abolitio criminis	Lei posterior descriminaliza a conduta.	RETROATIVIDADE
Novatio legis incriminadora	Lei posterior cria um novo crime.	IRRETROATIVIDADE

16.10.27. Mandados de criminalização (art. 5º, XLI a XLIV)

> *Art. 5º (...)*
>
> *XLI – a lei punirá qualquer discriminação atentatória dos direitos e liberdades fundamentais;*

> *XLII – a prática do racismo constitui crime inafiançável e imprescritível, sujeito à pena de reclusão, nos termos da lei;*
>
> *XLIII – a lei considerará crimes inafiançáveis e insuscetíveis de graça ou anistia a prática da tortura, o tráfico ilícito de entorpecentes e drogas afins, o terrorismo e os definidos como crimes hediondos, por eles respondendo os mandantes, os executores e os que, podendo evitá-los, se omitirem;*
>
> *XLIV – constitui crime inafiançável e imprescritível a ação de grupos armados, civis ou militares, contra a ordem constitucional e o Estado Democrático.*

A Constituição Federal determinou, através dos denominados "mandados constitucionais de criminalização", que condutas lesivas a determinados bens jurídicos valiosos devam ser, obrigatoriamente, criminalizadas.

Assim, em relação a esses bens mais preciosos, o legislador terá que, necessariamente, editar leis com a finalidade de protegê-los.

Nesse sentido, é possível verificar mandados constitucionais de criminalização expressos nos incisos XLI, XLII, XLIII e XLIV, sendo que o legislador deverá, para o seu efetivo cumprimento, observar o princípio da proporcionalidade nas vertentes: proibição de excesso e proibição de proteção insuficiente. Vejamos a explicação exposta pelo STF no julgamento do HC 104410:

> *Os direitos fundamentais não podem ser considerados apenas como proibições de intervenção (Eingriffsverbote), expressando também um postulado de proteção (Schutzgebote). Pode-se dizer que os direitos fundamentais expressam não apenas uma proibição do excesso (Übermassverbote), como também podem ser traduzidos como proibições de proteção insuficiente ou imperativos de tutela (Untermassverbote). (HC 104410, Relator: GILMAR MENDES, Segunda Turma, julgado em 06-03-2012, ACÓRDÃO ELETRÔNICO DJe-062 DIVULG 26-03-2012 PUBLIC 27-03-2012).*

Racismo

A Lei 7.716/1989 prevê os atos resultantes de discriminação ou preconceito de raça, cor, etnia, religião ou procedência nacional.

Assim, o conceito de "raça" compõe a estrutura normativa dos tipos penais incriminadores trazidos pela Lei nº 7.716/89 e o Supremo Tribunal Federal manifestou seu entendimento de que não há, biologicamente, diferença entre seres humanos, pois todos pertencem à "raça" ser humano:

> *(...) 3. Raça humana. Subdivisão. Inexistência. Com a definição e o mapeamento do genoma humano, cientificamente não existem distinções entre os homens, seja pela segmentação da pele, formato dos olhos, altura, pêlos ou por quaisquer outras características físicas, visto que todos se qualificam como espécie humana. Não há diferenças biológicas entre os seres humanos. Na essência são todos iguais. 4. Raça e racismo. A divisão dos seres humanos em raças resulta de um processo de conteúdo meramente político-social. Desse pressuposto origina-se o racismo que, por sua vez, gera a discriminação e o preconceito segregacionista. (...) (STF. Plenário. HC 82424, Relator p/ Acórdão Min. Maurício Corrêa, julgado em 17/09/2003).*

Avançando na temática, o STF entendeu que os atos homofóbicos e transfóbicos são formas contemporâneas de racismo em sua dimensão social, caracterizando crime, em razão de mandados constitucionais de criminalização (art. 5º, incisos XLI e XLII). Isso porque, de acordo com o STF, o conceito de racismo é aberto, abarcando, portanto, preconceitos contra pessoas em virtude de sua orientação sexual ou identidade de gênero:

> *Até que sobrevenha lei emanada do Congresso Nacional destinada a implementar os mandados de criminalização definidos nos incisos XLI e XLII do art. 5º da Constituição da República, as condutas homofóbicas e transfóbicas, reais ou supostas, que envolvem aversão odiosa à orientação sexual ou à identidade de gênero de alguém, por traduzirem expressões de racismo, compreendido este em sua dimensão social, ajustam-se, por identidade de razão e mediante adequação típica, aos preceitos primários de incriminação definidos na Lei nº 7.716, de 08.01.1989, constituindo, também, na hipótese de homicídio doloso, circunstância que o qualifica, por configurar motivo torpe (Código Penal, art. 121, § 2º, I, "in fine"); (...) O conceito de racismo, compreendido em sua dimensão social, projeta-se para além de aspectos estritamente biológicos ou fenotípicos, pois resulta, enquanto manifestação de poder, de uma construção de índole histórico-cultural motivada pelo objetivo de justificar a desigualdade e destinada ao controle ideológico, à dominação política, à subjugação social e à negação da alteridade, da dignidade e da humanidade daqueles que, por integrarem grupo vulnerável (LGBTI+) e por não pertencerem ao estamento que detém posição de hegemonia em uma dada estrutura social, são considerados estranhos e diferentes, degradados à condição de marginais do ordenamento jurídico, expostos, em consequência de odiosa inferiorização e de perversa estigmatização, a uma injusta e*

> *lesiva situação de exclusão do sistema geral de proteção do direito. (STF. Plenário. ADO 26/DF, Rel. Min. Celso de Mello; MI 4733/DF, Rel. Min. Edson Fachin, julgados em 13/6/2019 - Info 944).*

Outro ponto importante diz respeito à Lei 14.532/2023, que realizou mudanças na Lei do Crime Racial (Lei 7.716/89), transportando a injúria racial do Código Penal (art. 140, §3º) para a Lei do Crime Racial (Lei 7.716/89). Assim, restou consignado, de forma expressa, que a injúria em razão de raça, cor, etnia e procedência nacional, é uma forma de racismo. Como consectário, o crime de injúria racial passa a ser imprescritível, já que está abarcado pela Lei 7.716/89 e se enquadra no art. 5º, XLII, da CF.

Porém, importante ressaltar que o art. 140, §3º, do CP não foi inteiramente revogado. Ele continua punindo a injúria envolvendo elementos referentes à religião e à condição de pessoa idosa ou à condição de pessoa com deficiência.

INJÚRIA EM RAZÃO DA RAÇA, COR, ETNIA OU PROCEDÊNCIA NACIONAL	
ANTES DA LEI 14.532/2023	**DEPOIS DA LEI 14.532/2023**
Art. 140, §3º. Se a injúria consiste na utilização de elementos referentes a ~~raça, cor, etnia,~~ religião, origem ou à condição de pessoa idosa ou com deficiência: Pena – reclusão, de 1 (um) a 3 (três) anos, e multa.	Art. 2º-A, Lei 7.716/89.Injuriar alguém, ofendendo-lhe a dignidade ou o decoro, em razão de raça, cor, etnia ou procedência nacional. Pena: reclusão, de 2 (dois) a 5 (cinco) anos, e multa. Parágrafo único. A pena é aumentada de metade se o crime for cometido mediante concurso de 2 (duas) ou mais pessoas.

Anistia e indulto

A concessão do indulto (ou graça) é de competência privativa do Presidente da República, conforme art. 84, inciso XII, da CF, sendo que tal atribuição poderá ser delegada aos Ministros de Estado, ao Procurador Geral da República e ao Advogado Geral da União.

Já a anistia é de competência privativa do Congresso Nacional, dependendo a sua concessão de lei e sanção presidencial, nos termos do art. 49, inciso VIII, da CF.

A anistia e o indulto são espécies de perdão. Porém, por expressa vedação constitucional (artigo 5º, inciso XLIII), tais benefícios não poderão ser concedidos aos condenados por crimes de tortura, tráfico ilícito de entorpecentes e drogas afins, terrorismo e os definidos como crimes hediondos.

CRIME	INAFIANÇÁVEL	IMPRESCRITÍVEL	NÃO ADMITE PERDÃO Insuscetível de graça / anistia
Racismo	X	X	
Ação de grupos armados	X	X	
Tortura	X		X
Tráfico	X		X
Terrorismo	X		X
Hediondo	X		X

16.10.28. Princípio da Intranscendência das penas ou pessoalidade da pena (art. 5º, inciso XLV)

> *Art. 5º (...)*
>
> *XLV - nenhuma pena passará da pessoa do condenado, podendo a obrigação de reparar o dano e a decretação do perdimento de bens ser, nos termos da lei, estendidas aos sucessores e contra eles executadas, até o limite do valor do patrimônio transferido.*

O princípio da intranscendência das penas estabelece que apenas a pessoa do condenado poderá ser responsabilizada pelos seus atos e cumprir sua reprimenda. Assim, independentemente da natureza da pena aplicada (privativa de liberdade, restritiva de direitos ou multa), apenas o condenado deverá responder pela mesma, não sendo possível que um terceiro cumpra a pena no lugar de quem foi condenado. Consequentemente, havendo a morte do condenado, haverá a extinção da punibilidade, já que a pena é personalíssima (art. 107, inciso I, do CP).

Não obstante, se a responsabilidade não for penal, o próprio dispositivo constitucional estabelece que, falecendo o condenado, é obrigação dos sucessores reparar o dano que o falecido gerou a terceiros, até o limite do valor do patrimônio a eles transferido pela sucessão.

16.10.29. Espécies de penas e Princípio da individualização da pena (art. 5º, inciso XLVI a XLVIII)

> *Art. 5º (...)*
>
> *XLVI – a lei regulará a individualização da pena e adotará, entre outras, as seguintes:*
>
> *a) privação ou restrição da liberdade;*
>
> *b) perda de bens;*
>
> *c) multa;*
>
> *d) prestação social alternativa;*
>
> *e) suspensão ou interdição de direitos;*
>
> *XLVII – não haverá penas:*
>
> *a) de morte, salvo em caso de guerra declarada, nos termos do art. 84, XIX;*
>
> *b) de caráter perpétuo;*
>
> *c) de trabalhos forçados;*
>
> *d) de banimento;*
>
> *e) cruéis;*
>
> *XLVIII – a pena será cumprida em estabelecimentos distintos, de acordo com a natureza do delito, a idade e o sexo do apenado.*

A Constituição Federal **elenca um rol exemplificativo de cinco penas admitidas no país (inciso XLVI). Ao passo que veda, em um rol taxativo, outros cinco tipos de penas (inciso XLVII):**

PENAS PERMITIDAS (inciso XLVI – rol exemplificativo)	**PENAS VEDADAS (inciso XLVII – rol taxativo)**
• Privação ou restrição da liberdade; • Perda de bens; • Multa; • Prestação social alternativa; • Suspensão ou interdição de direitos.	• Morte, salvo em caso de guerra declarada; • Caráter perpétuo; • Trabalhos forçados; • Banimento; • Cruéis.

A Lei de Execuções Penais (Lei nº 7.210/84) estabelece que o condenado à pena privativa de liberdade é obrigado a trabalhar (art. 31 e art. 39, inciso V) e a recusa injustificada caracteriza falta grave, passível de punição (art. 50, VI). Porém, importante consignar que, conforme entendimento do STJ, o dever de trabalho imposto pela LEP ao apenado não é considerado como pena de trabalho forçado, não havendo, portanto, afronta ao inciso XLVII (STJ, HC 264.989-SP).

Acerca da previsão do incido XLVIII, é importante lembrar que manter presos de ambos os sexos na mesma cela ou espaço de confinamento poderá configurar crime de abuso de autoridade, previsto no art. 21 da Lei 13.869/2019, com pena de detenção, de 1 (um) a 4 (quatro) anos, e multa.

Por fim, a Súmula Vinculante 56 estabelece que *"a falta de estabelecimento penal adequado não autoriza a manutenção do condenado em regime prisional mais gravoso, devendo-se observar, nessa hipótese, os parâmetros fixados no RE 641.320/RS"*, quais sejam: (a) a saída antecipada de sentenciado; (b) a liberdade eletronicamente monitorada, enquanto em regime semiaberto; (c) o cumprimento de penas restritivas de direito e/ou estudo ao recorrido após progressão ao regime aberto. Até que sejam estruturadas as medidas alternativas propostas, poderá ser deferida a prisão domiciliar ao sentenciado.

16.10.30. Direitos assegurados aos presos (art. 5º, incisos XLIX a LXVI)

> *Art. 5º (...)*
>
> *XLIX – é assegurado aos presos o respeito à integridade física e moral;*
>
> *L – às presidiárias serão asseguradas condições para que possam permanecer com seus filhos durante o período de amamentação;*
>
> *LXII – a prisão de qualquer pessoa e o local onde se encontre serão comunicados imediatamente ao juiz competente e à família do preso ou à pessoa por ele indicada;*
>
> *LXIII – o preso será informado de seus direitos, entre os quais o de permanecer calado, sendo-lhe assegurada a assistência da família e de advogado;*
>
> *LXIV – o preso tem direito à identificação dos responsáveis por sua prisão ou por seu interrogatório policial;*
>
> *LXV – a prisão ilegal será imediatamente relaxada pela autoridade judiciária;*
>
> *LXVI – ninguém será levado à prisão ou nela mantido, quando a lei admitir a liberdade provisória, com ou sem fiança.*

A Constituição Federal garante aos presos diversos direitos fundamentais, dentre eles o respeito à integridade física e moral. A respeito da compreensão contemporânea desses dispositivos, é importante ressaltar alguns julgados:

1) Responsabilidade civil do Estado em caso de morte de detento:

> *Haverá a responsabilidade civil do Estado em caso de* ***morte de detento*** *em razão da inobservância do dever específico de proteção previsto no art. 5º, inciso XLIX, da CF/88 (STF. Plenário. RE 841526/RS, Rel. Min. Luiz Fux, julgado em 30/3/2016 – repercussão geral – Info 819).*

2) Imposição de obras emergenciais em estabelecimento prisional:

> *Possibilidade do Poder Judiciário impor à Administração Pública obrigação de fazer, consistente na promoção de medidas ou na execução de* ***obras emergenciais em estabelecimentos prisionais*** *para dar efetividade ao postulado da dignidade da pessoa humana e assegurar aos detentos o respeito à sua integridade física e moral, nos termos do que preceitua o art. 5º, XLIX, da CF, não sendo oponível à decisão o argumento da reserva do possível nem o princípio da separação dos poderes. (STF. Plenário. RE 592581/RS, rel. Min. Ricardo Lewandowski, julgado em 13/8/2015 – Info 794).*

3) Responsabilidade civil do Estado por danos morais em razão de superlotação carcerária:

> *Responsabilização do Estado por danos morais decorrentes de* ***superlotação carcerária e falta de condições mínimas de saúde e higiene****, em razão da situação verificada nos presídios do Estado de Mato Grosso do Sul: "Considerando que é dever do Estado, imposto pelo sistema normativo, manter em seus presídios os padrões mínimos de humanidade previstos no ordenamento jurídico, é de sua responsabilidade, nos termos do art. 37, § 6º, da Constituição, a obrigação de ressarcir os danos, inclusive morais, comprovadamente causados aos detentos em decorrência da falta ou insuficiência das condições legais de encarceramento. (RE 580252, Relator(a): TEORI ZAVASCKI, Relator(a) p/ Acórdão: GILMAR MENDES, Tribunal Pleno, julgado em 16-02-2017, ACÓRDÃO ELETRÔNICO REPERCUSSÃO GERAL – MÉRITO DJe-204 DIVULG 08-09-2017 PUBLIC 11-09-2017).*

4) Disponibilização de banho quente nos estabelecimentos prisionais para garantir a dignidade dos presos:

A determinação de que o Estado forneça banho quente aos presos está relacionada com a dignidade da pessoa humana, naquilo que concerne à integridade física e mental a todos garantida. O Estado tem a obrigação inafastável e imprescritível de tratar prisioneiros como pessoas, e não como animais. O encarceramento configura pena de restrição do direito de liberdade, e não salvo-conduto para a aplicação de sanções extralegais e extrajudiciais, diretas ou indiretas. Em presídios e lugares similares de confinamento, ampliam-se os deveres estatais de proteção da saúde pública e de exercício de medidas de assepsia pessoal e do ambiente, em razão do risco agravado de enfermidades, consequência da natureza fechada dos estabelecimentos, propícia à disseminação de patologias. (...) (STJ. 2ª Turma. REsp 1537530-SP, Rel. Min. Herman Benjamin, julgado em 27/04/2017).

Vale ressaltar, também, o julgado do STF que entendeu que o Estado é responsável pela guarda e segurança dos presos, devendo manter as condições carcerárias com os mínimos padrões e ressarcir eventuais danos, em razão da sua responsabilidade objetiva pela integridade física e psíquica daqueles que estão sob sua custódia. Assim, o STF reconheceu que o Estado tem o dever de indenizar a pessoa que se encontre presa em situação degradante, pois há uma violação de direitos:

Considerando que é dever do Estado, imposto pelo sistema normativo, manter em seus presídios os padrões mínimos de humanidade previstos no ordenamento jurídico, é de sua responsabilidade, nos termos do art. 37, §6º, da Constituição, a obrigação de ressarcir os danos, inclusive morais, comprovadamente causados aos detentos em decorrência da falta ou insuficiência das condições legais de encarceramento. (STF. Plenário. RE 580252/MS, rel. orig. Min. Teori Zavascki, red. p/ o ac. Min. Gilmar Mendes, julgado em 16/2/2017 - repercussão geral - Info 854).

Prisão domiciliar para gestantes, puérperas, mães de crianças e mães de pessoas com deficiência, de acordo com o entendimento do STF (HC 143641/SP).

Em que pese a previsão de direitos às mulheres presas (incisos XLIX e L) e o disposto no art. 318, IV e V, do CPP (que estabelece a substituição da prisão preventiva pela prisão domiciliar), muitas mulheres, mesmo estando grávidas ou com filhos menores de 12 anos, permaneciam recolhidas nas unidades prisionais cumprindo prisão preventiva em situação degradante. Além disso, não havia berçários e creches para seus filhos, afrontando a garantia prevista no art. 5º, inciso L, da Constituição Federal e o disposto no art. 83, § 2º, da Lei de Execução Penal (Lei 7.210/1984), que prevê que *"os estabelecimentos penais destinados a mulheres serão dotados de berçário, onde as condenadas possam cuidar de seus filhos, inclusive amamentá-los, no mínimo, até 6 (seis) meses de idade"*.

Assim, nem a Constituição, nem a LEP, nem os documentos internacionais que garantem direitos às pessoas sob custódia do Estado estavam sendo assegurados pelas autoridades responsáveis pelo sistema prisional.

Diante desta situação, a 2ª Turma do STF concedeu *habeas corpus* coletivo (HC 143641/SP) para determinar, em regra, a substituição da prisão preventiva por domiciliar de gestantes, puérperas e mães de crianças de até 12 anos ou de pessoas com deficiência, em todo o território nacional. No entanto, restou consignado, que não deve ser autorizada a prisão domiciliar se: 1) a mulher tiver praticado crime mediante violência ou grave ameaça; 2) a mulher tiver praticado crime contra seus descendentes (filhos e/ou netos); 3) em outras situações excepcionalíssimas, as quais deverão ser devidamente fundamentadas pelos juízes que denegarem o benefício. Por fim, restou alertado que o simples fato da mulher ser reincidente não faz com que ela perca o direito à prisão domiciliar.

Nemo tenetur se detegere

Outro importante direito do preso é o de permanecer calado (inciso LXIII), não sendo obrigado a produzir contra si prova (princípio da não autoincriminação ou *nemo tenetur se detegere).* Por se tratar de um direito, o seu exercício não pode, portanto, servir de fundamento para descredibilizar o acusado nem para presumir a veracidade das versões apresentadas pelos policiais (STJ, REsp 2.037.491).

Ainda tratando sobre o tema, o STF entendeu, no entanto, que o art. 305 do CTB é constitucional, não havendo afronta ao princípio da não autoincriminação. Assim, o indivíduo que se envolve em um acidente de trânsito e foge do local para se eximir da responsabilidade penal ou civil, poderá ser criminalizado (STF, RE 971.959).

Importante ressaltar, por outro lado, que, de acordo com a Súmula 522 do STJ, a conduta de atribuir-se falsa identidade perante a autoridade policial é típica, ainda que em situação de alegada autodefesa. Da mesma forma, o princípio constitucional da autodefesa não alcança aquele que atribui falsa identidade perante autoridade policial com o objetivo de encobrir maus antecedentes, sendo, portanto, típica a conduta praticada pelo agente (STF, RE 640.139).

A inobservância dos direitos previstos constitucionalmente aos presos, poderá ensejar crime de abuso de autoridade, previsto na Lei 13.869/2019, vejamos:

DIREITO	CRIME DE ABUSO DE AUTORIDADE Lei 13.869/2019
Art. 5º, LXI. A prisão de qualquer pessoa e o local onde se encontra deve serão comunicados imediatamente ao juiz competente e à família do preso ou à pessoa por ele indicada.	Art. 12. (...) Pena – detenção, de 6 (seis) meses a 2 (dois) anos, e multa. Parágrafo único. Incorre na mesma pena quem: II – deixa de comunicar, imediatamente, a prisão de qualquer pessoa e o local onde se encontra à sua família ou à pessoa por ela indicada.
Art. 5º, LXIV. O preso tem direito à identificação dos responsáveis por sua prisão ou por seu interrogatório policial.	Art. 16. Deixar de identificar-se ou identificar-se falsamente ao preso por ocasião de sua captura ou quando deva fazê-lo durante sua detenção ou prisão: Pena – detenção, de 6 (seis) meses a 2 (dois) anos, e multa. Parágrafo único. Incorre na mesma pena quem, como responsável por interrogatório em sede de procedimento investigatório de infração penal, deixa de identificar-se ao preso ou atribui a si mesmo falsa identidade, cargo ou função.
Art. 5º, LXV. A prisão ilegal será imediatamente relaxada pela autoridade judiciária. Art. 5º, LXVI. Ninguém será levado à prisão ou nela mantido, quando a lei admitir a liberdade provisória, com ou sem fiança.	Art. 9º (...) Pena – detenção, de 1 (um) a 4 (quatro) anos, e multa. Parágrafo único. Incorre na mesma pena a autoridade judiciária que, dentro de prazo razoável, deixar de: I – relaxar a prisão manifestamente ilegal; II – substituir a prisão preventiva por medida cautelar diversa ou de conceder liberdade provisória, quando manifestamente cabível.

16.10.31. Regras sobre extradição (art. 5º, incisos LI e LII)

> *Art. 5º (...)*
>
> *LI – nenhum brasileiro será extraditado, salvo o naturalizado, em caso de crime comum, praticado antes da naturalização, ou de comprovado envolvimento em tráfico ilícito de entorpecentes e drogas afins, na forma da lei;*
>
> *LII – não será concedida extradição de estrangeiro por crime político ou de opinião.*

Extradição é uma prática de cooperação internacional entre Estados soberanos, objetivando a entrega de um indivíduo acusado, investigado ou condenado pela prática de um crime.

Acerca do tema, vamos esquematizar os dispositivos constitucionais:

16.10.32. Princípio do devido processo legal (art. 5º, inciso LIV)

> *Art. 5º. (...)*
>
> *LIV – ninguém será privado da liberdade ou de seus bens sem o devido processo legal.*

O devido processo legal possui dupla dimensão:

a) **substancial (ou** material): protege os direitos e liberdades civis do cidadão, já que as normas devem estar pautadas nos interesses sociais e nos fundamentos do Estado democrático, de acordo com os critérios de razoabilidade e proporcionalidade;

b) **processual (ou** formal): prevê o respeito a um conjunto de garantias processuais mínimas (contraditório, ampla defesa, igualdade entre as partes, juiz natural, duração razoável do processo...) que o Estado deve observar para que os cidadãos possam ter o efetivo acesso à justiça e se defender de forma justa.

Princípio do contraditório e da ampla defesa (art. 5º, inciso LV).

> *Art. 5º (...)*
>
> *LV – aos litigantes, em processo judicial ou administrativo, e aos acusados em geral são assegurados o contraditório e ampla defesa, com os meios e recursos a ela inerentes.*

Ampla defesa é a garantia do cidadão de produzir, de forma ampla e irrestrita, todos os mecanismos e meios de prova aceitos no ordenamento jurídico.

Já o **contraditório** corresponde ao direito que o indivíduo possui de, ao tomar ciência sobre determinado fato ou prova constante do processo, apresentar argumentação contrária (direito de informação e de resposta). Logo, a todos os atos produzidos pela acusação, será assegurado ao indivíduo o direito de participação e oposição, podendo, dessa forma, influenciar na decisão final a ser proferida.

O direito constitucional ao contraditório e à ampla defesa possuem como principal destinatário o acusado, seja em processo judicial ou administrativo.

Convém lembrar, no entanto, que, no processo administrativo, o contraditório e a ampla defesa poderão ser exercidos diretamente pela parte, não havendo a necessidade de constituir advogado, conforme Súmula Vinculante 5: *"A falta de defesa técnica por advogado no processo administrativo disciplinar não ofende a Constituição."*

Por fim, no inquérito policial, mero procedimento de investigação, de natureza administrativa, há a mitigação das garantias do contraditório e da ampla defesa, já que não há um processo efetivamente. Mesmo assim, é direito do advogado acompanhar e auxiliar seu cliente no interrogatório ou depoimento prestados durante a investigação (art. 7º, inciso XXI, do Estatuto da OAB – Lei nº 8.906/94):

> *O inquérito policial é um procedimento informativo, de natureza inquisitorial, destinado precipuamente à formação da opinio delicti do órgão acusatório. Logo, no inquérito há uma regular mitigação das garantias do contraditório e da ampla defesa. Esse entendimento justifica-se porque os elementos de informação colhidos no inquérito não se prestam, por si sós, a fundamentar uma condenação criminal. A Lei nº 13.245/2016 implicou um reforço*

das prerrogativas da defesa técnica, sem, contudo, conferir ao advogado o direito subjetivo de intimação prévia e tempestiva do calendário de inquirições a ser definido pela autoridade policial. (STF. 2ª Turma. Pet 7612/DF, Rel. Min. Edson Fachin, julgado em 12/03/2019 - Info 933).

16.10.33. Provas ilícitas (art. 5º, inciso LVI)

Art. 5º (...)

LVI – são inadmissíveis, no processo, as provas obtidas por meios ilícitos.

A Constituição Federal veda a utilização de provas obtidas por meios ilícitos (ex.: confissão obtida mediante tortura, busca e apreensão e interceptação telefônica realizadas sem autorização judicial). Como consectário, a prova ilícita originária contamina as outras que dela derivam, de forma que todas elas deverão ser desentranhadas dos autos (teoria dos frutos da árvore envenenada).

Tal previsão acerca da inadmissibilidade das provas ilícitas decorre do respeito às liberdades públicas e, também, em razão do princípio da dignidade da pessoa humana, que deve ser observado na colheita das provas e na própria condução da persecução penal pelo Estado.

Excepcionalmente, no entanto, poderá ocorrer a convalidação da prova ilícita, quando produzida em legítima defesa (de si ou de outrem), configurando uma causa excludente de ilicitude. Por exemplo, quando um filho instala câmeras na residência da avó para gravar a cuidadora maltratando a idosa.

16.10.34. Princípio da presunção de inocência (art. 5º, inciso LVII).

Art. 5º (...)

LVII – ninguém será considerado culpado até o trânsito em julgado de sentença penal condenatória.

O inciso LVII traz o **princípio da presunção de não culpabilidade** ou **presunção de inocência**, assegurando que o Estado não pode tratar como culpado aquele que ainda não sofreu condenação penal irrecorrível.

O inciso LVII menciona "*trânsito em julgado de sentença penal condenatória*", razão pela qual surgiu uma grande polêmica sobre eventual possibilidade da execução provisória da pena imposta por sentença judicial ainda pendente de recurso sem efeito suspensivo.

Em 2019, o STF, ao julgar as ADCs 43, 44 e 54, que possuíam como relator o Ministro Marco Aurélio, entendeu que **NÃO é possível a execução provisória da pena,** sendo este o **entendimento atual.**

A execução provisória da pena, segundo entendimento da Suprema Corte, viola o princípio da presunção de inocência, insculpido no art. 5º, inciso LVII, razão pela qual o cumprimento da pena somente pode ter início com o esgotamento de todos os recursos.

Vale ressaltar que é possível que o réu seja preso antes do trânsito em julgado (antes do esgotamento de todos os recursos, portanto). Porém, a prisão será cautelar, havendo a necessidade de uma decisão judicial individual e fundamentada, na qual o magistrado demonstre que estão presentes, no caso concreto, os requisitos para a prisão preventiva previstos no art. 312 do CPP, não caracterizando, portando, execução provisória da pena (STF. Plenário. ADC 43/DF, ADC 44/DF, ADC 54/DF, Rel. Min. Marco Aurélio, julgados em 07/11/2019).

Nesse prisma, o art. 283 do CPP, que exige o trânsito em julgado da condenação para que se inicie o cumprimento da pena é constitucional, sendo compatível com o princípio da presunção de inocência, previsto no art. 5º, inciso LVII, da CF.

Por fim, vale a pena consignar que também não é possível, de acordo com o entendimento atual, a execução provisória de penas restritivas de direitos. Inclusive, a respeito, temos a Súmula 643 do STJ, aprovada em 10/02/2021, que prevê: *"A execução da pena restritiva de direitos depende do trânsito em julgado da condenação"*.

16.10.35. Identificação criminal (art. 5º, inciso LVIII)

> *Art. 5º (...)*
>
> *LVIII – o civilmente identificado não será submetido a identificação criminal, salvo nas hipóteses previstas em lei.*

A Lei 12.037/2009 dispõe sobre a identificação criminal do civilmente identificado, regulamentando o art. 5º, inciso LVIII, da CF.

Assim, civilmente identificado, conforme a Lei 12.037/2009, é aquele que apresenta carteira de identidade, carteira de trabalho, carteira profissional, passaporte, carteira de identificação funcional ou outro documento público com foto (art. 2º).

A regra é que o civilmente identificado não será submetido a identificação criminal, o que inclui o processo datiloscópico e fotográfico. Porém, de acordo com o art. 3º da Lei 12.037/2009, embora apresentado documento de identificação, poderá ocorrer a identificação criminal nas seguintes hipóteses:

- documento com rasura ou indício de falsificação;
- documento apresentado seja insuficiente para identificar cabalmente o indiciado;
- indiciado esteja portando documentos de identidade distintos, com informações conflitantes entre si;
- identificação criminal seja essencial às investigações policiais, segundo despacho da autoridade judiciária competente, que decidirá de ofício ou mediante representação da autoridade policial, do Ministério Público ou da defesa;
- conste dos registros policiais o uso de outros nomes ou diferentes qualificações;
- estado de conservação ou a distância temporal ou da localidade da expedição do documento apresentado impossibilite a completa identificação dos caracteres essenciais.

16.10.36. Ação privada subsidiária da pública (art. 5º, inciso LIX)

> *Art. 5º (...)*
>
> *LIX – será admitida ação privada nos crimes de ação pública, se esta não for intentada no prazo legal.*

Para iniciamos, precisamos saber que as ações penais possuem duas classificações: ação penal pública e ação penal privada. Vamos esquematizar:

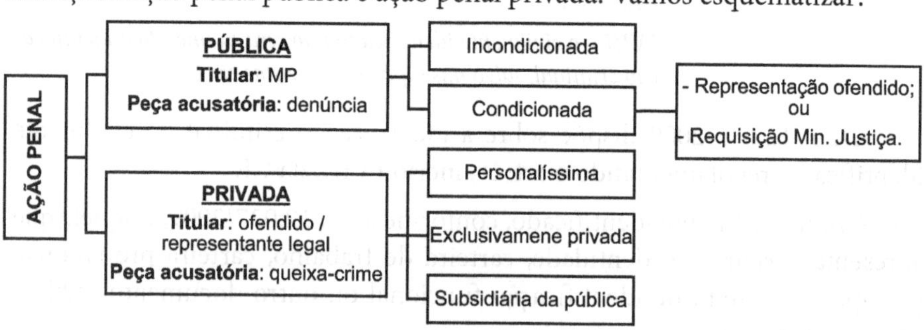

Conforme art. 129, inciso I, da CF, compete ao Ministério Público promover a ação penal de natureza pública. Não obstante, o inciso LIX prevê que "*será admitida*

ação privada nos crimes de ação pública, se esta não for intentada no prazo legal", a denominada "ação privada subsidiária da pública", que será admitida quando houver inércia por parte do Ministério Público (titular da ação penal). O dispositivo traz, na realidade, um mecanismo de controle do princípio da obrigatoriedade.

Na ação penal subsidiária da pública, o Ministério Público ainda poderá aditar a queixa, repudiá-la ou oferecer denúncia substitutiva, conforme art. 29 do CPP.

Porém, cuidado! Não será cabível ação penal subsidiária da pública quando o órgão acusador promover o arquivamento do inquérito policial por não visualizar elementos mínimos de autoria e de materialidade, pois, nesse caso, não há uma inércia do Ministério Público.

Por fim, importante assinalar que a ação penal privada subsidiária da pública é cabível, em regra, apenas nos crimes que possuem vítima determinada, sendo exceções: os crimes contra as relações de consumo (arts. 80 e 82, Lei 8.078/90) e os crimes falimentares (art. 184, Lei 11.101/05).

16.10.37. Publicidade dos atos processuais (art. 5º, inciso LX)

> *Art. 5º (...)*
>
> *LX – a lei só poderá restringir a publicidade dos atos processuais quando a defesa da intimidade ou o interesse social o exigirem.*

A publicidade dos atos processuais é um mecanismo de controle do poder judiciário e, também, uma garantia indispensável à defesa e atuação processual do indivíduo submetido à jurisdição estatal.

A regra, portanto, é a publicidade dos atos processuais, almejando a transparência, o interesse coletivo e a informação.

Em hipóteses excepcionais, no entanto, a publicidade poderá ser afastada, quando a defesa da intimidade ou o interesse social o exigirem.

16.10.38. Prisão civil (art. 5º, LXVII)

> *Art. 5º (...)*
>
> *LXVII – não haverá prisão civil por dívida, salvo a do responsável pelo inadimplemento voluntário e inescusável de obrigação alimentícia e a do depositário infiel.*

A Constituição Federal prevê que não haverá prisão civil por dívida, salvo em dois casos: inadimplemento voluntário e inescusável de obrigação alimentícia[18] e depositário infiel.

Ocorre que a previsão do inciso LXVII é uma norma de eficácia contida, havendo a necessidade de regulamentação pelo legislador. Assim, se não houver lei regulamentando o inciso LXVII, ou se a lei estiver com eficácia paralisada, não será possível a prisão civil por dívida, ainda que haja autorização constitucional.

A norma legal que estabelece a prisão civil do depositário infiel é o art. 652 do Código Civil, segundo o qual *"(...) o depositário que não restituir o bem quando exigido será compelido a fazê-lo mediante prisão não excedente a um ano, e a ressarcir os prejuízos"*.

Ocorre que o Brasil é signatário do Pacto de San José da Costa Rica[19], tratado internacional que não mais autoriza a prisão do depositário infiel e que possui *status supralegal*, prevalecendo sobre o Código Civil e paralisando a eficácia do art. 652 do CC, tornando, assim, a prisão civil do depositário sem fundamento legal.

Nesse sentido, no julgamento do Recurso Extraordinário 466.343, o STF concluiu que, ante a supralegalidade do Pacto de San José da Costa Rica, não é mais possível a prisão civil do depositário infiel:

> (...) diante do inequívoco caráter especial dos tratados internacionais que cuidam da proteção dos direitos humanos, não é difícil entender que a sua internalização no ordenamento jurídico, por meio do procedimento de ratificação previsto na *CF/1988*, tem o condão de paralisar a eficácia jurídica de toda e qualquer disciplina normativa infraconstitucional com ela conflitante. Nesse sentido, é possível concluir que, diante da supremacia da *CF/1988* sobre os atos normativos internacionais, a previsão constitucional da prisão civil do depositário infiel (art. 5º, LXVII) não foi revogada (...), mas deixou de ter aplicabilidade diante do efeito paralisante desses tratados em relação à legislação infraconstitucional que

---

18 Regulamentado pelo art. 528 do Código de Processo Civil.

19 Convenção Americana de Direitos Humanos (Pacto de San Jose da Costa Rica), promulgada pelo Decreto 678/92, prevê, em seu artigo 7º: "7. *Ninguém deve ser detido por dívidas. Este princípio não limita os mandados de autoridade judiciária competente expedidos em virtude de inadimplemento de obrigação alimentar*".

> disciplina a matéria (...). Tendo em vista o caráter supralegal desses diplomas normativos internacionais, a legislação infraconstitucional posterior que com eles seja conflitante também tem sua eficácia paralisada. (...) Enfim, desde a adesão do Brasil, no ano de 1992, ao PIDCP (art. 11) e à CADH - Pacto de São José da Costa Rica (art. 7º, 7), não há base legal para aplicação da parte final do art. 5º, LXVII, da CF/1988, ou seja, para a prisão civil do depositário infiel. (**RE 466.343**, voto do rel. min. **Cezar Peluso**, P, j. 3-12-2008, DJE 104 de 5-6-2009, Tema 60).

Importante ressaltar que a Convenção Americana sobre Direitos Humanos (Pacto de São José da Costa Rica) não revogou o inciso LXVII da CF. Na realidade, o dispositivo constitucional permanece intacto, subsistindo a previsão constitucional segundo a qual seria possível a prisão civil do depositário infiel. O que ocorre, na verdade, é a impossibilidade da prisão do depositário infiel diante da inexistência de regulamentação do tema, já o dispositivo do Código Civil que tratava sobre o assunto está com a sua eficácia paralisada, diante do contido no Pacto de San José da Costa Rica, que possui *status* supralegal, conforme explicado.

Encerrando a discussão sobre o assunto, o STF cancelou a sua súmula 619 e editou a Súmula Vinculante 25, estabelecendo que: "*É ilícita a prisão civil de depositário infiel, qualquer que seja a modalidade do depósito*".

16.10.39. Assistência jurídica gratuita aos necessitados (art. 5º, inciso LXXIV)

> *Art. 5º (...)*
>
> *LXXIV – o Estado prestará assistência jurídica integral e gratuita aos que comprovarem insuficiência de recursos.*

Objetivando garantir a dignidade da pessoa humana e, tendo em vista a teoria do mínimo existencial, a Constituição Federal assegurou a assistência jurídica integral àqueles que comprovarem insuficiência de recursos.

A garantia da assistência jurídica aos necessitados abrange: a) benefício da justiça gratuita, já que os processos judiciais possuem, em regra, custas processuais; b) assistência judiciária gratuita, que será prestada por defensor público ou advogado dativo, na defesa dos interesses da pessoa considerada hipossuficiente.

16.10.40. Erro judiciário (art. 5º, inciso LXXV)

> *Art. 5º (...)*
>
> *LXXV – o Estado indenizará o condenado por erro judiciário, assim como o que ficar preso além do tempo fixado na sentença.*

A responsabilidade civil do Estado por dano causado a alguém é objetiva, não dependendo de dolo ou culpa do agente. Assim, na hipótese de erro judiciário ou quando a pessoa ficar presa além do tempo fixado na sentença, será devida a indenização pelo Estado, para reparação civil do dano moral e material.

Nelson Nery Júnior ensina que "*mais específica do que a garantia de indenização da CF, art. 37, §6º, aqui foi adotada a responsabilidade objetiva fundada na teoria do risco integral, de sorte que não pode invocar-se nenhuma cláusula de exclusão do dever de o Estado indenizar quando ocorrer o erro judiciário ou a prisão por tempo além do determinado na sentença*".[20]

16.10.41. Gratuidade das certidões de nascimento e de óbito (art. 5º, inciso LXXVI)

> *Art. 5º (...)*
>
> *LXXVI – são gratuitos para os reconhecidamente pobres, na forma da lei:*
>
> *a) o registro civil de nascimento;*
>
> *b) a certidão de óbito.*

O registro de nascimento e óbito é considerado como ato necessário ao exercício da cidadania, razão pela qual a Lei 6.015/1973, que dispõe sobre os registros públicos, prevê, em seu artigo 30, que "*não serão cobrados emolumentos pelo registro civil de nascimento e pelo assento de óbito, bem como pela primeira certidão respectiva (Redação dada pela Lei nº 9.534, de 1997)*".

A Lei 9.534/97, que alterou o artigo 30 da Lei 6.015/1973, não fez nenhuma ressalva ao estabelecer a gratuidade, estendendo, assim, a todos os brasileiros, reconhecidamente pobres ou não. Tal dispositivo chegou a ser questionado

---

20 NERY JR., Nelson. **Código de Processo Civil comentado.** 3. ed. São Paulo: Revista dos Tribunais, 1997. p. 83.

perante o STF na ADI 1.800 e na ADC 5, tendo o STF declarado a constitucionalidade da previsão que garante a gratuidade dos assentos do registro civil de nascimento e de óbito, bem como da primeira certidão respectiva, a todos, independentemente da condição ou situação financeira. Vejam:

> *CONSTITUCIONAL. DECLARAÇÃO DE CONSTITUCIONALIDADE. ATIVIDADE NOTARIAL. NATUREZA. LEI 9.534/97. REGISTROS PÚBLICOS. ATOS RELACIONADOS AO EXERCÍCIO DA CIDADANIA. GRATUIDADE. PRINCÍPIO DA PROPORCIONALIDADE. VIOLAÇÃO NÃO OBSERVADA. PRECEDENTES. PROCEDÊNCIA DA AÇÃO. I - A atividade desenvolvida pelos titulares das serventias de notas e registros, embora seja análoga à atividade empresarial, sujeita-se a um regime de direito público. II - Não ofende o princípio da proporcionalidade lei que isenta os "reconhecidamente pobres" do pagamento dos emolumentos devidos pela expedição de registro civil de nascimento e de óbito, bem como a primeira certidão respectiva. III - Precedentes. IV - Ação julgada procedente. (ADC 5, Relator: NELSON JOBIM, Relator p/ Acórdão: RICARDO LEWANDOWSKI, Tribunal Pleno, julgado em 11-06-2007, DJe-117 DIVULG 04-10-2007 PUBLIC 05-10-2007 DJ 05-10-2007 PP-00020 EMENT VOL-02292-01 PP-00001 RT v. 97, n. 868, 2008, p. 125-131).*

16.10.42. Princípio da razoável duração do processo (art. 5º, inciso LXXVIII)

> *Art. 5º (...)*
>
> *LXXVIII - a todos, no âmbito judicial e administrativo, são assegurados a razoável duração do processo e os meios que garantam a celeridade de sua tramitação.*

A Constituição Federal revela, no inciso LXXVII, o princípio da razoável duração do processo como uma das garantias individuais do cidadão. Assim, ao Estado incumbe agir em favor da sociedade com celeridade, possibilitando o acesso à justiça, perante o Poder Judiciário, de forma eficaz.

A razoável duração do processo, obviamente, não é um princípio absoluto. De sorte que deve ser harmonizado com os demais valores constitucionais. Assim, o STJ e o STF possuem entendimento no sentido de que, havendo "excesso de trabalho", o princípio em tela poderá ser mitigado:

> *O excesso de trabalho que assoberba o STJ permite a flexibilização, em alguma medida, do princípio constitucional da razoável duração do processo. (STJ, HC 108.407/RJ).*
>
> *A realidade pública e notória enfrentada pelo STJ e por esta Corte, marcada pela excessiva carga de processos, impede a plena realização da garantia constitucional do julgamento célere. (STF, HC 91.408/MG).*

Importante consignar, por fim, que a Constituição garante a razoável duração do processo judicial e também do processo administrativo.

16.10.43. Proteção dos dados digitais (art. 5º, inciso LXXIX)

> *Art. 5º (...)*
>
> *LXXIX – é assegurado, nos termos da lei, o direito à proteção dos dados pessoais, inclusive nos meios digitais. (Incluído pela Emenda Constitucional nº 115, de 2022).*

A Emenda Constitucional nº 115/2022 incluiu a proteção dos dados pessoais entre os direitos fundamentais. Ainda, estabeleceu, no art. 21, que é da União a competência para organizar e fiscalizar a proteção dos dados pessoais. Por fim, fixou, no art. 22, a competência privativa da União para legislar sobre proteção e tratamento de dados pessoais.

Tal previsão está em consonância com outros recentes diplomas legais, como Marco Civil da Internet (Lei 12.965/2014) e a Lei Geral de Proteção de Dados (Lei 13.709/2018).

16.11. PROTEÇÃO JUDICIAL DOS DIREITOS FUNDAMENTAIS: AÇÕES CONSTITUCIONAIS OU REMÉDIOS CONSTITUCIONAIS

As ações constitucionais ou também denominadas de remédios constitucionais, integram o grupo das garantias constitucionais, sendo instrumentos para proteção dos direitos fundamentais dos indivíduos, atacando atos ilegais ou abusivos praticados pelo Poder Público. São, portanto, mecanismos à disposição do indivíduo para atacar atos comissivos ou omissivos que causem prejuízos ao exercício de direitos e garantias fundamentais, visando, assim, impedir ou evitar ilegalidades ou abuso de poder.

São eles: habeas corpus, habeas data, mandado de segurança, mandado de injunção e ação popular.

16.11.1. *Habeas Corpus* (art. 5º, inciso LXVIII)

> *Art. 5º (...)*
>
> *LXVIII - conceder-se-á "habeas-corpus" sempre que alguém sofrer ou se achar ameaçado de sofrer violência ou coação em sua liberdade de locomoção, por ilegalidade ou abuso de poder.*

O *habeas corpus* é uma ação de natureza penal, com procedimento especial, gratuito, tutelando a liberdade de locomoção. Dessa forma, é utilizado para combater ilegalidade ou abuso de poder sempre que alguém sofrer ou se achar ameaçado de sofrer violência ou coação em sua liberdade de locomoção (direito de ir, vir e permanecer).

O *habeas corpus* é uma garantia individual, não podendo ser abolido nem mesmo por emenda constitucional. Entretanto, decretado o estado de defesa (art. 136 da CF) ou o estado de sítio (art. 136 da CF), tal garantia poderá ser restringida, já que as prisões poderão ser decretadas por autoridades administrativas.

O *habeas corpus* **possui duas espécies:**

a) **repressivo (ou liberatório):** quando a restrição ao direito de locomoção já se concretizou. Nessa situação, o indivíduo almeja cessar a violência ou coação já ocorrida.

b) **preventivo:** quando alguém se achar ameaçado de sofrer violência ou coação em sua liberdade de locomoção, por ilegalidade ou abuso de poder (a restrição à liberdade de locomoção ainda não se concretizou). Nesse caso, o indivíduo poderá obter salvo-conduto para evitar que a coação ilegal se consuma.

Vem se admitindo impetração de *habeas corpus* não apenas quando há uma ameaça efetiva à liberdade de locomoção, mas também quando há uma ameaça indireta ou reflexa que possa ocasionar uma restrição ao direito de ir e vir. Nesse sentido:

> *É possível habeas corpus para trancar inquérito policial ou ação penal quando evidente a falta de justa causa para o seu prosseguimento, seja pela inexistência de indícios de autoria do delito, seja pela não comprovação de sua materialidade, seja ainda pela atipicidade da conduta do indiciado (STF, HC 95.058/ES).*

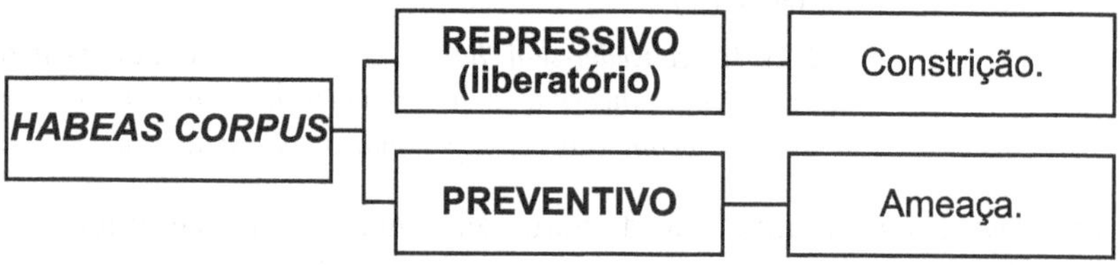

Legitimidade ativa (impetrante): qualquer pessoa pode impetrar *habeas corpus* (brasileiro ou estrangeiro), em benefício próprio ou de terceiros, independentemente de capacidade para estar em juízo ou de capacidade postulatória (legitimidade universal). Assim, a petição de habeas corpus não precisa ser subscrita por advogado.

Pessoas jurídicas também podem impetrar *habeas corpus*, desde que em benefício de uma pessoa física, já que a liberdade de locomoção é própria de pessoas naturais (STF, HC 92.921/BA).

O Ministério Público também possui legitimidade processual ativa para defender em juízo violação à liberdade de ir e vir por meio de *habeas corpus*, conforme disposto na Lei 8.625/1993 (art. 32). Entretanto, é vedado ao *Parquet* utilizar-se do remédio constitucional para veicular pretensão que favoreça a acusação (STF, HC 91.510).

Legitimidade passiva (impetrado): o *habeas corpus* será impetrado em face do agente responsável pelo cerceamento do direito de locomoção, seja pessoa física ou jurídica, autoridade pública ou particular.

Por fim, o **paciente** do *habeas corpus* é quem sofreu ou está na iminência de sofrer restrição na sua liberdade de locomoção, sendo, necessariamente, pessoa física (brasileira ou estrangeira), já que pessoas jurídicas não possuem liberdade corporal.

HABEAS CORPUS		
LEGITIMIDADE ATIVA (IMPETRANTE)	**LEGITIMIDADE PASSIVA (IMPETRADO)**	**PACIENTE**
• Pessoa física (brasileiro ou estrangeiro); • Pessoa jurídica; • Ministério Público. Obs.: não depende de capacidade civil ou postulatória.	• Pessoa física ou jurídica; • Autoridade pública ou particular.	• Pessoa física (brasileiro ou estrangeiro).

Sobre o tema, temos alguns julgados importantes, que costumam ser cobrados em provas:

> *Cabe* habeas corpus *contra a decisão que não homologa ou que homologa apenas parcialmente o acordo de colaboração premiada (STF, HC 192063/RJ).*
>
> *Cabe a impetração de* habeas corpus *no caso de retenção de passaporte, porque a medida limita efetivamente a locomoção do titular do documento. (STJ, RHC 97876/SP).*
>
> *É cabível habeas corpus para questionar a imposição de medidas cautelares diversas da prisão. (STF, HC 147426/AP e HC 147303/AP).*
>
> *Cabe* habeas corpus *para apurar eventual ilegalidade na fixação de medida protetiva de urgência consistente na proibição de aproximar-se de vítima de violência doméstica e familiar. (STJ, HC 298.499/AL).*
>
> *O* habeas corpus *não é o meio adequado para impugnar ato alusivo a sequestro de bens móveis e imóveis bem como a bloqueio de valores. (STF, HC 103.823).*
>
> *O* habeas corpus, *garantia de liberdade de locomoção, não se presta para discutir confisco criminal de bem. (STF, HC 99.619)*
>
> *HC não é meio processual adequado para se discutir direito de visita a preso. (STF, HC 133305/SP)*
>
> *Não cabe* habeas corpus *para discutir processo criminal envolvendo o art. 28 da LD. (STF, HC 127834/MG).*
>
> *Não cabe* habeas corpus *para questionar passaporte vacinal/sanitário (STJ, RDC no HC 700.487/RS).*
>
> *Não cabe* habeas corpus *contra decisão que determina a apreensão de CNH. (STJ, RHC 97.876/SP).*

Também temos algumas súmulas importantes, que ressaltam que o habeas corpus não poderá ser manejado quando ausente qualquer ameaça à liberdade de locomoção. Vejamos:

> ***Súmula 693, STF.*** *Não cabe habeas corpus contra decisão condenatória a pena de multa, ou relativo a processo em curso por infração penal a que a pena pecuniária seja a única cominada.*
>
> ***Súmula 694, STF.*** *Não cabe habeas corpus contra a imposição da pena de exclusão de militar ou de perda de patente ou de função pública.*
>
> ***Súmula 695, STF.*** *Não cabe habeas corpus quando já extinta a pena privativa de liberdade.*

Por fim, o art. 142, §2º, da CF prevê que não cabe *habeas corpus* para combater o mérito de punição disciplinar militar.

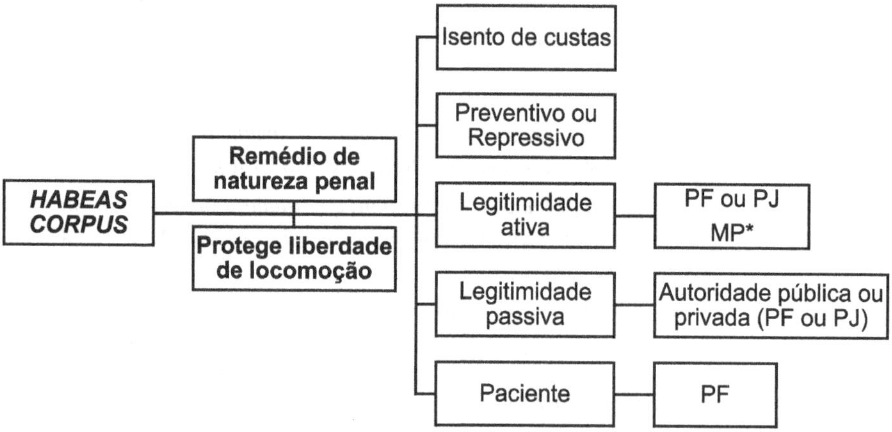

Habeas corpus individual ou coletivo

A Lei nº 14.836/2024 foi promulgada em 9 de abril de 2024 e passou a dispor sobre a concessão de ordem de habeas corpus (individual ou coletivo) de ofício, ao introduzir no Código de Processo Penal o dispositivo 647-A, que assim prevê:

> ***Art. 647-A.*** *No âmbito de sua competência jurisdicional, qualquer autoridade judicial poderá* ***<u>EXPEDIR DE OFÍCIO</u> ORDEM DE HABEAS CORPUS, INDIVIDUAL OU COLETIVO****, quando, no curso de qualquer processo judicial, verificar que, por violação ao ordenamento jurídico, alguém sofre o use acha ameaçado de sofrer violência ou coação em sua liberdade de locomoção.*

> ***Parágrafo único.*** *A ordem de habeas corpus poderá ser concedido de ofício pelo juiz ou pelo tribunal em processo de competência originária ou recursal, ainda que não conhecidos a ação ou recurso em que veiculado o pedido de cessação de coação ilegal.*

O *habeas corpus* coletivo já era aceito pela jurisprudência, como, por exemplo, no HC 143.641/SP, que tratava sobre a substituição da prisão preventiva pela domiciliar. Porém, não havia previsão legal no CPP ou na Constituição até o momento. Com a Lei nº 14.836/2024, o *habeas corpus* coletivo passou a ter previsão legal no *caput* do art. 647-A do CPP.

Importante ressaltar que a possibilidade de concessão de *habeas corpus* de ofício se coaduna com o sistema acusatório, pois, nessa situação, o juiz age como tutor (garante) do direito fundamental do cidadão: o estado de liberdade.

16.11.2. Mandado de segurança (art. 5º, inciso LXIX)

> *Art. 5º (...)*
>
> *LXIX – conceder-se-á mandado de segurança para proteger direito líquido e certo, não amparado por "habeas-corpus" ou "habeas-data", quando o responsável pela ilegalidade ou abuso de poder for autoridade pública ou agente de pessoa jurídica no exercício de atribuições do Poder Público.*

O mandado de segurança é uma ação constitucional de natureza civil, disciplinada pela Lei 12.016/2009, destinada a combater ato ilegal ou abusivo cometido por autoridade pública ou por agente de pessoa jurídica no exercício de atribuição do Poder Público, capaz de violar direito líquido e certo, não amparado por *habeas corpus* ou *habeas data.*

Notem que o inciso LXIX dispõe que será concedido o mandado de segurança para proteger direito líquido e certo, desde que não amparado por *habeas corpus* ou *habeas data.* Assim, concluímos que o mandado de segurança possui natureza residual ou subsidiária, pois, excetuando a proteção de direitos inerentes à liberdade de locomoção (caso de *habeas corpus*) e acesso ou retificação de informações pessoais (caso de *habeas data*), será possível o manejo do mandado de segurança para invalidação de atos cometidos por autoridade pública ou agente de pessoa jurídica no exercício de atribuições do Poder Público que, por ilegalidade ou abuso de poder, ocasionem lesão a direito líquido e certo.

Ainda que não haja previsão na Constituição Federal, não caberá mandado de segurança se for caso de ação popular. Nesse sentido, a Súmula 101 do Supremo Tribunal Federal: "*o mandado de segurança não substitui a ação popular.*"

Mas...o que é direito líquido e certo? É aquele que pode ser comprovado de pronto, não havendo a necessidade de produção de outras provas, sendo a narração do impetrante na inicial e a juntada de documentos, por exemplo, suficientes para comprovar o direito alegado.

Dessa forma, a prova do direito líquido e certo deve ser pré-constituída. Por outro lado, se a existência do direito (matéria de fato) for duvidosa ou demandar dilação probatória, não será cabível o mandado de segurança.

Legitimidade ativa (impetrante): pessoa física ou jurídica detentora do direito líquido e certo, não amparado por *habeas corpus* ou *habeas data.*

Legitimado passivo (impetrado): autoridade coatora responsável pela ilegalidade ou abuso de poder, autoridade pública ou agente de pessoa jurídica no exercício de atribuições do Poder Público. De acordo com o art. 6º, § 3º, da Lei 12.016/2009, considera-se autoridade coatora aquela que tenha praticado o ato impugnado ou da qual emane a ordem para a sua prática.

Um ponto jurisprudencial importante é o julgamento da ADI 4296. Na oportunidade, o STF declarou a constitucionalidade do art. 1º, § 2º, da Lei 12.016/2009, que prevê que o mandado de segurança não pode ser utilizado contra os atos de gestão comercial praticados pelos administradores de empresas públicas, de sociedade de economia mista e de concessionárias de serviço público.

O prazo para a impetração do mandado de segurança, consoante art. 23 da Lei 12.016/2009, será de 120 (cento e vinte) dias, contados da ciência, pelo interessado, do ato impugnado, tratando-se de prazo decadencial.

Convém lembrar que o mandado de segurança não se presta a atribuir efeito suspensivo a recurso criminal interposto pelo Ministério Público, conforme Súmula 604 do STJ.

Por fim, do mandado de segurança não é o instrumento processual adequado para questionar o parecer da comissão examinadora de heteroidentificação, que não aceitou a autodeclaração de cotista em concurso. Nesse sentido:

> *É inadequado o manejo de mandado de segurança com vistas à defesa do direito de candidato em concurso público a continuar concorrendo às vagas reservadas às pessoas pretas ou pardas, quando a comissão examinadora de heteroidentificação não confirma a sua autodeclaração. (STJ. 1ª Turma. RMS 58.785-MS, Rel. Min. Sérgio Kukina, julgado em 23/08/2022 – Info 746).*

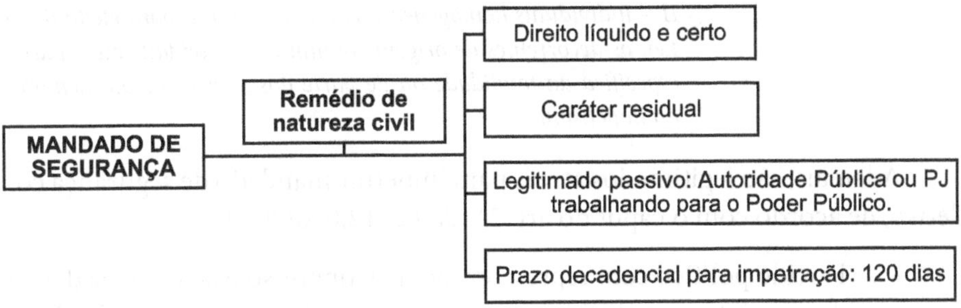

16.11.3. Mandado de segurança coletivo (art. 5º, inciso LXX)

> *Art. 5º (...)*
>
> *LXX – o mandado de segurança coletivo pode ser impetrado por:*
>
> *a) partido político com representação no Congresso Nacional;*
>
> *b) organização sindical, entidade de classe ou associação legalmente constituída e em funcionamento há pelo menos um ano, em defesa dos interesses de seus membros ou associados.*

A diferença entre o mandado de segurança individual, estudado anteriormente (inciso LXIX) e o mandado de segurança coletivo (inciso LXX) reside no objeto e na legitimação ativa.

Sendo assim, os conceitos de "direito líquido e certo" e "legitimidade passiva", já abordados no estudo do mandado de segurança individual, também são aplicáveis ao mandado de segurança coletivo.

Assim, o mandado de segurança coletivo visa a proteção de direito líquido e certo, não amparado por *habeas corpus* ou *habeas data* em face de atos ou omissões ilegais ou com abuso de poder de autoridade, almejando a preservação ou reparação de **interesses transindividuais (individuais homogêneos ou coletivos)**, sendo este o seu objeto.

O art. 21, parágrafo único, da Lei 12.016/2009, conceitua os direitos protegidos pelo mandado de segurança coletivo:

> *Art. 21. (...)*
>
> *Parágrafo único. Os direitos protegidos pelo mandado de segurança coletivo podem ser:*
>
> *I – coletivos, assim entendidos, para efeito desta Lei, os transindividuais, de natureza indivisível, de que seja titular grupo ou categoria de pessoas ligadas entre si ou com a parte contrária por uma relação jurídica básica;*

> *II – individuais homogêneos, assim entendidos, para efeito desta Lei, os decorrentes de origem comum e da atividade ou situação específica da totalidade ou de parte dos associados ou membros do impetrante.*

Ademais, são legitimados ativos para impetrar mandado de segurança coletivo, de acordo com o caput do art. 21, da Lei 12.016/2009:

- Partido político com representação no Congresso Nacional, na defesa de seus interesses legítimos relativos a seus integrantes ou à finalidade partidária;
- Organização sindical;
- Entidade de classe;
- Associação legalmente constituída e em funcionamento há pelo menos um ano, em defesa de direitos líquidos e certos da totalidade, ou de parte, dos seus membros ou associados, na forma dos seus estatutos e desde que pertinentes às suas finalidades, dispensada, para tanto, autorização especial.

De acordo com a jurisprudência, para a impetração do mandado de segurança coletivo, não há necessidade de autorização específica dos membros ou associados, desde que haja previsão expressa no estatuto social (STF, ARE 1293130). Trata-se de hipótese de **substituição processual** (legitimação extraordinária), já que as entidades irão pleitear em nome próprio direito alheio.

Ademais, a súmula 630 do STF prevê que "*a entidade de classe tem legitimação para o mandado de segurança ainda quando a pretensão veiculada interesse apenas a uma parte da respectiva categoria*".

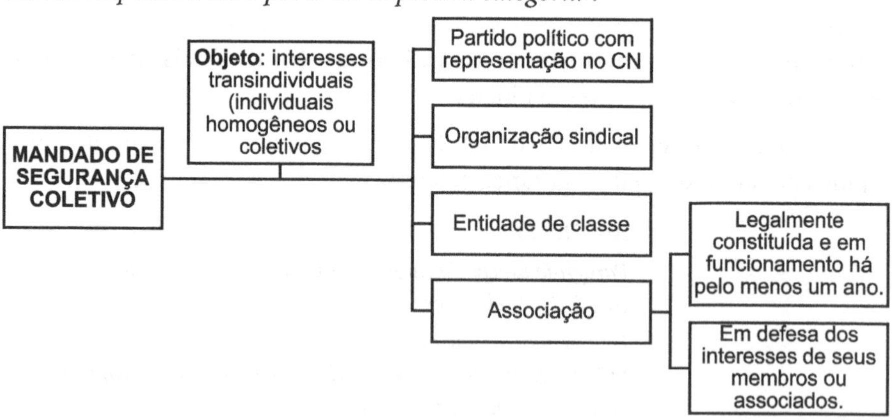

16.11.4. Mandado de injunção (art. 5º, inciso LXXI)

> *Art. 5º (...)*
>
> *LXXI – conceder-se-á mandado de injunção sempre que a falta de norma regulamentadora torne inviável o exercício dos direitos e liberdades constitucionais e das prerrogativas inerentes à nacionalidade, à soberania e à cidadania.*

A Constituição Federal possui diversos dispositivos que precisam de regulamentação infraconstitucional para que possam produzir os seus efeitos. São as denominadas normas constitucionais de eficácia limitada, que possuem aplicabilidade mediata e reduzida.

Para garantir o exercício desses direitos, a Constituição Federal criou o mandado de injunção. Assim, a pessoa prejudicada pela falta de regulamentação de normas constitucionais relacionadas à nacionalidade, soberania ou cidadania, pode, por meio desse remédio, requerer uma decisão judicial que supra a omissão do Poder Público.

O mandado de injunção é ação judicial de natureza cível, de rito especial, regulamentada pela Lei 13.300/2016 e que visa assegurar ao impetrante o exercício de direitos que, embora tenham sido estabelecidos na Constituição, não podem ser exercidos em virtude da omissão legislativa, já que não há a necessária regulamentação infraconstitucional.

Assim, de acordo com a Lei 13.300/2026, conceder-se-á mandado de injunção sempre que a falta total ou parcial de norma regulamentadora torne inviável o exercício dos direitos e liberdades constitucionais e das prerrogativas inerentes à nacionalidade, à soberania e à cidadania (art. 2º).

A omissão poderá ser total ou parcial. Será total quando a inércia for absoluta, não havendo nenhuma regulamentação acerca do preceito constitucional de eficácia limitada. Já a omissão parcial ocorre quando há uma regulamentação legislativa, porém, insuficiente.

O mandado de injunção não possui como objeto qualquer tipo de omissão, sendo necessário demonstrar que a Constituição Federal criou um direito que necessita de regulamentação para ser exercido. Portanto, não havendo a previsão do direito na Constituição Federal, não existe, consequentemente, o dever de regulamentação infraconstitucional, razão pela qual não há que se falar em omissão legislativa a ensejar a impetração do mandado de injunção.

Nesse sentido, o Supremo Tribunal Federal negou provimento ao MI 6.591 AgR, em que se demandava a regulamentação dos direitos do nascituro, uma vez que não há norma constitucional que determine a normatização do tema.

Mandado de injunção

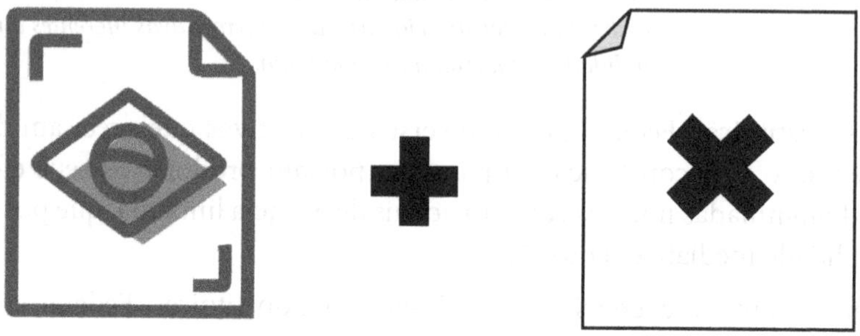

Previsão na CF **Ausência de norma regulamentadora**

São legitimados ativos para o mandado de injunção individual as pessoas naturais ou jurídicas titulares dos direitos, liberdades ou prerrogativas constitucionais relacionadas à nacionalidade, soberania ou cidadania (art. 3º, Lei 13.300/2016).

Já os legitimados ativos do mandado de injunção coletivo estão previstos no art. 12 da Lei 13.300/2016, e irão variar de acordo com a tutela pleiteada:

LEGITIMAÇÃO ATIVA MANDADO DE SEGURANÇA COLETIVO	
MINISTÉRIO PÚBLICO	Tutela requerida especialmente relevante para a defesa da ordem jurídica, do regime democrático ou dos interesses sociais ou individuais indisponíveis.
PARTIDO POLÍTICO (com representação no CN)	Assegurar o exercício de direitos, liberdades e prerrogativas de seus integrantes ou relacionados com a finalidade partidária.
ORGANIZAÇÃO SINDICAL, ENTIDADE DE CLASSE OU ASSOCIAÇÃO (legalmente constituída e em funcionamento há pelo menos 1 ano)	Assegurar o exercício de direitos, liberdades e prerrogativas em favor da totalidade ou de parte de seus membros ou associados, na forma de seus estatutos e desde que pertinentes a suas finalidades, dispensada, para tanto, autorização especial.
DEFENSORIA PÚBLICA	Tutela requerida especialmente relevante para a promoção dos direitos humanos e a defesa dos direitos individuais e coletivos dos necessitados, na forma do inciso LXXIV do art. 5º da CF/88.

Já com relação à legitimidade passiva, o mandado de injunção poderá ser impetrado em face do Poder, órgão ou autoridade com atribuição para editar a norma regulamentadora. Notem que particulares não possuem legitimidade passiva, porquanto apenas ao Poder Público é conferida a prerrogativa de regulamentação de normas constitucionais.

Não cabe liminar em mandado de injunção, em razão da ausência de previsão em norma legal e também em virtude do entendimento do Supremo Tribunal Federal nesse sentido, já que a ação se propõe justamente a constatar a omissão total ou parcial da autoridade ou do Poder que deveria ter editado a regulamentação (STF, MI-MC 4.060/DF).

Ponto importante sobre o mandado de injunção diz respeito à eficácia objetiva da decisão. Sobre o tema, destacam-se as seguintes correntes:

a) Concretista direta;

b) Concretista Intermediária;

c) Não concretista.

A **corrente concretista direta** pressupõe que o Poder Judiciário, ao conceder a ordem no mandado de injunção, irá reconhecer a existência da omissão do Poder Público e editará a norma que está faltando ou irá definir que seja aplicada, ao caso concreto, uma regulamentação já existente para outras situações análogas. Sendo assim, o Poder Judiciário irá "concretizar" diretamente o direito, liberdade ou prerrogativa, independentemente da atuação do órgão omisso. A decisão judicial poderá valer para todos (geral), para um grupo, classe ou categoria de pessoas (coletivo) ou somente para o impetrante (individual).

Já a **corrente concretista intermediária** entende que, ao julgar procedente o mandado de injunção, o Judiciário deverá estabelecer um prazo para que o Poder Público elabore a norma regulamentadora faltante. Caso esta determinação judicial não seja cumprida no prazo estipulado, o Poder Judiciário, então, poderá viabilizar o direito, liberdade ou prerrogativa. A decisão poderá valer para todos (geral), para um grupo, classe ou categoria de pessoas (coletivo) ou somente para o impetrante (individual).

Por fim, a **corrente não concretista** consigna que a decisão judicial apenas deve julgar procedente o mandado de injunção e comunicar ao Poder, órgão, entidade ou autoridade que está sendo omisso para que seja editada a norma regulamentadora. Para os defensores desta posição, ao Poder Judiciário incumbiria apenas reconhecer formalmente a inércia, não competindo a ele a criação da norma faltante nem a determinação para aplicação, por analogia, de outra normativa já existente, em razão do princípio da separação dos poderes.

Havia várias correntes na doutrina e na jurisprudência acerca da eficácia objetiva da decisão no mandado de injunção. Porém, a Lei 13.300/2016, ao regulamentar o tema, pacificou essa controversa, passando a adotar o posicionamento concretista intermediária ao mandado de injunção julgado procedente. Vejamos:

> *Art. 8º Reconhecido o estado de mora legislativa, será deferida a injunção para:*
>
> *I - determinar prazo razoável para que o impetrado promova a edição da norma regulamentadora;*
>
> *II - estabelecer as condições em que se dará o exercício dos direitos, das liberdades ou das prerrogativas reclamados ou, se for o caso, as condições em que poderá o interessado promover ação própria visando a exercê-los, caso não seja suprida a mora legislativa no prazo determinado.*
>
> *Parágrafo único. Será dispensada a determinação a que se refere o inciso I do caput quando comprovado que o impetrado deixou de atender, em mandado de injunção anterior, ao prazo estabelecido para a edição da norma.*

Conclui-se, portanto, que a lei adotou, em regra, a **posição concretista intermediária** (art. 8º, inciso I*)*. Porém, comprovado que o impetrado deixou de atender, em mandado de injunção anterior, ao prazo estabelecido para a edição da norma, o Poder Judiciário poderá veicular uma decisão **concretista direta** (art. 8º, parágrafo único).

Quanto ao alcance da decisão, temos que, em regra, a decisão no mandado de injunção individual terá eficácia subjetiva limitada às partes e produzirá efeitos até o advento da norma regulamentadora (art. 9º, *caput* - posição concretista intermediária individual).

Já no mandado de injunção coletivo, em regra, a sentença fará coisa julgada limitadamente às pessoas integrantes da coletividade, do grupo, da classe ou da categoria substituídos pelo impetrante (art. 13 - posição concretista intermediária coletiva).

Porém, excepcionalmente, será possível conferir eficácia *ultra partes* ou *erga omnes* à decisão, quando isso for inerente ou indispensável ao exercício do direito, da liberdade ou da prerrogativa objeto da impetração (art. 9º, § 1º - posição concretista intermediária geral), permitindo que todos os titulares do direito possam exercê-lo, até a regulamentação. Essa possibilidade se aplica tanto para o mandado de injunção individual como para o coletivo (art. 13).

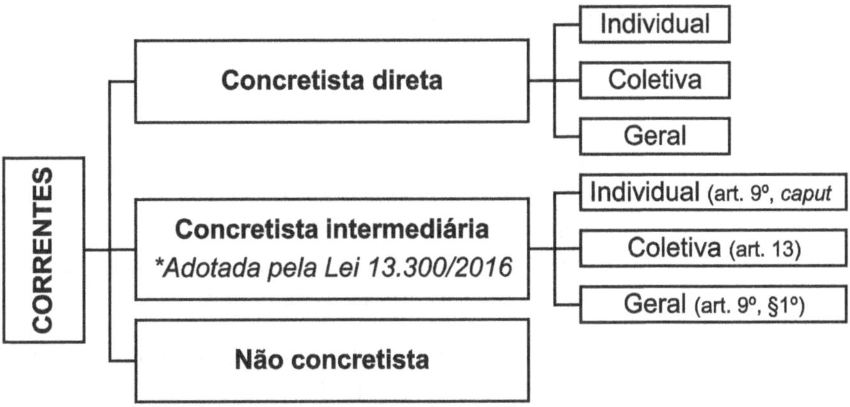

A decisão proferida em mandado de injunção é temporária, já que irá perdurar até a edição da lei regulamentadora. Assim, editada a lei, a decisão judicial perecerá. Ademais, se a edição da norma regulamentadora ocorrer antes do julgamento do mandado de injunção, este ficará prejudicado e o processo deverá ser extinto sem resolução de mérito (art. 11, parágrafo único, Lei 13.300/2016).

A norma regulamentadora superveniente produzirá efeitos *ex nunc* em relação aos beneficiados por decisão transitada em julgado, salvo se a aplicação da norma editada lhes for mais favorável (art. 11 da Lei 13.300/2016).

Por fim, convém consignar que o mandado de injunção coletivo não induz litispendência em relação aos individuais, mas os efeitos da coisa julgada não beneficiarão o impetrante que não requerer a desistência da demanda individual no prazo de 30 (trinta) dias a contar da ciência comprovada da impetração coletiva (art. 13, parágrafo único, Lei 13.300/2016).

16.11.5. *Habeas data* (art. 5º, inciso LXXII)

> *Art. 5º (...)*
>
> *LXXII - conceder-se-á "habeas-data":*
>
> *a) para assegurar o conhecimento de informações relativas à pessoa do impetrante, constantes de registros ou bancos de dados de entidades governamentais ou de caráter público;*
>
> *b) para a retificação de dados, quando não se prefira fazê-lo por processo sigiloso, judicial ou administrativo.*

Habeas Data é a garantia constitucional, de natureza cível, disciplinada pela Lei 9.507/1997, visando proteger o direito de acesso a informações, constantes de registros públicos ou privados, para o conhecimento ou retificação de dados pessoais, relativos à pessoa do impetrante.

A finalidade desse remédio constitucional é assegurar, em favor da pessoa interessada, o acesso (conhecimento), retificação (informações equivocadas) ou complementação (dados imprecisos ou desatualizados), que constam de registros ou bancos de dados, quando não se prefira fazê-lo por processo sigiloso, judicial ou administrativo.

Importante ressaltar que a impetração de habeas data deve ter por objetivo *"assegurar o conhecimento de informações relativas à pessoa do impetrante"* (e não para solicitação de informações relativas a terceiros ou de interesse coletivo), razão pela qual trata-se de ação personalíssima.

Logo, qualquer pessoa, física ou jurídica, nacional ou estrangeira, possui legitimidade ativa para ajuizar a ação constitucional de *habeas corpus* e ter acesso às **informações pessoais**, constantes de registros ou bancos de dados de entidades governamentais ou de caráter público.

No entanto, o Superior Tribunal de Justiça já aceitou a legitimação ordinária superveniente de herdeiros e sucessores, alegando é parte legítima para impetrar *habeas data* o cônjuge sobrevivente na defesa de interesse do falecido (STJ, HD 147/DF).

Sobre a legitimidade passiva, por sua vez, o art. 2° da Lei 9.507/1997 prevê que *"o requerimento será apresentado ao* **ó**rgão ou entidade depositária do registro ou banco de dados", ou seja, em face do órgão ou entidade detentora da informação que se pretende obter.

O órgão ou entidade não precisa ter natureza pública; o que tem que ter natureza pública é a informação almejada. Assim, *"em se tratando de registro ou banco de dados de entidade governamental, o sujeito passivo será a pessoa jurídica componente da administração direta e indireta do Estado. Na hipótese de registro ou banco de dados de entidade de caráter público, a entidade que não é governamental, mas, de fato, privada, figurará no polo passivo da ação".*[21]

Para a admissibilidade do habeas data é preciso que o titular interessado utilize primeiro a via administrativa para pleitear as informações pessoais, conforme determina o artigo 5º, XXXIII, da CF e, somente depois da recusa ou da demora para o acesso, retificação ou complementação das informações, é que poderá ser manejado o *habeas data*, demonstrando, assim, o interesse de agir do impetrante, que é uma condição da ação.

Dessa forma, o art. 8º da Lei 9.507/1997 exige que a petição inicial, subscrita por advogado, seja instruída com prova da recusa ao pedido de informação ou demora no fornecimento dos dados pela autoridade. Assim, caso seja ultrapassado o prazo legal para o acesso (10 dias), a retificação (15 dias) ou a complementação (15 dias) das informações, será cabível o habeas data, devendo o decurso de prazo ser comprovado na inicial.

No mesmo sentido, a Súmula 2, do STJ: *"Não cabe o habeas data (CF, art. 5, LXXII, letra "a") se não houve recusa de informações por parte da autoridade administrativa".*

A ação de *habeas data* é gratuita, uma vez que o acesso ao Poder Judiciário por meio desse remédio constitucional é franqueado nos termos do art. 5º, LXXVII. Ademais, o art. 21, da Lei 9.507/1997, estabeleceu também ser gratuito o procedimento administrativo para acesso a informações e retificação de dados e para anotação de justificação, bem como a ação de *habeas data.* Sendo assim, não há, na ação de *habeas data*, custas, taxas judiciárias, preparo em caso de recurso, nem condenação em honorários advocatícios.

Por fim, cuidado para não confundir o direito de obter certidões (art. 5º, XXIV, "b") com o remédio constitucional "habeas data" (art. 5º, LXXII), pois, "ao pleitear a certidão, o solicitante deve demonstrar que o faz para a defesa de direitos e esclarecimentos de situações de interesse pessoal (art. 5º, XXXIV, "b"). No habeas corpus basta o simples defeso de conhecer as informações

21 PEDRO, Lenza. **Direito Constitucional Esquematizado.** 22. ed. São Paulo: Saraiva Educação, 2018. p. 1.329.

relativas à sua pessoa, independentemente da demonstração de que elas se prestarão à defesa de direitos".22

Julgados importantes sobre o tema:

> *Cabe* habeas data *para a obtenção dos dados concernentes ao pagamento de tributos do próprio contribuinte constantes dos sistemas informatizados de apoio à arrecadação dos órgãos da administração fazendária dos entes estatais. (STF, RE 673707/MG).*
>
> *Não há previsão constitucional ou infraconstitucional do habeas data coletivo. (STF, HC 143641/SP).*
>
> *Não se admite o emprego do* habeas data *como meio para a obtenção de cópia de autos de processo administrativo disciplinar, em que o autor figure como implicado, porquanto tal propósito não encontra abrigo no que dispõe o art. 7º, inciso I, da Lei 9.507/1997. (STJ, HD 282/DF).*

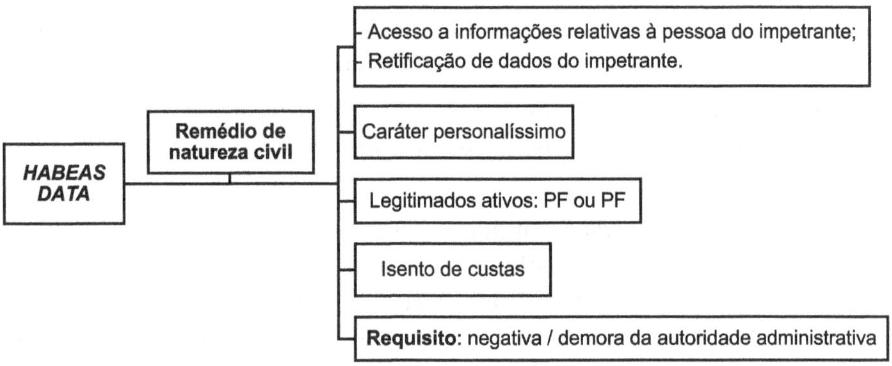

16.11.6. Ação popular (art. 5º, inciso LXXIII)

> *Art. 5º (...)*
>
> *LXXIII – qualquer cidadão é parte legítima para propor ação popular que vise a anular ato lesivo ao patrimônio público ou de entidade de que o Estado participe, à moralidade administrativa, ao meio ambiente e ao patrimônio histórico e cultural, ficando o autor, salvo comprovada má-fé, isento de custas judiciais e do ônus da sucumbência.*

---

22 TEMER, Michel. **Elementos de direito constitucional.** 14. ed. rev. e ampl. São Paulo: Malheiros, 1998. p. 212.

Trata-se de ação constitucional, de natureza civil, disciplinada pela Lei 4.717/1965, em defesa de interesses difusos, que pertencem a toda a sociedade.

Além de ser uma garantia fundamental, a ação popular é um mecanismo da democracia direta e participação política, assim como o voto, a iniciativa popular, o plebiscito e o referendo.

O inciso LXXIII, ao prever a "ação popular" permite que o cidadão, no exercício dos direitos políticos, exerça função fiscalizatória da coisa pública, sendo, portanto, uma das formas de manifestação da soberania popular.

O requisito para a ação popular é a lesividade ao patrimônio público ou de entidade de que o Estado participe, à moralidade administrativa, ao meio ambiente e ao patrimônio histórico e cultural.

A legitimidade ativa da ação popular é somente do cidadão, assim considerado o brasileiro (nato ou naturalizado) em pleno gozo de seus direitos políticos, sendo tal condição comprovada quando da propositura da inicial, mediante a apresentação do título de eleitor.

Dessa forma, a Súmula 365 do STF prevê que "*a pessoa jurídica não tem legitimidade para propor ação popular*".

Como o cidadão (legitimado ativo) não possui capacidade postulatória, a petição da ação popular deverá ser subscrita por advogado.

O Ministério Público, embora não tenha legitimidade ativa, atuará como parte pública autônoma, acompanhando a ação e cabendo-lhe apressar a produção da prova e promover a responsabilidade, civil ou criminal, dos que nela incidirem, sendo-lhe vedado, em qualquer hipótese, assumir a defesa do ato impugnado ou dos seus autores (art. 6º, § 4º, da Lei 4.717/1965).

Se o autor desistir da ação, qualquer cidadão, assim como ao representante do Ministério Público, dentro do prazo de noventa dias da última publicação de edital feita para divulgar a desistência, poderá promover o prosseguimento da ação (art. 9º da Lei 4.717/1965).

É facultado a qualquer cidadão se habilitar como litisconsorte ou assistente do autor da ação popular (art. 6º, §5º, da Lei 4.717/1965).

Já no polo passivo da ação popular deverá figurar o agente que praticou o ato, a entidade lesada e os beneficiários diretos, nos termos do artigo 6º da Lei 4.717/1965.

Conforme a origem do ato impugnado, será competente para processar e julgar ação popular o juiz estadual ou o juiz federal, de acordo com a organização judiciária de cada Estado e da Justiça Federal (art. 5º da Lei 4.717/1965). Assim, por exemplo, se o patrimônio lesado for da União, a competência será da Justiça Federal.

Importante ressaltar que não há prerrogativa de foro na ação popular e, em regra, a competência para julgar a ação é do juízo de primeiro grau (estadual ou federal), não havendo competência originária dos tribunais para julgamento da ação popular. Porém, excepcionalmente, o Supremo Tribunal Federal poderá processar e julgar originariamente a ação popular nas hipóteses previstas no art. 102, inciso I, alíneas "f" e "n" da Constituição Federal: a) quando houver conflito entre os entes federativos (União e estados; União e Distrito Federal; estado e outro estado; estado e Distrito Federal), inclusive as respectivas entidades da Administração Indireta; b) a ação em que todos os membros da magistratura sejam direta ou indiretamente interessados; c) ação em que mais da metade dos membros do tribunal de origem estejam impedidos ou sejam direta ou indiretamente interessados.

O artigo 5º, §4º, da Lei 4.717/1965 prevê que, na defesa do patrimônio público, caberá a suspensão liminar do ato lesivo impugnado.

A sentença de mérito é **desconstitutiva (almeja a invalidação do ato impugnado) e condenatória** (visa a condenação dos réus em perdas e danos).

O artigo 18 da Lei 4.717/1965 estabelece que a sentença terá eficácia de coisa julgada oponível *erga omnes*, salvo no caso de haver sido a ação julgada improcedente por deficiência de prova. Neste caso, qualquer cidadão poderá intentar outra ação com idêntico fundamento, valendo-se de nova prova.

A sentença que concluir pela carência ou pela **improcedência** da ação está sujeita ao duplo grau de jurisdição, não produzindo efeito senão depois de confirmada pelo tribunal. Por outro lado, da sentença que julgar a ação **procedente** a ação, caberá apelação com efeito suspensivo (art. 19 da Lei 4.717/1965).

Qualquer cidadão e também o Ministério Público poderá recorrer da sentença e/ou decisão contrária ao autor da causa (art. 19, §2º, da Lei 4.717/1965).

Por fim, a ação popular é gratuita. Porém, em caso de má-fé do autor, haverá condenação em custas e honorários de sucumbência.

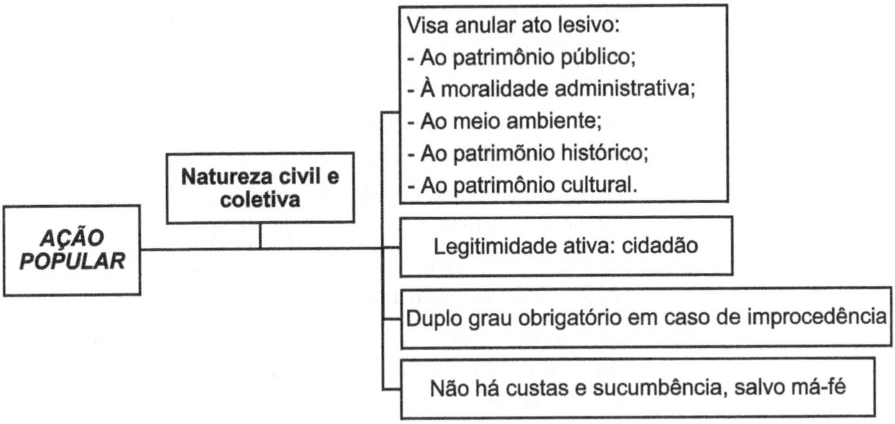

16.11.7. Gratuidade nas ações de *habeas corpus* e *habeas data* (art. 5º, inciso LXXVII)

> *Art. 5º (...)*
>
> *LXXVII – são gratuitas as ações de "habeas-corpus" e "habeas-data", e, na forma da lei, os atos necessários ao exercício da cidadania.*

O inciso LXXVII prevê o acesso gratuito a dois remédios constitucionais importantes para garantia de direitos fundamentais das pessoas: o *habeas corpus* e o *habeas data*, assim como a outros atos necessários ao exercício da cidadania, na forma da lei. Tal previsão contribui diretamente para a garantia do direito fundamental de acesso à justiça.

Conforme já estudado anteriormente, o *habeas corpus* e o *habeas data* são chamados de "remédios constitucionais" e visam impedir a violação de direitos fundamentais assegurados na Constituição Federal.

A Lei 9.265/96, por sua vez, elenca os atos considerados como necessários ao exercício da cidadania:

> *Art. 1º São gratuitos os atos necessários ao exercício da cidadania, assim considerados:*
>
> *I – os que capacitam o cidadão ao exercício da soberania popular, a que se reporta o art. 14 da Constituição;*
>
> *II – aqueles referentes ao alistamento militar;*

III – os pedidos de informações ao poder público, em todos os seus âmbitos, objetivando a instrução de defesa ou a denúncia de irregularidades administrativas na órbita pública;

IV – as ações de impugnação de mandato eletivo por abuso do poder econômico, corrupção ou fraude;

V – quaisquer requerimentos ou petições que visem as garantias individuais e a defesa do interesse público.

VI – O registro civil de nascimento e o assento de óbito, bem como a primeira certidão respectiva.

VII – o requerimento e a emissão de documento de identificação específico, ou segunda via, para pessoa com transtorno do espectro autista.

REMÉDIO	FINALIDADE	CUSTAS	CAPACIDADE POSTULATÓRIA
Habeas corpus	Garantir liberdade de locomoção.	Isento.	Não exige.
Habeas data	Assegurar direito à informação pessoal.	Isento.	Exige.
Mandado de segurança	Proteger direito líquido e certo não amparado por HC ou HD.	Não isento	Exige.
Mandado de injunção	Suprir a falta de norma regulamentadora que inviabilize o exercício dos direitos fundamentais.	Não isento.	Exige.
Ação popular	Anular ato lesivo ao patrimônio público, à moralidade administrativa; ao meio ambiente; ao patrimônio histórico e ao patrimônio cultural.	Isento (salvo má-fé).	Exige.

16.12. PROTEÇÃO NÃO JUDICIAL DOS DIREITOS FUNDAMENTAIS

A proteção não judicial dos direitos fundamentais ocorre na via administrativa ou extrajudicial, em face de quaisquer autoridades públicas. Conforme a Constituição Federal, temos:

a) Direito a receber informação (art. 5º, XXXIII);

b) Direito de petição (art. 5º, XXXIV, letra "a");

c) Direito a obter certidões (art. 5º, XXXIV, letra "b").

16.12.1. Direito a receber informação (art. 5º, inciso XXXIII).

> *Art. 5º (...)*
>
> *XXXIII – todos têm direito a receber dos órgãos públicos informações de seu interesse particular, ou de interesse coletivo ou geral, que serão prestadas no prazo da lei, sob pena de responsabilidade, ressalvadas aquelas cujo sigilo seja imprescindível à segurança da sociedade e do Estado.*

A Constituição Federal garantiu o princípio da publicidade, atribuindo-lhe absoluta prioridade na gestão da Administração Pública e assegurando total acesso às informações a toda a sociedade.

Assim, "*à consagração constitucional de* publicidade *e transparência corresponde a obrigatoriedade do Estado em fornecer as informações solicitadas, sob pena de responsabilização política, civil e criminal, salvo nas hipóteses constitucionais de sigilo*" (ADI 6347, Rel. Alexandre de Moraes).

Logo, a divulgação dos atos praticados pela Administração Pública possui o objetivo de manter a transparência aos administrados.

Notem que o próprio dispositivo constitucional já estabeleceu que a regra é a publicidade, sendo que o acesso à informação apenas pode ser negado em casos específicos, quando o sigilo seja imprescindível à segurança da sociedade e do Estado (art. 5º, XXXIII, parte final); e para a proteção à intimidade, vida privada, honra e imagem das pessoas (arts. 5º, X e 37, § 3º, inciso II, CF).

Por fim, regulando o acesso às informações mantidas pela Administração, conforme consignado pelo art. 5º, inciso XXXIII, da Constituição Federal, foi editada a Lei 12.527/2011.

16.12.2. Direito de petição e obter certidões (art. 5º, inciso XXXIV).

> *Art. 5º (...)*
>
> *XXXIV – são a todos assegurados, independentemente do pagamento de taxas:*
>
> *a) o direito de petição aos Poderes Públicos em defesa de direitos ou contra ilegalidade ou abuso de poder;*
>
> *b) a obtenção de certidões em repartições públicas, para defesa de direitos e esclarecimento de situações de interesse pessoal.*

Direito de petição e certidão

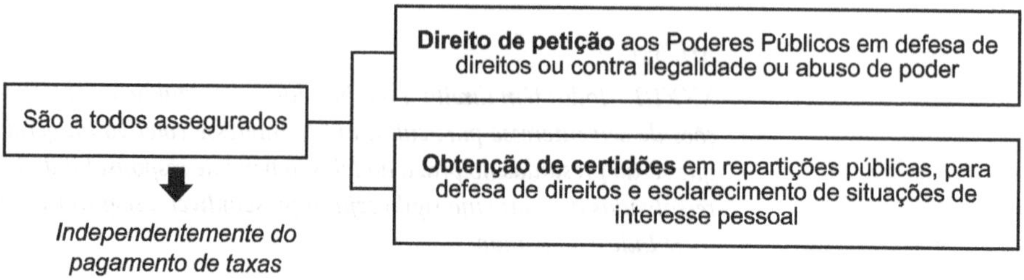

Lembrando que esse direito pode ser desempenhado por qualquer pessoa, seja física ou jurídica, nacional ou estrangeira, independentemente do pagamento de taxas.

Por fim, importante consignar que o direito de petição (art. 5º, XXXIV, "a") é diferente do direito de ação (art. 5º, XXXV), pois *"enquanto o direito de ação é um direito público subjetivo, pessoal, portanto, salvo nos casos dos direitos difusos e coletivos, onde os titulares são indetermináveis e indeterminados, respectivamente, o direito de petição, por ser político, é impessoal, porque dirigido à autoridade para noticiar a existência de ilegalidade ou abuso de poder, solicitando as providências cabíveis".*[23]

REFERÊNCIAS BIBLIOGRÁFICAS

- BARBOSA, Rui. **República: teoria e prática:** textos doutrinários sobre direitos humanos e políticos consagrados na Primeira Constituição Republicana. Seleção e coordenação de Hildon Rocha. Petrópolis: Vozes, 1978.
- BERNARDES, Juliani Taveira; FERREIRA, Olavo Augusto Vianna Alves. **Direito Constitucional.** 12. ed. rev., atual. e ampl. São Paulo: Juspodivm, 2022.
- BOBBIO, Norberto. **A era dos direitos.** Trad. Carlos Nelson Coutinho. Rio de Janeiro: Campus, 1992.
- BONAVIDES, Paulo. **Curso de Direito Constitucional.** 7. ed. rev., atual. e ampl. São Paulo: Malheiros, 1997.

---

23 NERY JR., Nelson. **Princípios do processo Civil na Constituição Federal**. 4. ed. rev. e aum. São Paulo: Revista dos Tribunais, 1997 (Coleção Estudos de Direito de Processo Enrico Tullio Liebman, v. 21). p. 92.

- CANOTILHO, José Joaquim Gomes. **Direito Constitucional e Teoria da Constituição**. 6. ed. Coimbra: Almedina, 2002.
- DINIZ, Maria Helena. **O Estado atual do biodireito.** São Paulo: Saraiva, 2001.
- LIMA, Renato Brasileiro de. **Manual de Processo Penal**. Salvador: Juspodivm, 2015.
- MARMELSTEIN, George. **Curso de Direitos Fundamentais**. São Paulo: Atlas, 2008.
- MIRABETE, Júlio Fabbrini. **Manual de direito penal: parte especial.** 24. ed. São Paulo: Atlas, 2006.
- MORAIS, Alexandre de. **Curso de Direito Constitucional**. 14. ed. São Paulo: Atlas, 2003.
- MORAES, Maria Celina Bodin de; KONDER, Carlos Nelson. **Dilemas de direito civil-constitucional**. Rio de Janeiro: Renovar, 2012.
- NERY JR., Nelson. **Código de Processo Civil comentado.** 3. ed. São Paulo: Revista dos Tribunais, 1997.
- NERY JR., Nelson. **Princípios do processo Civil na Constituição Federal**. 4. ed. rev. e aum. São Paulo: Revista dos Tribunais, 1997 (Coleção Estudos de Direito de Processo Enrico Tullio Liebman, v. 21).
- NOVELINO, Marcelo. **Manual de direito constitucional**. 9. ed. Rio de Janeiro: Forense; São Paulo: MÉTODO, 2014.
- PEDRO, Lenza. **Direito Constitucional Esquematizado.** 22. ed. São Paulo: Saraiva Educação, 2018.
- SILVA, José Afonso da. **Curso de Direito Constitucional Positivo**. 35. ed. São Paulo, Malheiros Editores, 2012.
- TARTUCE, Flavio. **Direito Civil: Direito das Coisas (vol.4).** 9. ed. rev., atual. e ampl. Rio de Janeiro: Forense, 2017.
- TEMER, Michel. **Elementos de direito constitucional.** 14. ed. rev. e ampl. São Paulo: Malheiros, 1998.
- SCHREIBER, Anderson. **Direito civil e constituição**. São Paulo: Atlas, 2013.

17

DIREITOS SOCIAIS

Edson Caetano dos Santos

Joaquim Leitão Júnior

Os direitos sociais estão referidos na Constituição Federal do Brasil em seu Título II, onde trata dos Direitos e Garantias Fundamentais, mais especificamente no Capítulo II, intitulado "Dos Direitos Sociais" artigos 7 a 11. Essa seção abrange uma variedade de direitos, como o direito à saúde, à educação, ao trabalho, à moradia, à previdência social, entre outros, que visam garantir condições dignas de vida e promover a igualdade social.

Os direitos sociais são direitos fundamentais de segunda geração, que surgiram após a consolidação dos direitos civis e políticos (primeira geração). Eles visam garantir condições mínimas de vida digna e bem-estar social a todos os cidadãos, por meio de prestações positivas do Estado (MENDES; BRANCO, 2018).[1]

O Estado Social de Direito surge como evolução do Estado de Direito, incorporando direitos sociais e econômicos à proteção dos direitos políticos e civis clássicos. Esta evolução foi teorizada por Hermann Heller em 1928[2] e é marcada pela busca de igualdade material, intervenção estatal em questões sociais e econômicas, e a garantia de condições dignas de vida para todos. O

1 MENDES, Gilmar Ferreira; BRANCO, Paulo Gustavo Gonet. **Curso de Direito Constitucional**. 13. edição. São Paulo: Saraiva, 2018.

2 BUZANELLO, José Carlos. Constituição política em Hermann Heller. Artigo de revista. Senado Federal, 2023. Disponível em https://consorciobdjur.stj.jus.br/vufind/Record/oai:bdjur.stj.jus.br.col_2011_8:oai:localhost:2011-176818

Estado Social de Direito se distingue pelo seu compromisso em prover emprego, educação, saúde, e segurança social, transcendendo a mera proteção das liberdades individuais para abraçar a prestação social pelo Estado.

Estado social de direito – direitos sociais – 2ª geração (prestações positivas pelo Estado):

- Advém do federalismo cooperativo alemão Weimar 1919, México.
- Brasil, CF 1934 era Vargas, Direitos sociais para os trabalhadores.
- Brasil, 1934, México em 1917 e Alemanha Weimar 1919.

Segundo o Supremo Tribunal Federal, direitos sociais também são Cláusulas Pétreas (interpretação extensiva), não apenas os direitos individuais.

A Segurança Pública é um direito social (atuação positiva do Estado) constitucionalmente reconhecido (art. 6º, CF), 2ª geração/dimensão.

O Estado tem o dever principal de fazer e agir.

Inegavelmente, as normas definidoras dos direitos sociais, não produzem todos seus efeitos porque precisam de reiteradas políticas públicas.

As normas que tratam de direitos sociais podem ser de duas modalidades:

a) **Normas-Regras:** Devem ser cumpridas integralmente.

São aquelas normas objetivas, claras, específicas.

Ex.: art. 230, § 2º, da CF quando trata da gratuidade do transporte coletivo urbano aos maiores de 65 anos.

b) **Normas-Princípios:** As normas-princípios devem ser cumpridas na maior intensidade possível.

São normas mais vagas, abstratas, imprecisas, abrangentes.

Ex.: art. 6º, CF, quando fala de SP.

As normas-princípios devem ser cumpridas na maior intensidade possível.

Segundo o STF, o Estado deve cumprir imediatamente um mínimo existencial dos direitos sociais. Este mínimo existencial, que será tratado mais a frente, decorre do princípio da dignidade da pessoa humana.

Os direitos fundamentais são comumente divididos em três gerações: primeira geração (direitos civis e políticos), segunda geração (direitos econômicos, sociais e culturais) e terceira geração (direitos difusos e coletivos). Os direitos sociais estão inseridos na segunda geração (SARLET; MARINONI; MITIDIERO, 2019).[3]

Direitos de **primeira geração (ou dimensão)**: Englobam os direitos individuais e políticos, como liberdade de expressão e direito ao voto, surgidos no contexto das revoluções liberais do século XVIII.

Direitos de **segunda geração (ou dimensão)**: Correspondem aos direitos sociais, econômicos e culturais, como o direito à saúde e à educação, emergindo no contexto das lutas trabalhistas e movimentos sociais do século XIX e XX.

Direitos de **terceira geração (ou dimensão)**: Incluem os direitos coletivos e difusos, como o direito ao meio ambiente saudável e à paz, surgindo em resposta às demandas por sustentabilidade e paz mundial.

Direitos de **quarta geração (ou dimensão)**: Para parte da doutrina estão incluídos os direitos relacionados à engenharia genética. Outra ala da doutrina, sustenta estarem incluídos os direitos relacionados à globalização política vinculado à democracia, à informação e ao pluralismo.

Direitos de **quinta geração (ou dimensão)**: Incluem os direitos em relação à paz no âmbito das proteções dos direitos fundamentais para parcela da doutrina. Outra ala da doutrina sustenta ser relacionada aos direitos fundamentais dos direitos humanos com múltiplas interpretações.

Direitos de **sexta geração (ou dimensão)**: Para parte da doutrina estão incluídos à democracia, ao direito da informação e ao pluralismo político. Outra parcela diz que seria o direito à água potável, reconhecendo que o direito ao meio ambiente ecologicamente equilibrado (já estaria contemplado pelo direito da terceira geração/dimensão).

Reserva do possível – incapacidade de o estado ofertar tudo o que a população necessita.

Quando o poder público for demandado a garantir algum benefício de ordem social, poderá ser alegada, a impossibilidade financeira para concretização do direito sob o argumento da reserva do possível.

O professor Aragonê traz em seu livro constitucional sob medida (p. 86)[4] citando a doutrina de Santos (2021), a reserva do possível fática e jurídica. A

---

3 SARLET, Ingo Wolfgang; MARINONI, Luiz Guilherme; MITIDIERO, Daniel. **Curso de Direito Constitucional.** 8. ed. São Paulo: Saraiva Educação, 2019.

4 FERNANDEZ, Aragonê Nunes. **Constitucional Sob Medida**. Brasília-DF: Ed do Autor, 2023.

fática diz respeito aos recursos disponíveis. Por sua vez, a jurídica tem relação com a previsão orçamentária.

Assim, a efetivação dos direitos sociais está sujeita à chamada "reserva do possível", que compreende:

a) Reserva fática: limitação de recursos financeiros e materiais do Estado;

b) Reserva jurídica: necessidade de previsão orçamentária e legislação regulamentadora (NOVELINO, 2020).[5]

Princípio da Máxima Efetividade:

Os direitos sociais devem ser interpretados de forma a garantir sua máxima efetivação, considerando as condições sociais e econômicas de cada contexto. Instrumentos Jurídicos: A efetivação dos direitos sociais demanda não apenas a previsão constitucional, mas também a implementação de políticas públicas, programas sociais e a atuação do Poder Judiciário na proteção e garantia desses direitos.

Controle Social: A participação da sociedade civil na formulação, implementação e monitoramento das políticas sociais é essencial para assegurar a efetivação dos direitos sociais e a fiscalização do Estado quanto ao cumprimento de suas obrigações constitucionais.

Mínimo existencial: contrapeso à reserva do possível. Permite que o poder público deixe de atender algumas demandas em razão da reserva do possível, mas exige que seja garantido o mínimo existencial.

Entretanto, a "reserva do possível" não pode ser utilizada de forma absoluta, pois há um "mínimo existencial" que deve ser garantido pelo Estado, sob pena de comprometer a dignidade humana (SARLET, 2021).[6]

A dimensão positiva do mínimo existencial se refere às prestações positivas que o Estado deve fornecer aos cidadãos para garantir suas condições mínimas de existência. Isso inclui acesso à saúde, à educação, à moradia, à alimentação, à segurança, entre outros. A título de exemplo, o direito à saúde

5 NOVELINO, Marcelo. **Curso de Direito Constitucional**. 15. edição revista, atualizada e ampliada. Salvador: Juspodivm, 2020.

6 SARLET, Ingo Wolfgang; MARINONI, Luiz Guilherme; MITIDIERO, Daniel. **Curso de Direito Constitucional**. 8. ed. São Paulo: Saraiva Educação, 2019.

garante o acesso universal ao sistema público de saúde, incluindo consultas médicas, exames, medicamentos e procedimentos cirúrgicos necessários para preservar a vida e a integridade física das pessoas.

Por outro lado, a dimensão negativa do mínimo existencial envolve a proteção contra intervenções estatais que possam privar os indivíduos de condições mínimas de subsistência. Isso implica na garantia de direitos como liberdade de expressão, liberdade de associação, direito à propriedade, entre outros. Por exemplo, a proibição de despejo arbitrária impede que uma pessoa seja privada de sua moradia sem o devido processo legal, garantindo assim sua segurança habitacional.

Portanto, o mínimo existencial abrange tanto as prestações positivas que o Estado deve fornecer para garantir uma vida digna quanto as proteções negativas contra intervenções estatais que possam ameaçar essa dignidade. Ele reflete o compromisso do Estado em garantir condições mínimas de subsistência e dignidade para todos os cidadãos, independentemente de sua condição socioeconômica.

Proibição ou Vedação ao Retrocesso:

Em síntese, os direitos sociais conquistados não podem ser por assim dizer perdidos, pois impede que o Estado promova a regressão de direitos e garantias sociais já conquistados pela sociedade. Este princípio é fundamental no Direito Constitucional, pois assegura a manutenção e a progressividade dos direitos sociais, como educação, saúde, trabalho, segurança, previdência social, proteção à infância e assistência aos desamparados, entre outros.

A base para esse princípio encontra-se na Constituição Federal, que estabelece os direitos sociais como fundamentais para a promoção da dignidade humana e da justiça social. A ideia é que, uma vez implementadas políticas públicas ou reconhecidos determinados direitos, não se deve permitir que futuras gestões governamentais os reduzam ou eliminem, exceto em circunstâncias muito específicas e justificáveis.

Em suas decisões, o STF tem reiterado que qualquer medida que represente um retrocesso em relação aos direitos sociais deve ser cuidadosamente analisada e justificada à luz dos princípios constitucionais, como a razoabilidade, a proporcionalidade e a vedação ao retrocesso.

Assim, o entendimento do STF sobre o princípio da vedação ao retrocesso social é no sentido de que o Estado tem o dever de progredir na efetivação dos direitos sociais, não podendo retroceder ou suprimir direitos já conquistados sem uma fundamentação sólida e em consonância com os valores constitucionais.

Um caso concreto emblemático que ilustra o entendimento do Supremo Tribunal Federal (STF) sobre o princípio da vedação ao retrocesso social é o julgamento da ADPF 45 (Arguição de Descumprimento de Preceito Fundamental) em 2004, conhecido como "Caso Favela Nova Brasília".

Nesse caso, discutiu-se a constitucionalidade de uma ação de reintegração de posse movida pelo Estado do Rio de Janeiro contra os moradores da Favela Nova Brasília, no Complexo do Alemão, considerando que a comunidade ali estabelecida havia se desenvolvido ao longo de várias décadas.

O STF, ao analisar a questão, reconheceu a existência de um estado de coisas inconstitucional na favela, caracterizado pela ausência de políticas públicas eficazes por parte do Estado para garantir condições mínimas de moradia, saúde, educação e segurança aos seus habitantes. O Tribunal entendeu que a remoção forçada dos moradores sem a garantia de moradia digna representaria um retrocesso social, violando princípios fundamentais da Constituição, como a dignidade da pessoa humana e o direito à moradia.

Deste modo, o STF decidiu que, diante do estado de coisas inconstitucional, era necessário adotar medidas concretas para garantir a efetivação dos direitos sociais dos moradores da Favela Nova Brasília, como a implementação de políticas públicas voltadas para a regularização fundiária e a melhoria das condições de vida na comunidade, em vez da simples remoção dos moradores.

A discussão acerca do princípio da vedação ao retrocesso social se destaca no âmbito dos direitos fundamentais, configurando-se como uma salvaguarda essencial à manutenção e progresso dos direitos sociais já conquistados. Ingo Wolfgang Sarlet aborda a relevância deste princípio ao enfatizar que, uma vez garantidos pelo ordenamento jurídico, os direitos sociais devem ser preservados sem que haja redução, associando tal garantia à essência da dignidade da pessoa humana (SARLET, 2012, p. 289).[7] De maneira complementar, Barroso (2019) destaca que o princípio da proibição ao retrocesso social atua como um mecanismo de defesa contra a erosão dos direitos sociais estabelecidos, assegurando que os avanços sociais sejam mantidos de forma irrevogável

7 SARLET, Ingo Wolfgang; MARINONI, Luiz Guilherme; MITIDIERO, Daniel. **Curso de Direito Constitucional**. 8. ed. São Paulo: Saraiva Educação, 2019.

(BARROSO, 2019, p. 132)[8]. Ademais, Marmelstein (2016) acrescenta que tal vedação não somente protege os direitos sociais já adquiridos como também exige do Estado a obrigação de promover continuadamente a melhoria das condições de vida de sua população (MARMELSTEIN, 2016, p. 97)[9]. Essas perspectivas sublinham a importância de se prevenir qualquer forma de retrocesso em relação aos direitos sociais, fundamentando-se na necessidade de promover uma sociedade mais justa e igualitária.

17.1. PRINCIPAIS DIREITOS SOCIAIS

17.1.1. Remédios da Anvisa

A Agência Nacional de Vigilância Sanitária (Anvisa) tem como uma de suas principais funções a regulação e aprovação de medicamentos para uso no território nacional, garantindo a segurança, eficácia e qualidade dos produtos disponíveis para a população. No entanto, a questão do acesso a medicamentos não registrados na Anvisa tem sido tema de intensos debates e decisões judiciais. Neste contexto, o Supremo Tribunal Federal (STF) proferiu um entendimento importante no Recurso Extraordinário (RE) 1.017.365, no qual reconheceu que a ausência de registro de um medicamento na Anvisa não pode ser um impeditivo para o seu fornecimento pelo sistema público de saúde, desde que seja comprovada a necessidade e imprescindibilidade desse tratamento para o paciente. Essa decisão reflete a compreensão de que o direito à saúde prevalece sobre formalidades administrativas, sobretudo em casos em que a vida do paciente está em risco.

A decisão do STF ressalta a importância de se equilibrar a rigidez regulatória com as necessidades urgentes de pacientes que não encontram alternativas terapêuticas disponíveis no mercado nacional. Ao determinar que a falta de registro na Anvisa não pode ser motivo para negar tratamento, o Supremo enfatiza o princípio da dignidade da pessoa humana e o direito à saúde, ambos fundamentais e assegurados pela Constituição Federal.

---

8 BARROSO, Luís Roberto. **Curso de Direito Constitucional Contemporâneo**. São Paulo: Saraiva.

9 MARMELSTEIN, George. "**Direitos Fundamentais e Estado Constitucional**". São Paulo: Revista dos Tribunais, 2016.

Isso implica uma maior responsabilidade por parte dos gestores de saúde pública em avaliar cuidadosamente cada caso, buscando alternativas que garantam o tratamento adequado aos pacientes, mesmo que isso signifique autorizar o uso de medicamentos ainda não registrados no país. Essa abordagem flexibiliza o acesso a tratamentos inovadores e potencialmente salvadores de vidas, ainda que coloque em destaque a necessidade de mecanismos de controle e supervisão que assegurem a segurança e efetividade desses medicamentos.

O artigo 6º da CF/88 elenca como direitos sociais: a educação, a saúde, a alimentação, o trabalho, a moradia, o transporte, o lazer, a segurança, a previdência social, a proteção à maternidade e à infância, e a assistência aos desamparados.

17.1.2. Direitos dos trabalhadores urbanos e rurais

A CF/88 estabelece diversas garantias aos trabalhadores urbanos e rurais, previstas no artigo 7º, como:

a) Proteção contra despedida arbitrária ou sem justa causa (art. 7º, I);
b) Fundo de Garantia do Tempo de Serviço (FGTS) (art. 7º, III);
c) Salário-mínimo, fixado em lei, nacionalmente unificado, capaz de atender às necessidades básicas do trabalhador e de sua família (art. 7º, IV);
d) Piso salarial proporcional à extensão e à complexidade do trabalho (art. 7º, V);
e) Décimo terceiro salário (gratificação natalina) (art. 7º, VIII);
f) Adicional noturno (art. 7º, IX);
g) Proibição de retenção dolosa de salário (art. 7º, X);
h) Participação nos lucros ou resultados da empresa (art. 7º, XI);
i) Salário-família para os dependentes (art. 7º, XII);
j) Jornada de trabalho não superior a 8 horas diárias e 44 semanais (art. 7º, XIII);
k) Remuneração do serviço extraordinário superior, no mínimo, em 50% à do normal (art. 7º, XVI);
l) Férias anuais remuneradas com, pelo menos, um terço a mais que o salário normal (art. 7º, XVII);

m) Licença à gestante, sem prejuízo do emprego e do salário, com duração de 120 dias (art. 7º, XVIII);

n) Licença-paternidade (art. 7º, XIX);

o) Aviso prévio proporcional ao tempo de serviço (art. 7º, XXI);

p) Proibição de trabalho noturno, perigoso ou insalubre a menores de 18 anos e de qualquer trabalho a menores de 16 anos, salvo na condição de aprendiz, a partir de 14 anos (art. 7º, XXXIII).

17.1.3. Proteção contra despedida arbitrária ou sem justa causa

No direito trabalhista brasileiro, a demissão de um empregado por parte do empregador deve estar fundamentada em motivos juridicamente relevantes, a fim de proteger o trabalhador de dispensas arbitrarias ou imotivadas. Conforme explica Mauricio Godinho Delgado (2019)[10], essa proteção visa garantir a segurança jurídica nas relações de trabalho e coibir práticas que possam desestabilizar o bem-estar social e econômico do trabalhador.

A justa causa, prevista na Consolidação das Leis do Trabalho (CLT), se configura como um dos motivos que legitimam a rescisão do contrato de trabalho por parte do empregador, sendo necessário que o motivo da dispensa se enquadre em uma das hipóteses legalmente previstas, tais como ato de improbidade, incontinência de conduta, negociação habitual por conta própria ou alheia sem permissão do empregador, entre outras.

Além da justa causa, o acordo rescisório surge como uma modalidade introduzida pela reforma trabalhista de 2017, permitindo uma negociação consensual para a rescisão do contrato de trabalho. Esse mecanismo legal permite que as partes encerrem o vínculo empregatício de maneira amigável, com direitos trabalhistas preservados parcialmente para o empregado, incluindo o saque de parte do FGTS e o recebimento de metade do aviso prévio e da multa rescisória. Tal medida visa promover uma flexibilidade nas relações de trabalho, permitindo ajustes conforme as necessidades do empregador e do empregado, sem, contudo, desproteger completamente o trabalhador.

Essas disposições legais refletem o esforço do ordenamento jurídico brasileiro em equilibrar os interesses entre empregados e empregadores,

10 DELGADO, Mauricio Godinho. **Curso de direito do trabalho**. 18. ed. São Paulo: LTr, 2019.

promovendo um ambiente de trabalho justo e estável. A exigência de motivos juridicamente relevantes para a demissão protege o trabalhador de uma dispensa imotivada, enquanto oferece ao empregador mecanismos legítimos para a rescisão do contrato quando necessário. Tal balanço entre proteção ao trabalhador e flexibilidade nas relações de trabalho é fundamental para a promoção de um mercado de trabalho dinâmico e justo, refletindo os valores sociais do trabalho e da dignidade humana previstos na Constituição Federal.

17.1.4. Fundo de garantia por tempo de serviço (FGTS)

O Fundo de Garantia do Tempo de Serviço (FGTS) é uma importante ferramenta de proteção ao trabalhador no Brasil, concebida como uma forma de poupança compulsória, cuja gestão é feita pela Caixa Econômica Federal. Conforme elucidado por Sérgio Pinto Martins (2020), os empregadores são obrigados a realizar depósitos mensais em contas abertas na Caixa Econômica Federal em nome dos seus empregados, equivalentes a 8% do salário de cada trabalhador. Esse mecanismo tem por objetivo proporcionar uma segurança financeira em momentos de transição profissional involuntária, como na demissão sem justa causa, além de outras situações previstas em lei, tais como aposentadoria, compra da casa própria e grave doença.

O FGTS, instituído pela Lei nº 5.107, de 1966, e posteriormente regulamentado pela Lei nº 8.036, de 1990, representa uma garantia adicional ao trabalhador, funcionando como um fundo de reserva que pode ser utilizado em momentos críticos de sua vida laboral e pessoal. A obrigatoriedade dos depósitos mensais pelo empregador assegura que, mesmo em períodos de inatividade profissional forçada, o trabalhador possa contar com um recurso financeiro para seu sustento e de sua família, minimizando os impactos negativos de uma demissão inesperada.

Além de servir como um amortecedor social nos casos de desemprego, o FGTS também atua como um instrumento de política habitacional e de estímulo ao desenvolvimento econômico. Os recursos acumulados no fundo podem ser direcionados para a aquisição de imóveis, financiando a casa própria e contribuindo para a realização do sonho de muitos brasileiros. A versatilidade e a abrangência do FGTS demonstram seu papel fundamental não apenas na proteção social do trabalhador, mas também como vetor de políticas públicas de habitação e de incentivo à economia, refletindo seu caráter multifacetado e sua importância estratégica dentro do sistema de seguridade social brasileiro.

17.1.5. Salário-mínimo e praças do serviço militar

O salário-mínimo é fixado nacionalmente para atender necessidades básicas do trabalhador e família, com reajustes periódicos para preservar o poder aquisitivo. Segundo a Lei nº 13.954/2019, os militares temporários (praças) terão direito a uma remuneração equivalente a 3/4 do salário-mínimo.

A Lei de Execução Penal (LEP - Lei nº 7.210/1984) trata da situação do preso que recebe remuneração inferior a um salário-mínimo em seu artigo 29, que estabelece:

> Art. 29. O trabalho do preso será remunerado, mediante prévia tabela, não podendo ser inferior a 3/4 (três quartos) do salário-mínimo.

17.1.6. Piso salarial

A fixação do piso salarial por categorias profissionais é uma prática comum no Brasil, com respaldo legal para sua implementação. Conforme destacado por Garcia (2021), a legislação trabalhista permite que sindicatos e convenções coletivas estabeleçam pisos salariais específicos para determinadas categorias, levando em consideração a complexidade das funções desempenhadas pelos trabalhadores. Essa medida visa garantir uma remuneração mínima adequada aos profissionais de diferentes áreas, levando em conta suas habilidades, formação e responsabilidades.

A fixação do piso salarial de acordo com a complexidade da função reflete a preocupação em assegurar uma remuneração justa e condizente com o valor do trabalho realizado. Assim, profissões que demandam maior qualificação, responsabilidade ou esforço físico podem ter pisos salariais mais elevados, enquanto funções menos complexas ou que exigem menor especialização podem ter pisos salariais mais baixos. Essa diferenciação tem o propósito de valorizar o trabalho e garantir condições mínimas de dignidade aos trabalhadores, contribuindo para a redução das desigualdades salariais e para a melhoria das condições de vida da classe trabalhadora.

No entanto, é importante ressaltar que a fixação do piso salarial deve respeitar os princípios da razoabilidade e proporcionalidade, não podendo ser estabelecido de forma arbitrária ou discriminatória. Além disso, o piso salarial não pode ser inferior ao salário-mínimo nacional, garantindo assim uma remuneração mínima digna para todos os trabalhadores. Dessa forma, a fixação do piso salarial por categorias profissionais representa uma importante ferramenta na luta pela valorização do trabalho e pela promoção da justiça social no mercado de trabalho brasileiro.

17.1.7. Décimo terceiro salário

O pagamento anual equivalente à remuneração devida em dezembro de cada ano, comumente conhecido como décimo terceiro salário, é um direito assegurado aos trabalhadores brasileiros, conforme destacado por Delgado (2019). Esta gratificação foi instituída com o objetivo de fornecer aos trabalhadores um suporte financeiro adicional no final do ano, período em que tradicionalmente há um aumento nos gastos devido às festividades natalinas e de final de ano, além da preparação para o início do novo ano.

A legislação trabalhista brasileira determina que o décimo terceiro salário deve ser pago em duas parcelas: a primeira entre fevereiro e novembro e a segunda até o dia 20 de dezembro. Este benefício é calculado com base na remuneração integral do mês de dezembro ou na remuneração do mês de rescisão do contrato de trabalho, proporcionalmente ao período trabalhado durante o ano. Assim, o trabalhador recebe um montante adicional equivalente a um doze avos da remuneração por cada mês de trabalho, garantindo um reforço no orçamento familiar em um momento do ano de grandes despesas.

O décimo terceiro salário não é apenas um reconhecimento ao esforço e dedicação dos trabalhadores ao longo do ano, mas também uma medida econômica que estimula o consumo, movimentando a economia do país durante o último trimestre. Por sua relevância social e econômica, este direito é rigidamente protegido pela legislação, e seu não cumprimento por parte dos empregadores pode acarretar sérias penalidades legais. Dessa forma, o décimo terceiro salário representa uma conquista importante para a classe trabalhadora, contribuindo para o bem-estar dos trabalhadores e o desenvolvimento econômico.

17.1.8. Adicional noturno

Remuneração superior ao trabalho diurno, em percentual a ser fixado (DELGADO, 2019).[11]

11 DELGADO, Mauricio Godinho. **Curso de direito do trabalho**. 18. ed. São Paulo: LTr, 2019.

O adicional noturno é uma parcela remuneratória adicional devida aos empregados que trabalham no período noturno. Segundo a Constituição Federal, em seu artigo 7º, inciso IX, a remuneração do trabalho noturno deve ser superior à do diurno. A Consolidação das Leis do Trabalho (CLT) estabelece, em seu artigo 73, que o adicional noturno deve ser, no mínimo, 20% superior ao valor da hora diurna. Esse adicional visa compensar o desgaste físico e os prejuízos sociais sofridos pelo trabalhador que exerce sua atividade laboral à noite. É considerado trabalho noturno aquele realizado entre as 22 horas de um dia e às 5 horas do dia seguinte.

17.1.9. Retenção dolosa de salário

Vedada a retenção dolosa (intencional e ilícita) do salário pelo empregador (DELGADO, 2019).[12]

A retenção dolosa de salário dos trabalhadores é expressamente proibida pela Constituição Federal de 1988, em seu artigo 7º, inciso X. Configura-se quando o empregador retém intencionalmente, de forma ilícita, os salários devidos aos empregados. Essa prática fere o direito fundamental ao salário, que visa assegurar a subsistência digna do trabalhador e de sua família. A retenção dolosa de salário é considerada prática arbitrária e constitui violação aos direitos sociais dos trabalhadores, estando sujeita a sanções na esfera trabalhista e criminal.

Licença Paternidade

A omissão da norma regulamentadora sobre a licença-paternidade configura uma lacuna na proteção dos direitos trabalhistas dos pais no Brasil e, apesar do artigo 7º, inciso XIX, da Constituição Federal assegurar a licença-paternidade, não existe a regulamentação da duração e condições. Diante deste fato foi impetrada a Ação Direta de Inconstitucionalidade por Omissão (ADO) nº 20, proposta ao Supremo Tribunal Federal para suprir a falha legislativa. A ação foi julgada e, conforme a ementa:

> O Tribunal, por maioria, julgou procedente o pedido, com o reconhecimento da existência de omissão inconstitucional na regulamentação da licençapaternidade prevista no art. 7º, XIX,

12 DELGADO, Mauricio Godinho. **Curso de direito do trabalho.** 18. ed. São Paulo: LTr, 2019.

da CF/1988, com fixação do prazo de dezoito meses para o Congresso Nacional legislar a respeito da matéria, e entendeu, ao final, que, não sobrevindo a lei regulamentadora no prazo acima estabelecido, caberá a este Tribunal fixar o período da licença-paternidade, vencido o Ministro Marco Aurélio (Relator), que votou pela improcedência do pedido em assentada anterior àquela em que houve pedido de destaque. Na sequência, por unanimidade, foi fixada a seguinte tese de julgamento: "1. Existe omissão inconstitucional relativamente à edição da lei regulamentadora da licença-paternidade, prevista no art. 7º, XIX, da Constituição. 2. Fica estabelecido o prazo de 18 meses para o Congresso Nacional sanar a omissão apontada, contados da publicação da ata de julgamento. 3. Não sobrevindo a lei regulamentadora no prazo acima estabelecido, caberá a este Tribunal fixar o período da licença paternidade". Votou na fixação da tese o Ministro André Mendonça, sucessor do Relator. Redigirá o acórdão o Ministro Edson Fachin. Presidência do Ministro Luís Roberto Barroso. Plenário, 14.12.2023.

18

DIREITOS DE NACIONALIDADE

18.1. INTRODUÇÃO E CONCEITO

A Constituição Federal Brasileira, em seu Título II, trata dos Direitos e Garantias Fundamentais e, mais especificamente no Capítulo III, aborda o tema Nacionalidade.

O conceito de nacionalidade é fundamental para a compreensão dos direitos e deveres dos indivíduos dentro de um Estado. A nacionalidade vincula juridicamente o indivíduo a um Estado, fazendo com que ele seja reconhecido como membro da comunidade política e jurídica desse Estado. Essa vinculação traz consigo uma série de direitos e obrigações, tanto para o indivíduo quanto para o Estado.

É um dos elementos constituintes do Estado, juntamente com o povo, o território e a soberania (MORAES, 2019).[1]

Segundo Alexandre de Moraes (2019, p. 207)[2], "a nacionalidade constitui vínculo jurídico de natureza político entre o indivíduo e o Estado, implicando um complexo de direitos e obrigações recíprocos".

Já na definição de José Afonso da Silva (2019, p. 317),[3] "nacionalidade é o vínculo jurídico político que liga um indivíduo a determinado Estado, permitindo-lhe o gozo dos direitos e o cumprimento dos deveres inerentes a essa condição."

1 MORAES, Alexandre de. **Direito Constitucional**. 35. edição. São Paulo: Atlas, 2019.

2 MORAES, Alexandre de. **Direito Constitucional**. 35. edição. São Paulo: Atlas, 2019.

3 SILVA, José Afonso da. **Curso de direito constitucional positivo**. 42. ed. São Paulo, Malheiros, 2019.

A nacionalidade é um direito fundamental, tal que está previsto não só no art. 12 da Constituição Federal, mas também em vários tratados internacionais sobre DH como, por exemplo, o Pacto de São José da Costa Rica.

Ademais, existe outra questão interessante sobre o tema nacionalidade. É o caso dos chamados apátridas ou *heimatlos* que são aquelas pessoas que não possuem nenhuma nacionalidade, ou seja, não têm vínculo jurídico-político com qualquer Estado.

Segundo José Afonso da Silva, em seu livro "Curso de Direito Constitucional Positivo" (42ª edição, p. 342)[4]: "Apátridas ou heimatlos são os indivíduos sem pátria, sem nacionalidade, por carecerem de vínculo de nacionalidade com qualquer Estado, porque a legislação de todos os repele ou porque perderam a nacionalidade sem adquirir outra."

18.2. BRASILEIRO NATO E BRASILEIRO NATURALIZADO

A Constituição Federal define dois tipos de nacionalidade brasileira: a dos brasileiros natos e a dos naturalizados.

Os brasileiros natos são aqueles que adquirem a nacionalidade brasileira desde o nascimento, independentemente do local onde ocorra, desde que atendam a critérios estabelecidos pela Constituição. Já os brasileiros naturalizados são aqueles que adquirem a nacionalidade brasileira após o nascimento, mediante processo de naturalização, que também está sujeito a requisitos constitucionais.

A Constituição Federal de 1988 (CF/88), em seu artigo 12, estabelece duas formas de aquisição da nacionalidade brasileira: originária (brasileiro nato) e derivada (brasileiro naturalizado).

Vejamos as definições a seguir:

a) **Nacionalidade primária ou originária**

É aquela adquirida pelo nascimento, prevista apenas na CF (art. 12, I, CF). Este caso é exclusivo daqueles que nasceram em solo brasileiro. É o que chamamos de "*jus solis*" ou direito de solo.

4 Idem nota 7.

Ainda pode-se adquirir a nacionalidade originária por "*jus sanguinis*" ou direito de sangue, garantindo a nacionalidade aos filhos de brasileiros que, embora não nascidos em território nacional, registrem seus filhos em repartição competente ou ainda daqueles que, residindo no Brasil, optem pela nacionalidade brasileira após atingir a maioridade.

b) **Nacionalidade secundária ou adquirida**

Adquirida por ato posterior de vontade.

Está na constituição e na lei infraconstitucional que até novembro de 2017 era o estatuto do estrangeiro que foi revogado pela lei da migração lei 13.445/17.

Seguem algumas definições.

Brasileiro Nato: São brasileiros natos, conforme o artigo 12, I, da CF/88:

a) os nascidos na República Federativa do Brasil, ainda que de pais estrangeiros, desde que estes não estejam a serviço de seu país;

b) os nascidos no estrangeiro, de pai brasileiro ou mãe brasileira, desde que qualquer deles esteja a serviço da República Federativa do Brasil;

c) os nascidos no estrangeiro de pai brasileiro ou de mãe brasileira, desde que sejam registrados em repartição competente;

d) os nascidos no estrangeiro de pai brasileiro ou de mãe brasileira, desde que venham a residir na República Federativa do Brasil e optem, em qualquer tempo, depois de atingida a maioridade, pela nacionalidade brasileira,

Cabe ressaltar que, conforme previsto na "d", o reconhecimento da nacionalidade depende de condicionantes, quais sejam, depois de atingida a maioridade, residindo no Brasil, optar pela nacionalidade brasileira. Neste caso o reconhecimento da nacionalidade originária gera efeitos retroativos.

É o que resumem Gilmar Mendes e Paulo Branco: "a nacionalidade originária pressupõe o vínculo de filiação *(jus sanguinis)* ou de solo *(jus soli)*, sendo esta última a regra no direito brasileiro". (2018, p. 712)[5].

Brasileiro Naturalizado: Há dois tipos de naturalização a ordinária e a extraordinária. A naturalização ordinária pode ocorrer em duas situações

5 MENDES, Gilmar Ferreira; BRANCO, Paulo Gustavo Gonet. **Curso de Direito Constitucional**. 13. ed. São Paulo: Saraiva, 2018.

distintas, naturalização de pessoas originárias de países de língua portuguesa e originárias de outros idiomas.

No primeiro caso, a naturalização de pessoas originárias de países de língua portuguesa, há necessidade apenas de idoneidade moral e um ano de residência ininterrupto no país.

Já quanto aos originários de outros idiomas eles devem cumprir os requisitos dos artigos 65 e 66 da Lei de Migração, quais sejam, residência no Brasil há mais de 4 anos e devem ainda atender aos demais requisitos.

A extraordinária é concedida a estrangeiros que residem no Brasil há mais de 15 anos ininterruptos e não possuam condenações penais, desde que requeiram a nacionalidade brasileira.

Na naturalização ordinária, mesmo se preenchidos os requisitos, o Brasil pode negar, pois se trata de um ato discricionário. De outro modo, na naturalização extraordinária, uma vez preenchidos os requisitos, há direito subjetivo a naturalização, segundo professor Aragonês p. 101/102 [6](constitucional sob medida).

Os brasileiros naturalizados são aqueles que adquirem a nacionalidade brasileira de forma derivada, conforme as hipóteses previstas no artigo 12, II, da CF/88:

a) os que, na forma da lei, adquiram a nacionalidade brasileira, exigidas aos originários de países de língua portuguesa apenas residência por um ano ininterrupto e idoneidade moral;
b) os estrangeiros de qualquer nacionalidade, residentes na República Federativa do Brasil há mais de 15 anos ininterruptos e sem condenação penal, desde que requeiram a nacionalidade brasileira.

De acordo com José Afonso da Silva (2019, p. 335)[7], "a nacionalidade brasileira derivada é adquirida por naturalização ordinária ou por naturalização extraordinária ou especial".

6 FERNANDEZ, Aragonê Nunes. **Constitucional Sob Medida**. Brasília-DF: Ed do Autor, 2023.

7 SILVA, José Afonso da. **Curso de direito constitucional positivo**. 42. ed. São Paulo: Malheiros, 2019.

18.3. SITUAÇÃO DOS PORTUGUESES

Os portugueses que entraram no Brasil antes de 1994 gozam de igualdade de direitos e deveres com os brasileiros natos, salvo as exceções constitucionais (MORAES, 2019)[8]. Já os portugueses que ingressaram após 1994 são tratados como estrangeiros.

Em relação aos portugueses, o artigo 12, §1º, da CF/88 estabelece um regime de igualdade com os brasileiros natos, salvo as exceções previstas na própria Constituição. Contudo, essa regra somente se aplica aos portugueses que ingressaram no Brasil antes de 7 de junho de 1994 (MORAES, 2019).[9]

Em virtude de tratados de reciprocidade entre Brasil e Portugal, aos portugueses com residência permanente no Brasil, se houver igualdade de direitos e deveres civis e de acesso a cargos públicos, é conferido um status especial, próximo ao dos brasileiros natos, exceto em casos específicos previstos constitucionalmente.

A CF-88 dá um tratamento especial a um grupo de estrangeiros?

Aos estrangeiros oriundos dos países de língua portuguesa (Angola, Portugal, Moçambique, Guiné-Bissau, Timor Leste, Cabo Verde, São Thomé e Príncipe), bastarão dois requisitos: Residência por um ano e idoneidade moral.

18.4. PRINCIPAIS DIFERENÇAS ENTRE NATO E NATURALIZADO

As principais diferenças entre brasileiro nato e brasileiro naturalizado são:

a) O brasileiro nato adquire a nacionalidade de forma originária, enquanto o naturalizado a adquire de forma derivada;

b) O brasileiro nato não pode ser extraditado, conforme o artigo 5º, LI, da CF/88, O brasileiro nato não pode ser extraditado (art. 5º, LI, CF/88), enquanto o naturalizado pode, em casos especificados em lei

c) O brasileiro nato não pode ter sua nacionalidade brasileira revogada por ato unilateral do Poder Executivo, enquanto o naturalizado pode, em casos específicos previstos em lei.

---

8 MORAES, Alexandre de. **Direito Constitucional**. 35. edição. São Paulo: Atlas, 2019.

9 Idem nota 7.

18.5. CARGOS PRIVATIVOS

Segundo o artigo 12, §3º, da CF/88, são privativos de brasileiro nato os cargos de Presidente e Vice-Presidente da República, Presidente da Câmara dos Deputados, Presidente do Senado Federal, Ministro do Supremo Tribunal Federal, da carreira diplomática, oficial das Forças Armadas e Ministro de Estado da Defesa. Esta restrição visa proteger a soberania nacional.

Essa reserva de cargos visa resguardar a soberania e os interesses nacionais mais sensíveis, exigindo-se o vínculo originário com o Brasil (MENDES; BRANCO, 2018)[10].

Cargos Privativos de Brasileiro Nato:

1 – Art. 12, §3º, CF.

Presidente, Vice-presidente, Presidente da Câmara de Deputados, Presidente do Senado Federal, ministro do Supremo Tribunal Federal. (Linha sucessória presidencial).

Carreira diplomática, oficial das forças armadas (não é praça), ministro da defesa.

2 – Art. 89, VII, CF – 6 cidadãos do Conselho da República.

Seis brasileiros natos com mais de 35 anos para compor o **Conselho da República** (art. 89, VII, CF).

O conselho de defesa nacional não tem a previsão de 6 brasileiros natos (art. 91 CF).

Lembrando que o Conselho da república pronunciar-se-á sobre Intervenção Federal, Estado De Defesa, Estado De Sítio e sobre questões relevantes para a estabilidade das instituições democráticas. (Art. 90, CF).

Já o conselho de defesa nacional opina sobre questões de guerra e paz entre outros.

3 – Art. 103-B, I, CF – presidente do Conselho Nacional de Justiça.

4 – Art. 119 (três ministros do TSE): 3 STF, 2 STJ e 2 Advogados.

---

10 MENDES, Gilmar Ferreira; BRANCO, Paulo Gustavo Gonet. **Curso de Direito Constitucional**. 13. edição. São Paulo: Saraiva, 2018.

5 - Art. 123 - 10 ministros do STM (10 militares e 5 civis) 4 oficiais General do Exército Brasileiro, 3 oficiais da Marinha e 3 oficiais general da aeronáutica.

6- Art. 222 - proprietário de empresa jornalística.

Propriedade de empresa jornalística e radiodifusão sonora é privativa de brasileiro Nato ou naturalizado há mais de 10 anos ou Pessoa Jurídica constituídas sob as leis brasileiras e que aqui tenham sede.

Alguns conceitos importantes com pertinência ao tema: Extradição, expulsão, banimento e deportação são conceitos relacionados ao direito internacional e ao direito administrativo, especificamente no contexto de controle de imigração e relações entre países. Vejamos uma a uma:

Extradição: A extradição é um processo formal pelo qual um Estado solicita a outro a entrega de uma pessoa para que seja processada ou cumpra pena por crimes previamente cometidos. A extradição é regida por tratados internacionais e pela legislação interna dos países envolvidos.

No Brasil, a extradição é prevista no artigo 5º, LI e LII, da Constituição Federal de 1988, que estabelece que nenhum brasileiro será extraditado, exceto os naturalizados em casos de crime comum antes da naturalização ou comprovado envolvimento em tráfico ilícito de entorpecentes, conforme definido em lei. A Lei nº 13.445/2017 (Lei de Migração) e o Decreto nº 9.199/2017 também tratam da extradição.

Exemplo: A extradição de Cesare Battisti, solicitada pela Itália ao Brasil, é um caso notável. Battisti foi condenado na Itália por quatro homicídios na década de 1970 e fugiu para o Brasil, onde viveu até sua extradição em 2019.

Por sua vez, sendo o **crime praticado aqui no Brasil,** não haverá extradição, mas sim **expulsão.**

Expulsão: A expulsão é um ato administrativo pelo qual um Estado retira do seu território estrangeiros que violaram a legislação nacional, especialmente leis relacionadas à segurança nacional, ordem pública ou moralidade.

A expulsão consiste em medida administrativa (MJ) de retirada compulsória de migrante ou visitante do território nacional, conjugada com o impedimento de reingresso por prazo determinado.

No Brasil, a expulsão é disciplinada pela Lei de Migração (Lei nº 13.445/2017) e regulamentada pelo Decreto nº 9.199/2017. Diferentemente da extradição, a expulsão não depende de solicitação de outro país.

Exemplo: Um estrangeiro que cometa um crime grave no Brasil e represente uma ameaça à ordem pública pode ser expulso do país após o devido processo legal.

Banimento: O banimento era uma pena que consistia em obrigar alguém a sair do território nacional, proibindo seu retorno. Hoje, essa prática é considerada incompatível com os direitos humanos e não é mais aplicada na maioria dos sistemas jurídicos modernos, inclusive no Brasil, onde é vedado pela Constituição Federal no artigo 5º, XLVII, alínea "d", que proíbe a pena de banimento.

Deportação: A deportação é o processo pelo qual um Estado obriga um estrangeiro a sair de seu território, geralmente por não cumprir as leis de imigração, como permanência irregular ou falta de documentação válida.

No Brasil, a deportação também é regulada pela Lei de Migração (Lei nº 13.445/2017) e pelo Decreto nº 9.199/2017. A deportação difere da expulsão principalmente pelo fato de estar mais relacionada a questões administrativas de imigração do que a violações graves da lei.

Exemplo: Um turista que ultrapasse o período de estadia permitido pelo visto pode ser deportado do Brasil.

Quanto à expulsão importante mencionar que A Lei de Migração do Brasil (Lei nº 13.445/2017) e o Estatuto de Roma (decreto nº 4388/2002), que estabelece a competência do Tribunal Penal Internacional, têm semelhanças quanto aos crimes que podem ensejar a expulsão de um estrangeiro do território nacional.

De acordo com a Lei de Migração (artigo 54 em diante), a expulsão pode ser determinada em casos de condenação, com sentença transitada em julgado, por crimes como genocídio, crimes contra a humanidade, crimes de guerra, ou crimes de agressão, tal como definidos pelo Estatuto de Roma (artigo 5º em diante) na competência do TPI. Além disso, a lei também prevê a expulsão em casos de crimes comuns dolosos que sejam passíveis de pena privativa de liberdade, levando em consideração a gravidade do crime e as possibilidades de ressocialização no território nacional.

O Estatuto de Roma, por sua vez, estabelece a jurisdição do Tribunal Penal Internacional sobre crimes de genocídio, crimes contra a humanidade, crimes de guerra e crimes de agressão, o que se alinha com os tipos de crimes mencionados na Lei de Migração do Brasil que podem levar à expulsão de um estrangeiro.

A doutrina jurídica frequentemente discute esses conceitos para esclarecer diferenças, aplicabilidades e implicações legais. Por exemplo, "Direito Internacional Público" de Celso D. de Albuquerque Mello e "Curso de Direito Internacional Público" de Valério de Oliveira Mazzuoli, são obras de referência que abordam a extradição e outros conceitos relacionados.

Quanto à jurisprudência, o Supremo Tribunal Federal (STF) possui diversas decisões sobre extradição, como o caso de Cesare Battisti (Ext. 1085) e muitos outros, que podem ser consultados para entendimento prático das aplicabilidades desses conceitos.

19

DEMOCRACIA

A democracia no Brasil é um regime político que se estabeleceu oficialmente com a promulgação da Constituição de 1988, após um longo período de ditadura militar (1964-1985). No entanto, a história da democracia no país é marcada por avanços e retrocessos, com períodos de maior ou menor liberdade política e participação popular.

O conceito de democracia remete à ideia de um governo do povo, pelo povo e para o povo, como definido por Abraham Lincoln. Trata-se de um sistema político baseado na soberania popular, no qual os cidadãos têm o poder de escolher seus representantes por meio de eleições periódicas e livres, bem como de participar ativamente das decisões que afetam a sociedade.

No Brasil, os primeiros movimentos em direção à democracia remontam ao período imperial, com a Independência em 1822 e a outorga da Constituição de 1824. No entanto, o sistema político ainda era bastante restrito, com a manutenção de aspectos monárquicos e a exclusão da participação popular.

Foi durante a Primeira República (1889-1930) que o país experimentou sua primeira experiência efetiva com a democracia representativa, embora de forma limitada e excludente, uma vez que o voto era restrito a uma parcela da população.

O golpe de Estado de 1937, que instaurou o Estado Novo de Getúlio Vargas, interrompeu o processo democrático, assim como o regime militar que se seguiu após 1964. Somente com a redemocratização do país, a partir de meados da década de 1980, é que o Brasil retomou o caminho da democracia plena.

A Constituição de 1988, conhecida como "Constituição Cidadã", consolidou os princípios democráticos no Brasil, garantindo direitos civis, políticos e sociais, bem como estabelecendo mecanismos de participação popular, como o plebiscito, o referendo e a iniciativa popular.

Desde então, o Brasil tem realizado eleições diretas e periódicas em todos os níveis (municipal, estadual e federal), com a alternância de poder entre diferentes partidos políticos. No entanto, a democracia brasileira ainda enfrenta desafios, como a necessidade de aprimorar a representatividade e a participação popular, combater a corrupção e garantir a igualdade de oportunidades para todos os cidadãos.

19.1. INTRODUÇÃO

Os direitos políticos são aqueles que asseguram a participação dos cidadãos no processo político, permitindo que influenciem nas decisões e nos rumos da sociedade em que vivem. Eles estão diretamente relacionados com o princípio democrático e a soberania popular, sendo essenciais para a legitimidade do poder político.

19.2. SUFRÁGIO, VOTO E ESCRUTÍNIO

O sufrágio é o direito público subjetivo de votar e ser votado, consistindo na capacidade eleitoral ativa (direito de votar) e passiva (direito de ser votado). O voto é o instrumento por meio do qual se exerce o sufrágio ativo, manifestando-se a vontade política do eleitor. Já o escrutínio é o procedimento de apuração e contagem dos votos para definir os candidatos eleitos.

Sufrágio é o direito de votar e ser votado, ou seja, a capacidade eleitoral ativa e passiva. O voto é o instrumento por meio do qual se exerce o sufrágio, enquanto o escrutínio é o processo de apuração dos votos (SILVA, 2019).[1]

Diferenciar esses conceitos, onde o sufrágio é o direito político de participar na escolha dos governantes, o voto é a expressão desse direito, e o escrutínio refere-se ao método de contagem dos votos.

Sufrágio – é o direito de participar do processo eleitoral, seja votando (sufrágio ativo) ou sendo votado (sufrágio passivo).

---

1 SILVA, José Afonso da. **Curso de direito constitucional positivo**. 42. ed. São Paulo, Malheiros, 2019.

Voto – é a expressão concreta do sufrágio, o ato individual de escolha dos representantes ou de decisão em questões específicas.

Escrutínio – refere-se ao método de apuração dos votos, podendo ser secreto ou aberto.

19.3. DIREITOS POLÍTICOS POSITIVOS E NEGATIVOS

Direitos políticos positivos: Os direitos políticos positivos englobam o direito de votar, de ser votado, de participar da organização e das atividades de partidos políticos, de promover ação popular, entre outros. Ou seja, são os direitos que permitem a participação ativa do cidadão na vida política do país.

Os direitos políticos positivos são aqueles que autorizam a participação direta dos cidadãos no processo político, como o direito de votar, de ser votado e de participar de partidos políticos. Já os direitos políticos negativos protegem a liberdade de não exercer tais direitos, como a proibição de voto obrigatório e de filiação partidária compulsória (MENDES; BRANCO, 2018).[2]

Positivos – relaciona-se com a capacidade de participar ativamente do processo político, como votar e ser votado.

Direitos políticos negativos: Por outro lado, os direitos políticos negativos protegem a liberdade de não exercer tais direitos, como a proibição de voto obrigatório (exceção feita ao alistamento e às eleições obrigatórias previstas no art. 14, §1º, da CF/88) e a vedação de filiação partidária compulsória (SILVA, 2019).[3]

Negativos: consistem nas restrições ao exercício de determinados direitos políticos, como as inelegibilidades e condições de inelegibilidade.

19.4. PLEBISCITO E REFERENDO

O plebiscito e o referendo são mecanismos de participação direta do povo nas decisões políticas e administrativas de uma nação, previstos na

---

2 MENDES, Gilmar Ferreira; BRANCO, Paulo Gustavo Gonet. **Curso de Direito Constitucional**. 13. edição. São Paulo: Saraiva, 2018.

3 SILVA, José Afonso da. **Curso de direito constitucional positivo**. 42. ed. São Paulo, Malheiros, 2019.

Constituição Federal do Brasil e regulamentados pela Lei nº 9.709/1998. Ambos envolvem a consulta popular para decidir sobre questões de relevância para o país, mas diferem quanto ao momento de sua realização em relação ao processo legislativo ou administrativo em questão.

O plebiscito é uma consulta feita antes da criação de uma lei ou ato administrativo, servindo para colher a opinião da população sobre determinada matéria que ainda esteja em fase de discussão. Ele é utilizado, portanto, antes que o Congresso elabore um projeto de lei sobre o assunto em pauta. Um exemplo histórico de plebiscito no Brasil foi o de 1993, no qual a população escolheu entre república ou monarquia e presidencialismo ou parlamentarismo como forma e regime de governo do país.

Já o referendo ocorre após a elaboração e aprovação de um projeto de lei pelo Congresso Nacional ou de um ato administrativo já implementado, cabendo à população confirmar ou rejeitar a decisão tomada pelos representantes políticos. Um exemplo disso foi o referendo de 2005, em que os brasileiros votaram sobre a proibição da comercialização de armas de fogo e munições no país, uma alteração proposta no Estatuto do Desarmamento.

O referendo é uma consulta realizada após a edição do ato normativo, submetendo-o à aprovação popular para que tenha eficácia (NOVELINO, 2020).

O referendo, por sua vez, é a consulta posterior à população sobre ato normativo já editado (MORAES, 2019)[4].

19.5. CONDIÇÕES DE ELEGIBILIDADE

Conforme o artigo 12, §3º, da CF/88, são privativos de brasileiro nato os cargos de Presidente e Vice-Presidente da República, Presidente da Câmara dos Deputados, Presidente do Senado Federal, Ministro do Supremo Tribunal Federal, da carreira diplomática, oficial das Forças Armadas e Ministro de Estado da Defesa.

São requisitos básicos para que um cidadão possa ser eleito, incluindo nacionalidade brasileira, pleno exercício dos direitos políticos, alistamento eleitoral, domicílio eleitoral na circunscrição, filiação partidária e idade mínima variável conforme o cargo.

4 MORAES, Alexandre de. **Direito Constitucional**. 35. edição. São Paulo: Atlas, 2019.

Em relação à nacionalidade a Constituição Federal estabelece uma distinção entre brasileiros natos e naturalizados no tocante aos cargos privativos de brasileiro nato (art. 12, §3º). Apenas os brasileiros natos podem ocupar cargos como Presidente e Vice-Presidente da República, Ministro do STF, oficial das Forças Armadas, entre outros listados no referido dispositivo.

No Brasil, a Constituição Federal estabelece critérios específicos para aqueles que desejam concorrer a cargos eletivos, definindo idades mínimas variadas conforme a natureza e a importância do cargo dentro da estrutura política do país. Para os cargos de Presidente e Vice-Presidente da República, assim como para o Senado Federal, a idade mínima exigida é de 35 anos. Esta exigência reflete a responsabilidade e a complexidade dessas posições na condução das políticas nacionais e na representação do Estado brasileiro tanto interna quanto externamente. Da mesma forma, para se candidatar aos cargos de Governador e Vice-Governador dos Estados e do Distrito Federal, os interessados devem ter no mínimo 30 anos, indicando a relevância dessas funções na administração regional e na implementação de políticas públicas estaduais.

Por outro lado, as candidaturas para os cargos de Deputado Federal, Deputado Estadual ou Distrital, Prefeito e Vice-Prefeito são acessíveis a cidadãos que tenham pelo menos 21 anos de idade, reconhecendo a importância desses papéis no desenvolvimento legislativo e na gestão municipal. Notavelmente, o cargo de Vereador é o que possui a menor idade mínima requerida, sendo aberto a jovens de 18 anos. Isso destaca a intenção do sistema eleitoral de incentivar a participação política dos jovens e garantir que as câmaras municipais reflitam a diversidade e as necessidades de toda a população. Assim, a definição dessas idades mínimas busca equilibrar a necessidade de experiência e maturidade com a abertura para novas lideranças, garantindo que diferentes perspectivas e energias renovem constantemente o cenário político brasileiro.

Em regra, as condições de elegibilidade são verificadas no momento do registro da candidatura, com exceção da idade mínima que é verificada no momento da posse!!

Exceção da exceção (mudou ano passado) vereador deve ter idade mínima no momento do registro da candidatura (15 de agosto do ano eleitoral até "às" 19h).

A idade mínima para se candidatar é: 35 anos para Presidente e Vice-Presidente da República e Senador; 30 anos para Governador e Vice-Governador de Estado e do Distrito Federal; 21 anos para Deputado Federal, Deputado

Estadual ou Distrital, Prefeito e Vice-Prefeito; e 18 anos para Vereador (art. 14, §3º, da CF/88).

Em conclusão, a essência da democracia reside na sua capacidade de incorporar e refletir os valores de liberdade, igualdade e pluralismo, garantindo a todos os cidadãos o direito de participar de maneira significativa no processo político. A adesão a princípios fundamentais, como a soberania popular, o respeito pelos direitos humanos e a divisão de poderes, constitui a espinha dorsal que sustenta o tecido democrático, assegurando que o poder seja exercido de forma justa e equitativa. A vitalidade de uma democracia, portanto, depende não apenas das instituições e leis em vigor, mas também do comprometimento ativo de cada cidadão com esses princípios e valores, fortalecendo as bases para uma sociedade mais justa e inclusiva.

Além disso, a implementação de diferentes formas de democracia, seja direta, representativa ou participativa, destaca a flexibilidade e adaptabilidade desse regime político às diversas realidades sociais e culturais. Essa diversidade de modelos democráticos permite que os sistemas políticos se moldem às necessidades específicas de cada sociedade, promovendo a participação cidadã e a tomada de decisões de maneira que melhor reflita a vontade coletiva. A democracia, portanto, não é um conceito estático, mas um ideal em constante evolução, que se renova e se fortalece com a participação ativa e o engajamento dos cidadãos na vida pública.

Por fim, o desafio contínuo para as democracias em todo o mundo é assegurar que os princípios e valores que as fundamentam sejam respeitados e promovidos, não apenas em tempos de estabilidade, mas especialmente em momentos de crise. A resiliência democrática, portanto, é testada pela capacidade de manter esses ideais vivos e relevantes, assegurando que as futuras gerações herdem uma estrutura política que valorize a dignidade humana, a justiça social e a igualdade. A democracia, em sua essência, é um trabalho em progresso, um compromisso coletivo para construir uma sociedade em que todos possam viver livremente, expressar suas opiniões e contribuir para o bem comum.

REFERÊNCIAS BIBLIOGRÁFICAS

- BARROSO, Luís Roberto. **Curso de Direito Constitucional Contemporâneo**. 6. ed. São Paulo: Saraiva, 2019.

- BRASIL. CONSTITUIÇÃO DA REPÚBLICA FEDERATIVA DO BRASIL. Disponível em: https://www.planalto.gov.br/ccivil_03/constituicao/constituicao.htm.Acesso em: 13/02/2024.
- BRASIL. Supremo Tribunal Federal.
- BRASIL. Superior Tribunal de Justiça.
- BRASIL. Tribunal Superior Eleitoral. **Súmula nº 20**. Disponível em: https://www.tse.jus.br/legislacao/sumulas/sumulas-do-tse/sumulas-do-tse-texto/sumula-20 acesso em 10/03/2024.
- BRASIL. **Lei Complementar nº 64, de 18 de maio de 1990**. Estabelece, de acordo com o art. 14, § 9º da Constituição Federal, casos de inelegibilidade, prazos de cessação, e determina outras providências. Brasília, DF: Presidência da República, [1990]. Disponível em: http://www.planalto.gov.br/ccivil_03/leis/lcp/lcp64.htm acessado em 10/02/2024.
- BRASIL. Supremo Tribunal Federal. **Súmula vinculante nº 18**. Disponível em: https://portal.stf.jus.br/jurisprudencia/sumariosumulas.asp?base=26&sumula=1245 acesso em 07/02/2024.
- BRASIL. Tribunal Superior Eleitoral. **Agravo Regimental em Recurso Especial Eleitoral nº 38-92**. Relator: Ministro Henrique Neves. Julgado em 27/09/2018. Diário da Justiça Eletrônico, Brasília, DF, Disponível em: https://www.tse.jus.br/jurisprudencia/jurisprudencia-do-tse acessado em 10/01/2024.
- BUZANELLO, José Carlos. Constituição política em Hermann Heller. Artigo de revista. Senado Federal, 2023. Disponível em **https://consorciobdjur.stj.jus.br/vufind/Record/oai:bdjur.stj.jus.br.col_2011_8:oai:localhost:2011-176818.**
- DELGADO, Mauricio Godinho. **Curso de direito do trabalho**. 18. ed. São Paulo: LTr, 2019.
- DECRETO-LEI Nº 5.452/1943. Disponível em: https://www.planalto.gov.br/ccivil_03/decreto-lei/del5452.htm. Acesso em: 13/02/2024.
- DINIZ, Maria Helena. **Curso de Direito Civil Brasileiro**. São Paulo: Saraiva, 2018.
- FERNANDEZ, Aragonê Nunes. **Constitucional Sob Medida**. Brasília-DF: Ed do Autor, 2023.
- GARCIA, Gustavo Filipe Barbosa. **Curso de direito do trabalho**. 14. ed. Rio de Janeiro: Forense, 2021.

- **Informativo 860 do STF**. Disponível em: https://www.dizerodireito.com.br/2017/05/informativo-comentado-860-stf.html. Acesso em: 09/08/2024.
- **Lei 9.504/97**: Disponível em: https://www.planalto.gov.br/ccivil_03/leis/l9504.htm acesso em 15/02/2024.
- **LEI COMPLEMENTAR Nº 135/2010**: Disponível em: https://www.planalto.gov.br/ccivil_03/leis/lcp/lcp135.htm acesso em 15/02/2024.
- **LEI COMPLEMENTAR Nº 9096/1995**: Disponível em: https://www.planalto.gov.br/ccivil_03/leis/l9096.htm acesso em 15/02/2024.
- **LEI Nº 9.709/1998**: Disponível em: https://www.planalto.gov.br/ccivil_03/leis/l9709.htm acesso em 15/02/2024.
- **LEI Nº 13.954/2019**. Disponível em: https://www.planalto.gov.br/ccivil_03/_ato2019-2022/2019/lei/l13954.htm. Acesso em 19/02/2024.
- **LEI Nº 7.210/1984**. Disponível em: https://www.planalto.gov.br/ccivil_03/leis/l7210.htm. Acesso em 19/02/2024.
- **LEI Nº 7.783/1989**. Disponível em: https://www.planalto.gov.br/ccivil_03/leis/l7783.HTM Acesso em 13/02/2024.
- MARMELSTEIN, George. **Direitos Fundamentais e Estado Constitucional**. São Paulo: Revista dos Tribunais, 2016.
- MARTINS, Sergio Pinto. **Direito do Trabalho**. 36. ed. São Paulo: Saraiva, 2020.
- MELLO, Celso Antônio Bandeira de. **Curso de Direito Administrativo**. São Paulo: Malheiros Editores, 2019, p. 832
- MENDES, Gilmar Ferreira; BRANCO, Paulo Gustavo Gonet. **Curso de Direito Constitucional**. 13. ed. São Paulo: Saraiva, 2018.
- MORAES, Alexandre de. **Direito Constitucional**. 35. ed. São Paulo: Atlas, 2019.
- NOVELINO, Marcelo. **Curso de Direito Constitucional**. 15. ed. revista, atualizada e ampliada. Salvador: JusPodivm, 2020.
- SARLET, Ingo Wolfgang; MARINONI, Luiz Guilherme; MITIDIERO, Daniel. **Curso de Direito Constitucional**. 8. ed. São Paulo: Saraiva Educação, 2019.
- SILVA, José Afonso da. **Curso de direito constitucional positivo**. 42. ed. São Paulo, Malheiros, 2019.

20

DIREITO DA CIDADANIA: DIREITOS POLÍTICOS POSITIVOS E NEGATIVOS. PARTIDOS POLÍTICOS

Vagner Bertoli

O direito da cidadania está relacionado ao Estado-Nação, no qual os direitos civis, políticos, sociais e econômicos devem ser concretizados, conforme a Constituição Federal, em todo o território.

Aqui trataremos do direito da cidadania relacionado aos direitos políticos positivos e negativos, bem como dos partidos políticos.

20.1. DIREITOS POLÍTICOS

Os direitos políticos formam a base do regime democrático[1], previstos na Constituição Federal, e permitem aos cidadãos exercerem sua participação na democracia.

Os direitos políticos podem ser classificados em positivos ou negativos.

20.1.1. Direitos políticos positivos

Os direitos políticos normatizados permitem que o cidadão participe no processo político e nos órgãos governamentais.

1 Gilmar Mendes.

Essa participação ocorre no exercício da soberania durante as eleições, nas quais o indivíduo vota e pode ser votado.

A Constituição Federal positivou, em seu artigo 14, que a soberania popular será exercida pelo sufrágio universal e pelo voto direto e secreto, com valor igual para todos, e, nos termos da lei, mediante plebiscito, referendo e iniciativa popular.

Embora não previstos no artigo 14 da Constituição Federal, o ajuizamento de ação popular, a iniciativa popular de lei, a iniciativa para o *impeachment* e a organização e participação de partidos políticos também são considerados direitos políticos.

O plebiscito é um processo prévio pelo qual os cidadãos de um país ou região podem votar para expressar a sua opinião ou decidir sobre uma matéria relevante, seja constitucional, legislativa ou administrativa.

É de competência exclusiva do Congresso Nacional convocar o plebiscito, por decreto legislativo, conforme o disposto no artigo 49, inciso XV, da Constituição Federal.

Exemplo de plebiscito foi a convocação do eleitorado, por decreto legislativo, para definir sobre a mudança da forma (República ou Monarquia Constitucional) e o sistema de governo (parlamentarismo ou presidencialismo) que deveria vigorar no país.

O resultado foi que 10,26% dos eleitores escolheram a Monarquia, enquanto 66,28% preferiram a República. Na segunda questão, 55,41% eleitores optaram pelo sistema presidencialista de governo, e 24,79%, pelo parlamentarista.

O referendo é uma consulta posterior aos eleitores para que deliberem a respeito de uma matéria constitucional, legislativa ou administrativa.

Também é de competência exclusiva do Congresso Nacional convocar o referendo, por decreto legislativo, conforme o disposto no artigo 49, inciso XV, da Constituição Federal.

Exemplo de referendo foi a manifestação dos eleitores em relação à proibição e à comercialização de arma de fogo e munição em todo o território nacional, prevista no artigo 35 da Lei n. 10.826/2003, sendo que 63,94% dos eleitores que compareceram às urnas votaram não, permitindo assim o comércio de armas de fogo e munição no Brasil.

Em relação à possibilidade de o resultado do plebiscito ou do referendo ser modificado por lei ou Emenda Constitucional, Pedro Lenza assim se manifesta[2]:

> *Entendemos que tanto a lei como a EC seriam flagrantemente inconstitucionais. Isso porque, uma vez manifestada a vontade popular, esta passa a ser vinculante, não podendo ser desrespeitada. No caso, seus dispositivos seriam inconstitucionais por violarem o art. 14, I ou II, c/c o art. 1.º, parágrafo único, qual seja, o princípio da soberania popular.*
>
> *Assim sendo, parece-nos possível concluir que a democracia direta prevalece sobre a democracia representativa.*
>
> *A única maneira de modificar a vontade popular seria mediante uma nova consulta ao povo, a ser convocada ou autorizada por decreto legislativo do Congresso Nacional (art. 49, XV).*

A iniciativa popular está prevista no artigo 61, § 2º da Constituição Federal, e pode ser exercida pela apresentação à Câmara dos Deputados de projeto de lei subscrito por, no mínimo, 1% (um por cento) do eleitorado nacional, distribuído por, pelo menos, cinco Estados, com não menos de três décimos por cento dos eleitores de cada um deles.

Poderá constar na Lei Orgânica Municipal a iniciativa popular de projetos de lei de interesse específico do Município, da cidade ou de bairros, mediante manifestação de, pelo menos, 5% (cinco por cento) do eleitorado, conforme previsto no artigo 29, inciso XIII, da Constituição Federal.

A Lei n. 9.709/1998 regulamenta a execução do disposto nos incisos I, II e III do artigo 14 da Constituição Federal.

20.1.2. Direito ao sufrágio

O direito ao sufrágio consiste no direito de votar e ser votado, além de participar de plebiscitos, referendos e iniciativas populares, sendo o voto o instrumento desse direito. O escrutínio é a forma como se pratica o voto, o modo como o exercício se realiza.

---

2 LENZA, Pedro. **Direito Constitucional**. 27. ed. São Paulo: SaraivaJur, 2023, p. 1.367.

O voto é obrigatório para todos os brasileiros maiores de 18 anos, sendo facultativo para os analfabetos, os maiores de 70 anos e os maiores de 16 e menores de 18.

A Constituição Federal, em seu artigo 60, § 4º, inciso II, positiva como cláusula pétrea o voto direto, secreto, universal e periódico.

O nosso sistema constitucional adotou o sufrágio universal, que não impõe nenhuma restrição ou limitação ao exercício do direito de votar, a não ser a incapacidade civil ou a suspensão dos direitos políticos.

O sufrágio capacitário e censitário é denominado de sufrágio restrito. No sufrágio capacitário, os eleitores, ou seja, aqueles que têm a capacidade de votar, devem ter um certo nível de instrução, comprovado pela posse de um diploma acadêmico ou pelo exercício de determinadas profissões. Já no sufrágio censitário, só aquele que tiver uma boa condição financeira poderá votar. Tal sufrágio era previsto na Constituição Federal de 1934.

O voto será direto e secreto, com valor igual para todos, ou seja, um homem, um voto. É o meio pelo qual os eleitores selecionam, formalmente, os candidatos.

O voto direto é o método pelo qual o eleitor vota diretamente no candidato ao cargo a ser ocupado, sem intermediário. Atualmente, os representantes de todos os níveis dos poderes Legislativo e Executivo são eleitos pelo voto direto.

Existem duas exceções previstas na Constituição Federal, sendo a primeira no caso de vacância dos cargos de Presidente e Vice-Presidente da República nos dois últimos anos do mandato, quando a votação ocorrerá pelos membros do Congresso Nacional, conforme previsto no artigo 81, § 1º, da Constituição Federal. A segunda hipótese é a nomeação dos Governadores de Territórios pelo Presidente da República, após aprovação pelo Senado Federal, conforme previsto no artigo 84, inciso XIV, da Constituição Federal.

Ele é secreto porque não pode ser conhecido por terceiros seu conteúdo, mantendo-se em sigilo absoluto.

O voto é universal porque não impõe ao cidadão, para o exercício do direito de votar, nenhuma restrição ou limitação, a não ser a incapacidade civil ou a suspensão dos direitos políticos.

O voto é periódico porque está relacionado à periodicidade dos mandatos, que têm tempo limitado pela própria Constituição Federal.

Ele é livre, podendo o cidadão votar em quem ele bem entender, ou votar em branco. O cidadão é obrigado a votar, mas não em quem ou como votar.

O voto é personalíssimo, ou seja, só cabe ao cidadão o direito de votar, não podendo constituir procurador para votar por ele.

20.1.3. Capacidade eleitoral ativa - alistabilidade

A capacidade eleitoral ativa consiste na participação na democracia, por meio do voto, para a escolha de seus representantes.

Para adquirir o direito de votar, é necessário o alistamento, primeira fase do processo eleitoral[3]:

> *É um procedimento administrativo cartorário e compreende dois atos inconfundíveis: a qualificação e a inscrição do eleitor. A qualificação é a prova de que o cidadão satisfaz as exigências legais para exercer o direito de voto, enquanto a inscrição faz com que o mesmo passe a integrar o Cadastro Nacional de Eleitores da Justiça Eleitoral. O ato de alistamento é feito por meio de processamento eletrônico e se perfaz pelo preenchimento do requerimento de alistamento eleitoral (RAE), na forma da resolução do TSE e da legislação eleitoral. É a forma pela qual o cidadão adquire seus direitos políticos, tornando-se titular de direito político ativo (capacidade para votar) e possibilitando sua elegibilidade e filiação partidária, após a expedição do respectivo título eleitoral.*

O alistamento e o voto são obrigatórios para os maiores de 18 anos, sendo facultativos para os analfabetos, os maiores de 70 anos e os maiores de 16 e menores de 18 anos. Os jovens a partir de 15 anos completos poderão fazer o alistamento eleitoral, mas somente poderão votar se já tiverem completado 16 anos na data do primeiro turno.

O eleitor com deficiência também será obrigado a votar, no entanto, o eleitor que apresentar deficiências que tornem impossível ou excessivamente oneroso cumprir suas obrigações eleitorais poderá solicitar ao juiz eleitoral a

3 BRASIL. Tribunal Superior Eleitoral. **Glossário Eleitoral**. Disponível em: https://www.tse.jus.br/servicos-eleitorais/glossario/termos-iniciados-com-a-letra-a. Acesso em: 12 fev. 2024.

emissão de um certificado de quitação eleitoral com prazo de validade indeterminado.

Para o exercício do direito do voto, não é necessário apresentar o título de eleitor, mas é obrigatória a apresentação de um documento oficial com foto.

O artigo 14, § 2º, da Constituição Federal dispõe que não podem alistar-se como eleitores os estrangeiros e, durante o período do serviço militar obrigatório, os conscritos.

A Lei n. 9.504/97, que estabelece as normas para eleições, determinava em seu artigo 59-A que, no processo de votação eletrônica, a urna imprimiria o registro de cada voto, que seria depositado, de forma automática e sem contato manual do eleitor, em local previamente lacrado, e que o processo de votação não seria concluído até que o eleitor confirmasse a correspondência entre o teor de seu voto e o registro impresso e exibido pela urna eletrônica.

Esse artigo de lei foi vetado pela Presidente Dilma por falta de previsão orçamentária, tendo o Congresso Nacional derrubado o veto, mas o Supremo Tribunal Federal declarou esse artigo inconstitucional por meio da ADI n. 5.889.

20.1.4. Condições de elegibilidade (capacidade eleitoral passiva)

A Constituição Federal, em seu artigo 14, § 3º, trata das condições de elegibilidade.

A primeira é a nacionalidade brasileira. Apenas o brasileiro nato ou naturalizado e o português equiparado que foi alistado possuem a capacidade eleitoral passiva.

A Constituição Federal, em seu artigo 12, § 3º, dispôs que, para ser eleito Presidente ou Vice-Presidente da República, Presidente da Câmara dos Deputados ou Presidente do Senado Federal, é preciso ser brasileiro nato.

O pleno exercício dos direitos políticos é outra condição, ou seja, o indivíduo não pode estar com os direitos políticos suspensos ou ter perdido tais direitos.

Outra condição é estar com o alistamento eleitoral em dia, que deverá ser demonstrado com a certidão da justiça eleitoral.

O domicílio eleitoral na circunscrição é outra condição de elegibilidade, que é o lugar da residência ou moradia do requerente à inscrição eleitoral (artigo 42, parágrafo único, do Código Eleitoral) ou, segundo a jurisprudência do TSE, o lugar onde o interessado tem vínculos (políticos, sociais, patrimoniais, negócios).

A filiação partidária é uma obrigatoriedade, pois ninguém pode concorrer sem estar filiado a um partido político. A filiação partidária e seus prazos estão previstos em lei ordinária.

Outra condição de elegibilidade é a idade mínima, de 35 anos para Presidente e Vice-Presidente da República e Senador, de 30 anos para Governador e Vice-Governador de Estado e do Distrito Federal, 21 anos para Deputado Federal, Deputado Estadual ou Distrital, Prefeito, Vice-Prefeito e juiz de paz e 18 anos para Vereador, idade essa que deverá ser verificada na data da posse.

20.2. DIREITOS POLÍTICOS NEGATIVOS

O direito político negativo consiste em impedir, limitar ou suspender os direitos de participação no processo eleitoral, seja como eleitor, seja como candidato. Sendo assim, são considerados direitos políticos negativos as regras que impedem o alistamento eleitoral e o voto, bem como as que impedem, temporária ou definitivamente, que as pessoas possam votar e ser votadas para determinados cargos ou para qualquer outro cargo.

Os direitos políticos negativos dividem-se em inelegibilidade e normas sobre perda e suspensão dos direitos políticos.

20.2.1. Inelegibilidades

As inelegibilidades são as circunstâncias (constitucionais ou previstas em lei complementar) que impedem o cidadão do exercício total ou parcial da capacidade eleitoral passiva, ou seja, da capacidade de se eleger.

A Constituição Federal prevê, em seu artigo 14, § 9º, que lei complementar estabelecerá outros casos de inelegibilidade e os prazos de sua cessação, a fim de proteger a probidade administrativa, a moralidade para exercício de mandato, considerada a vida pregressa do candidato, e a normalidade e legitimidade das eleições contra a influência do poder econômico ou o abuso do exercício de função, cargo ou emprego na administração direta ou indireta.

Em relação às inelegibilidades, a Constituição Federal trata delas no artigo 14, §§ 4º a 8º, sendo que outros casos podem ser estabelecidos em lei complementar.

As inelegibilidades podem ser absolutas, como aquelas em que o impedimento existe para qualquer cargo eletivo, ou relativas para algum cargo eletivo, conforme a situação do candidato.

Inelegibilidade absoluta

Nesse caso, o cidadão estará impedido de concorrer a qualquer cargo eletivo. Essas situações são previstas na Constituição Federal e abrangem os inalistáveis, os estrangeiros, os conscritos e os analfabetos (artigo 14, § 4º, da CF).

Para fins de registro de candidatura, o analfabeto é aquele que, ao solicitar o registro de candidatura, não junta o seu comprovante de escolaridade. Ele deverá passar por um teste de alfabetização e, caso não aprovado, será considerado inelegível, de acordo com o artigo 14, § 4º, da Constituição Federal de 1988.

O Tribunal Superior Eleitoral, por meio da Súmula 55, entendeu que a Carteira Nacional de Habilitação gera a presunção da escolaridade necessária ao deferimento do registro de candidatura, e a Súmula 15 entendeu que o exercício de mandato eletivo não é circunstância capaz, por si só, de comprovar a condição de alfabetizado do candidato.

Os analfabetos podem votar, mas não podem ser votados.

Inelegibilidade relativa

Nesse caso, estará o cidadão impedido de se eleger para determinados cargos, conforme previsão constitucional, podendo ser em razão da função, casamento, afinidade, parentesco, militar e outras situações previstas em lei complementar (artigo 14, § 9º, da CF).

Inelegibilidade relativa por motivos funcionais

Para o mesmo cargo, conforme previsto no artigo 14, § 5º, da CF.

No caso do Presidente da República, dos Governadores de Estado e do Distrito Federal, dos Prefeitos e de quem os houver sucedido, ou substituído no curso dos mandatos, eles poderão ser reeleitos para um único período subsequente.

O que vemos aqui é a proibição de candidatura para os cargos elencados acima mais de duas vezes, ou seja, é permitida a reeleição tão somente, nada impedindo que, após oito anos de mandato, ele fique fora por quatro anos e volte a se candidatar.

É importante ressaltar que, para não haver fraudes, o Chefe do Executivo não poderá renunciar seis meses antes e se candidatar novamente para o cargo, bem como se proíbe àquele que foi o Chefe do Executivo por dois mandatos que saia candidato a vice.

O STF decidiu no RE 366.488, tendo como Relator o Ministro Carlos Veloso, que o Vice-Governador eleito duas vezes para o cargo de Vice-Governador, tendo no segundo mandato de vice sucedido o titular, poderá reeleger-se ao cargo de Governador, porque o exercício da titularidade do cargo dá-se mediante eleição ou por sucessão. Somente quando sucedeu o titular é que passou a exercer o seu primeiro mandato como titular do cargo.

No caso da reeleição, não é necessária a desincompatibilização, sendo que, para concorrerem a outros cargos, o Presidente da República, os Governadores de Estado e do Distrito Federal e os Prefeitos devem renunciar aos respectivos mandatos até seis meses antes do pleito (artigo 14, § 6º, da CF).

O artigo 14, § 7º, destaca que são inelegíveis, no território de jurisdição do titular, o cônjuge e os parentes consanguíneos ou afins, até o segundo grau ou por adoção, do Presidente da República, de Governador de Estado ou Território, do Distrito Federal, de Prefeito ou de quem os haja substituído dentro dos seis meses anteriores ao pleito, salvo se já titular de mandato eletivo e candidato à reeleição.

O legislador usa de forma equivocada o termo "jurisdição", sendo o correto "circunscrição", para tratar da inelegibilidade reflexa, evitando assim a perpetuidade do poder por uma família. Ressalte-se que não há impedimento de candidatura em circunscrição diversa da do titular, do cônjuge e dos parentes consanguíneos ou afins.

De acordo com a Súmula Vinculante n. 18 do STF, a dissolução da sociedade ou do vínculo conjugal, no curso do mandato, não afasta a inelegibilidade prevista no § 7º do artigo 14 da CF, tendo o STF decidido que a Súmula não se aplica quando a dissolução da sociedade ou do vínculo conjugal se deu em razão de morte.

O STF decidiu que a dissolução da sociedade ou do vínculo conjugal, no curso do mandato, não afasta a inelegibilidade prevista no § 7º do artigo 14 da Constituição Federal.

O militar que seja alistável é elegível, nos moldes do artigo 14, § 8º, da CF. Caso conte com menos de dez anos de serviço, deverá afastar-se da atividade e, se contar mais de dez anos de serviço, será agregado pela autoridade superior e, se eleito, passará automaticamente, no ato da diplomação, para a inatividade.

Os militares das Forças Armadas, enquanto em serviço ativo, não podem estar filiados a partidos políticos, nos moldes do artigo 142, § 3º, inciso V, da CF, sendo que o registro da candidatura apresentada pelo partido e autorizada pelo candidato supre sua filiação prévia.

Além dos casos previstos na Constituição Federal, somente lei complementar poderá estabelecer outros casos de inelegibilidade e os prazos de sua cessação, a fim de proteger a probidade administrativa, a moralidade para exercício de mandato, considerada a vida pregressa do candidato, e a normalidade e legitimidade das eleições contra a influência do poder econômico ou o abuso do exercício de função, cargo ou emprego na administração direta ou indireta (artigo 14, § 9º, da CF).

Dentre as leis complementares que tratam da inelegibilidade, temos a LC n. 64/90, que estabelece, de acordo com o artigo 14, § 9º, da Constituição Federal, casos de inelegibilidade, prazos de cessação, e determina outras providências, e a LC n. 135/2010, conhecida como a "Lei da Ficha Limpa".

20.3. PRIVAÇÃO DOS DIREITOS POLÍTICOS (PERDA E SUSPENSÃO)

A Constituição Federal, em seu artigo 15, disciplina que é vedada a cassação de direitos políticos, ressaltando que a perda ou suspensão só se dará nos casos de cancelamento da naturalização por sentença transitada em julgado, incapacidade civil absoluta, condenação criminal transitada em julgado, enquanto durarem seus efeitos, recusa de cumprir obrigação a todos imposta ou prestação alternativa, nos termos do artigo 5º, VIII, e nos casos de improbidade administrativa, nos termos do artigo 37, § 4º. O cancelamento da naturalização por sentença transitada em julgado se dará em virtude de fraude relacionada ao processo de naturalização ou de atentado contra a ordem constitucional e o Estado Democrático.

Em relação ao tema, Alexandre de Moraes[4] assim ensina:

> *A privação dos direitos políticos, seja nas hipóteses de perda seja nas de suspensão, engloba a perda do mandato eletivo, determinando, portanto, imediata cessação de seu exercício. Note-se que, no caso de tratar-se de parlamentares federais, a própria Constituição Federal regulamenta o mecanismo da perda do mandato,*

4 MORAES, Alexandre de. **Direito constitucional**. 39. ed. Barueri-SP: Atlas, 2023, p. 253.

afirmando em seu art. 55, § 3º, que perderá o mandato o Deputado ou Senador que perder ou tiver suspensos os direitos políticos, por declaração da Mesa da Casa respectiva, de ofício ou mediante provocação de qualquer de seus membros, ou de partido político representado no Congresso Nacional, assegurada a ampla defesa. Essa previsão somente não é aplicável na hipótese de suspensão dos direitos políticos por condenação criminal em sentença transitada em julgado, enquanto durarem seus efeitos, como será analisado no item 9.2.2. Aquele que estiver com sua inscrição cancelada, por ter perdido seus direitos políticos, ou suspensa, por estar com seus direitos políticos suspensos, cessado o motivo ensejador da privação, poderá regularizar sua situação junto à Justiça Eleitoral.

20.3.1. Perda

São duas as hipóteses de perda definitiva dos direitos políticos previstas na Constituição Federal: cancelamento da naturalização por sentença transitada em julgado e recusa de cumprir obrigação a todos imposta ou prestação alternativa, nos termos do artigo 5º, VIII.

Perda da nacionalidade do brasileiro que tiver cancelada sua naturalização, por sentença judicial, em virtude de fraude relacionada ao processo de naturalização ou de atentado contra a ordem constitucional e o Estado Democrático (artigo 14, § 4º, I)

A EC n. 131/2023 deu nova redação para o artigo 12, § 4, inciso I, da CF, colocando como possibilidade de cancelamento da naturalização a fraude relacionada ao processo de naturalização ou de atentado contra a ordem constitucional e o Estado Democrático.

A nova redação do artigo 12, § 4º, inciso II, estabelece que aquele que fizer pedido expresso de perda da nacionalidade brasileira perante autoridade brasileira competente, ressalvadas situações que acarretem apatridia, também perderá seus direitos políticos.

Recusa de cumprir obrigação a todos imposta ou prestação alternativa, nos termos do artigo 5º, VIII

Dispõe o artigo 5º, inciso VIII, da Constituição Federal que ninguém será privado de direitos por motivo de crença religiosa ou de convicção filosófica ou política, salvo se as invocar para se eximir de obrigação legal a todos imposta e se recusar a cumprir prestação alternativa, fixada em lei.

A Lei n. 8239, de 4 de outubro de 1991, regulamenta o artigo 143, §§ 1° e 2° da Constituição Federal, que dispõe sobre a prestação de Serviço Alternativo ao Serviço Militar Obrigatório, lei essa regulamentada pela Portaria n. 2.681 - COSEMI, de 28 de julho de 1992.

20.4. SUSPENSÃO

A suspensão ocorrerá nos casos de incapacidade civil absoluta, condenação criminal com trânsito em julgado, enquanto durarem seus efeitos, e improbidade administrativa (artigo 15, incisos II, III e V da CF).

20.4.1. Incapacidade civil absoluta

O Artigo 3° do Código Civil dispõe que são absolutamente incapazes de exercer pessoalmente os atos da vida civil os menores de 16 anos. Com a decretação da interdição, um dos efeitos secundários da sentença judicial será a suspensão dos direitos políticos por incapacidade.

20.4.2. Condenação criminal com trânsito em julgado, enquanto durarem seus efeitos

Os direitos políticos serão suspensos com a condenação criminal com trânsito em julgado enquanto durarem seus efeitos

A Súmula 9 do TSE dispõe que "A suspensão de direitos políticos decorrente de condenação criminal transitada em julgado cessa com o cumprimento ou a extinção da pena, independendo de reabilitação ou de prova de reparação dos danos."

Não devemos confundir a suspensão dos direitos políticos aqui tratada com a inelegibilidade com fundamento no artigo 1°, inciso I, letra "e", da Lei Complementar n. 64/90.

20.4.3. Improbidade administrativa

A improbidade administrativa poderá resultar em suspensão de direitos políticos (CF, artigo 37, § 4°), conforme dispõe a Lei n. 8.249/92.

A lei de improbidade administrativa possibilita a aplicação da suspensão de direitos políticos pelo prazo de oito a dez anos, após o trânsito em julgado da decisão condenatória.

20.4.4. Reaquisição dos direitos políticos

No caso de cancelamento da naturalização com sentença transitada em julgada, os direitos políticos poderão ser readquiridos com a ação rescisória.

Na situação em que fizer pedido expresso de perda da nacionalidade brasileira perante autoridade brasileira competente, com a consequente perda dos direitos políticos (artigo 14, § 4º, inciso II), eles serão retomados na forma definida pelo órgão competente do Poder Executivo, conforme o disposto no artigo 76 da Lei n. 13.445/17 - Lei de Migração.

20.5. PARTIDOS POLÍTICOS

A Constituição Federal, em seu artigo 17, dispõe que é livre a criação, fusão, incorporação e extinção de partidos políticos, resguardados a soberania nacional, o regime democrático, o pluripartidarismo e os direitos fundamentais da pessoa humana, e observados os preceitos de caráter nacional, a proibição de recebimento de recursos financeiros de entidade ou governo estrangeiros ou de subordinação a estes, a prestação de contas à Justiça Eleitoral e o funcionamento parlamentar de acordo com a lei.

A Lei n. 9.096, de 19 de setembro de 1995, regulamenta os partidos políticos, estabelecendo inicialmente que o partido político, pessoa jurídica de direito privado, destina-se a assegurar, no interesse do regime democrático, a autenticidade do sistema representativo e a defender os direitos fundamentais definidos na Constituição Federal.

É importante ressaltar que o partido político, após adquirir personalidade jurídica na forma da lei civil, deve registrar seu estatuto no TSE para poder participar do processo eleitoral, receber recursos do Fundo Partidário e ter acesso gratuito ao rádio e à televisão, além de assegurar a exclusividade da sua denominação, sigla e símbolos, vedada a utilização, por outros partidos, de variações que venham a induzir a erro ou confusão nos termos da Lei n. 9.096/1995.

A lei que alterar o processo eleitoral entrará em vigor na data de sua publicação, não se aplicando à eleição que ocorra até um ano da data de sua vigência. Como vemos, está consagrado o princípio da anualidade no artigo 16 da Constituição Federal.

O direito a recursos do fundo partidário e o acesso gratuito ao rádio e à televisão, na forma da lei, são exclusivos dos partidos políticos que alternativamente obtiverem, nas eleições para a Câmara dos Deputados, no mínimo, 3% (três por cento) dos votos válidos, distribuídos em pelo menos um terço das unidades da federação, com um mínimo de 2% (dois por cento) dos votos válidos em cada uma delas, ou tiverem elegido pelo menos 15 Deputados Federais distribuídos em pelo menos um terço das unidades da federação, conforme artigo 17, § 3º, da Constituição Federal.

O artigo 17, § 5º, da Constituição Federal dispõe que ao eleito por partido que não preencher os requisitos previstos no § 3º do artigo 17 é assegurado o mandato e facultada a filiação, sem perda do mandato, a outro partido que os tenha atingido, não sendo essa filiação considerada para fins de distribuição dos recursos do fundo partidário e de acesso gratuito ao tempo de rádio e de televisão.

A EC 111/2021 inclui o § 6º no artigo 17 da Constituição Federal, estabelecendo que os Deputados Federais, os Deputados Estaduais, os Deputados Distritais e os Vereadores que se desligarem do partido pelo qual tenham sido eleitos perderão o mandato, salvo nos casos de anuência do partido ou de outras hipóteses de justa causa estabelecidas em lei, não computada, em qualquer caso, a migração de partido para fins de distribuição de recursos do fundo partidário ou de outros fundos públicos e de acesso gratuito ao rádio e à televisão.

A EC 117/2022 constitucionalizou, por meio do § 7º do artigo 17, o que já estava previsto na Lei n. 9.096/95, ou seja, que os partidos políticos devem aplicar no mínimo 5% (cinco por cento) dos recursos do fundo partidário na criação e na manutenção de programas de promoção e difusão da participação política das mulheres, de acordo com os interesses intrapartidários.

A emenda constitucional acima determinou que o montante do Fundo Especial de Financiamento de Campanha e da parcela do fundo partidário destinada a campanhas eleitorais, bem como o tempo de propaganda gratuita no rádio e na televisão a ser distribuído pelos partidos às respectivas candidatas, deverá ser de no mínimo 30% (trinta por cento), proporcional ao número de candidatas, e a distribuição deverá ser realizada conforme critérios definidos pelos respectivos órgãos de direção e pelas normas estatutárias, considerados a autonomia e o interesse partidário.

20.6. ORGANIZAÇÃO DO ESTADO

A organização do Estado brasileiro reflete uma história complexa e diversificada, moldada por uma série de influências históricas, políticas, sociais e econômicas, tendo a Constituição Federal de 1988 estabelecido a descentralização do poder por meio das entidades territoriais, ou seja, União, Estados-membros, Município e Distrito Federal, que formam a federação.

O Estado possui três elementos constitutivos, povo, território e soberania.

O povo está relacionado ao Estado por um vínculo jurídico-político, diferentemente da população, que, além dos nacionais, abrange os estrangeiros no território de um Estado, sendo que a nação está relacionada com os laços históricos, culturais e linguísticos, independentemente de estar no mesmo território.

Território é o espaço delimitado por terra, ar e mar, onde um Estado exerce sua soberania, ou seja, a supremacia do seu poder.

20.6.1. Da organização político-administrativa

A Constituição Federal, em seu artigo 18, disciplinou que a organização político-administrativa da República Federativa do Brasil compreende a União, os Estados, o Distrito Federal e os Municípios, todos autônomos, nos termos da Constituição.

A disposição do artigo 18 acima vem referendar o disposto no artigo 1º, que enuncia que a República Federativa do Brasil, formada pela união indissolúvel dos Estados e Municípios e do Distrito Federal, constitui-se em Estado Democrático de Direito e tem como fundamentos a soberania, a cidadania, a dignidade da pessoa humana, os valores sociais do trabalho e da livre iniciativa e o pluralismo político.

Estabeleceu-se no § 1º do artigo 18 da Constituição Federal que Brasília é a Capital Federal, não podendo ser confundida com o Distrito Federal, pois Brasília está inserida no Distrito Federal como ente federativo.

José Afonso da Silva[5] assim define Brasília:

> *Brasília, assim, assume uma posição jurídica específica no conceito brasileiro de cidade. Brasília é civitas civitatum, na medida em que é cidade-centro, polo irradiante, de onde partem, aos governados, as decisões mais graves, e onde acontecem os fatos decisivos para os destinos do País. Mas não se encaixa no conceito geral de cidades, porque não é sede de Município. E civitas e polis, enquanto modo de habitar de sede do Governo Federal. Não era forma de participar, porque seu povo não dispunha do direito de eleger seus governantes nem seus representantes na Câmara dos Deputados e no Senado Federal, mas agora se integra na cidadania com a autonomia do Distrito Federal (art. 32). Brasília tem como função servir de Capital da União, Capital Federal e, pois, Capital da República Federativa do Brasil, e também sede do governo do Distrito Federal, conforme dispõe o art. 6º da respectiva Lei Orgânica.*

Em relação aos territórios, eles integram a União, e sua criação, transformação em Estado ou reintegração ao Estado de origem serão reguladas em lei complementar. É importante ressaltar que não temos território atualmente no Brasil.

Os Estados podem incorporar-se entre si, subdividir-se ou desmembrar-se para se anexar a outros, ou formar novos Estados ou Territórios Federais, mediante aprovação da população diretamente interessada, por plebiscito, e do Congresso Nacional, por lei complementar (artigo 18, § 3º, da CF).

A Constituição Federal prevê três possibilidades de mudança geopolítica de um Estado, ou seja, incorporação, subdivisão e desmembramento.

No caso da incorporação, são dois entes federativos que vão se juntar para a formação de um novo, sendo necessária a consulta plebiscitária dos dois entes federativos que pretendem se incorporar.

Na subdivisão, teremos um novo ente federativo, pois, após o plebiscito do Estado, parte dele formará um novo Estado.

O desmembramento ocorrerá com parte do espaço geográfico de um Estado, com a formação de um novo ente federativo. Nesse caso, o Estado originário permanece existindo, somente em menor proporção. Não podemos confundir com a subdivisão, pois aqui teremos a criação de dois entes federativos novos.

5 Silva, José Afonso da. **Curso de direito constitucional positivo**. 39. ed., rev. e atual. São Paulo: Malheiros, 2016, p. 473.

No processo de formação dos Estados, é necessário plebiscito, propositura de lei complementar, audiência das Assembleias Legislativas e aprovação pelo Congresso Nacional.

A primeira fase é a consulta à população diretamente interessada. Caso um dos entes federativos não aprove, o processo de formação do novo ente federativo não prosseguirá.

A Lei n. 9.709/98 determina que, caso favorável o plebiscito, será proposto um projeto de lei na Câmara dos Deputados ou Senado Federal.

Após essa fase, será feita uma consulta às Assembleias Legislativas dos entes federativos, sendo que sua decisão não será vinculativa.

Vencidas todas as fases anteriores, será necessária uma proposta de lei complementar no Congresso Nacional para finalizar o processo e, caso aprovada, será submetida ao Presidente da República, que poderá sancionar ou não o projeto de lei.

A criação, a incorporação, a fusão e o desmembramento de Municípios far-se-ão por lei estadual, dentro do período determinado por lei complementar federal, e dependerão de consulta prévia, mediante plebiscito, às populações dos Municípios envolvidos, após divulgação dos Estudos de Viabilidade Municipal, apresentados e publicados na forma da lei (artigo 18, § 4º, da CF).

É possível, no caso dos Municípios, as hipóteses de criação, incorporação, fusão e desmembramento, sendo necessários quatro requisitos para que isso ocorra.

É necessária uma lei complementar disciplinando o período em que poderão ocorrer tais transformações. Em seguida, há necessidade de uma lei demonstrando a viabilidade para os entes federativos envolvidos, depois o plebiscito entre a população dos Municípios. Somente após vencidas todas essas etapas é que será concretizado, por meio de uma lei estadual, o que foi decidido.

O artigo 19 da Constituição Federal expressamente veda aos Estados, ao Distrito Federal e aos Municípios estabelecer cultos religiosos ou igrejas, subvencioná-los, embaraçar-lhes o funcionamento ou manter com eles ou seus representantes relações de dependência ou aliança, ressalvada, na forma da lei, a colaboração de interesse público, bem como recusar fé aos documentos públicos e criar distinções entre brasileiros ou preferências entre eles.

Como sabemos, o Brasil é um país leigo, laico e não confessional, não adotando nenhuma religião oficial.

Em relação ao artigo 19, inciso I, da Constituição Federal, estabelecer cultos religiosos ou igrejas, subvencioná-los, embaraçar-lhes o funcionamento ou manter com eles ou seus representantes relações de dependência ou aliança, ressalvada, na forma da lei, a colaboração de interesse público, assim se manifesta Pedro Lenza[6]:

> *[...] atenuando o sentido de Estado laico: a) previsão da expressão "Deus" no preâmbulo; b) inviolabilidade da liberdade de consciência e de crença, sendo assegurado o livre exercício dos cultos religiosos e garantida, na forma da lei, a proteção aos locais de culto e a suas liturgias (art. 5.º, VI); c) colaboração de interesse público, na forma deste dispositivo em análise (art. 19, I); d) escusa de consciência por motivo de crença religiosa (arts. 5.º, VIII, e 143, § 1.º); e) imunidade religiosa (art. 150, VI, "a"); f) possibilidade de destinação de recursos públicos para escolas confessionais, na forma do descrito no art. 213; g) reconhecimento aos índios, dentre outros, de seus costumes, crenças e tradições (art. 231).*

No tocante ao ensino religioso nas escolas públicas de ensino fundamental, que constituirá disciplina dos horários normais, o STF, por 6 x 5, estabeleceu a possibilidade de se ter natureza confessional, na medida em que a sua matrícula é facultativa, nos termos do art. 210, § 1.º, da CF/88, e, também, diante deste reconhecimento de separação atenuada entre Estado e igreja (ADI 4.439, j. 27.09.2017, DJE de 25.06.2018 — cf. item 14.10.6.2).

O inciso II do artigo 19 da Constituição Federal, recusar fé aos documentos públicos, significa que não se pode recusar documento público por falta de fé, ou seja, deve-se reconhecer a segurança e a confiabilidade dos documentos públicos.

> *Não se pode, pois, na dicção constitucional, recusar fé, isto é, duvidar da idoneidade dos instrumentos oficiais emanados das entidades públicas (não só à prova formal que fazem tais documentos, naquilo que concernem, mas também respeitando à prova material) – o que não exclui, naturalmente, a verificação sumária de requisitos essenciais, espécie de juízo deliberatório apto a afastar fraudes ou outros vícios graves, vale dizer que é razoável a conferência dos elementos extrínsecos e intrínsecos de existência e validade do ato questionado (inclusive a competência de quem*

6 LENZA, Pedro. **Direito Constitucional**. 27. ed. São Paulo: SaraivaJur, 2023, p. 640.

> *o emite), certo que sendo ônus de quem duvida do documento fundamentar e comprovar a eventual recusa. O telos da norma, retenha-se, é garantir que os documentos expedidos por pessoa jurídica de direito público interno tenham validade e eficácia para órgãos públicos que venham a examiná-los*[7].

Dispõe o artigo 19, inciso III, que é vedado à União, aos Estados, ao Distrito Federal e aos Municípios criar distinções entre brasileiros ou preferências entre eles.

José Afonso da Silva[8] assim explica o inciso acima:

> *A vedação de criar distinções entre brasileiros coliga-se com o princípio da igualdade. Significa que um Estado não pode criar vantagem a favor de seus filhos em detrimento de originários de outros, como não poderá prejudicar filhos de qualquer Estado em relação a filhas de outros, nem filhos de um Município em relação a filhos de outros. A União não poderá beneficiar nem prejudicar filhos de uns Estados ou Municípios ou do Distrito Federal mais do que filhos de outros. Tampouco os Municípios poderão fazê-lo. O ato discriminativo será nulo e a autoridade responsável por ele poderá incidir no crime previsto no art. 5º, XLI.*
>
> *A paridade federativa encontra apoio na vedação de criar preferências entre um Estado federado e outro ou outros, ou entre os Municípios de um Estado e os de outro ou do mesmo Estado, ou entre Estado e Distrito Federal.*

Como vemos, essas são as vedações constitucionais de natureza federativa à União, aos Estados, ao Distrito Federal e aos Municípios.

20.6.2. Federação brasileira

A federação brasileira baseou-se na federação americana, onde os Estados, para se protegerem da metrópole inglesa, criaram a Confederação dos

7 WEINGARTNER NETO, Jayme. Comentário ao art. 19, II. In: CANOTILHO, J. J. Gomes; MENDES, Gilmar F.; SARLET, Ingo W.: STRECK, Lênio L. (Coords.). 3. ed., rev. e atual. **Comentários à Constituição do Brasil**. São Paulo: Saraiva/Almedina, 2013, p. 738.

8 SILVA, José Afonso. Curso de Direito Constitucional Positivo. 30. ed. São Paulo: Malheiros, 2007.

Estados Americanos, permitindo que a qualquer tempo o Estado confederado se retirasse da confederação, ou seja, o direito de secessão.

Como a confederação permitia o direito de secessão, os Estados americanos cederam parte de sua soberania e formaram os Estados Unidos da América, sendo que, embora tivessem repassado parte de sua soberania, permaneciam autônomos.

Aqui temos a primeira diferença com a federação brasileira, pois, na federação americana, ocorreu o movimento centrípeto, com os Estados independentes abrindo mão de parte de sua soberania para formar a federação americana, enquanto, na federação brasileira, foi um Estado Unitário que foi descentralizado, criando vários Estados, ocorrendo o movimento inverso, ou seja, centrífugo.

Temos diversos tipos de federalismo. Vejamos:

Quanto ao surgimento, temos o federalismo por agregação, em que os Estados independentes abrem mão de parte de sua soberania para formar um Estado federativo, como a federação americana, que surgiu por meio de um movimento centrípeto, e o federalismo por segregação, em que, por meio de um movimento centrífugo, um Estado Unitário é descentralizado, formando outros Estados.

Quanto à concentração de poder, teremos o federalismo centrípeto, com a concentração de poder em um ente federativo, como a União no caso do Brasil; o federalismo centrífugo, em que não há a concentração de poder na esfera federal; e o federalismo de equilíbrio, em que, como o próprio nome propõe, o poder é equilibrado entre os entes federativos.

Quanto à repartição de competências, temos o federalismo dual, em que os entes federativos estão no mesmo patamar, sem uma hierarquia entre eles; o federalismo por integração, em que há hierarquia entre os entes federativos, com a União ditando as diretrizes para os demais membros da federação; e o federalismo cooperativo, em que temos a junção das duas repartições de competências, dual e por integração.

Temos ainda o federalismo quanto à distribuição de competências. No federalismo simétrico ou homogêneo, a distribuição de competências entre os entes da mesma esfera é homogênea, enquanto, no federalismo assimétrico ou heterogêneo, há tratamento diferente entre entes federativos do mesmo grau.

Quanto às características dominantes, no federalismo simétrico, há uma simetria entre as federações de outros países, enquanto, no federalismo assimétrico, não há essa regularidade.

As características essenciais da federação consistem na descentralização político-administrativa fixada pela Constituição, na participação das vontades parciais na vontade geral e na auto-organização dos Estados-membros.

Para a manutenção de tais características, é necessário rigidez constitucional, imutabilidade da forma federativa e controle de constitucionalidade.

É importante ressaltar que os entes federativos possuem autonomia, ou seja, autogoverno, auto-organização, autoadministração e autolegislação, não se confundindo com soberania, que é o poder que o Estado tem de estabelecer a sua competência, transmiti-la a órgãos de menor nível de competência e exercer a sua capacidade de coerção, sem abdicar de qualquer outro poder dentro do território.

Componentes da federação brasileira

A federação brasileira é composta pela União, os Estados, o Distrito Federal e os Municípios, todos autônomos, conforme preceituado pelos artigos 1º e 18 da Constituição Federal.

Em relação à federação brasileira, devem ser destacados alguns pontos.

Ela tem caráter indissolúvel, como preceituado no artigo 1º da Constituição Federal, ou seja, a República Federativa do Brasil, formada pela união indissolúvel dos Estados, Municípios e Distrito Federal, constitui-se em Estado Democrático de Direito e tem como fundamentos a soberania, a cidadania, a dignidade da pessoa humana, os valores sociais do trabalho e da livre iniciativa e o pluralismo político.

Em relação aos Estados-membros, foram adotadas as competências residuais, enquanto, na União e nos Municípios, foram adotadas as competências materiais ou administrativas e materiais.

Como vimos acima, a nossa federação adotou o modelo de federalismo centrípeto, em que a maior parte das competências ficou concentrada na União.

A federação é representada pelo Senado Federal, que é composto por representantes dos Estados e do Distrito Federal, eleitos segundo o princípio majoritário, sendo que cada Estado e o Distrito Federal elegerão três Senadores, com mandato de oito anos, que será renovado de quatro em quatro anos, alternadamente, por um e dois terços.

A Constituição Federal, em seu artigo 60, § 4º, inciso I, positivou que não será objeto de deliberação a proposta de emenda tendente a abolir a forma federativa de Estado.

União Federal

A União é um ente federativo autônomo em relação aos Estados e Municípios, sendo pessoa jurídica de Direito Público Interno responsável por exercer as funções soberanas do Estado brasileiro. Não deve ser confundida com o Estado Federal, que é uma entidade de Direito Internacional composta pela União, Estados, Distrito Federal e Municípios. A República Federativa do Brasil é composta pela União Federal, Estados-membros, o Distrito Federal e os Municípios.

A União possui dupla personalidade, uma internamente e outra internacionalmente, como explica Pedro Lenza[9]:

> *Internamente, é uma pessoa jurídica de direito público interno, componente da Federação brasileira e autônoma na medida em que possui capacidade de auto-organização, autogoverno, autolegislação e autoadministração, configurando, assim, autonomia financeira, administrativa e política (FAP).*
>
> *Internacionalmente, a União representa a República Federativa do Brasil (vide art. 21, I a IV). Observe-se que a soberania é da República Federativa do Brasil, representada pela União Federal.*
>
> *Exemplificando, de maneira interessante, David Araujo e Serrano Nunes observam: "a União age em nome de toda a Federação quando, no plano internacional, representa o País, ou, no plano interno, intervém em um Estado-membro. Outras vezes, porém, a União age por si, como nas situações em que organiza a Justiça Federal, realiza uma obra pública ou organiza o serviço público federal.*

Bens da União

Os bens da União estão nominados no artigo 20 da Constituição Federal, o que merece uma leitura atenta do candidato, principalmente o artigo 20, inciso IV, da Constituição Federal, que recebeu nova redação com a EC n. 46/2005.

9 LENZA, Pedro. **Direito Constitucional**. 27. ed. São Paulo: Saraiva, 2023.

Alguns dos bens da União merecem uma análise mais aprofundada, começando com terrenos de marinha:

> *São terrenos de marinha, em uma profundidade de 33 (trinta e três) metros, medidos horizontalmente, para a parte da terra, da posição da linha do preamar-médio de 1831:*
>
> *a) os situados no continente, na costa marítima e nas margens dos rios e lagoas, até onde se faça sentir a influência das marés;*
>
> *b) os que contornam as ilhas situadas em zona onde se faça sentir a influência das marés.*
>
> *Parágrafo único. Para os efeitos deste artigo a influência das marés é caracterizada pela oscilação periódica de 5 (cinco) centímetros pelo menos, do nível das águas, que ocorra qualquer época do ano (artigo 2º do Decreto-Lei n. 9.760/1946).*

Os terrenos acrescidos de marinha são "os que se tiverem formado, natural ou artificialmente, para o lado do mar ou dos rios e lagoas, em seguimento aos terrenos de marinha" (artigo 3º do Decreto Lei n. 9.760/1946).

> *O mar territorial brasileiro compreende uma faixa de doze milhas marítima de largura, medidas a partir da linha de baixa-mar do litoral continental e insular, tal como indicada nas cartas náuticas de grande escala, reconhecidas oficialmente no Brasil (artigo 1º da Lei n. 8.617/1993).*
>
> *A zona contígua brasileira compreende uma faixa que se estende das doze às vinte e quatro milhas marítimas, contadas a partir das linhas de base que servem para medir a largura do mar territorial (artigo 4º da Lei n. 8.617/1993).*
>
> *A zona econômica exclusiva brasileira compreende uma faixa que se estende das doze às duzentas milhas marítimas, contadas a partir das linhas de base que servem para medir a largura do mar territorial (artigo 6º da Lei n. 8.617/1993).*
>
> *A plataforma continental do Brasil compreende o leito e o subsolo das áreas submarinas que se estendem além do seu mar territorial, em toda a extensão do prolongamento natural de seu território terrestre, até o bordo exterior da margem continental, ou até uma distância de duzentas milhas marítimas das linhas de base, a partir das quais se mede a largura do mar territorial, nos casos em que o bordo exterior da margem continental não atinja essa distância (artigo 11º da Lei n. 8.617/1993).*

Embora o artigo 20, IX, da CF/1988 estabeleça que os recursos minerais, inclusive os do subsolo, são bens da União, o art. 176 garante ao concessionário da lavra a propriedade do produto de sua exploração. [ADI 3.273 e ADI 3.366, red. do ac. min. Eros Grau, j. 16-3-2005, P, DJ de 2-3-2007.]

Estados-membros

Os Estados organizam-se e regem-se pelas Constituições e leis que adotarem, observados os princípios da Constituição (artigo 25 da CF).

Os Estados possuem sua própria Constituição, sendo certo que elas devem estar em consonância com a Constituição Federal, devendo adotar o princípio da simetria.

Os Estados são pessoas jurídicas de direito público interno dotados de autonomia e não soberania, como estudado anteriormente.

Os Estados-membros têm capacidade de auto-organização, autogoverno e autoadministração.

A auto-organização deve ser entendida como a forma pela qual os Estado-membros se auto-organizam por meio das Constituições e leis próprias, as quais devem estar em sintonia com a Constituição Federal (artigo 25 da CF).

A capacidade de autogoverno está relacionada à autonomia política dos Estados-membros, que elegem seus governantes (artigos 27, 28, 125 e 126 da CF).

A autoadministração é a capacidade que os Estados-membros possuem de instituir e arrecadar seus tributos e sua aplicação (artigo 25 da CF).

Como acima estudado, os Estados podem incorporar-se entre si, subdividir-se ou desmembrar-se para se anexar a outros, ou formar novos Estados ou Territórios Federais, mediante aprovação da população diretamente interessada, por plebiscito, e do Congresso Nacional, por lei complementar (artigo 18, § 3º, da CF).

Os Estados poderão, mediante lei complementar, instituir regiões metropolitanas, aglomerações urbanas e microrregiões, constituídas por agrupamentos de municípios limítrofes, para integrar a organização, o planejamento e a execução de funções públicas de interesse comum. (artigo 25, § 3º, da CF).

Dos bens do Estado

Os bens dos Estados vêm disciplinados no artigo 26 da Constituição Federal:

> *Art. 26. Incluem-se entre os bens dos Estados:*
>
> *I - as águas superficiais ou subterrâneas, fluentes, emergentes e em depósito, ressalvadas, neste caso, na forma da lei, as decorrentes de obras da União;*
>
> *II - as áreas, nas ilhas oceânicas e costeiras, que estiverem no seu domínio, excluídas aquelas sob domínio da União, Municípios ou terceiros;*
>
> *III - as ilhas fluviais e lacustres não pertencentes à União;*
>
> *IV - as terras devolutas não compreendidas entre as da União.*

Municípios

O Município é um ente federativo que forma a República Federativa do Brasil, definido como pessoa jurídica de direito público interno, regido por lei orgânica, votada em dois turnos, com o interstício mínimo de dez dias, e aprovada por dois terços dos membros da Câmara Municipal, que a promulgará, atendidos os princípios estabelecidos na Constituição, na Constituição do respectivo Estado (artigo 29 da CF).

O Município possui auto-organização, pois se organiza por meio de lei orgânica (artigo 29, *caput*).

O Município possui autogoverno, pois elege os seus governantes, ou seja, Prefeitos, Vice-Prefeitos e Vereadores (artigo 29, incisos I a IV).

O Município possui autogoverno, pois poderá instituir tributos e aplicá-los conforme os interesses locais.

Conforme visto anteriormente, a criação, a incorporação, a fusão e o desmembramento de Municípios far-se-ão por lei estadual, dentro do período determinado por lei complementar federal, e dependerão de consulta prévia, mediante plebiscito, às populações dos Municípios envolvidos, após divulgação dos Estudos de Viabilidade Municipal, apresentados e publicados na forma da lei (artigo 18, § 4º, da CF).

20.6.3. Intervenção

A intervenção é exceção, pois, como visto no artigo 18 da Constituição Federal, os entes federativos possuem autonomia.

A intervenção poderá ser federal, e a União poderá intervir nos Estados, Distrito Federal e, caso venham a ser criados os territórios, nos Municípios neles existentes (artigos 34 e 35 da CF).

Poderá também ocorrer a intervenção dos Estados em seus Municípios (artigo 35 da CF).

Alexandre de Moraes[10] assim define intervenção:

> *A intervenção consiste em medida excepcional de supressão temporária da autonomia de determinado ente federativo, fundada em hipóteses taxativamente previstas no texto constitucional, e que visa à unidade e preservação da soberania do Estado Federal e das autonomias da União, dos Estados, do Distrito Federal e dos Municípios.*

A intervenção é ato excepcional, sendo possível só nas hipóteses descritas na Constituição Federal, sempre devendo ocorrer de um ente federativo maior para o menor.

Intervenção federal

A intervenção poderá ser espontânea ou provocada por solicitação ou requisição.

A intervenção federal será espontânea, para manter a integridade nacional, para repelir invasão estrangeira ou de uma unidade da federação em outra, para pôr termo a grave comprometimento da ordem pública e para reorganizar as finanças da unidade da federação que suspender o pagamento da dívida fundada por mais de dois anos consecutivos, salvo motivo de força maior, ou deixar de entregar aos Municípios receitas tributárias fixadas na Constituição, dentro dos prazos estabelecidos em lei (artigo 34, incisos I, II, III e V da CF).

A intervenção por solicitação ocorrerá para garantir o livre exercício de qualquer dos poderes nas unidades da federação (artigo 34, IV, da CF), e a intervenção por requisição se dará para garantir o livre exercício do Poder Judiciário nas unidades da federação (artigo 34, IV), para prover a execução de lei federal, ordem ou decisão judicial (artigo 34, VI, da CF) e para assegurar a observância dos seguintes princípios constitucionais sensíveis: a forma republicana, sistema representativo e regime democrático, os direitos da pessoa humana, a autonomia municipal da prestação de contas da administração pública, direta e indireta, e a aplicação do mínimo exigido da receita resultante de impostos estaduais, compreendida a proveniente de transferências, na

10 MORAES, Alexandre. **Direito constitucional**. 39. ed. Barueri-SP: Atlas, 2023, p. 318.

manutenção e desenvolvimento do ensino e nas ações e serviços públicos de saúde (artigo 34, VII da CF).

Compete privativamente ao Presidente da República decretar e executar a intervenção federal (artigo 84, inciso X da CF).

Poderemos ter o controle político da intervenção, pois o decreto de intervenção especificará a amplitude, o prazo e as condições de execução e, se couber, nomeará o interventor, que será submetido à apreciação do Congresso Nacional ou da Assembleia Legislativa do Estado, no prazo de 24 horas. Caso não estejam funcionando, far-se-á convocação extraordinária, no mesmo prazo de 24 horas (artigo 36, §§ 1º e 2º da CF).

Nos casos dos artigos 34, VI e VII, ou 35, IV, dispensada a apreciação pelo Congresso Nacional ou pela Assembleia Legislativa, o decreto limitar-se-á a suspender a execução do ato impugnado, se essa medida bastar ao restabelecimento da normalidade. Cessados os motivos da intervenção, as autoridades afastadas de seus cargos a estes voltarão, salvo impedimento legal (artigo 36, §§ 3º e 4º da CF).

Ao Conselho da República, órgão superior de consulta do Presidente da República, compete pronunciar-se sobre a intervenção federal (Art. 90, inciso I da CF).

Ao Conselho de Defesa Nacional, órgão de consulta do Presidente da República nos assuntos relacionados com a soberania nacional e a defesa do Estado democrático, compete opinar sobre a intervenção federal (artigo 91, § 1º, inciso II da CF)

Intervenção municipal

Em relação à intervenção dos Estados em seus Municípios e da União nos Municípios localizados em Território Federal, assim prescreve a Constituição Federal:

> *Art. 35. O Estado não intervirá em seus Municípios, nem a União nos Municípios localizados em Território Federal, exceto quando:*
>
> *I - deixar de ser paga, sem motivo de força maior, por dois anos consecutivos, a dívida fundada;*
>
> *II - não forem prestadas contas devidas, na forma da lei;*
>
> *III - não tiver sido aplicado o mínimo exigido da receita municipal na manutenção e desenvolvimento do ensino e nas ações e serviços públicos de saúde;*

> *IV – o Tribunal de Justiça der provimento a representação para assegurar a observância de princípios indicados na Constituição Estadual, ou para prover a execução de lei, de ordem ou de decisão judicial.*

Em relação à Constituição do Estado de São Paulo, o artigo 149 trata da intervenção do Estado no Município. Vejamos:

> *Artigo 149 – O Estado não intervirá no Município, salvo quando:*
>
> *I – deixar de ser paga, sem motivo de força maior, por dois anos consecutivos, a dívida fundada;*
>
> *II – não forem prestadas contas devidas, na forma da lei;*
>
> *III – não tiver sido aplicado o mínimo exigido da receita municipal na manutenção e desenvolvimento do ensino e nas ações e serviços públicos de saúde; (NR)*
>
> *IV – o Tribunal de Justiça der provimento a representação para a observância de princípios constantes nesta Constituição, ou para prover a execução de lei, de ordem ou de decisão judicial.*
>
> *§1° – O decreto de intervenção, que especificará a amplitude, prazo e condições de execução e, se couber, nomeará o interventor, será submetido à apreciação da Assembleia Legislativa, no prazo de vinte e quatro horas.*
>
> *§2° – Estando a Assembleia Legislativa em recesso, far-se-á convocação extraordinária, no mesmo prazo de vinte e quatro horas, para apreciar a Mensagem do Governador do Estado.*
>
> *§3° – No caso do inciso IV, dispensada a apreciação pela Assembleia Legislativa, o decreto limitar-se-á a suspender a execução do ato impugnado, se esta medida bastar ao restabelecimento da normalidade, comunicando o Governador do Estado seus efeitos ao Presidente do Tribunal de Justiça.*
>
> *§4° – Cessados os motivos da intervenção, as autoridades afastadas de seus cargos a estes voltarão, salvo impedimento legal, sem prejuízo da apuração administrativa, civil ou criminal decorrente de seus atos.*
>
> *§5° – O interventor prestará contas de seus atos ao Governador do Estado e aos órgãos de fiscalização a que estão sujeitas as autoridades afastadas.*

A Constituição Paulista ainda trata em outros dispositivos da intervenção.

A Assembleia Legislativa será por seu Presidente convocada nos casos de intervenção no Município (artigo 9º, § 5º, 1, letra "b").

Compete exclusivamente à Assembleia Legislativa, com a sanção do Governador, decidir, quando for o caso, sobre intervenção estadual em Município (artigo 20, inciso VII da CE).

Compete privativamente ao Governador decretar e fazer executar intervenção nos Municípios, na forma da Constituição Federal e da Constituição Paulista (artigo 47, inciso VIII da CE).

Compete ao Tribunal de Justiça processar e julgar originariamente o pedido de intervenção em Município (artigo 74, inciso VI da CF), competindo também ao Tribunal de Justiça provocar a intervenção da União no Estado para garantir o livre exercício do Poder Judiciário, nos termos da Constituição Estadual e da Constituição Federal e requisitar a intervenção do Estado no Município, nas hipóteses previstas em lei (artigo 75 da CE).

20.6.4. Competências e sua repartição

Competência é a faculdade juridicamente atribuída a uma entidade ou a um órgão ou agente do Poder Público para emitir decisões.

A repartição de competências adotada na Constituição Federal de 1988 primou pelo princípio da predominância de interesse, em que a União tem predominantemente o interesse geral, sendo que os Estados possuem predominância no interesse regional e os Municípios têm predominância no interesse local.

José Afonso da Silva[11] assim se manifesta em relação à repartição de competências na Constituição de 1988:

> *A nossa Constituição adota esse sistema complexo que busca realizar o equilíbrio federativo, por meio de uma repartição de competências que se fundamenta na técnica da enumeração dos poderes da União (arts. 21 e 22), com poderes remanescentes para os Estados (art. 25, § 19) e poderes definidos indicativamente para os Municípios (art. 30), mas combina, com essa reserva de campos específicos (nem sempre exclusivos, mas apenas privativos), possibilidades de delegação (art. 22, parágrafo único), áreas comuns em que se preveem atuações paralelas da União, Estados, Distrito Federal e Municípios (art. 23) e setores concorrentes entre União*

11 Silva, José Afonso da. **Curso de direito constitucional positivo**. 39. ed., rev. e atual. São Paulo: Malheiros, 2016, p. 473.

> *e Estados em que a competência para estabelecer políticas gerais, diretrizes gerais ou normas gerais cabe à União, enquanto se defere aos Estados e até aos Municípios a competência suplementar.*

A competência é a capacidade que uma organização, órgão ou agente público tem de tomar decisões.

Princípios

Princípio da predominância de interesse

Como informado acima, o princípio geral que norteia a repartição de competência entre as entidades do Estado federal é o da predominância de interesse, pela qual cabem à União as matérias de interesse nacional, enquanto competem aos Estados as matérias de interesse regional e aos Municípios as matérias de interesse local[12].

O Distrito Federal acumula as competências estaduais e municipais (artigo 32, § 1º, da CF), com poucas exceções (artigos 21, XIII, XIV, e 22, XVII, da CF).

Princípio da subsidiariedade

No princípio da subsidiariedade, o ente político maior deve deixar para o menor tudo aquilo que este puder fazer com maior economia e eficácia, solucionando assim a crise de concentração de competências no âmbito da União.

Técnicas de repartição de competências

Repartição horizontal

Na repartição horizontal, as competências são distribuídas de forma enumerada, evitando assim que um ente federativo entre na competência de outro ente federativo.

- Enumeração dos Poderes da União: aqui se atribui à União sua competência própria, exclusiva ou privativa;

- Enumeração dos Poderes do Estado, reservando os remanescentes para a União;

- Repartição exaustiva, em que teremos de forma cabal a enumeração das entidades federativas.

---

12 Ibidem, p. 485.

A repartição de competências no Brasil, estabelece a enumeração dos poderes da União e dos Municípios, ficando a remanescente ou residual aos Estados. Por outro lado, quando tratamos de competência tributária, a residual fica com a União e as exaustivas para os demais entes da federação.

Repartição vertical

A repartição vertical de competências tem a finalidade de estabelecer a atuação coordenada entre as esferas federativas, de onde surgem as competências comum e concorrente, em que o mesmo ente administrativo poderá atuar na mesma competência.

- Competência comum: aqui a distribuição de competências é comum entre os Estados e a União;

- Competência concorrente: aqui os entes federativos, conforme o próprio nome diz, concorrem entre si, sendo que a União editará normas gerais, e os demais entes federativos poderão suplementar conforme seu interesse peculiar, ou seja, seu interesse predominante.

Espécies de competência

Quanto à forma

- Enumerada ou expressa: é aquela explicitamente dedicada ao ente federativo;

- Reservada ou remanescente: aquela em que a norma disciplina como tal, como o artigo 25, § 1º, da CF, que disciplina que são reservadas aos Estados as competências que não lhes sejam vedadas pela Constituição;

- Residual: quando, após a exaustiva distribuição de competências, restam sem estar designadas a nenhum ente federativo;

- Implícita: aquela que, após interpretação sistemática, atribui-se a um ente federativo.

Quanto à extensão

- Exclusiva: é aquela que cabe unicamente a determinado ente federativo, excluindo qualquer outro (artigo 21 da CF);

- Privativa: é aquela que deve ser exercida por um ente federativo (artigo 22 da CF), admitindo delegação ou suplementação (artigos 22, parágrafo único e 24, §§ 1º, 2º, 3º e 4º da CF).

– Comum: aquela competência que pode ser exercida por qualquer ente federativo, devendo ser observada a predominância de interesse (artigo 23 da CF);

– Concorrente: admite a concorrência entre os entes federativos, os quais irão exercer a sua competência conforme a predominância de interesse, cabendo à União determinar as normas gerais que os demais entes federativos poderão suplementar (artigo 24, §§ 1º, 2º, 3º e 4º da CF).

Quadro de repartição de competências, segundo Alexandre de Moraes[13]:

Repartição em matéria administrativa:

<table>
<tr><td rowspan="4">Competência Administrativa</td><td rowspan="3">Exclusiva</td><td rowspan="2">Poderes enumerados</td><td>União (Art. 21 da CF)</td></tr>
<tr><td>Municípios (Art. 30 da CF)</td></tr>
<tr><td>Poderes reservados</td><td>Estados (Art. 25, § 1º, da CF)</td></tr>
<tr><td>Comum</td><td>Cumulativa ou paralela (Art. 23 da CF)</td><td>União/Estados/Distrito Federal/ Municípios</td></tr>
</table>

Repartição de competência legislativa:

União	Competências privativas (Art. 22 da CF)
	Possibilidade de delegação (Art. 22, § único)
	Competência concorrente U/EM/DF (Art. 24 da CF)
Estados	Competência remanescente (Art. 25, § 1º, da CF)
	Competência delegada (Art. 22, § único)
	Competência concorrente U/EM/DF (Art. 24 da CF)
Distrito Federal	Competência reservada (Art. 32, § 1º, da CF)
Municípios	Competência exclusiva (Art. 30, I, da CF)
	Competência suplementar (Art. 30, II, da CF)

13 MORAES, Alexandre. **Direito constitucional**. 39. ed. Barueri-SP: Atlas, 2023, p. 305.

21

UNIÃO: NATUREZA JURÍDICA, COMPETÊNCIAS E BENS

Ademir Gasques Sanches Júnior

O presente capítulo trata da divisão do Estado Federativo Brasileiro. Por princípio, e brevemente, cabe discorrer acerca da divisão do Brasil em um Estado Federado. Enquanto ainda império, o Brasil possuía províncias (e não Estados), os quais eram administrados por interventores do Imperador, possuindo o Império (poder central) toda a acumulação de Poder (que eram quatro à época: Legislativo, Judiciário, Executivo e Moderador).

Com a proclamação da República, no então Estados Unidos do Brasil, os ideais federativos começaram a surgir na Constituição que a modelou (1891).

O Federalismo possui como grandes intelectuais autores e pensadores norte-americanos, que prevaleceram na Guerra da Independência Norte Americana, como Alexander Hamilton, James Madison e John Jay (2021).

A ideia primordial era que os Estados, as treze colônias originais da América do Norte, que eram soberanas e independentes, deveriam se juntar e ceder a Soberania para a União Federativa, órgão central de Administração, todavia mantendo grande parte de sua autonomia.

Suas principais facetas, de acordo com René David (2002) são:

a) Poder político dividido entre comunidade jurídica central (União) e comunidade periférica (Estados, Distrito Federal e Municípios);

b) Repartição de competências, tendo em vista as regras estabelecidas pela Constituição Federal;

c) Soberania inerente à comunidade jurídica total (República Federativa), observada a autonomia dos entes federados;

No Brasil, ocorria o contrário, o órgão forte e centralizador já era a Poder Central Federal (Império), sendo que os Estados conseguiram autonomia com a instituição da República.

O Estado Federal, representando pela União, é o que possui elementos integrantes, quais sejam: Povo, Território, finalidade e Soberania. Conforme já explanado, um Estado Federal será sempre descentralizado, com a repartição do Poder entre os entes federativos, nos termos constitucionais.

Discorrendo acerca do conceito de Estado, DALMO DE ABREU DALLARI (2010, p. 122), assim o faz: *ordem jurídica soberana que tem por fim o bem comum de um povo situado em determinado território.*

Como corolário do pacto federativo, o qual reparte o Poder estatal nos termos da Constituição Federal, é vedado o direito de secessão. Em outras palavras, os entes federativos devem permanecer unidos, como nação, sendo proibido que se proclamem independentes ou busquem violar a autonomia de outro ente.

21.1. UNIÃO

Em nossa República Federativa, o órgão central de Poder é chamado de União, palavra que advém da junção dos Estados Federados.

21.1.1. Natureza Jurídica

União é a pessoa jurídica de direito pública interno, entidade federativa autônoma em relação aos Estados-membros, Municípios e Distrito Federal, possuindo competências administrativas e legislativas determinadas constitucionalmente.

Como entidade federativa, possui poder de auto-organização, autogoverno, autoadministração e autolegislação, nos limites de suas competências constitucionais.

A União é um ente integrante da República Federativa do Brasil (juntamente com os Estados, Municípios e o Distrito Federal) e com ela não se confunde.

A República Federativa do Brasil é pessoa jurídica de Direito Pública Internacional (formada pelos entes já citados).

21.1.2. Competências

A Constituição Federal vigente tratou de elencar as competências da União, sendo elas (art. 21, CF):

> I - representação Internacional da República Federativa (manter relações com Estados Estrangeiros e participar de organizações internacionais);
>
> II - declarar a guerra e celebrar a paz;
>
> III - assegurar a defesa nacional
>
> IV - permitir, nos casos previstos em lei complementar, que forças estrangeiras transitem pelo território nacional ou nele permaneçam temporariamente;
>
> V - decretar o estado de sítio, estado de defesa e intervenção federal;
>
> VI - autorizar e fiscalizar a produção e o comércio de material bélico;
>
> VII - emitir moeda;
>
> VIII - administrar as reservas cambiais do País e fiscalizar as operações de natureza financeira, especialmente as de crédito, câmbio e capitalização, bem como as de seguro e previdência privada;
>
> IX - elaborar e executar planos nacionais e regionais de ordenação do território e de desenvolvimento econômico e social;
>
> X - manter o serviço postal e o correio aéreo nacional;
>
> XI - explorar, diretamente ou mediante autorização, concessão ou permissão, os serviços de telecomunicações, nos termos da lei, que disporá sobre a organização dos serviços, a criação de um órgão regulador e outros aspectos institucionais;
>
> XII - explorar, diretamente ou mediante autorização, concessão ou permissão:
>
> a) os serviços de radiodifusão sonora, e de sons e imagens;
>
> b) os serviços e instalações de energia elétrica e o aproveitamento energético dos cursos de água, em articulação com os Estados onde se situam os potenciais hidroenergéticos;
>
> c) a navegação aérea, aeroespacial e a infra-estrutura aeroportuária;
>
> d) os serviços de transporte ferroviário e aquaviário entre portos brasileiros e fronteiras nacionais, ou que transponham os limites de Estado ou Território;

e) os serviços de transporte rodoviário interestadual e internacional de passageiros;

f) os portos marítimos, fluviais e lacustres;

XIII - organizar e manter o Poder Judiciário, o Ministério Público do Distrito Federal e dos Territórios e a Defensoria Pública dos Territórios;

XIV - organizar e manter a polícia civil, a polícia penal, a polícia militar e o corpo de bombeiros militar do Distrito Federal, bem como prestar assistência financeira ao Distrito Federal para a execução de serviços públicos, por meio de fundo próprio;

XV - organizar e manter os serviços oficiais de estatística, geografia, geologia e cartografia de âmbito nacional;

XVI - exercer a classificação, para efeito indicativo, de diversões públicas e de programas de rádio e televisão;

XVII - conceder anistia;

XVIII - planejar e promover a defesa permanente contra as calamidades públicas, especialmente as secas e as inundações;

XIX - instituir sistema nacional de gerenciamento de recursos hídricos e definir critérios de outorga de direitos de seu uso;

XX - instituir diretrizes para o desenvolvimento urbano, inclusive habitação, saneamento básico e transportes urbanos;

XXI - estabelecer princípios e diretrizes para o sistema nacional de viação;

XXII - executar os serviços de polícia marítima, aeroportuária e de fronteiras;

XXIII - explorar os serviços e instalações nucleares de qualquer natureza e exercer monopólio estatal sobre a pesquisa, a lavra, o enriquecimento e reprocessamento, a industrialização e o comércio de minérios nucleares e seus derivados, atendidos os seguintes princípios e condições:

a) toda atividade nuclear em território nacional somente será admitida para fins pacíficos e mediante aprovação do Congresso Nacional;

b) sob regime de permissão, são autorizadas a comercialização e a utilização de radioisótopos para pesquisa e uso agrícolas e industriais;

c) sob regime de permissão, são autorizadas a produção, a comercialização e a utilização de radioisótopos para pesquisa e uso médicos;

> d) a responsabilidade civil por danos nucleares independe da existência de culpa;
>
> XXIV - organizar, manter e executar a inspeção do trabalho;
>
> XXV - estabelecer as áreas e as condições para o exercício da atividade de garimpagem, em forma associativa.
>
> XXVI - organizar e fiscalizar a proteção e o tratamento de dados pessoais, nos termos da lei.

Importante observar que há necessidade de se seguir trâmites exigidos constitucionalmente para momentos de crise institucional, como a proclamação de guerra, com aprovação do Congresso Nacional.

Como realçado acima, os Estados-Membros, Municípios e Distrito Federal conservam parcela de autonomia, razão pela qual, para que haja uma intervenção de um ente federado em outro, necessário que se proceda de acordo com as determinações constitucionais (art. 34 da CF), a ser estudado em capítulo próprio desta obra.

Da mesma forma, são elencadas as competências legislativas privativas da União (art. 22, CF):

> I - direito civil, comercial, penal, processual, eleitoral, agrário, marítimo, aeronáutico, espacial e do trabalho;
>
> II - desapropriação;
>
> III - requisições civis e militares, em caso de iminente perigo e em tempo de guerra;
>
> IV - águas, energia, informática, telecomunicações e radiodifusão;
>
> V - serviço postal;
>
> VI - sistema monetário e de medidas, títulos e garantias dos metais;
>
> VII - política de crédito, câmbio, seguros e transferência de valores;
>
> VIII - comércio exterior e interestadual;
>
> IX - diretrizes da política nacional de transportes;
>
> X - regime dos portos, navegação lacustre, fluvial, marítima, aérea e aeroespacial;
>
> XI - trânsito e transporte;
>
> XII - jazidas, minas, outros recursos minerais e metalurgia;
>
> XIII - nacionalidade, cidadania e naturalização;

XIV – populações indígenas;

XV – emigração e imigração, entrada, extradição e expulsão de estrangeiros;

XVI – organização do sistema nacional de emprego e condições para o exercício de profissões;

XVII – organização judiciária, do Ministério Público do Distrito Federal e dos Territórios e da Defensoria Pública dos Territórios, bem como organização administrativa destes;

XVIII – sistema estatístico, sistema cartográfico e de geologia nacionais;

XIX – sistemas de poupança, captação e garantia da poupança popular;

XX – sistemas de consórcios e sorteios;

XXI – normas gerais de organização, efetivos, material bélico, garantias, convocação, mobilização, inatividades e pensões das polícias militares e dos corpos de bombeiros militares;

XXII – competência da polícia federal e das polícias rodoviária e ferroviária federais;

XXIII – seguridade social;

XXIV – diretrizes e bases da educação nacional;

XXV – registros públicos;

XXVI – atividades nucleares de qualquer natureza;

XXVII – normas gerais de licitação e contratação, em todas as modalidades, para as administrações públicas diretas, autárquicas e fundacionais da União, Estados, Distrito Federal e Municípios, obedecido o disposto no art. 37, XXI, e para as empresas públicas e sociedades de economia mista, nos termos do art. 173, § 1º, III;

XXVIII – defesa territorial, defesa aeroespacial, defesa marítima, defesa civil e mobilização nacional;

XXIX – propaganda comercial.

XXX – proteção e tratamento de dados pessoais.

A Carta Maior faz uma ressalva no parágrafo único do art. 22, asseverando que, se houver autorização por meio de lei complementar federal, os Estados Membros poderão legislar sobre pontos específicos regionais nos temas acima tratados.

Por sua vez, o art. 24 da Carta Magna expressa competências legislativas concorrentes entre a União, Estados e o Distrito Federal, deixando de fora os Municípios:

> I - direito tributário, financeiro, penitenciário, econômico e urbanístico;
>
> II - orçamento;
>
> III - juntas comerciais;
>
> IV - custas dos serviços forenses;
>
> V - produção e consumo;
>
> VI - florestas, caça, pesca, fauna, conservação da natureza, defesa do solo e dos recursos naturais, proteção do meio ambiente e controle da poluição;
>
> VII - proteção ao patrimônio histórico, cultural, artístico, turístico e paisagístico;
>
> VIII - responsabilidade por dano ao meio ambiente, ao consumidor, a bens e direitos de valor artístico, estético, histórico, turístico e paisagístico;
>
> IX - educação, cultura, ensino, desporto, ciência, tecnologia, pesquisa, desenvolvimento e inovação;
>
> X - criação, funcionamento e processo do juizado de pequenas causas;
>
> XI - procedimentos em matéria processual;
>
> XII - previdência social, proteção e defesa da saúde;
>
> XIII - assistência jurídica e Defensoria pública;
>
> XIV - proteção e integração social das pessoas portadoras de deficiência;
>
> XV - proteção à infância e à juventude;
>
> XVI - organização, garantias, direitos e deveres das polícias civis.

Como se vê, cabe à União, nestes casos, legislar de forma geral acerca dos temas elencados, podendo os Estados complementarem as normas federais com leis próprias. Todavia, estas não podem colidir com o disposto na legislação federal.

Havendo lacuna da União em legislar sobre um destes temas, a competência dos Estados se torna plena. Contudo, havendo superveniência de legislação federal, o que for contrário a esta nas normas estaduais terá sua eficácia suspensa.

Já em seu art. 23, a Constituição Federal elenca competências, não só legislativas, mas também administrativas, que são comuns entre os entes federados (União, Estados, Distrito Federal e municípios), são elas:

> I – zelar pela guarda da Constituição, das leis e das instituições democráticas e conservar o patrimônio público;
>
> II – cuidar da saúde e assistência pública, da proteção e garantia das pessoas portadoras de deficiência;
>
> III – proteger os documentos, as obras e outros bens de valor histórico, artístico e cultural, os monumentos, as paisagens naturais notáveis e os sítios arqueológicos;
>
> IV – impedir a evasão, a destruição e a descaracterização de obras de arte e de outros bens de valor histórico, artístico ou cultural;
>
> V – proporcionar os meios de acesso à cultura, à educação, à ciência, à tecnologia, à pesquisa e à inovação;
>
> VI – proteger o meio ambiente e combater a poluição em qualquer de suas formas;
>
> VII – preservar as florestas, a fauna e a flora;
>
> VIII – fomentar a produção agropecuária e organizar o abastecimento alimentar;
>
> IX – promover programas de construção de moradias e a melhoria das condições habitacionais e de saneamento básico;
>
> X – combater as causas da pobreza e os fatores de marginalização, promovendo a integração social dos setores desfavorecidos;
>
> XI – registrar, acompanhar e fiscalizar as concessões de direitos de pesquisa e exploração de recursos hídricos e minerais em seus territórios;
>
> XII – estabelecer e implantar política de educação para a segurança do trânsito.

Em suma, os artigos 21 e 23 estabelecem competências administrativas à União de forma exclusiva (art. 21) ou comum com demais entes (art. 23).

No que se refere à competência administrativa comum (artigo 23), a EC 53/2006 alterou seu parágrafo único para estabelecer que lei complementar federal estabelecerá normas de cooperação entre os entes, visando estabelecer equilíbrio do desenvolvimento e bem-estar nacional.

O jurista PEDRO LENZA (2023) cita como exemplo de lei complementar federal a LC 140/2011, a qual busca estabelecer essa cooperação entre os entes para assuntos relacionados a proteção do meio ambiente, paisagens naturais, preservação ambiental e combate às variadas formas de poluição.

Para os demais casos de competência comum que não se encontram regulamentados, a doutrina assevera que deve ser observado o critério da preponderância de interesses, ou seja, reservando-se à União interesses mais amplos, enquanto que os regionais devem recair aos Estados.

O art. 22 da Constituição Federal, por sua vez, explicita as competências legislativas exclusivas da União, enquanto que o art. 24 de nossa Lei Maior aponta as competências legislativas concorrentes entre os entes federados.

Mesmo na competência prevista no artigo 22, o parágrafo único dispõe que Lei Complementar Federal pode autorizar os Estados a legislar sobre questões específicas daqueles temas. Há discussão sobre se o Distrito Federal também estaria autorizado, caso a Lei Complementar seja autorizado, a legislar sobre tais temas, com uma corrente afirmando que sim (por ser tal ente mais parecido com um Estado do que um Município) e outra corrente negando a possiblidade, pela literalidade constitucional.

Recentemente, duas questões chegaram ao Supremo Tribunal Federal acerca das competências da União. A primeira se referia à possiblidade de Estado Membro legislar acerca de porte de arma.

Entendeu o Pretório Excelso que qualquer lei estadual sobre o assunto é inconstitucional, vez que cabe à União legislar sobre material bélico (ADI 6.978).

Outra questão foi atinente à produção legislativa acerca de medidas para prevenção e controle de COVID-19. Entendeu o Supremo Tribunal Federal que a competência legislativa, neste caso, é concorrente, por se tratar de matéria referente à Defesa da Saúde Pública (ADI 6.341)

21.1.3. Bens da União

Conforme o art. 20 da Constituição Federal, são bens da União:

> I – os que atualmente lhe pertencem e os que lhe vierem a ser atribuídos;
>
> II – as terras devolutas indispensáveis à defesa das fronteiras, das fortificações e construções militares, das vias federais de comunicação e à preservação ambiental, definidas em lei;
>
> III – os lagos, rios e quaisquer correntes de água em terrenos de seu domínio, ou que banhem mais de um Estado, sirvam de limites com outros países, ou se estendam a território estrangeiro

> ou dele provenham, bem como os terrenos marginais e as praias fluviais;
>
> IV – as ilhas fluviais e lacustres nas zonas limítrofes com outros países; as praias marítimas; as ilhas oceânicas e as costeiras, excluídas, destas, as que contenham a sede de Municípios, exceto aquelas áreas afetadas ao serviço público e a unidade ambiental federal, e as referidas no art. 26, II;
>
> V – os recursos naturais da plataforma continental e da zona econômica exclusiva;
>
> VI – o mar territorial;
>
> VII – os terrenos de marinha e seus acrescidos;
>
> VIII – os potenciais de energia hidráulica;
>
> IX – os recursos minerais, inclusive os do subsolo;
>
> X – as cavidades naturais subterrâneas e os sítios arqueológicos e pré-históricos;
>
> XI – as terras tradicionalmente ocupadas pelos índios.
>
> § 1º É assegurada, nos termos da lei, à União, aos Estados, ao Distrito Federal e aos Municípios a participação no resultado da exploração de petróleo ou gás natural, de recursos hídricos para fins de geração de energia elétrica e de outros recursos minerais no respectivo território, plataforma continental, mar territorial ou zona econômica exclusiva, ou compensação financeira por essa exploração.
>
> § 2º A faixa de até cento e cinquenta quilômetros de largura, ao longo das fronteiras terrestres, designada como faixa de fronteira, é considerada fundamental para defesa do território nacional, e sua ocupação e utilização serão reguladas em lei.

A EC 46/2005 alterou a redação do art. 20, IV, da CF, para considerar que não serão bens da União ilhas oceânicas e costeiras que sejam sede de municípios (logo, os municípios que se situarem em ilhas nestas condições serão responsáveis por suas áreas, inclusive para cobrança de impostos, e não a União).

Há exceção quando tais ilhas tenham áreas afetadas ao serviço público e a unidade ambiental federal, estas porções de terras em que situam o serviço público federal ou a unidade ambiental federal (e não toda a ilha sede de município), serão bens da União.

O Supremo Tribunal Federal, no julgamento do RE 636.199 (paradigma de repercussão geral), interpretou sistematicamente os incisos IV e VII do artigo 20 da Carta Maior para afirmar que os terrenos de marinha e seus acrescidos, situados em ilhas oceânicas e costeiras continuam sendo bens da União, ainda que estas sejam sede de Municípios.

Para melhor compreensão, temos que:

a) Antes da EC 46/2005, as ilhas oceânicas e costeiras eram bens da União, sem exceções, mesmo as que sediassem municípios (e não são poucas, incluindo capitais de Estado). Tal fato trazia repercussões, em especial de ordem tributária (contribuintes deviam pagar impostos ao Município e também à União);

b) A partir da EC 46/2005, as ilhas oceânicas e costeiras somente serão bens da União se não sejam sedes de Municípios. Sendo sedes de Municípios, não serão bens da União;

c) Todavia, nos termos do r. acordão proferido no julgamento da ADI 636.199, o Supremo Tribunal Federal decidiu que acaso existem nestas ilhas oceânicas ou costeiras porções de terras que situem serviço público federal ou unidade ambiental federal, estas porções de terra (e não toda ilha) continuam sendo bens da União, mesmo que sediem Municípios.

Quanto às terminações existentes em lei, passamos a expor alguns conceitos, explicitados em normas federais.

Terrenos da Marinha: Art. 2º. São terrenos de marinha, em uma profundidade de 33 (trinta e três) metros, metros horizontalmente, para a parte da terra, da posição da linha do preamar-médio de 1831:

a) os situados no continente, na costa marítima e nas margens dos rios e lagoas, até onde se faça sentir a influência das marés;

b) os que contornam as ilhas situadas em zona onde se faça sentir a influência das marés.

Parágrafo único. Para os efeitos deste artigo a influência das marés é caracterizada pela oscilação periódica de 5 (cinco) centímetros pelo menos, do nível das águas, que ocorra qualquer época do ano. (Decreto-Lei 9.760/46)

Acrescidos: Art. 3º. São terrenos acrescidos de marinha os que se tiverem formado natural ou artificialmente, Para o lado do mar ou dos rios e lagoas, em seguimento aos terrenos de marinha. (Decreto-Lei 9.760/46)

Mar territorial: Art. 1º O mar territorial brasileiro compreende uma faixa de doze milhas marítima de largura, medidas a partir da linha de baixa-mar do litoral continental e insular, tal como indicada nas cartas náuticas de grande escala, reconhecidas oficialmente no Brasil.

Parágrafo único. Nos locais em que a costa apresente recorte profundos e reentrâncias ou em que exista uma franja de ilhas ao longo da costa na sua proximidade imediata, será adotado o método das linhas de base retas, ligando pontos apropriados, para o traçado da linha de base, a partir da qual será medida a extensão do mar territorial. (Lei 8.617/93)

Zona contígua: Art. 4º A zona contígua brasileira compreende uma faixa que se estende das doze às vinte e quatro milhas marítimas, contadas a partir das linhas de base que servem para medir a largura do mar territorial. (Lei 8.617/93)

Zona Econômica Exclusiva: Art. 6º A zona econômica exclusiva brasileira compreende uma faixa que se estende das doze às duzentas milhas marítimas, contadas a partir das linhas de base que servem para medir a largura do mar territorial. (Lei 8.617/93)

Plataforma Continental: Art. 11. A plataforma continental do Brasil compreende o leito e o subsolo das áreas submarinas que se estendem além do seu mar territorial, em toda a extensão do prolongamento natural de seu território terrestre, até o bordo exterior da margem continental, ou até uma distância de duzentas milhas marítimas das linhas de base, a partir das quais se mede a largura do mar territorial, nos casos em que o bordo exterior da margem continental não atinja essa distância. (Lei 8.617/93)

Faixa de Fronteira: disposição legal prevista no art. 20, parágrafo 2º da CF/88, a qual prevê uma faixa de 150 quilômetros de largura ao longo das fronteiras nacionais terrestres. (Lei 8.617/93)

Inseridas na faixa de fronteira, as terras devolutas da União são aquelas indispensáveis à defesa das fronteiras, das fortificações e construções militares, das vias federais de comunicação e à preservação ambiental.

22

ESTADOS FEDERADOS: NATUREZA JURÍDICA, COMPETÊNCIAS, AUTONOMIA, CAPACIDADE DE AUTO-ORGANIZAÇÃO E SEUS LIMITES

ESTADOS FEDERADOS

Conforme visto alhures, os Estados federados são frações políticas (membros) que compõem um Estado Federal, não devendo serem confundidos tais termos. Como tal, os Estados federados possuem autonomia, mas não soberania, que é reservada ao Estado Federal.

22.1. NATUREZA JURÍDICA

São pessoas jurídicas de direito público interno, responsáveis pela condução da administração regional, bem como, legislação acerca de interesses regionais e administração da Justiça em porção do território nacional.

Dessa forma, possuem capacidade de auto-organização, autogoverno, autoadministração e autolegislação, dentro dos limites estabelecidos pela Constituição Federal.

22.2. COMPETÊNCIAS

Quanto à competência comum, se encontra prevista no art. 23 da Lei Maior, sendo informada como não legislativa (administrativa) e concorrente entre todos os entes federativos. São elas:

> I - zelar pela guarda da Constituição, das leis e das instituições democráticas e conservar o patrimônio público;
>
> II - cuidar da saúde e assistência pública, da proteção e garantia das pessoas portadoras de deficiência;
>
> III - proteger os documentos, as obras e outros bens de valor histórico, artístico e cultural, os monumentos, as paisagens naturais notáveis e os sítios arqueológicos;
>
> IV - impedir a evasão, a destruição e a descaracterização de obras de arte e de outros bens de valor histórico, artístico ou cultural;
>
> V - proporcionar os meios de acesso à cultura, à educação, à ciência, à tecnologia, à pesquisa e à inovação;
>
> VI - proteger o meio ambiente e combater a poluição em qualquer de suas formas;
>
> VII - preservar as florestas, a fauna e a flora;
>
> VIII - fomentar a produção agropecuária e organizar o abastecimento alimentar;
>
> IX - promover programas de construção de moradias e a melhoria das condições habitacionais e de saneamento básico;
>
> X - combater as causas da pobreza e os fatores de marginalização, promovendo a integração social dos setores desfavorecidos;
>
> XI - registrar, acompanhar e fiscalizar as concessões de direitos de pesquisa e exploração de recursos hídricos e minerais em seus territórios;
>
> XII - estabelecer e implantar política de educação para a segurança do trânsito.

Em seu parágrafo único, há a previsão de cooperação entre os entes para consecução de tais competências, por meio de lei complementar federal (vide comentários no capítulo competências da União).

O art. 25 da CF/88 estabelece que os Estados se regerão por meio de sua Constituição (característica de sua autonomia), obedecendo-se os ditames da própria Constituição Federal.

Em seu parágrafo primeiro, há o estabelecimento da "competência reservada aos Estados", ou Poderes Remanescentes (maiores informações sobre o assunto no capítulo próprio).

O art. 24 da Constituição Federal também discrimina competência legislativa concorrente, da qual os Estados podem legislar sobre: a) direito tributário, financeiro, penitenciário, econômico e urbanístico; b) orçamento; c) juntas comerciais; d) custas dos serviços forenses; e) produção e consumo; f) florestas, caça, pesca, fauna, conservação da natureza, defesa do solo e dos recursos naturais, proteção do meio ambiente e controle da poluição; g) proteção ao patrimônio histórico, cultural, artístico, turístico e paisagístico; h) responsabilidade por dano ao meio ambiente, ao consumidor, a bens e direitos de valor artístico, estético, histórico, turístico e paisagístico; i) educação, cultura, ensino, desporto, ciência, tecnologia, pesquisa, desenvolvimento e inovação; j) criação, funcionamento e processo do juizado de pequenas causas; k) procedimentos em matéria processual; l) previdência social, proteção e defesa da saúde; m) assistência jurídica e Defensoria pública; n) proteção e integração social das pessoas portadoras de deficiência; o) proteção à infância e à juventude; p) organização, garantias, direitos e deveres das polícias civis.

Conforme já detalhado nos comentários acerca das competências da União, caberá à este ente prever normas gerais sobre tais temais, enquanto que aos Estados cabem normas suplementares. Acaso não haja legislação federal sobre o tema, o Estado poderá fazê-lo de forma plena, advindo referida norma, a estadual ficará suspensa na parte em que lhe contrariar.

22.3. AUTONOMIA

A autonomia de que gozam os Estados-membros se referem à sua capacidade de auto-organização, autogoverno, auto-administração e autolegislação, dentro da esfera de competências traçada pela Constituição Federal, sem que precise se submeter ao governo central (União).

Logo, por meio de eleições, são escolhidos representantes do povo no Poder Legislativo e no Poder Executivo, os quais podem tomar decisões e organizar o Estado e sua administração de acordo com as delimitações constitucionais.

Em face do Poder Constituinte Decorrente, que advém da Constituição Federal e deve a ela observância, os Estados se regem por suas próprias Constituições Estaduais aprovadas por Assembleia Constituinte.

Da mesma forma, seu Poder Executivo possui atribuições para organizar os órgãos e servidores do Estado.

Ainda, a Justiça Estadual possui competência para julgar casos ocorridos em seu território, devendo inclusive realizar controle de constitucionalidade de Leis ou atos normativos Estaduais e Municipais, em face da Constituição Estadual.

22.4. CAPACIDADE DE AUTO-ORGANIZAÇÃO E SEUS LIMITES

O art. 25 da Constituição Federal dispõe que os Estados Membros se organizarão e serão regidos pelas Leis e Constituição de adotarem, observando-se as disposições da própria Carta Maior. É disso que se trata a auto-organização do Estado.

Por se tratar de um ente federado, cuja soberania é atributo único da Federação, a autonomia, e, portanto, a auto-organização estatal, possui limitações. Em síntese, eles podem ser definidos como **limites sensíveis e limites estabelecidos.**

Os limites sensíveis são aqueles transcritos no art. 34, inciso VII, alínea "a" a "e" e que permitem a decretação de intervenção federal, quais sejam: a) forma republicana, sistema representativo e regime democrático; b) direitos da pessoa humana; c) autonomia municipal; d) prestação de contas da administração pública, direta e indireta; e) aplicação do mínimo exigido da receita resultante de impostos estaduais, compreendida a proveniente de transferências, na manutenção e desenvolvimento do ensino e nas ações e serviços públicos de saúde.

Neste talante, o desrespeito de um Estado membro a estas ordenações constitucionais colocaria em risco a própria ideia de Federação e de Estado Democrático, traduzindo, pois, princípios constitucionais sensíveis de observância obrigatória de todos os entes federados.

Por sua vez, os limites constitucionais estabelecidos são aquelas regras e princípios explícitos ou implícitos que impõem restrições à autonomia estatal. Não obstante, seu descumprimento não chega a ensejar o gravame de uma intervenção federal.

Nas lições de Machado Horta (1991), entre tais limites estabelecidos se encontram:

1) normas de preordenação: a própria constituição federal já determina como se organizarão órgãos estaduais (ex: arts. 27, 28 e 125 da Constituição Federal);

2) normas de competência: já vistas e que delineiam as atribuições de cada ente federado;

3) princípios constitucionais de abrangência federativa: aqueles presentes na Constituição Federal e destinados a todas as unidades da federação (ex: art. 37, com normas sobre a Administração Pública).

Cabe observar que, da mesma forma que Municípios, os Estados da federação também podem se desmembrar ou se anexarem a outros, nos termos do art. 18, § 3º da CF/88, *in verbis*:

> *§ 3º Os Estados podem incorporar-se entre si, subdividir-se ou desmembrar-se para se anexarem a outros, ou formarem novos Estados ou Territórios Federais, mediante aprovação da população diretamente interessada, através de plebiscito, e do Congresso Nacional, por lei complementar.*

Dois são os requisitos: a) aprovação da população diretamente interessada, por meio de plebiscito; b) aprovação do Congresso Nacional, por lei complementar, a qual não fica vinculada ao resultado do plebiscito.

23

CONSTITUIÇÃO ESTADUAL: CONCEITO, COMPETÊNCIA, LIMITES, ELEMENTOS E ORGANIZAÇÃO POLÍTICA DO ESTADO DE SÃO PAULO. PODERES REMANESCENTES

23.1. CONSTITUIÇÃO ESTADUAL

23.1.1. Conceito

A Constituição Estadual, advinda do Poder Constituinte Decorrente, ou seja, daquele que decorre da Poder Constituinte Originário, que promulga a Constituição Federal, é uma norma, de maior nível hierárquico em um Estado Membro, que é responsável por elencar os Poderes Estaduais e sua formação, os direitos dos que vivem naquele Estado e normas gerais de elaboração de leis.

23.1.2. Competência

A Constituição Estadual possui competência legislativa e administrativa reservada, ou seja, tudo o que não lhes for vedado pela Constituição da República pode ser regulada pela via legal ou regulamentar.

Nestes termos, o exemplo do art. 1º da Constituição do Estado de São Paulo: *O Estado de São Paulo, integrante da República Federativa do Brasil, exerce as competências que não lhe são vedadas pela Constituição Federal.*

Não se esquecendo que a Lei Maior também trata de competências que são concorrentes entre todos os entes federados (arts. 23 e 24, CF), conforme já descrito nos capítulos de competências dos Estados e da União.

Por se tratar de competências não expressas, por vezes questões chegam aos Tribunais Superiores, como a da competência acerca do transporte intermunicipal. De acordo com decisão do Supremo Tribunal Federal (ADI 2.349), é de competência dos Estados legislar sobre o assunto. Veja-se que neste caso havia lacuna legal (A Constituição previu competência da União para transporte interestadual ou internacional, bem como dos Municípios para o local). Assim, entendeu a Corte Constitucional que se encontra reservada aos Estados tal competência.

Outro ponto recente discutido pelo Supremo Tribunal Federal se tratava de dispositivo de Constituição Estadual que atribuía ao Corpo de Bombeiros, de forma exclusiva, a perícia em locais de incêndio e explosões. Na ADI 2776/ES, entendeu o Pretório Excelso que, por se tratar de competência legislativa relacionada a procedimentos em matéria processual (competência concorrente - art. 24, XI, CF/88), o Estado pode legislar sobre o tema.

Contudo, não pode atribuir exclusividade, pois tal tema afeta a execução de perícias pela Polícia Civil (ou Instituto de Criminalística, que são policiais civis), tema de direito processual (competência privativa da União - art. 22, I, CF/88).

Em suma, houve declaração parcial de inconstitucionalidade, sem redução de texto, para excluir a interpretação de que somente o corpo de bombeiros poderiam realizar tais periciais (podem, mas em conjunto com o corpo pericial de policiais civis).

23.1.3. Limites

A Constituição Federal, determina a elaboração de Constituições Estaduais (art. 11, ADCT).

A doutrina apresenta como características deste Poder Constituinte estadual ser: Decorrente (pois advém do Poder Constituinte Originário), Limitado (por imposições da Constituição Federal) e Condicionado (deve ser elaborado conforme mandamentos da Lei Maior).

Dessa forma, a Constituição Federal, ao autorizar os Estados Membros que elaborem suas próprias Constituições, exprime que a mesma deverá manter obediência aos seus Princípios já estatuídos.

Por tal razão, alguns doutrinadores definem esse Poder como não Decorrente, mas sim Constituído, exatamente por já estar inaugurada a ordem constitucional e pelas limitações impostas.

Sempre citados como exemplos de Princípios que devem ser seguidos pelas Constituições Federais, temos os já citados "princípios sensíveis" (previstos no art. 34, VII).

Da mesma forma, a Constituição Federal atribuiu aos Municípios o dever de legislar sobre assuntos locais, sobre o que a Constituição Estadual tampouco poderá dispor.

Como se sabe a Constituição Federal é pródiga em estabelecer Princípios e o Supremo Tribunal Federal, volta e meia, reafirma a necessidade de serem seguidos os desígnios da Carta Magna Federal. É o que se convenciona por Princípio da Simetria.

A partir deste Princípio, a Constituição Estadual deve "espelhar" a Constituição Federal, não podendo criar situações e condições que tenham sido disciplinadas de forma diversa pela Lei Maior Federal.

23.1.4. Elementos e Organização Política do Estado de São Paulo

Interessante observar que, já na Constituição Federal, órgãos estaduais se encontram estruturados de forma quase que completa, como a organização das Assembleias Legislativas (art. 27), organização judiciária (arts. 125 e 126) e funções administrativas (arts. 28 e 37).

Caberá à Constituição do Estado descrever a forma da organização deste Poderes, ainda que sem descer às minúcias.

Tendo como referência a Constituição Estadual de São Paulo, já em seus primeiros artigos ela passa a dispor sobre sua organização política.

A Organização Política de um Estado é sempre definida como sendo os Poderes, quais sejam: Legislativo, Executivo e Judiciário, que devem ser independentes e harmônicos entre si.

Logo, a Constituição do Estado de São Paulo afirma em seu art. 5°: São Poderes do Estado, independentes e harmônicos entre si, o Legislativo, o Executivo e o Judiciário.

O Poder Legislativo é tema dos arts. 9º ao 36.

O Poder Executivo se encontra disciplinado nos arts. 37 a 53 da Carta Estadual.

Por fim, o Poder Judiciário é regrado dos artigos 54 a 90.

Em seguida, há a menção das funções essenciais à Justiça, em que se trata do Ministério Público (arts. 91 a 97), da Procuradoria Geral do Estado (arts. 98 a 102), da Defensoria Pública (art. 103), da Advocacia (arts. 104 a 109) e do Conselho Estadual de Defesa dos Direitos da Pessoa Humana (art. 110).

Nos artigos 111 a 138 são elencados e organizados aspectos da Administração e do funcionalismo público.

A Segurança Pública passa a ser tema a partir do art. 193, sendo que o art. 140 da Constituição Estadual apresenta os principais aspectos da Polícia Civil Bandeirante[1].

---

1 **Art. 140** - À Polícia Civil, órgão permanente, dirigida por delegados de policia de carreira, bacharéis em Direito, incumbe, ressalvada a competência da União, as funções de polícia judiciária e a apuração de infrações penais, exceto as militares.

§1º - O Delegado-Geral da Polícia Civil, integrante da última classe da carreira, será nomeado pelo Governador do Estado e deverá fazer declaração pública de bens no ato da posse e da sua exoneração.

§2º - Aos integrantes da carreira de delegado de polícia fica assegurada, nos termos do disposto no art. 241 da Constituição Federal, isonomia de vencimentos.

- § 2° com redação original restaurada. Emenda Constitucional n° 35, de 03/04/2012, declarada inconstitucional, em controle concentrado, pelo Supremo Tribunal Federal nos autos da ADI n° 5522.

- Referência ao artigo 241 da Constituição Federal de 1988, em sua redação original.

§3º - A remoção de integrante da carreira de delegado de polícia somente poderá ocorrer mediante pedido do interessado ou manifestação favorável do Colegiado Superior da Polícia Civil, nos termos da lei.

- § 3° com redação original restaurada. Emenda Constitucional n° 35, de 03/04/2012, declarada inconstitucional, em controle concentrado, pelo Supremo Tribunal Federal nos autos da ADI n° 5522.

§4º - Lei Orgânica e Estatuto disciplinarão a organização, o funcionamento, os direitos, deveres, vantagens e regime de trabalho da Polícia Civil e de seus integrantes, servidores especiais, assegurado na estruturação das carreiras o mesmo tratamento dispensado, para efeito de escalonamento e promoção, aos delegados de polícia, respeitadas as leis federais concernentes.

- § 4° com redação original restaurada. Emenda Constitucional n° 35, de 03/04/2012, declarada inconstitucional, em controle concentrado, pelo Supremo Tribunal Federal nos autos da ADI n° 5522.

§5º - Lei específica definirá a organização, funcionamento e atribuições da Superintendência da Polícia Técnico-Científica, que será dirigida, alternadamente, por perito criminal e médico legista, sendo integrada pelos seguintes órgãos:

Importante notar que, na ADI 5522, o Supremo Tribunal Federal entendeu por inconstitucional os parágrafos 2º a 5º de referido artigo, por ferir o princípio da simetria com a Constituição Federal. Em outras palavras, a Carta Estadual não poderia desenhar de forma diversa órgãos policiais do que a formatação já prevista na Constituição Cidadã.

Todavia, as garantias que se encontravam previstas se enumeram dispostas em leis federais (Lei 12.830/2013 e Lei 14.735/2023), portanto, não houve grande modificação fática.

Salienta-se, contudo, os seguintes aspectos previstos na Constituição Estadual, relativos à Polícia Civil e que já foram cobrados em concursos:

a) nomeação do Delegado-Geral pelo governador, dentre os integrantes da última classe da carreira;

b) Remoção de Delegado de Polícia somente a pedido ou com a manifestação favorável do Colegiado da Polícia Civil (Conselho Superior da Polícia Civil).

23.1.5. Poderes Remanescentes

O Ato das Disposições Constitucionais Transitórias determinou que as Constituições Estaduais devessem ser promulgadas no prazo máximo de um ano da promulgação da Carta Federal (art. 11).

A Constituição Federal estipula o que é de competência legislativa da União e dos Municípios, deixando aos Estados a competência para legislar do que remanescer, daí o termo poderes remanescentes (art. 25, § 1º CF).

A expressão Poderes Remanescentes ou Reservados é sobressaída da Constituição Federal Norte Americana. Como já dito alhures, os Estados Unidos da América foram doutrinadores na ideia de Federação, sendo que, naquela localidade, os Estados Membros eram de fato soberanos, antes da junção **(Federação por agregação – ou de força centrípeta).**

I - Instituto e Criminalística;

II - Instituto Médico Legal.

- § 5° com redação original restaurada. Emenda Constitucional n° 35, de 03/04/2012, declarada inconstitucional, em controle concentrado, pelo Supremo Tribunal Federal nos autos da ADI n° 5522.

Assim, os Estados reservaram ou remanesceram para eles poderes.

Diversamente o ocorrido em nosso País, onde o Estado era unitário e, com a proclamação da República, passa a ser Federativo, em estrutura que se costuma chamar por **desagregação (ou segregação ou de força centrífuga).**

Neste talante, a Constituição Federal dispõe que os Estados Membros podem elaborar suas próprias Constituições, limitando-o em algumas questões: como a temporal (1 ano para elaborar a Constituição Estadual após a promulgação da Federal), principiológica e procedimental (procedimentos para alteração constitucional devem seguir os já definidos na Lei Maior Federal).

No mais, ou seja, no que a Constituição Federal não dispuser de forma contrária, os Estados podem legislar. Neste toar, muitas Constituições Estaduais possuem norma asseverando os poderes reservados, como o exemplo da Constituição de São Paulo.

24

MUNICÍPIO

É uma divisão territorial de um Estado Federado e também ente integrante da União Federativa (art. 1º, *caput,* da CF).

24.1. NATUREZA JURÍDICA

Ente com personalidade jurídica de direito público interno e que possui capacidade de auto-organização, autonomia política, administrativa e financeira.

O mesmo já delineado quanto ao Estado membro serve ao Município, ou seja, a autonomia municipal é limitada e delineada pela Constituição Federal e Estadual. Da mesma forma, possui competência para realizar sua auto-organização, autogoverno e autolegislação já que possui Poder Executivo e Poder Legislativo.

Veja-se que não há Poder Judiciário Municipal.

Em decorrência de sua autonomia, o Município possui competências exclusivas, regendo-se pelas disposições de sua Lei Orgânica. A autonomia municipal deve ser observada, inclusive, pelo Estado Membro do qual faz parte, sendo possível, em caso de desrespeito, a decretação de intervenção federal para reestabelecimento desta autonomia (art. 34, VII, "c", da Constituição Federal).

Nas palavras do Ministro Paulo Bonavides (2009, p. 314):

> ...não conhecemos uma única forma de união federativa contemporânea onde o princípio da autonomia municipal tenha alcançado grau de caracterização política e jurídica tão alto e expressivo quanto aquele que consta da definição constitucional do novo modelo implantado no País com a Carta de 1988.

Ressalve-se a posição doutrinária do renomado jurista JOSÉ AFONSO DA SILVA (2007, p.475), para quem os Municípios são apenas divisões políticas dos Estados e que "a intervenção neles é da competência dos Estados, o que mostra serem ainda vinculados a estes". Assim, entende o mestre que o Município não faz parte do Pacto Federativo, mas sua posição é minoritária.

24.2. CRIAÇÃO

Quanto à criação de Municípios, há previsão constitucional expressa no art. 18, conforme transcrito abaixo:

> Art. 18. A organização político-administrativa da República Federativa do Brasil compreende a União, os Estados, o Distrito Federal e os Municípios, todos autônomos, nos termos desta Constituição.
>
> (...)
>
> § 4º A criação, a incorporação, a fusão e o desmembramento de Municípios, far-se-ão por lei estadual, dentro do período determinado por Lei Complementar Federal, e dependerão de consulta prévia, mediante plebiscito, às populações dos Municípios envolvidos, após divulgação dos Estudos de Viabilidade Municipal, apresentados e publicados na forma da lei.

Em resumo, para haver a criação de novos municípios deverá ocorrer:

1) A promulgação de uma lei complementar federal, que deverá dispor sobre o período e o procedimento para criação de novos municípios;
2) Deve haver a realização e publicização de um estudo que demonstre ser viável a criação deste novo município;
3) Cumpridos os dois primeiros requisitos, deve haver a consulta à população envolvida, por meio de plebiscito;
4) Com a aprovação plebiscitária, o município poderá ser criado por lei municipal.

Estas regras também se aplicam para a fusão (dois ou mais municípios se juntam para formar um novo) ou incorporação (um município maior incorpora outro).

Observe-se que, havendo a aprovação da população interessada, a lei estadual deve ser votada de acordo com as regras legislativas, podendo ser aprovada ou não pelos parlamentares. Da mesma forma, ainda que aprovada pela Casa Legislativa, pode ser vetada pelo Governador, com a devida justificativa.

Importante frisar que a redação do parágrafo em questão se modificara por meio de Emenda Constitucional no ano de 1996 (EC 15/1996), com o viso de frear o surgimento de novos municípios.

Todavia, a lei complementar federal a que se faz menção na referida Emenda Constitucional ainda não existe.

Dessa forma, diante de diversas criações de municípios que ocorreram, somente por via de lei estadual, o Supremo Tribunal Federal passou a reconhecer a inconstitucionalidade destas (vide ADI 4.711), todavia estendeu os efeitos da declaração para o futuro (no aguardo de referida lei complementar federal).

Em diálogo institucional, o Congresso Nacional aprovou nova Emenda Constitucional (EC 97/2008), alterando o art. 96 da Disposições Constitucionais Transitórias, convalidando atos de criação de municípios, que tenham se efetivada até a data de 31/12/2006.

Em suma:

a) O STF reconhece a necessidade de haver a criação da Lei Complementar Federal, que disporá das regras para criações de novos municípios;

b) Não a havendo, leis estaduais que autorizem a criação de novos municípios são inconstitucionais;

c) Fora dado prazo ao Congresso Nacional para edição de referida Lei Complementar, o qual não fora cumprido;

d) Dado que inúmeros municípios foram criados desta forma "inconstitucional", o Congresso Nacional aprovou nova Emenda Constitucional, convalidando as criações destes entes realizadas até a data de 31/12/2006 (o STF já julgou constitucional tal alteração).

24.3. COMPETÊNCIA

> Art. 23. É competência comum da União, dos Estados, do Distrito Federal e dos Municípios:

> I - zelar pela guarda da Constituição, das leis e das instituições democráticas e conservar o patrimônio público;
>
> II - cuidar da saúde e assistência pública, da proteção e garantia das pessoas portadoras de deficiência;
>
> III - proteger os documentos, as obras e outros bens de valor histórico, artístico e cultural, os monumentos, as paisagens naturais notáveis e os sítios arqueológicos;
>
> IV - impedir a evasão, a destruição e a descaracterização de obras de arte e de outros bens de valor histórico, artístico ou cultural;
>
> V - proporcionar os meios de acesso à cultura, à educação, à ciência, à tecnologia, à pesquisa e à inovação;
>
> VI - proteger o meio ambiente e combater a poluição em qualquer de suas formas;
>
> VII - preservar as florestas, a fauna e a flora;
>
> VIII - fomentar a produção agropecuária e organizar o abastecimento alimentar;
>
> IX - promover programas de construção de moradias e a melhoria das condições habitacionais e de saneamento básico;
>
> X - combater as causas da pobreza e os fatores de marginalização, promovendo a integração social dos setores desfavorecidos;
>
> XI - registrar, acompanhar e fiscalizar as concessões de direitos de pesquisa e exploração de recursos hídricos e minerais em seus territórios;
>
> XII - estabelecer e implantar política de educação para a segurança do trânsito.

Parágrafo único. Leis complementares fixarão normas para a cooperação entre a União e os Estados, o Distrito Federal e os Municípios, tendo em vista o equilíbrio do desenvolvimento e do bem-estar em âmbito nacional.

Conforme as disposições constitucionais, observa-se que os Municípios possuem competência legislativa comum com os demais entes federativos. Sempre importante realçar que a legislação municipal deverá se cingir aos interesses locais e não poderão afrontar regras constitucionais (Federais ou Estaduais) ou mesmo regras gerais já estabelecidas pela União ou Estados.

No espectro de sua autonomia, então, se incluem a eleição de seus governantes (Prefeito e Vice) e legisladores (vereadores), organização de serviços públicos de interesse local, instituição e arrecadação de impostos municipais e aplicação de suas rendas, além de sua capacidade de legislação sobre assuntos locais e suplementação de legislações federais e estaduais.

Contudo, além da hipótese de intervenção federal já citada (na qual a União pode intervir no Estado para preservar a autonomia municipal). O município, acaso não cumpra alguns requisitos, poderá também ter sua autonomia momentaneamente limitada pelo Estado Membro. Eis o que diz o art. 35 da Constituição Federal:

> Art. 35. O Estado não intervirá em seus Municípios, nem a União nos Municípios localizados em Território Federal, exceto quando:
>
> I - deixar de ser paga, sem motivo de força maior, por dois anos consecutivos, a dívida fundada;
>
> II - não forem prestadas contas devidas, na forma da lei;
>
> III - não tiver sido aplicado o mínimo exigido da receita municipal na manutenção e desenvolvimento do ensino e nas ações e serviços públicos de saúde;
>
> IV - o Tribunal de Justiça der provimento a representação para assegurar a observância de princípios indicados na Constituição Estadual, ou para prover a execução de lei, de ordem ou de decisão judicial.

No que toca à Segurança Pública, a Carta Magna inseriu em seu art. 144, § 8° a previsão de que os Municípios podem organizar guardas municipais, destinadas à proteção de bens, serviços e instalações deste ente federado.

A Constituição Federal não arrola bens de titularidade dos Municípios

24.4. LEI ORGÂNICA E SEUS ELEMENTOS

Nas palavras do Professor Alexandre de Moraes (2023, p. 668):

> Os municípios reger-se-ão por leis orgânicas municipais, votadas em dois turnos, com o interstício mínimo de dez dias, e aprovadas por dois terços dos membros da Câmara Municipal, que as promulgará. A Lei Orgânica organizará os órgãos da Administração, a relação entre os órgãos do Executivo e Legislativo, disciplinando a competência legislativa do Município, observadas as peculiaridades locais, bem como sua competência comum, disposta no art. 23, e sua competência suplementar, disposta no art. 30, II; além de estabelecer as regras de processo

> legislativo municipal e toda regulamentação orçamentária, em consonância com a Constituição Federal, a Constituição do respectivo Estado...

A Lei Orgânica municipal faz as vezes de sua Constituição. Assim, deve obediência à Carta Federal e à Estadual, devendo ser aprovada por maioria qualificada (2/3) dos vereadores, em dois turnos de votação, com interstício mínimo de 10 dias, sendo promulgada pela Câmara de Vereadores.

Veja-se que, da mesma forma que estabelece a forma e composição de Poderes Estaduais, a Constituição Federal também o faz em relação aos municípios em seu art. 29.

Nesta disposição constitucional, há previsão para eleições de Prefeito e Vice, além de determinações sobre responsabilidades e descrição pormenorizada da quantidade de vereadores que deve haver em cada município (a depender do número de habitantes) e o valor de suas remunerações.

24.5. REGIÕES METROPOLITANAS

As regiões metropolitanas são caracterizadas como áreas densamente povoadas e que compartilham características e zonas urbanas (comercial, industrial ou residencial).

Sua natureza jurídica é definida como agrupamento de municípios limítrofes que são instituídos por lei complementar estadual, para integrar a organização, planejamento e execução de funções de interesse público.

É o que rege o art. 25, § 3º de nossa Constituição: *Os Estados poderão, por meio de lei complementar, instituir regiões metropolitanas, aglomerações urbanas e microrregiões, constituídas por agrupamentos de municípios limítrofes, para integrar a organização, planejamento e a execução de funções públicas de interesse comum.*

O Supremo Tribunal Federal já julgou, em mais de uma ocasião (vide ADIN 1.842/RJ) a natureza cogente dessa junção, ou seja, os municípios listados em lei estadual possuem obrigação de planejar e executar as funções de interesse público, em conjunto com os demais e o próprio Estado Membro, não podendo se eximir de tal responsabilidade, sem que isso signifique perda de sua autonomia.

A Lei Federal 13.089/2015 instituiu o Estatuto da Metrópole, prevendo órgãos conjuntos para implementação das políticas metropolitanas.

Detalhe importante deste ordenamento é a possibilidade de instituição de metrópole ou aglomerado urbano nos casos em que os municípios limítrofes suplantem o território de um Estado. Em tais casos, todas as Assembleias Legislativas envolvidas devem aprovar uma lei complementar aderindo (art. 4º).

A lei citada assim define Metrópole: espaço urbano com continuidade territorial que, em razão de sua população e relevância política e socioeconômica, tem influência nacional ou sobre uma região que configure, no mínimo, a área de influência de uma capital regional, conforme os critérios adotados pela Fundação Instituto Brasileiro de Geografia e Estatística - IBGE

25.6. AGLOMERADO URBANO

Também tratado na Lei 13.089/2015, com as mesmas regras da Metrópole, é assim definido legalmente:

Unidade territorial urbana constituída pelo agrupamento de 2 (dois) ou mais Municípios limítrofes, caracterizada por complementaridade funcional e integração das dinâmicas geográficas, ambientais, políticas e socioeconômicas

Sua criação, da mesma forma, deve se dar por meio de lei complementar estadual.

24.7. MICRORREGIÕES

A Lei Federal 13.089/2015 assinalou que suas normas se aplicam, inclusive, para microrregiões, todavia, não as conceituou.

De toda forma, devem ser criadas por meio de lei complementar estadual e devem ser instituídas pelos Estados com fundamento em funções públicas de interesse comum com características predominantemente urbanas.

Dado seu próprio nome, caracteriza-se como uma subdivisão do território estadual em regiões menores que possuam características socioeconômicas e ambientais parelhas.

Veja-se como exemplo a instituição de microrregiões de saneamento básico em um Estado Membro, para melhor planejamento e execução desta função pública de forma regionalizada.

25

DISTRITO FEDERAL E TERRITÓRIOS

25.1. DISTRITO FEDERAL

O Distrito Federal é pessoa jurídica de direito público interno, também integrante da República Federativa do Brasil, sendo um ente federativo autônomo.

Como tal, se apresenta em um híbrido entre Estado e Município, com algumas de suas funções sendo custeadas pela União.

Estas características foram comentadas e sedimentadas em decisão de nosso Pretório Excelso (ADI 3756/DF), o qual assim explanou:

> O Distrito Federal é uma unidade federativa de compostura singular, dado que: a) desfruta de competências que são próprias dos Estados e dos Municípios, cumulativamente (art. 32, §1º, CF); b) algumas de suas instituições elementares são organizadas e mantidas pela União (art. 21, XIII e XIV, CF); c) os serviços públicos a cuja prestação está jungido são financiados, em parte, pela mesma pessoa federada central, que é a União (art. 21, XIV, parte final, CF) (...) Conquanto submetido a regime constitucional diferenciado, o Distrito Federal está bem mais próximo da estruturação dos Estados-membros do que da arquitetura constitucional dos Municípios. Isto porque: a) ao tratar da competência concorrente, a Lei Maior colocou o Distrito Federal em pé de igualdade com os Estados e a União (art. 24); b) ao versar o tema da intervenção, a Constituição dispôs que a 'União não intervirá nos Estados nem no Distrito Federal' (art. 34), reservando para os Municípios um artigo em apartado (art. 35); c) o Distrito Federal tem, em plenitude, os três orgânicos Poderes estatais, ao passo que os Municípios somente dois (inciso I do art. 29); d) a Constituição tratou de maneira uniforme

> os Estados-membros e o Distrito Federal quanto ao número de deputados distritais, à duração dos respectivos mandatos, aos subsídios dos parlamentares, etc. (§3º do art. 32); e) no tocante à legitimação para propositura de ação direta de inconstitucionalidade perante o STF, a Magna Carta dispensou à Mesa da Câmara Legislativa do Distrito Federal o mesmo tratamento dado às Assembleias Legislativas estaduais (inciso IV do art. 103); f) no modelo constitucional brasileiro, o Distrito Federal se coloca ao lado dos Estados-membros para compor a pessoa jurídica da União; g) tanto os Estados-membros como o Distrito Federal participam da formação da vontade legislativa da União (arts. 45 e 46)...

A Carta Magna proíbe sua divisão em Municípios (art. 35, CF).

A lógica por trás de sua concepção é de que a Capital da República não deve estar sob o território de qualquer Estado-Membro ou Município, assumindo o Distrito Federal seu caráter *sui generis*.

Com relação à sua Lei Orgânica, a mesma disposição se dá quanto à que regerá os Municípios (aprovação pela Câmara Legislativa por 2/3 dos votos, em dois turnos, com interstício mínimo de 10 dias).

As competências legislativas do Distrito Federal são referentes tanto às dos Estados como dos Municípios. Sua Lei Orgânica possui vinculação direta com a Constituição Federal e podendo ser, pois, alvo de controle direto de constitucionalidade por parte do Tribunal de Justiça do Distrito Federal e dos Territórios.

25.2. TERRITÓRIOS

Atualmente, não há Territórios na divisão geopolítica Brasileira.

Todavia, acaso existissem, os Territórios são conceituados como uma autarquia federal, ou seja, uma extensão (descentralização administrativa) da União como ente federativo.

O art. 18 da Constituição Federal trata sobre eles, dizendo:

> Art. 18. A organização político-administrativa da República Federativa do Brasil compreende a União, os Estados, o Distrito Federal e os Municípios, todos autônomos, nos termos desta Constituição.
>
> § 1º Brasília é a Capital Federal.

> § 2º Os Territórios Federais integram a União, e sua criação, transformação em Estado ou reintegração ao Estado de origem serão reguladas em lei complementar.

Logo, embora não existam atualmente, há possibilidade de criação de Territórios Federais, desde que advindos dos Estados membros existentes (por meio de divisão ou desmembramento), havendo aprovação da população interessada, por meio de plebiscito, e do Congresso Nacional, por lei complementar.

REFERÊNCIAS BIBLIOGRÁFICAS

- BONAVIDES, Paulo. **Curso de Direito Constitucional**. 24. ed. São Paulo: Malheiros, 2009.
- DAVID, René. **Os grandes sistemas do direito contemporâneo**. São Paulo: Martins Fontes, 1993.
- HAMILTON, Alexander; JAY, Jhon; MADISON, James. **Os Artigos Federalistas**. Avis Rara, 2021.
- HORTA, Raul Machado. Repartições de Competências na Constituição Federal de 1988. **Revista da Faculdade de Direito da Universidade Federal de Minas Gerais**, 1991.
- LENZA, PEDRO. **Direito Constitucional Esquematizado**. 27. ed. São Paulo: Saraiva, 2023.
- MORAES, ALEXANDRE. **Curso de Direito Constitucional**. 39. ed. São Paulo: Atlas, 2023.
- SILVA, José Afonso. **Curso de Direito Constitucional Positivo**. 30. ed. São Paulo: Malheiros, 2007.

26

DO REGIME JURÍDICO CONSTITUCIONAL DA ADMINISTRAÇÃO PÚBLICA

Rodrigo Gonçalves

Para darmos início ao estudo do Direito Administrativo a partir da CF/88, é necessário esmiuçarmos, de início, o art. 37 da Carta:

> Art. 37. A administração pública direta e indireta de qualquer dos Poderes da União, dos Estados, do Distrito Federal e dos Municípios obedecerá aos princípios de legalidade, impessoalidade, moralidade, publicidade e eficiência e, também, ao seguinte: (Redação dada pela Emenda Constitucional nº 19, de 1998)

De plano podemos notar que a CF/88 trata da Administração Pública **direta e indireta**, sendo necessário o delineamento de tais conceitos para prosseguimento da análise do referido artigo.

O vocábulo **"administração pública"** pode ser adotado em pelo menos dois sentidos, objetivo e subjetivo.

Administração pública em sentido **objetivo (material ou funcional)** deve ser entendida como a função administrativa estatal, por meio da qual o próprio Estado "administra" a coisa pública. Quando o referido vocábulo é adotado em sentido objetivo, deve ser escrito com as primeiras letras minúsculas, visto que se refere à função administrativa do estado, e não a uma pessoa.

Por sua vez, Administração Pública, em sentido subjetivo (formal ou orgânico), refere-se aos sujeitos administrativos (pessoas jurídicas, órgãos e agentes) que tem por atribuição a referida função administrativa, quando expressa nesse sentido, deve ser escrita com as primeiras letras maiúsculas para referir-se a uma pessoa (ex. Administração Pública direta – União, Estados-membros, Distrito Federal e municípios).

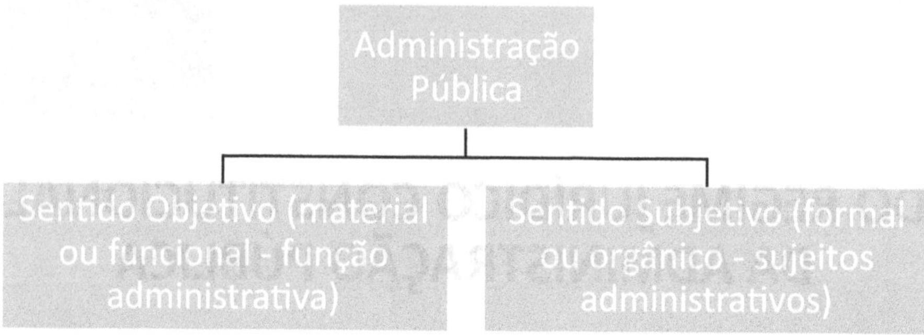

A atividade administrativa exercida pelo Estado apresenta as seguintes características: é uma atividade concreta, vinculada à consecução direta ou indireta do interesse público e seu regime jurídico é predominantemente de direito público.

Tem-se entendido que a administração pública em sentido material abrange tão somente as atividades que contribuam direta (atividades-fim) ou indiretamente (atividades-meio) com as seguintes atuações estatais:

a) Polícia administrativa

b) Intervenção: todas atuações estatais visando a interferir no setor privado.

c) Fomento: incentivo a determinados setores.

d) Serviço público

Quanto à **composição**, a administração pública é integrada por **órgãos públicos, agentes e função administrativa.**

Composição da Administração Pública

- órgãos Públicos
- Agentes Públicos
- Função Administrativa

Quanto ao conceito de **Direito Administrativo,** podemos dizer que se trata de ramo autônomo do direito, dotado de regras e princípios próprios, que têm por objetivo regular as relações jurídicas estatais internas, entre o Estado e seus agentes e externas, entre Estado e os administrados, sempre com a finalidade de atendimento do interesse público.

Dados os traços introdutórios, é basilar entendermos que o **regime jurídico constitucional administrativo** é dotado por dois "superprincípios", os quais regem toda atividade administrativa realizada no Estado Brasileiro, quais sejam o **Princípio da Indisponibilidade do Interesse Público** e o **Princípio da Supremacia do Interesse Público.**

Antes de adentrarmos à explicação específica, é importante lembrar que tais princípios decorrem da própria instituição do Estado Democrático de Direito, no qual o povo é quem outorga poderes à realização da finalidade comum traçada na Constituição Federal. Tal outorga se demonstra impositiva à observância pelos agentes exercentes dessas prerrogativas para que atinjam às finalidades estabelecidas na Constituição. Sem tais prerrogativas, os agentes públicos não conseguiriam impor a vontade Estatal, atingindo a finalidade pública. Daí se fala em indisponibilidade do interesse público e supremacia do mesmo em relação ao interesse particular.

O **princípio da indisponibilidade do interesse público** tem como fundamento o fato de que a Administração Pública (sentido subjetivo) atua como **gestora** da **coisa pública**, ou seja, ela faz a gestão, a administração desta coisa pública, sempre com a finalidade (princípio da finalidade) de atingimento do interesse público.

Já o **princípio da supremacia do interesse público** tem por base o fato de que este sempre será prioritário dentro de uma gama de interesses a serem cumpridos pelo agente público. A relação administrativa entre Estado e Administrado é verticalizada, impondo-se o interesse público sobre o interesse particular do administrado, dando base e fundamento ao **poder de império** da Administração.

Indisponibilidade do Interesse Público	Supremacia do Interesse Público
• A Administração atua como gestora da coisa pública • Administra sempre visando atingir o interesse público	• O interesse público prevalece sobre o interesse particular • Relação verticalizada entre Administração e administrado • Poder de Império da Administração

Estabelecidas essas premissas introdutórias, trazendo os conceitos basilares para entendimento da matéria, prosseguiremos com os princípios da administração pública expressos na CF/88, para posteriormente adentrarmos nos conceitos de Administração Pública Direta e Indireta.

26.1. PRINCÍPIOS DA ADMINISTRAÇÃO PÚBLICA

Princípios são ideias centrais de um sistema que estabelecem diretrizes e bases pelo qual se estruturará de forma harmônica e racional determinado tema ou matéria, servindo também de base para que haja diretrizes interpretativas.

Segundo a Constituição Federal, são cinco os princípios da Administração Pública **expressos** (assim classificados por estarem explícitos no texto constitucional), quais sejam: **Legalidade, Impessoalidade, Moralidade, Publicidade e Eficiência**. O princípio da eficiência não constava do **texto originário** da constituição, sendo incluído pela reforma Administrativa aprovada pela Emenda Constitucional 19/98. Conforme salientado, os princípios aqui tratados são os que estão expressamente previstos na Constituição Federal, sem prejuízo de outros **decorrentes**, que podem estar **implícitos** no texto constitucional ou declarados em leis específicas (Ex. Lei 9784/99 - Regula o processo administrativo no âmbito da Adm. Pública Federal - estabelece outros princípios no art. 2º.)

26.1.1. Princípio da Legalidade

O princípio da legalidade *genérica* é tratado no art. 5º, II da CF, que assim declara: "ninguém será obrigado a fazer ou deixar de fazer alguma coisa senão em virtude de lei".

Assim, em outras palavras, o **cidadão comum** pode fazer tudo aquilo que **a lei não proíbe,** sendo obrigado a agir de determinada maneira apenas se houver **imposição legal.**

Este princípio *genérico* não é aplicável à Administração Pública, pelos motivos que serão delineados doravante.

Conforme salientado alhures, os Poderes Administrativos, ou seja, as prerrogativas que lhe são outorgadas na Constituição Federal, têm por fundamento o Estado Democrático de Direito. Assim, como todo poder emana do "povo", é este quem determina, com a elaboração de uma Constituição Federal, como o Estado "deve" e "pode" agir, determinando as diretrizes de atuação estatal para atingimento do interesse público.

Portanto, o princípio da **legalidade** no âmbito da Administração Pública deve ser lido de outra forma, sendo conceituado como o princípio pelo qual a Administração Pública **só pode atuar nos termos da lei, ou seja, só pode fazer e agir conforme a lei permite ou autorize.**

Exercendo a mesma linha de raciocínio acerca do princípio democrático anteriormente exposto, é a "lei" (*lato sensu* - elaborada pelos *representantes do povo*, portanto, exercentes da vontade popular) que determina o que é o **interesse público**, sendo a base de atuação de toda a Administração Pública.

Bloco de Legalidade e Princípio da Juridicidade: Segundo o art. 2º, Parágrafo Único, I da Lei 9.784/99, a atuação administrativa deverá se dar em conformidade com a lei **e o Direito (princípio da juridicidade** - a conduta administrativa está subordinada ao bloco de legalidade).

Em uma visão moderna do Direito Administrativo, a legalidade estrita deixa de ser o foco do princípio da legalidade, tendo reflexos no controle dos atos administrativos. Assim, antes se falava apenas em controle de atos discricionários, especialmente àqueles em que o administrador tinha margem a decidir os atos a serem praticados. **Legitimidade**, nesse sentido, vai além da mera legalidade (a conformidade com a lei) e abrange a ideia de que as ações da Administração Pública devem ser justas, razoáveis e em conformidade com os valores e expectativas sociais. Enquanto a legalidade é um critério estrito de conformidade com o texto legal, a legitimidade engloba uma **avaliação mais ampla sobre a justiça, a razoabilidade e a moralidade das ações administrativas.**

Exceções ao princípio da legalidade: medidas provisórias, estado de defesa e estado de sítio.

26.1.2. Princípio da Impessoalidade

O princípio da Impessoalidade tem por base também essa atuação da Administração com base no **interesse público**. Desta forma, pouco importa os interesses pessoais do agente público que exerce a função administrativa, sua atuação deve se dar de forma **impessoal**, evitando que haja perseguições, favorecimentos, discriminações etc.

Tal princípio tem por fundamento o Princípio da Igualdade, segundo o qual todos são iguais perante a lei (igualdade formal). Além disso, não se pode olvidar que os iguais devem ser tratados igualmente e os desiguais desigualmente, na medida de suas desigualdades (igualdade material).

Há dispositivo constitucional que exemplifica bem o princípio da Impessoalidade, qual seja o §1º, do art. 37, segundo o qual:

> § 1º A publicidade dos atos, programas, obras, serviços e campanhas dos órgãos públicos deverá ter caráter educativo, informativo ou de orientação social, dela não podendo constar nomes, símbolos ou imagens que caracterizem promoção pessoal de autoridades ou servidores públicos.

Assim, o servidor público ou integrante de cargo político não poderá se utilizar da estrutura administrativa para promoção pessoal, demonstrando que deve agir de forma impessoal.

Assim podemos vislumbrar pelo menos **quatro significados** para o princípio da impessoalidade: **a) finalidade pública; b) isonomia; c) imputação ao órgão ou entidade administrativa dos atos praticados pelos seus servidores; d) proibição de utilização de propaganda oficial para promoção pessoal dos agentes públicos.**

26.1.3. PRINCÍPIO DA MORALIDADE

Moralidade, segundo o dicionário, é "1. Qualidade, característica do que é moral, do que segue os princípios da moral. 2. Conjunto dos princípios morais, individuais ou coletivos, como a virtude, o bem, a honestidade etc." (OXFORD LANGUAGES).

O referido princípio tem como fundamento a atuação ética do agente público, que deve ter uma atuação conforme a boa-fé e os princípios éticos e morais da Administração Pública, delineados não só na Constituição Federal, mas como também em todo ordenamento jurídico pátrio. Além da boa-fé e da ética, o agente público deve atuar de forma proba, honesta, preservando o patrimônio público e evitando desperdícios de dinheiro público de forma desnecessária.

O §4º da Constituição traz a base fundamental de punição do agente público que atua de forma ímproba, sem prejuízo das punições previstas especificamente na Lei de Improbidade Administrativa (Lei 8429/92). Além disso, a

Lei 13869 prevê a punição para o agente que abusa das prerrogativas que lhe são outorgadas (Lei de Abuso de Autoridade).

> § 4º Os atos de improbidade administrativa importarão a suspensão dos direitos políticos, a perda da função pública, a indisponibilidade dos bens e o ressarcimento ao erário, na forma e gradação previstas em lei, sem prejuízo da ação penal cabível.

26.1.4. Princípio da Publicidade

O princípio da publicidade, de forma *genérica*, pode ser classificado como o **dever** de a administração dar publicidade aos seus atos. Tal **dever** também decorre do Princípio Democrático, tendo em vista que a atuação da Administração deve ser **pública** aos olhos do povo, sendo possível assim a **fiscalização dos atos administrativos** por quem outorgou as prerrogativas inerentes ao exercício de tais atos.

Não obstante, hoje temos a divisão do Princípio da Publicidade em **ativa e passiva.**

Com relação à publicidade ativa, é dever da Administração publicar os atos administrativos produzidos por si em órgão oficial, desde que impliquem efeitos externos ou ônus ao patrimônio público.

Além disso, surge, com a promulgação da Lei 12.527/11 os portais da transparência, pelos quais a Administração disponibiliza diversas informações aos administrados, incluindo informações orçamentárias, possibilitando não só o controle dos atos administrativos, mas também da execução do orçamento público.

Já com relação à publicidade **passiva**, é o dever de a Administração prestar informações aos administrados em relação a atos que não sejam classificados como sigilosos, a partir de uma provocação por parte destes.

O art. 5º, XXXIII, da Constituição Federal traz o direito de os cidadãos receberem informações dos órgãos públicos, senão vejamos:

> XXXIII – todos têm direito a receber dos órgãos públicos informações de seu interesse particular, ou de interesse coletivo ou geral, que serão prestadas no prazo da lei, sob pena de responsabilidade, ressalvadas aquelas cujo sigilo seja imprescindível à segurança da sociedade e do Estado; (Regulamento) (Vide Lei nº 12.527, de 2011)

Tais pedidos têm por base o direito de petição e de informação, sendo que o não cumprimento de tais requerimentos pode acarretar a responsabilização administrativa, cível e criminal do agente público.

26.1.5. Princípio da Eficiência (EC 19/98)

O princípio da eficiência foi inserido no texto constitucional pela EC 19/98 (reforma administrativa), a qual teve por base a desburocratização administrativa e a busca por efetividade nos resultados com redução da fiscalização das atividades-meio e ampliação de autonomia dos agentes e órgãos públicos.

Tal princípio tem por base o fundamento de que se busca o melhor desempenho possível do agente público a fim de obter os melhores resultados, de forma econômica e rápida, para que a atuação administrativa não resulte em uma demora injustificada ou atuação deficitária em relação aos seus administrados.

Dentro do texto constitucional há a previsão da avaliação de desempenho dos agentes públicos para que atuem de forma eficaz, porém a lei complementar necessária para estabelecimento dos parâmetros de tal avaliação até hoje não foi editada, tratando-se de norma de eficácia limitada (art. 41, §1º, III da CF).

> § 1º O servidor público estável só perderá o cargo: (Redação dada pela Emenda Constitucional nº 19, de 1998)
>
> III – mediante procedimento de avaliação periódica de desempenho, na forma de lei complementar, assegurada ampla defesa. (Incluído pela Emenda Constitucional nº 19, de 1998)

Com base no princípio epigrafado, a estrutura e organização da administração pública deve ser organizada da forma mais racional possível, visando a obtenção dos melhores resultados na prestação do serviço público. Além disso deve haver **planejamento e coordenação** das atividades administrativas, evitando prejuízos e realização repetida das mesmas atividades.

Organização da Administração Pública

O tema "Organização da Administração Pública" refere-se à estrutura e ao arranjo institucional pelo qual o Estado executa suas funções, serviços e objetivos, garantindo a gestão eficaz dos interesses da sociedade e a implementação das políticas públicas. Esta organização é dividida em Administração Pública Direta e Indireta. A Administração Direta inclui os serviços integrados nos órgãos centrais e locais do governo em cada esfera da federação (União, Estados, Distrito Federal e Municípios), operando sob a direta supervisão do poder executivo respectivo. Por outro lado, a Administração Indireta é composta por entidades com personalidade jurídica própria, criadas por lei para desempenhar funções específicas de forma descentralizada, incluindo autarquias, fundações públicas, empresas públicas e sociedades de economia mista. Este arranjo permite uma especialização das funções e uma gestão mais flexível e adaptada às diversas necessidades e contextos, ao mesmo tempo em que mantém a coordenação e a supervisão necessárias para assegurar a conformidade com os princípios e objetivos gerais da Administração Pública.

26.2. ADMINISTRAÇÃO PÚBLICA DIRETA E INDIRETA

A **Administração Pública Direta** é composta pelos **entes federativos** que exercem a atividade administrativa de forma **centralizada**, compreendendo todos os órgãos e agentes dos entes federados, quais sejam a **União, estados--membros, Distrito Federal e os municípios**, cada qual com suas competências privativas e concorrentes delineadas na própria Constituição Federal.

A **Administração Pública Indireta** são as **pessoas jurídicas criadas** pelos entes federados, vinculadas às respectivas administrações diretas, com objetivo de exercer a função administrativa de forma **descentralizada.** É composta pelas **empresas públicas, sociedades de economia mista e autarquias.** Com relação às **fundações públicas** e **consórcios públicos**, falaremos mais adiante especificamente de cada um deles, tendo em vista as suas peculiaridades.

A **centralização administrativa** é a situação em que o Estado executa suas tarefas diretamente, por intermédio de seus inúmeros órgãos e agentes administrativos que compõem a sua estrutura funcional. Consiste na execução da atividade administrativa pelas próprias pessoas políticas (União, Estados, DF e Municípios). Trata-se de atividade eminentemente hierarquizada.

Na **descentralização administrativa**, o Estado transfere a execução dessas atividades para particulares ou a outras pessoas jurídicas, de direito público ou privado. Consiste na distribuição ou transferência de atividades ou serviços da Administração Direta para a Administração Indireta ou para particulares. Inexiste relação hierárquica entre a pessoa que transfere e a que recebe as atribuições.

A **desconcentração administrativa** consiste na distribuição **interna** de competências, no âmbito da mesma pessoa jurídica. Se dá tanto na administração direta quanto na administração indireta de todos os entes federativos. A desconcentração administrativa está relacionada ao princípio da hierarquia.

A **concentração administrativa** consiste na ausência completa de distribuição de tarefas entre repartições internas, constituindo-se em situação raríssima na Administração Pública.

Centralização concentrada: quando as competências são exercidas por uma única pessoa jurídica política, sem divisões internas. Tal modelo existe apenas abstratamente, já que na prática seria impossível um ente da federação exercer todas as suas competências sem a divisão em órgãos públicos.

Centralização desconcentrada: quando as competências são atribuídas a uma única pessoa política, dividida internamente em órgãos. Esse é o modelo adotado pela Administração Direta.

Descentralização concentrada: quando são atribuídas competências a outras pessoas jurídicas autônomas, distintas do ente político, sem que elas possuam divisões internas. Ex. fundação sem divisão em órgãos.

Descentralização desconcentrada: quando são atribuídas competências a outras pessoas jurídicas autônomas, distintas do ente político, as quais são divididas internamente. INSS, funções repartidas pelas várias agências.

26.2.1. Modalidades de descentralização

Descentralização territorial: ocorre quando uma entidade local, geograficamente delimitada, é dotada de personalidade própria de direito público, com capacidade administrativa genérica. É característico nos estados unitários. No Brasil equivaleria à criação de um território federal (autarquias territoriais).

Descentralização por serviços (funcional ou técnica - por outorga): é aquela que o ente federativo **cria uma pessoa jurídica de direito público ou privado** e atribui a elas a titularidade e a execução de determinado serviço público (ex. autarquias, fundações públicas, empresas públicas e sociedades de economia mista).

Descentralização por colaboração (por delegação): por meio de **contrato administrativo** (concessão ou permissão) ou ato administrativo unilateral (autorização) se transfere a execução de determinado serviço público a pessoa jurídica de direito privado, que já existia anteriormente (integrante ou não da administração indireta), conservando o Poder Público a titularidade do serviço.

26.2.2. Espécies de entidades da Administração Indireta

O Decreto-lei 200/67 dispõe:

> Art. 4º A Administração Federal compreende:
>
> I – A Administração Direta, que se constitui dos serviços integrados na estrutura administrativa da Presidência da República e dos Ministérios.
>
> II – A Administração Indireta, que compreende as seguintes categorias de entidades, dotadas de personalidade jurídica própria:
>
> a) Autarquias;
>
> b) Empresas Públicas;
>
> c) Sociedades de Economia Mista.
>
> d) fundações públicas.

A Lei 11.107/05 previu a instituição da figura dos consórcios públicos, podendo adotar a forma de pessoa jurídica de direito público ou de direito privado. Na primeira hipótese, a própria lei diz que o consórcio **integrará a administração indireta de todos os entes federados consorciados (associação pública – espécie de autarquia).** Caso o consórcio público seja instituído por pessoa jurídica de direito privado, a lei apenas estabelece que ele se constituirá "mediante o atendimento dos requisitos da legislação civil" (Lei 11.107/05, art. 6º, II), e deverá observar as normas de direito público no que concerne à realização de licitação, celebração de contratos, prestação de contas e admissão de pessoal, que será regido pela CLT (art. 6º, §2º).

A **posição majoritária** é de que os consórcios públicos são entidades da Administração Indireta.

O estudo de cada entidade da Administração Indireta fica a cargo do estudo doutrinário do Direito Administrativo, sendo que nos cabe aqui apenas passar o panorama Constitucional e as diretrizes basilares para entendimento da matéria.

Uma questão importante que se extrai do art. 37 é que **qualquer dos poderes** pode contar com uma **Administração Indireta,** ou seja, criar pessoas jurídicas distintas do Poder para execução de serviços públicos. Como exemplo, seria uma Autarquia criada pelo Poder Legislativo para cuidar das aposentadorias de seus servidores. Segundo a redação do art. 37 isso é possível, no momento em que utiliza a expressão "de qualquer dos poderes".

26.2.3. Criação de Entidades e Autarquias

> XIX - somente por lei específica poderá ser criada autarquia e autorizada a instituição de empresa pública, de sociedade de economia mista e de fundação, cabendo à lei complementar, neste último caso, definir as áreas de sua atuação; (Redação dada pela Emenda Constitucional nº 19, de 1998)
>
> XX - depende de autorização legislativa, em cada caso, a criação de subsidiárias das entidades mencionadas no inciso anterior, assim como a participação de qualquer delas em empresa privada;

Os Incisos XIX e XX delineiam o processo de criação de autarquias, empresas públicas, sociedades de economia mista e fundações, enfatizando a necessidade de lei específica para tal fim. Essa exigência reforça o princípio da legalidade e assegura que a expansão da estrutura administrativa do Estado seja objeto de deliberação e controle democráticos. A necessidade de autorização legislativa para a criação dessas entidades garante transparência e permite o debate público sobre a conveniência, oportunidade e viabilidade de tais iniciativas.

A criação de autarquias e outras entidades estatais têm implicações significativas para a organização administrativa do Estado e para a prestação de serviços públicos. Autarquias, por exemplo, são criadas para exercer atividades típicas da administração pública de forma descentralizada, com autonomia administrativa e financeira. Empresas públicas e sociedades de economia mista, por outro lado, permitem ao Estado atuar no domínio econômico, buscando aliar a eficiência empresarial à consecução de objetivos públicos.

A determinação de que a criação dessas entidades depende de lei específica reflete a preocupação com o controle sobre a expansão do aparato estatal e com a definição clara de suas finalidades, estruturas e regimes jurídicos. Isso implica uma análise criteriosa sobre a necessidade de se estabelecer novas entidades e sobre as formas mais adequadas de organização e gestão para atender aos interesses públicos envolvidos.

26.3. SERVIDORES PÚBLICOS CIVIS E MILITARES – REGIME JURÍDICO CONSTITUCIONAL

A CF/88 traz em seu bojo de artigos também uma série de dispositivos que regulamenta e direciona como será o regime jurídico dos servidores civis e militares, estabelecendo direitos e deveres, bem como diretrizes para que seus estatutos se adequem ao texto constitucional.

> Conceito de Agentes Públicos
>
> I – os **cargos**, **empregos** e **funções públicas** são acessíveis aos brasileiros que preencham os requisitos estabelecidos em lei, assim como aos estrangeiros, na forma da lei; (Redação dada pela Emenda Constitucional nº 19, de 1998)

O próprio texto constitucional já estabelece que, na Administração Pública, há cargos, empregos e funções públicas. O conceito de agente público é bem desenhado na Lei de Improbidade administrativa, que assim declara em seu art. 2º:

> Art. 2º Para os efeitos desta Lei, consideram-se **agente público** o **agente político**, o **servidor público** e **todo aquele que exerce**, ainda que **transitoriamente** ou **sem remuneração**, por **eleição**, **nomeação**, **designação**, **contratação** ou **qualquer outra forma de investidura ou vínculo**, **mandato**, **cargo**, **emprego** ou **função** nas entidades referidas no art. 1º desta Lei. (Redação dada pela Lei nº 14.230, de 2021) (grifo nosso)

Portanto, **agente público é aquele que tem qualquer tipo de vínculo com a Administração Pública, mesmo que transitoriamente ou sem remuneração.**

Cargo público é aquele preenchido através de concurso público, sendo que o vínculo entre a Administração e o servidor será por meio de um **estatuto** (ex. Lei 8.112, Lei Estadual de SP 10.268 etc.)

Emprego público é aquele que também é preenchido através de concurso público e o vínculo entre o empregado e a Administração tem por base a Consolidação das Leis do Trabalho – **CLT**.

A **função pública** já é mais genérica, podendo ter diversos modos de vínculo. Um exemplo corriqueiro de função pública é o exercício da função de jurado no Tribunal do Júri e de mesário durante as eleições, cada qual regulado por suas próprias normas.

26.3.1. Da Necessidade de Concurso Público e dos Cargos em Comissão e Função de Confiança

> Art. 37, II – a investidura em cargo ou emprego público depende de aprovação prévia em concurso público de provas ou de provas e títulos, de acordo com a natureza e a complexidade do cargo ou emprego, na forma prevista em lei, ressalvadas as nomeações para cargo em comissão declarado em lei de livre nomeação e exoneração; (Redação dada pela Emenda Constitucional nº 19, de 1998)
>
> III – o prazo de validade do concurso público será de até dois anos, prorrogável uma vez, por igual período;
>
> IV – durante o prazo improrrogável previsto no edital de convocação, aquele aprovado em concurso público de provas ou de provas e títulos será convocado com prioridade sobre novos concursados para assumir cargo ou emprego, na carreira;

A Constituição também estabelece que o meio de contratação para quem vai exercer **cargo** ou **emprego** público é o concurso público que pode ser de **provas** OU **provas E títulos.** A primeira conclusão que se extrai é a de que não é admitido o concurso apenas por títulos. Tal norma é de eficácia contida, visto que estabelece que o concurso público será na forma prevista em lei.

Além disso o **prazo de validade do concurso público é de ATÉ dois anos,** prorrogável **uma vez**, por **igual período**. Tal prazo de validade será estabelecido em edital, sendo que pode ser menor que dois anos a partir do momento que a própria constituição deixa essa abertura à discricionariedade do administrador de estipular o prazo de validade do concurso. A prorrogação deve ser pelo mesmo período estipulado inicialmente, portanto, se o concurso tiver validade de seis meses, a prorrogação será uma única vez por igual período, ou seja, mais seis meses.

Cargo em comissão é aquele de livre nomeação e exoneração (*ad nutum*), ou seja, o administrador tem à sua livre disposição o cargo para nomear quem entender necessário ao cumprimento das atribuições, que serão sempre definidas em lei (princípio da legalidade). Com relação ao nepotismo, o STF já se manifestou no seguinte sentido:

> **Súmula Vinculante 13:** A nomeação de cônjuge, companheiro ou parente em linha reta, colateral ou por afinidade, **até o terceiro grau**, inclusive, da autoridade nomeante ou de servidor

> da mesma pessoa jurídica investido em cargo de direção, chefia ou assessoramento, para o exercício de cargo em comissão ou de confiança ou, ainda, de função gratificada na administração pública direta e indireta em qualquer dos poderes da União, dos Estados, do Distrito Federal e dos Municípios, compreendido o ajuste mediante designações recíprocas, viola a Constituição Federal.

Nos termos do inc. V do dispositivo Constitucional em comento, tanto os cargos em comissão quanto as **funções de confiança** são destinados às atribuições de **direção, chefia e assessoramento.**

> V – as funções de confiança, exercidas exclusivamente por servidores ocupantes de cargo efetivo, e os cargos em comissão, a serem preenchidos por servidores de carreira nos casos, condições e percentuais mínimos previstos em lei, destinam-se apenas às atribuições de direção, chefia e assessoramento; (Redação dada pela Emenda Constitucional nº 19, de 1998)

A diferença é que nas funções de **confiança**, necessariamente o ocupante deve ser **servidor de cargo efetivo**, ou seja, àquele preenchido através de concurso público. Destarte, o mesmo inc. V estabelece que os **cargos em comissão** deverão prever percentuais mínimos de preenchimento por servidores de carreira.

Aqui surge uma dúvida muito comum entre os estudantes de direito: servidor de cargo efetivo é aquele que passou no estágio probatório?

Não se pode confundir cargo efetivo com estabilidade. O ocupante de cargo efetivo é aquele indivíduo que passou em concurso público para ocupar um cargo permanente na Administração, ou seja, criado por lei de forma não temporária. Assim, o indivíduo que ocupa cargo efetivo pode estar ou não em estágio probatório.

Estágio probatório é o famoso "período de experiência", no qual o ocupante de cargo efetivo está sendo avaliado no desempenho de suas funções, se está apto a exercer aquelas atribuições que lhe foram impostas por lei.

Por fim, o servidor estável é aquele que cumpriu o estágio probatório e foi considerado apto ao exercício das funções, sendo que só poderá ter seu vínculo com a administração rompido mediante o preenchimento de alguns requisitos, entre eles o processo administrativo, assegurada a ampla defesa.

Acerca da estabilidade, o art. 41 da CF declara:

> Art. 41. São estáveis após três anos de efetivo exercício os servidores nomeados para cargo de provimento efetivo em virtude de concurso público. (Redação dada pela Emenda Constitucional nº 19, de 1998)
>
> § 1º O servidor público estável só perderá o cargo: (Redação dada pela Emenda Constitucional nº 19, de 1998)
>
> I - em virtude de sentença judicial transitada em julgado; (Incluído pela Emenda Constitucional nº 19, de 1998)
>
> II - mediante processo administrativo em que lhe seja assegurada ampla defesa; (Incluído pela Emenda Constitucional nº 19, de 1998)
>
> III - mediante procedimento de avaliação periódica de desempenho, na forma de lei complementar, assegurada ampla defesa. (Incluído pela Emenda Constitucional nº 19, de 1998)
>
> § 2º Invalidada por sentença judicial a demissão do servidor estável, será ele **reintegrado**, e o eventual ocupante da vaga, se estável, reconduzido ao cargo de origem, sem direito a indenização, aproveitado em outro cargo ou posto em disponibilidade com remuneração proporcional ao tempo de serviço. (Redação dada pela Emenda Constitucional nº 19, de 1998)
>
> § 3º Extinto o cargo ou declarada a sua desnecessidade, o servidor estável ficará em **disponibilidade**, com remuneração proporcional ao tempo de serviço, até seu adequado aproveitamento em outro cargo. (Redação dada pela Emenda Constitucional nº 19, de 1998)
>
> § 4º Como condição para a aquisição da estabilidade, é obrigatória a **avaliação especial de desempenho** por comissão instituída para essa finalidade. (Incluído pela Emenda Constitucional nº 19, de 1998)
>
> Art. 37, § 13. O servidor público titular de cargo efetivo poderá ser readaptado para exercício de cargo cujas atribuições e responsabilidades sejam compatíveis com a limitação que tenha sofrido em sua capacidade física ou mental, enquanto permanecer nesta condição, desde que possua a habilitação e o nível de escolaridade exigidos para o cargo de destino, mantida a remuneração do cargo de origem. (Incluído pela Emenda Constitucional nº 103, de 2019)

Portanto, **servidor em estágio probatório poderá ocupar função de confiança**, pois não há impedimento legal para tanto.

O artigo 37, inciso IV, da Constituição Federal do Brasil estabelece que "durante o prazo improrrogável previsto no edital de convocação, aquele aprovado em concurso público de provas ou de provas e títulos será convocado com prioridade sobre novos concursados para assumir cargo ou emprego na carreira". Esse dispositivo garante o direito de nomeação aos candidatos aprovados dentro do número de vagas previsto no edital do concurso público durante o seu prazo de validade, que pode ser de até dois anos, prorrogável uma vez por igual período.

Exemplo prático disso pode ser observado em concursos para o preenchimento de vagas em cargos públicos de professores em uma universidade federal. Suponha que um edital de concurso público tenha sido lançado com 10 vagas para o cargo de professor de Direito. Os candidatos aprovados e classificados dentro dessas 10 vagas têm o direito assegurado pelo artigo 37, inciso IV, da Constituição, de serem nomeados para ocupar o cargo durante a validade do concurso. Se a universidade precisar preencher mais vagas durante o prazo de validade do concurso, ela deve convocar os candidatos remanescentes da lista de aprovados do concurso em vigência, antes de realizar um novo concurso para o mesmo cargo.

Este inciso protege os direitos dos candidatos aprovados, assegurando que a administração pública respeite a ordem de classificação e o prazo de validade do concurso, contribuindo para a transparência e a meritocracia no processo de seleção e contratação de servidores públicos.

> VIII – a lei reservará percentual dos cargos e empregos públicos para as pessoas portadoras de deficiência e definirá os critérios de sua admissão;
>
> IX – a lei estabelecerá os casos de contratação por tempo determinado para atender a necessidade temporária de excepcional interesse público; (Vide Emenda constitucional nº 106, de 2020)

Ainda em relação à contratação de servidores, há previsão Constitucional para a reserva de cargos e empregos às pessoas com deficiência.

Além disso há a possibilidade de contratação temporária de pessoal, com fundamento no excepcional interesse público (ex. a contratação de professores temporários para a rede pública de ensino). O STF estabelece cinco requisitos para a contratação de temporários:

a) Os casos excepcionais sejam previstos em lei

b) O prazo determinado de contratação

c) Seja uma necessidade temporária

d) Haja um interesse público excepcional

e) A indispensabilidade da necessidade de contratação, sendo vedada a contratação para serviço ordinário e permanente de estado.

No âmbito da Administração Federal, a contratação por tempo determinado para atender necessidade temporária de excepcional interesse público foi disciplinada pela Lei 8.745/93.

Por fim, o §2º do art. 37 prevê:

> § 2º A não observância do disposto nos incisos II e III implicará a nulidade do ato e a punição da autoridade responsável, nos termos da lei.

Cumpre salientar que determinados servidores possuem acesso a informações privilegiadas na Administração Pública, especialmente para poderem exercer livremente as prerrogativas que lhe são outorgadas pelo sistema normativo. O acesso a tais informações deve ser controlado para que não haja prejuízo à sociedade com a exposição dessas informações, sendo que o §7º do art. 37 assim declara:

> § 7º A lei disporá sobre os requisitos e as restrições ao ocupante de cargo ou emprego da administração direta e indireta que possibilite o acesso a informações privilegiadas. (Incluído pela Emenda Constitucional nº 19, de 1998)

26.3.2. Livre Associação Sindical e Direito de Greve

> VI – é garantido ao servidor público civil o direito à livre associação sindical;
>
> VII – o direito de greve será exercido nos termos e nos limites definidos em lei específica; (Redação dada pela Emenda Constitucional nº 19, de 1998)

A Constituição Federal assegura ao **servidor público civil** o direito à livre associação **sindical**. Além disso prevê que o direito de greve será exercido **nos termos e nos limites definidos em lei específica.**

O **servidor público militar** não possui nenhum destes direitos assegurados constitucionalmente, por força do art. 142, §3º, IV, do mesmo diploma

> IV – ao militar são proibidas a sindicalização e a greve; (Incluído pela Emenda Constitucional nº 18, de 1998)

O direito de greve não é absoluto, sendo que o STF já se posicionou sobre o tema, especialmente em relação ao direito de greve de **policiais civis**:

> EMENTA: RECLAMAÇÃO. SERVIDOR PÚBLICO. **POLICIAIS CIVIS. DISSÍDIO COLETIVO DE GREVE. SERVIÇOS OU ATIVIDADES PÚBLICAS ESSENCIAIS.** COMPETÊNCIA PARA CONHECER E JULGAR O DISSÍDIO. ARTIGO 114, INCISO I, DA CONSTITUIÇÃO DO BRASIL. DIREITO DE GREVE. ARTIGO 37, INCISO VII, DA CONSTITUIÇÃO DO BRASIL. LEI N. 7.783/89. **INAPLICABILIDADE AOS SERVIDORES PÚBLICOS. DIREITO NÃO ABSOLUTO.** RELATIVIZAÇÃO DO DIREITO DE GREVE EM RAZÃO DA ÍNDOLE DE DETERMINADAS ATIVIDADES PÚBLICAS. AMPLITUDE DA DECISÃO PROFERIDA NO JULGAMENTO DO MANDADO DE INJUNÇÃO N. 712. ART. 142, § 3º, INCISO IV, DA CONSTITUIÇÃO DO BRASIL. INTERPRETAÇÃO DA CONSTITUIÇÃO. AFRONTA AO DECIDIDO NA ADI 3.395. INCOMPETÊNCIA DA JUSTIÇA DO TRABALHO PARA DIRIMIR CONFLITOS ENTRE SERVIDORES PÚBLICOS E ENTES DA ADMINISTRAÇÃO ÀS QUAIS ESTÃO VINCULADOS. RECLAMAÇÃO JULGADA PROCEDENTE. 1. O Supremo Tribunal Federal, ao julgar o MI n. 712, afirmou entendimento no sentido de que a Lei n. 7.783/89, que dispõe sobre o exercício do direito de greve dos trabalhadores em geral, é ato normativo de início inaplicável aos servidores públicos civis, mas ao Poder Judiciário dar concreção ao artigo 37, inciso VII, da Constituição do Brasil, suprindo omissões do Poder Legislativo. **2. Servidores públicos que exercem atividades relacionadas à manutenção da ordem pública e à segurança pública, à administração da Justiça – aí os integrados nas chamadas carreiras de Estado, que exercem atividades indelegáveis, inclusive as de exação tributária – e à saúde pública. A conservação do bem comum exige que certas categorias de servidores públicos sejam privadas do exercício do direito de greve. Defesa dessa conservação e efetiva proteção de outros direitos igualmente salvaguardados pela Constituição do Brasil.**
>
> (Rcl 6568, Relator(a): EROS GRAU, Tribunal Pleno, julgado em 21-05-2009, DJe-181 DIVULG 24-09-2009 PUBLIC 25-09-2009 EMENT VOL-02375-02 PP-00736)

Sobre o desconto dos dias não trabalhados, o STF firmou entendimento que a greve suspende o contrato de trabalho e que, em razão disso, o Poder Público tem, em regra, o **dever de descontar a remuneração dos dias trabalhados,** salvo quando os servidores **compensarem** a jornada não trabalhada (mediante acordo entre a Administração e os servidores); ou, a greve for provocada por **conduta ilícita do Poder Público.**

26.3.3. Regime Jurídico Único (RJU)

O Regime Jurídico Único (RJU) está previsto no artigo 39 da Constituição Federal do Brasil, que trata da organização dos servidores públicos civis da União, dos Estados, do Distrito Federal e dos Municípios. O RJU é estabelecido por uma lei específica e determina as regras aplicáveis aos servidores públicos, incluindo questões relacionadas a direitos, deveres, remuneração, regime de trabalho, aposentadoria, entre outros aspectos.

> Art. 39. A União, os Estados, o Distrito Federal e os Municípios instituirão, no âmbito de sua competência, regime jurídico único e planos de carreira para os servidores da administração pública direta, das autarquias e das fundações públicas. (Vide ADI nº 2.135)
>
> Art. 39. A União, os Estados, o Distrito Federal e os Municípios instituirão conselho de política de administração e remuneração de pessoal, integrado por servidores designados pelos respectivos Poderes (Redação dada pela Emenda Constitucional nº 19, de 1998) (Vide ADI nº 2.135)
>
> § 1º A fixação dos padrões de vencimento e dos demais componentes do sistema remuneratório observará: (Redação dada pela Emenda Constitucional nº 19, de 1998)
>
> I – a natureza, o grau de responsabilidade e a complexidade dos cargos componentes de cada carreira; (Incluído pela Emenda Constitucional nº 19, de 1998)
>
> II – os requisitos para a investidura; (Incluído pela Emenda Constitucional nº 19, de 1998)
>
> III – as peculiaridades dos cargos. (Incluído pela Emenda Constitucional nº 19, de 1998)

Originalmente, a Constituição de 1988, em sua redação original, previa a **adoção obrigatória do RJU para todos os servidores da administração direta, autarquias e fundações públicas.** Isso significava que todos os servidores desses órgãos estariam submetidos a um **único regime estatutário, em oposição ao regime celetista (regido pela Consolidação das Leis do Trabalho - CLT)**.

No entanto, a Emenda Constitucional nº 19, de 1998, conhecida como Emenda da Reforma Administrativa, modificou significativamente o artigo 39, permitindo que a União, os Estados, o Distrito Federal e os Municípios estabelecessem, por meio de lei específica, **regimes distintos de contratação para seus servidores**. Com essa mudança, os entes federativos passaram a ter a opção de **contratar servidores tanto sob o regime estatutário quanto sob o regime da CLT**, de acordo com as necessidades e especificidades de cada órgão ou entidade.

A Ação Direta de Inconstitucionalidade (ADI) 2135, relacionada ao artigo 39 da CF, questiona justamente essas alterações introduzidas pela EC nº 19/98. Em 2007, o Supremo Tribunal Federal (STF) concedeu uma medida cautelar que suspendeu a eficácia do § 1º do artigo 39, **reintroduzindo, assim, a obrigatoriedade do RJU para os servidores das autarquias e fundações públicas**. Essa decisão teve um impacto significativo na gestão de recursos humanos no setor público, trazendo de volta a discussão sobre a uniformidade do regime de contratação dos servidores públicos.

Até o momento, o STF não proferiu decisão final sobre o mérito da ADI 2135, o que mantém o cenário de incerteza quanto à configuração definitiva do regime de contratação dos servidores públicos. Esse debate envolve questões complexas sobre a eficiência da administração pública, a gestão de pessoal, os direitos dos servidores e as necessidades de flexibilização para o atendimento das demandas da sociedade.

Exemplificando, a Lei 8.112/90 estabelece, em seu art. 1º, o seguinte:

> Art. 1º Esta Lei institui o Regime Jurídico dos Servidores Públicos Civis da União, das autarquias, inclusive as em regime especial, e das fundações públicas federais.

Assim, todos os servidores públicos **civis** da União, autarquias e fundações públicas federais serão regidos pelas disposições elencadas no rol da Lei 8.112/90 (estatuto).

O art. 39, §2º, ainda prevê a criação de escolas de governo para formação e aperfeiçoamento dos servidores:

> § 2º A União, os Estados e o Distrito Federal manterão escolas de governo para a formação e o aperfeiçoamento dos servidores

> públicos, constituindo-se a participação nos cursos um dos requisitos para a promoção na carreira, facultada, para isso, a celebração de convênios ou contratos entre os entes federados. (Redação dada pela Emenda Constitucional nº 19, de 1998)

Com relação aos direitos dos servidores, o próprio §3º estabelece o rol de direitos mínimos:

> § 3º Aplica-se aos servidores ocupantes de cargo público o disposto no art. 7º, IV, VII, VIII, IX, XII, XIII, XV, XVI, XVII, XVIII, XIX, XX, XXII e XXX, podendo a lei estabelecer requisitos diferenciados de admissão quando a natureza do cargo o exigir. (Incluído pela Emenda Constitucional nº 19, de 1998)

26.3.4. Remuneração

Acerca do regime jurídico dos agentes públicos à luz da Constituição brasileira, é essencial realizar uma análise aprofundada e contextualizada dos incisos que tratam da remuneração dos servidores públicos. Cada inciso reflete princípios constitucionais fundamentais que orientam a organização e a atuação da administração pública, bem como a relação entre o Estado e seus servidores. A seguir, exploraremos detalhadamente os incisos mencionados, integrando-os ao regime jurídico constitucional dos agentes públicos.

Legalidade e Iniciativa Legislativa

> X – a remuneração dos servidores públicos e o subsídio de que trata o § 4º do art. 39 somente poderão ser fixados ou alterados por lei específica, observada a iniciativa privativa em cada caso, assegurada revisão geral anual, sempre na mesma data e sem distinção de índices; (Redação dada pela Emenda Constitucional nº 19, de 1998) (Regulamento)

O Inciso X do artigo 37 da Constituição Federal estipula que a remuneração dos servidores públicos deve ser fixada ou alterada exclusivamente por meio de **lei específica**, respeitando-se a **iniciativa privativa** para tal proposição. Essa disposição reforça o princípio da legalidade, segundo o qual o Estado deve agir conforme o que está expressamente determinado em lei. No contexto do regime jurídico dos agentes públicos, isso significa que qualquer alteração em sua remuneração deve passar pelo crivo do processo legislativo, garantindo transparência e participação democrática nas decisões que afetam a esfera econômica dos servidores.

Além disso, o inciso assegura a revisão geral anual das remunerações, o que está intrinsecamente ligado ao princípio da isonomia. Essa revisão deve ocorrer de forma simultânea e uniforme para todos os servidores, sem distinções ou favorecimentos, assegurando um tratamento equitativo que reconhece a importância de cada servidor para o funcionamento da máquina pública.

Teto Remuneratório e Equidade

> XI - a remuneração e o subsídio dos ocupantes de cargos, funções e empregos públicos da administração direta, autárquica e fundacional, dos membros de qualquer dos Poderes da União, dos Estados, do Distrito Federal e dos Municípios, dos detentores de mandato eletivo e dos demais agentes políticos e os proventos, pensões ou outra espécie remuneratória, percebidos cumulativamente ou não, incluídas as vantagens pessoais ou de qualquer outra natureza, não poderão exceder o subsídio mensal, em espécie, dos Ministros do Supremo Tribunal Federal, aplicando-se como limite, nos Municípios, o subsídio do Prefeito, e nos Estados e no Distrito Federal, o subsídio mensal do Governador no âmbito do Poder Executivo, o subsídio dos Deputados Estaduais e Distritais no âmbito do Poder Legislativo e o subsidio dos Desembargadores do Tribunal de Justiça, limitado a noventa inteiros e vinte e cinco centésimos por cento do subsídio mensal, em espécie, dos Ministros do Supremo Tribunal Federal, no âmbito do Poder Judiciário, aplicável este limite aos membros do Ministério Público, aos Procuradores e aos Defensores Públicos; (Redação dada pela Emenda Constitucional nº 41, 19.12.2003)

O Inciso XI trata do teto remuneratório para os servidores públicos, vinculando-o ao subsídio dos Ministros do Supremo Tribunal Federal. Esse mecanismo de limitação salarial tem o intuito de promover a equidade dentro da administração pública e evitar discrepâncias que possam comprometer os princípios da moralidade e da eficiência administrativa. Ao estabelecer um limite máximo para a remuneração dos servidores, a Constituição busca prevenir distorções econômicas e garantir que a distribuição dos recursos públicos seja feita de maneira justa e proporcional.

A aplicação desse limite considera a realidade de cada esfera de governo, respeitando a autonomia federativa e as especificidades locais. Isso reflete o princípio federativo, que valoriza a diversidade e a capacidade de auto-organização dos entes federados, permitindo que cada um estabeleça seus próprios critérios, desde que respeitado o limite constitucional.

> § 9º O disposto no inciso XI aplica-se às empresas públicas e às sociedades de economia mista, e suas subsidiárias, **que receberem recursos da União, dos Estados, do Distrito Federal ou dos Municípios para pagamento de despesas de pessoal ou de custeio em geral**. (Incluído pela Emenda Constitucional nº 19, de 1998)

O §9º estabelece que é aplicável o teto Constitucional aos entes da Administração Indireta, condicionando esta aplicabilidade ao recebimento de recursos dos entes da Adm. Direta para fins de pagamento de despesas de pessoal ou custeio em geral. Portanto, as empresas que não recebam estes recursos ou que recebam mas não os utilizem para fins de despesas de pessoal ou custeio em geral não estão submetidas ao teto constitucional (ex. Petrobrás, Caixa Econômica Federal, Banco do Brasil e outros).

> § 11. Não serão computadas, para efeito dos limites remuneratórios de que trata o inciso XI do caput deste artigo, as parcelas de caráter indenizatório previstas em lei. (Incluído pela Emenda Constitucional nº 47, de 2005)

O §11 estabelece que as verbas indenizatórias não serão computadas para fins de cálculo do teto constitucional da remuneração dos agentes públicos. Portanto, o agente público poderá receber valores acima do teto constitucional quando este valor estiver acrescido de parcelas indenizatórias.

> § 12. Para os fins do disposto no inciso XI do caput deste artigo, fica facultado aos Estados e ao Distrito Federal fixar, em seu âmbito, mediante emenda às respectivas Constituições e Lei Orgânica, como **limite único**, o subsídio mensal dos Desembargadores do respectivo Tribunal de Justiça, limitado a noventa inteiros e vinte e cinco centésimos por cento do subsídio mensal dos Ministros do Supremo Tribunal Federal, não se aplicando o disposto neste parágrafo aos subsídios dos Deputados Estaduais e Distritais e dos Vereadores. (Incluído pela Emenda Constitucional nº 47, de 2005)

Ainda acerca do teto remuneratório, o §12 estabelece que os Estados e o DF poderão adotar como teto remuneratório (**limite único**), o valor do subsídio mensal dos Desembargadores do respectivo TJ, limitado a 90,25% do subsídio mensal dos Ministros do STF. Tal dispositivo não se aplica aos subsídios dos Deputados Estaduais e Distritais nem dos Vereadores, com previsões específicas.

Harmonia entre os Poderes

> XII – os vencimentos dos cargos do Poder Legislativo e do Poder Judiciário não poderão ser superiores aos pagos pelo Poder Executivo;

O Inciso XII assegura que os vencimentos dos servidores do Poder Legislativo e do Poder Judiciário não podem superar os do Poder Executivo. Essa disposição visa manter uma harmonia remuneratória entre os três poderes, evitando que um deles estabeleça vantagens desproporcionais para seus servidores. Isso é fundamental para preservar o equilíbrio e a independência entre os poderes, pilares essenciais do regime democrático. Ao evitar que disparidades salariais sejam fonte de conflitos ou ressentimentos institucionais, a Constituição fortalece a coesão e a eficácia da administração pública.

Autonomia Administrativa e Eficiência

> XIII – é vedada a vinculação ou equiparação de quaisquer espécies remuneratórias para o efeito de remuneração de pessoal do serviço público; (Redação dada pela Emenda Constitucional nº 19, de 1998)

A proibição de vinculação ou equiparação de espécies remuneratórias, estabelecida no Inciso XIII, visa assegurar a autonomia administrativa dos diferentes órgãos e entidades públicas na gestão de suas políticas de remuneração. Esse princípio impede que aumentos salariais sejam automaticamente estendidos de uma categoria para outra, sem levar em conta as especificidades e necessidades de cada setor. Tal medida contribui para a eficiência administrativa, permitindo que cada órgão ou entidade estabeleça sua estrutura remuneratória de acordo com seus objetivos e recursos disponíveis.

Estabilidade e Responsabilidade Fiscal

> XIV – os acréscimos pecuniários percebidos por servidor público não serão computados nem acumulados para fins de concessão de acréscimos ulteriores; (Redação dada pela Emenda Constitucional nº 19, de 1998)
>
> XV – o subsídio e os vencimentos dos ocupantes de cargos e empregos públicos são irredutíveis, ressalvado o disposto nos incisos XI e XIV deste artigo e nos arts. 39, § 4º, 150, II, 153, III, e 153, § 2º, I; (Redação dada pela Emenda Constitucional nº 19, de 1998)

Os incisos XIV e XV tratam da irredutibilidade dos vencimentos e da não acumulação de acréscimos pecuniários para fins de concessão de novos aumentos. Essas disposições visam garantir a estabilidade econômica dos servidores públicos, protegendo-os de reduções arbitrárias em seus proventos. Ao mesmo tempo, estabelecem limites para o crescimento da folha de pagamento, em consonância com os princípios da responsabilidade fiscal e da sustentabilidade das finanças públicas.

Ao integrar esses incisos ao regime jurídico dos agentes públicos, observamos como a Constituição busca equilibrar direitos e responsabilidades, visando a construção de uma administração pública eficiente, justa e capaz de atender às demandas da sociedade. A remuneração dos servidores, nesse contexto, é tratada não apenas como uma questão econômica, mas como um elemento fundamental para a valorização do serviço público e para a promoção de princípios éticos e democráticos no âmbito da administração pública brasileira.

Remuneração por Subsídio

Subsídio é uma forma de remuneração fixada em **parcela única**, sem acréscimos ou vantagens adicionais, prevista para determinadas categorias de servidores públicos, especialmente aqueles que ocupam cargos de alta relevância ou que desempenham funções de especial importância no âmbito dos Poderes Executivo, Legislativo e Judiciário.

A principal característica do subsídio é sua **natureza unificada**, ou seja, ele engloba todas as parcelas remuneratórias, não admitindo acréscimos, gratificações ou outras vantagens pecuniárias, exceto aquelas previstas em lei de forma muito específica.

O subsídio visa garantir uma remuneração transparente e simplificada, facilitando o controle e a compreensão da estrutura remuneratória. Além disso, busca evitar discrepâncias salariais e a acumulação de vantagens que possam distorcer a remuneração final do servidor.

O art. 39 estabelece em seus parágrafos o seguinte:

> § 4º O membro de Poder, o detentor de mandato eletivo, os Ministros de Estado e os Secretários Estaduais e Municipais serão remunerados **exclusivamente por subsídio** fixado em parcela única, vedado o acréscimo de qualquer gratificação, adicional, abono, prêmio, verba de representação ou outra espécie remuneratória, obedecido, em qualquer caso, o disposto no art. 37, X e XI. (Incluído pela Emenda Constitucional nº 19, de 1998)

> § 6º Os Poderes Executivo, Legislativo e Judiciário publicarão anualmente os valores do subsídio e da remuneração dos cargos e empregos públicos. (Incluído pela Emenda Constitucional nº 19, de 1998)

Cumpre ressaltar que não existe somente o subsídio, sendo certo que alguns cargos públicos percebem como retribuição ao seu trabalho os vencimentos. Os vencimentos podem ser acrescidos de diversas vantagens pecuniárias, observado o teto constitucional. O §8º do art. 39 prevê que "A remuneração dos servidores públicos organizados em carreira **poderá** ser fixada nos termos do § 4º. (Incluído pela Emenda Constitucional nº 19, de 1998)"

Assim, os servidores públicos organizados em carreira poderão receber através de **subsídio** (parcela única), ou **vencimentos** (salário-base acrescido de vantagens pecuniárias). Tal escolha se dá através de lei, respeitado o princípio da legalidade e sempre observado o teto constitucional.

26.3.5. Acumulação remunerada de cargos públicos

> XVI – é vedada a acumulação **remunerada** de cargos públicos, exceto, quando houver **compatibilidade de horários**, observado em qualquer caso o disposto no inciso XI: (Redação dada pela Emenda Constitucional nº 19, de 1998)
>
> a) a de dois cargos de professor; (Redação dada pela Emenda Constitucional nº 19, de 1998)
>
> b) a de um cargo de professor com outro técnico ou científico; (Redação dada pela Emenda Constitucional nº 19, de 1998)
>
> c) a de dois cargos ou empregos privativos de profissionais de saúde, com profissões regulamentadas; (Redação dada pela Emenda Constitucional nº 34, de 2001)

Conforme art. 37. XVI, a acumulação é possível desde que haja compatibilidade de horários, nos cargos: 2 de professor, 2 de profissionais da saúde com profissões regulamentadas, 1 cargo técnico ou científico e 1 cargo de professor.

O STJ, acerca dos servidores da área da saúde já decidiu que "é vedada a acumulação de dois cargos públicos privativos de profissionais da saúde quando a **soma da carga horária** referente aos 2 cargos ultrapassar o **limite máximo de sessenta horas semanais**".

Quanto aos cargos de professor, tanto STF quanto STJ entendem inconstitucional a acumulação de dois cargos com jornada de 40 horas semanais, quando um deles exige dedicação exclusiva.

Para o STJ:

- **Cargo científico**: é o conjunto de atribuições cuja execução tem por finalidade a investigação coordenada e sistematizada de fatos, predominantemente de especulação, visando a ampliar o conhecimento humano.
- **Cargo técnico:** é o conjunto de atribuições cuja execução reclama conhecimento específico de uma área do saber.
- **Profissionais da saúde**: aqueles que exercem atividade técnica diretamente ligada aos serviços de saúde, a exemplo médicos, enfermeiros, dentistas etc.

O STJ não enquadra como "técnico" ou "científico": analista técnico-jurídico, técnico judiciário, técnico de finanças e controle da CGU, agente de polícia civil, policial militar, técnico administrativo educacional, auxiliar administrativo, atendente de telecomunicações etc...

O STF já decidiu que a possibilidade de acumulação de cargos privativos de profissionais da saúde inclui também os **assistentes sociais** que exercem suas funções em unidades de saúde.

A EC 77/14 estendeu aos profissionais de saúde das Forças Armadas essa possibilidade de acumulação de cargos, desde que ela ocorra na forma da lei e com prevalência da atividade militar.

Além disso a própria CF admite as seguintes acumulações:

a) Um cargo de juiz com outro de magistério (art. 95, PU, I)

b) Um cargo de membro do MP com outro de magistério (art. 128, §5º, II, *d*)

c) Um cargo de vereador com outro cargo emprego ou função.

Conforme Inc. XVII, a proibição de acumulação remunerada se estende aos empregos e funções públicas, abrangendo também os entes da Administração Indireta.

> XVII – a proibição de acumular estende-se a **empregos e funções e abrange autarquias, fundações, empresas públicas, sociedades de economia mista**, suas subsidiárias, e sociedades controladas, direta ou indiretamente, pelo poder público; (Redação dada pela Emenda Constitucional nº 19, de 1998)

26.3.6. Precedência da Administração Fazendária (XVIII)

A administração fazendária e seus servidores fiscais desempenham um papel central na estrutura da administração pública, uma vez que são responsáveis pela arrecadação tributária, que constitui a principal fonte de receita para o Estado. O Inciso XVIII do artigo 37 da Constituição Federal estabelece que esses servidores têm precedência sobre os demais setores administrativos dentro de suas áreas de competência e jurisdição. Essa disposição não só ressalta a importância crítica da função fazendária para a sustentabilidade das finanças públicas, mas também reconhece a necessidade de dotar esses servidores de autoridade e meios adequados para o cumprimento eficaz de suas funções.

> XVIII – a administração fazendária e seus servidores fiscais terão, dentro de suas áreas de competência e jurisdição, precedência sobre os demais setores administrativos, na forma da lei;

A precedência conferida à administração fazendária implica uma série de prerrogativas operacionais e procedimentais que visam **assegurar a eficiência e eficácia na arrecadação de tributos e na fiscalização do cumprimento das obrigações tributárias**. Isso inclui, por exemplo, a prioridade no acesso a informações e documentos, a possibilidade de realizar procedimentos e inspeções fiscais com maior agilidade e a capacidade de aplicar sanções administrativas de forma mais efetiva.

Além disso, essa precedência reflete a compreensão de que uma administração fazendária forte e eficiente é essencial para o financiamento das políticas públicas e para a manutenção do Estado de Direito. Portanto, investimentos em capacitação, tecnologia e recursos para esses setores são fundamentais para aprimorar a arrecadação e combater a evasão e sonegação fiscais, contribuindo assim para a justiça fiscal e a equidade social.

26.4. PROCESSO DE LICITAÇÃO (XXI)

> XXI – ressalvados os casos especificados na legislação, as obras, serviços, compras e alienações serão contratados mediante processo de licitação pública que assegure igualdade de condições a todos os concorrentes, com cláusulas que estabeleçam obrigações de pagamento, mantidas as condições efetivas da proposta, nos termos da lei, o qual somente permitirá as exigências de qualificação técnica e econômica indispensáveis à garantia do cumprimento das obrigações. (Regulamento)

O processo de licitação é um dos pilares da administração pública, configurando-se como um mecanismo essencial para garantir a transparência, a isonomia e a obtenção das melhores condições em contratações públicas. O Inciso XXI estabelece que, salvo casos especificados na legislação, **obras, serviços, compras e alienações devem** ser contratados mediante licitação pública, assegurando igualdade de condições a todos os concorrentes.

A licitação pública é fundamental para prevenir a corrupção, o nepotismo e outras práticas lesivas ao interesse público, assegurando que as contratações sejam realizadas com base em critérios objetivos e transparentes. Além disso, o processo licitatório promove a competitividade e possibilita que a administração pública obtenha melhores preços e condições, otimizando a aplicação dos recursos públicos.

A exigência de qualificação técnica e econômica indispensável à garantia do cumprimento das obrigações estabelecida no inciso busca equilibrar a necessidade de seleção de propostas vantajosas com a de assegurar a capacidade dos contratados de executar satisfatoriamente os contratos. Isso reflete a busca por eficiência e qualidade na realização de obras e na prestação de serviços públicos, elementos essenciais para o atendimento das necessidades da sociedade e para a promoção do bem-estar coletivo.

As licitações públicas são regulamentadas atualmente pela Lei 14.133/21, sendo imprescindível a leitura para os concursos públicos, visto ser matéria de grande incidência em provas de Direito Administrativo.

26.5. ADMINISTRAÇÕES TRIBUTÁRIAS (XXII)

> XXII - as administrações tributárias da União, dos Estados, do Distrito Federal e dos Municípios, atividades essenciais ao funcionamento do Estado, exercidas por servidores de carreiras específicas, terão recursos prioritários para a realização de suas atividades e atuarão de forma integrada, inclusive com o compartilhamento de cadastros e de informações fiscais, na forma da lei ou convênio. (Incluído pela Emenda Constitucional nº 42, de 19.12.2003)

O inciso XXII ressalta a importância das administrações tributárias, reconhecendo-as como atividades essenciais ao funcionamento do Estado. A disposição constitucional que lhes confere recursos prioritários e promove a integração e o compartilhamento de informações entre as diversas esferas de governo reflete a compreensão de que uma arrecadação tributária eficiente e justa é fundamental para a viabilidade das políticas públicas e para a manutenção da estrutura estatal.

A atuação integrada das administrações tributárias e o compartilhamento de cadastros e informações fiscais são medidas que visam aumentar a eficácia na fiscalização tributária e combater a evasão fiscal. Essas ações contribuem para a justiça tributária, assegurando que todos os contribuintes arquem com sua parcela justa de tributos, conforme sua capacidade contributiva.

Além disso, a eficiência das administrações tributárias tem impacto direto na capacidade do Estado de financiar serviços públicos essenciais, como saúde, educação e segurança, e de investir em infraestrutura e desenvolvimento social. Portanto, o fortalecimento dessas instituições e a garantia de recursos adequados para seu funcionamento são medidas que repercutem positivamente em toda a sociedade.

27

RESPONSABILIDADE CIVIL DO ESTADO

27.1. INTRODUÇÃO À RESPONSABILIDADE CIVIL

A responsabilidade civil constitui um dos pilares fundamentais do Direito, funcionando como mecanismo de regulação das relações sociais ao impor a reparação de danos causados a terceiros. Essencialmente, visa restaurar o equilíbrio rompido pelas ações ou omissões prejudiciais de uma parte em detrimento de outra, assegurando que o prejuízo seja compensado, normalmente através de indenização.

27.2. DEFINIÇÃO E FUNDAMENTOS

A responsabilidade civil é definida como a obrigação de uma pessoa reparar o dano que causou a outra, seja por ação ou omissão, voluntária ou involuntária. Este conceito abrange uma ampla gama de situações, desde acidentes de trânsito e danos ao meio ambiente até infrações de direitos autorais e prejuízos decorrentes de relações contratuais.

Os fundamentos da responsabilidade civil estão ancorados tanto na necessidade de proteger os interesses individuais prejudicados quanto em promover a justiça social e a solidariedade. Ao responsabilizar aqueles que, por suas ações, causam danos a outros, o Direito Civil busca não apenas compensar as vítimas, mas também desencorajar comportamentos negligentes ou imprudentes, contribuindo para a prevenção de futuros prejuízos.

27.3. DISTINÇÃO ENTRE RESPONSABILIDADE CIVIL CONTRATUAL E EXTRACONTRATUAL

A responsabilidade civil pode ser classificada em duas grandes categorias: contratual e extracontratual (ou aquiliana). A responsabilidade contratual surge quando o dano decorre do descumprimento de um contrato, ou seja, quando uma das partes não honra os termos acordados, causando prejuízo à outra. Neste contexto, a relação pré-existente entre as partes é regida por um contrato, e a responsabilidade decorre diretamente das obrigações ali estipuladas.

Por outro lado, a responsabilidade **extracontratual** ocorre independentemente de qualquer acordo prévio entre as partes. Ela se estabelece quando um indivíduo causa dano a outro em virtude de um ato ilícito, como negligência, imprudência ou imperícia, sem que haja uma relação contratual subjacente. Essa forma de responsabilidade é regida principalmente pelo princípio de que ninguém deve causar dano a outrem e, caso ocorra, deve repará-lo.

Quando se estuda o §6º do art. 37 da CF/88, falaremos especificamente sobre a responsabilidade extracontratual do Estado por danos que seus agentes, nesta qualidade, causarem a terceiros. A responsabilidade contratual do Estado se dá em outro ponto da matéria, especificamente nos contratos administrativos.

27.4. PRINCÍPIOS DA RESPONSABILIDADE CIVIL NO CÓDIGO CIVIL

O Código Civil brasileiro, especialmente em seus artigos que tratam da responsabilidade civil, baseia-se em princípios fundamentais que orientam a aplicação e a interpretação da lei nos casos concretos.

27.4.1. Teoria da Culpa

Tradicionalmente, a responsabilidade civil esteve atrelada à teoria da culpa. Segundo este princípio, para que alguém seja obrigado a reparar um dano, é necessário que tenha agido com culpa, seja por negligência, imprudência ou imperícia. Essa abordagem **exige a comprovação de que o agente conhecia ou deveria conhecer o risco proveniente de sua conduta** e, mesmo assim, agiu (ou deixou de agir) de maneira a causar dano a terceiros.

A determinação da culpa envolve a análise do comportamento do agente em comparação com o de uma pessoa prudente e diligente, colocada na mesma situação. A culpa pode ser classificada em graus, como leve, média ou grave, dependendo do contexto e da previsibilidade do dano.

27.4.2. Teoria do Risco

Em contrapartida à teoria da culpa, desenvolveu-se a teoria do risco, que fundamenta a responsabilidade civil na ideia de que quem **exerce uma atividade capaz de gerar riscos para terceiros deve arcar com os danos que essa atividade eventualmente causar, independentemente de culpa**. Essa concepção amplia o escopo da responsabilidade civil ao considerar que certas atividades, por sua natureza, implicam um risco inerente para a coletividade, justificando a imputação de responsabilidade ao seu executor.

A teoria do risco é particularmente aplicável em contextos nos quais a atividade econômica ou profissional desenvolvida apresenta potenciais riscos para os indivíduos ou para o meio ambiente. Exemplos incluem a operação de indústrias químicas, a construção civil e o transporte de passageiros. Nesses casos, a responsabilidade civil é vista como um mecanismo de distribuição dos ônus decorrentes de atividades econômicas, visando à justiça social e ao equilíbrio das relações sociais.

27.5. ELEMENTOS DA RESPONSABILIDADE CIVIL

Ato Ilícito: O ato ilícito é uma das pedras angulares da responsabilidade civil. Segundo o Código Civil, constitui ato ilícito a ação ou omissão voluntária que viole direitos e cause dano a outrem, ainda que exclusivamente moral. Isso implica que, para a configuração da responsabilidade civil, é necessário primeiro identificar uma conduta que contrarie o ordenamento jurídico, infringindo direitos subjetivos de terceiros ou normas objetivas de conduta.

A caracterização do ato ilícito envolve a análise da conduta do agente sob a ótica da **legalidade** e da **moralidade**, considerando-se também as circunstâncias que cercam o evento. Importante destacar que não apenas ações, mas também omissões podem configurar atos ilícitos, especialmente quando existe um dever legal ou contratual de agir para evitar o dano.

Nexo Causal: O nexo causal representa a ligação entre o ato ilícito praticado e o dano experimentado pela vítima. É essencial que se possa atribuir o resultado danoso à conduta do agente, estabelecendo uma relação de causa e efeito. Em outras palavras, o dano deve ser uma consequência direta e imediata do ato praticado ou da omissão ocorrida.

A determinação do nexo causal pode ser complexa, especialmente em casos em que múltiplos fatores contribuíram para o resultado, ou em situações onde o dano decorre de uma cadeia de eventos. A jurisprudência e a doutrina têm elaborado teorias para lidar com essas complexidades, como a teoria da equivalência das condições e a teoria da causalidade direta e imediata, buscando estabelecer critérios para a identificação da causa predominante.

Dano: O dano é o prejuízo sofrido pela vítima, elemento indispensável para a configuração da responsabilidade civil. Sem dano, não há que se falar em indenização. O dano pode assumir diversas formas, sendo classificado, em linhas gerais, como material ou moral.

Dano Material: Refere-se aos prejuízos economicamente mensuráveis, abrangendo tanto o que a vítima efetivamente perdeu (damnum emergens) quanto o que razoavelmente deixou de ganhar (lucros cessantes).

Dano Moral: Diz respeito às lesões a atributos não patrimoniais da pessoa, como dor, sofrimento, humilhação, abalo psicológico, entre outros. Embora de difícil quantificação, o dano moral é plenamente reconhecido pelo ordenamento jurídico como passível de compensação.

A avaliação do dano envolve considerar a extensão do prejuízo, as circunstâncias pessoais da vítima e as repercussões do evento danoso na vida do prejudicado. O objetivo da reparação é, tanto quanto possível, restabelecer o *status quo ante* ou, quando isso não for viável, compensar o prejudicado de forma justa e adequada.

27.6. EXCLUDENTES DE RESPONSABILIDADE

27.6.1. Caso Fortuito e Força Maior

O caso fortuito e a força maior são excludentes de responsabilidade que remetem a eventos externos, imprevisíveis ou inevitáveis, que impedem a ligação causal entre a ação do agente e o dano ocorrido. A distinção entre os dois termos é sutil e muitas vezes tratada de forma indistinta no direito brasileiro:

Caso fortuito refere-se a eventos **internos**, relacionados à atividade desenvolvida, mas que são imprevisíveis e escapam ao controle do agente, como uma falha súbita e inesperada em um equipamento.

Força maior diz respeito a eventos **externos**, naturais ou provocados pelo homem, que são igualmente imprevisíveis ou inevitáveis, como desastres naturais, guerras, ou atos de autoridade pública incontestáveis.

Em ambos os casos, a ocorrência desses eventos rompe o nexo causal entre o comportamento do agente e o dano, eximindo-o da responsabilidade, desde que comprovado que o evento foi a única causa do dano e que não houve negligência na prevenção ou mitigação de seus efeitos.

27.6.2. Culpa Exclusiva da Vítima

A culpa exclusiva da vítima constitui outra importante excludente de responsabilidade. Nessa situação, o dano ocorre exclusivamente por ato ou omissão da própria vítima, sem qualquer contribuição do agente supostamente causador. Isso implica que a vítima agiu de forma imprudente, negligente ou imperita, e que seu comportamento foi o único responsável pelo prejuízo sofrido.

Um exemplo clássico dessa excludente é o pedestre que atravessa a rua fora da faixa de segurança e de forma imprudente, sendo atropelado por um veículo que transitava legalmente. Neste caso, se comprovado que o motorista agiu dentro das normas de trânsito e que não houve como evitar o acidente, a culpa exclusiva da vítima afasta a responsabilidade do motorista pelo dano.

27.6.3. Teoria da Culpa Concorrente

Além das excludentes puras, é importante mencionar a culpa concorrente, que não elimina, mas pode reduzir a responsabilidade do agente causador do dano. Na culpa concorrente, tanto o agente quanto a vítima contribuem para a ocorrência do dano. Nesses casos, a indenização pode ser proporcionalmente diminuída, conforme a participação de cada parte na causação do dano.

27.7. A RESPONSABILIDADE CIVIL DO ESTADO - TEMAS APROFUNDADOS

27.7.1. Breve Histórico e Fundamentação Jurídica

Historicamente, a responsabilidade do Estado evoluiu de uma postura inicial de irresponsabilidade, baseada na máxima "o rei não erra", para um reconhecimento crescente da necessidade de responsabilizar o Estado por danos causados em virtude de suas ações ou omissões. Esse desenvolvimento reflete mudanças nas concepções de Estado, soberania e direitos individuais, especialmente com o advento do Estado Democrático de Direito, que coloca o cidadão no centro das preocupações do Estado e enfatiza a proteção dos direitos humanos.

No Brasil, a Constituição Federal de 1988 estabeleceu de forma explícita a **responsabilidade objetiva do Estado** por danos causados a terceiros, tanto por ações quanto por omissões de seus agentes. Esse marco legal representou um avanço significativo, consolidando o entendimento de que o Estado deve garantir e reparar os direitos dos cidadãos, mesmo quando isso implica responsabilizar-se por atos de seus representantes.

Comparação com a Responsabilidade Civil Comum

Ao compararmos a responsabilidade civil do Estado com a responsabilidade civil comum, algumas diferenças fundamentais se destacam:

Natureza da Responsabilidade: Enquanto a responsabilidade civil entre particulares é frequentemente baseada na culpa, a responsabilidade do Estado é **objetiva**, ou seja, independe da demonstração de culpa. O Estado é responsável pelos danos causados por seus agentes no exercício de suas funções, desde que haja nexo causal entre a conduta e o dano, e este último seja efetivamente comprovado.

Teoria do Risco Administrativo: A responsabilidade do Estado é frequentemente fundamentada na teoria do risco administrativo, segundo a qual aquele que desempenha atividade administrativa e se beneficia dela deve também responder pelos riscos ou prejuízos que essa atividade possa gerar à coletividade.

Função Social: A responsabilidade civil do Estado não visa apenas à reparação de danos, mas também desempenha uma função social importante, relacionada à distribuição dos riscos inerentes às atividades estatais e à garantia dos direitos fundamentais dos cidadãos.

A transição para a responsabilidade civil do Estado implica, portanto, uma mudança de paradigma que reflete a posição especial do Estado nas relações sociais e jurídicas. Enquanto nas relações entre particulares prevalece a lógica da equivalência e da compensação, na relação entre Estado e cidadão emerge um princípio de proteção que coloca o indivíduo em posição de exigir do Estado a reparação por danos decorrentes de sua atuação, mesmo quando esta é exercida no legítimo interesse público.

27.7.2. Princípio da Responsabilidade Objetiva

> § 5º A lei estabelecerá os prazos de prescrição para ilícitos praticados por qualquer agente, servidor ou não, que causem prejuízos ao erário, ressalvadas as respectivas ações de ressarcimento.
>
> § 6º As pessoas jurídicas de direito público e as de direito privado prestadoras de serviços públicos responderão pelos danos que seus agentes, nessa qualidade, causarem a terceiros, assegurado o direito de regresso contra o responsável nos casos de dolo ou culpa.

A responsabilidade objetiva do Estado significa que para a configuração da obrigação de indenizar, não é necessário demonstrar a culpa do agente público envolvido no ato que causou o dano. A Constituição Federal do Brasil, em seu artigo 37, § 6º, estabelece que as pessoas jurídicas de direito público e as de direito privado prestadoras de serviços públicos responderão pelos danos que seus agentes, nessa qualidade, causarem a terceiros. Essa disposição legal implica que a responsabilização do Estado decorre diretamente da relação de causalidade entre a ação ou omissão do agente público e o dano experimentado pelo indivíduo, independentemente de qualquer consideração sobre a conduta culposa ou dolosa do agente.

27.7.3. Teoria do Risco Administrativo

A teoria do risco administrativo é o fundamento da responsabilidade objetiva do Estado no direito brasileiro. Ela parte do pressuposto de que quem se beneficia da realização de atividades administrativas deve também arcar com os ônus delas decorrentes, inclusive os danos acidentais causados a terceiros. Essa teoria equilibra os riscos inerentes às atividades estatais, distribuindo os ônus entre toda a coletividade e assegurando a proteção dos indivíduos que sofrem prejuízos em decorrência dessas atividades.

Diferentemente da **teoria do risco integral**, que não admite excludentes de responsabilidade, a teoria do risco administrativo permite que o Estado invoque a culpa exclusiva da vítima ou de terceiro como forma de excluir ou atenuar sua responsabilidade. Isso introduz um elemento de justiça e equidade, evitando que o Estado seja sobrecarregado com a reparação de danos nos quais não teve participação efetiva.

27.7.4. Casos Específicos da Responsabilidade do Estado

A responsabilidade civil do Estado abrange uma vasta gama de situações, desde acidentes em vias públicas causados por falta de manutenção adequada até erros médicos em hospitais públicos. Além disso, abarca atos legislativos e judiciais, em que o Estado pode ser responsabilizado por leis ou decisões judiciais que causem prejuízos aos cidadãos.

Um aspecto relevante da responsabilidade do Estado é sua aplicação em casos de omissão. Quando o Estado falha em cumprir seus deveres legais e essa falha resulta em dano aos cidadãos, como na ausência de medidas de segurança pública que levam a um dano individual, a responsabilidade civil pode ser configurada. Isso reforça a noção de que o Estado deve não apenas agir com prudência e diligência em suas atividades, mas também assegurar as condições básicas para a proteção dos direitos fundamentais dos cidadãos.

27.7.5. Direito de Regresso

No contexto da responsabilidade civil do Estado, emerge uma figura jurídica de significativa relevância: o direito de regresso. Esse direito permite que, após o Estado indenizar terceiros por danos causados por ações ou omissões de seus agentes, **busque ressarcimento desses mesmos agentes, caso tenham atuado com dolo ou culpa**. Essa disposição não apenas assegura uma repartição equitativa dos encargos financeiros decorrentes de condutas ilícitas, mas também reafirma a premissa de que os agentes públicos devem exercer suas funções com diligência e probidade, sob pena de responsabilização pessoal.

Para efetivar o direito de regresso, o Estado deve iniciar uma ação judicial específica contra o agente causador do dano. Nesse processo, torna-se imprescindível a demonstração de que o prejuízo decorreu de uma conduta dolosa ou culposa (negligência, imprudência ou imperícia) do agente. Essa exigência de prova da culpa ou do dolo confere um caráter de justiça ao mecanismo, assegurando que apenas aqueles agentes que efetivamente agiram com desídia ou má-fé sejam onerados com o dever de indenizar o Estado.

O direito de regresso tem, portanto, um papel duplamente educativo e preventivo na administração pública. Ao conscientizar os agentes sobre as consequências pessoais de suas ações, incentiva uma conduta mais diligente e ética. Além disso, ao possibilitar a recuperação de valores despendidos indevidamente, contribui para a preservação do erário e, consequentemente, para a sustentabilidade das finanças públicas.

Entretanto, a aplicação prática desse direito enfrenta desafios, notadamente no que tange à comprovação da culpa ou do dolo do agente. Casos complexos, que envolvem decisões técnicas ou políticas, podem dificultar a distinção entre o exercício regular das atribuições e a conduta culposa ou dolosa. Ademais, a possibilidade de regresso pode gerar um excesso de cautela nos agentes públicos, restringindo a tomada de decisões audazes, porém necessárias, em prol do interesse público.

Assim, é fundamental que haja um equilíbrio na aplicação do direito de regresso, de modo a não desestimular a atuação proativa dos agentes públicos. A busca por esse equilíbrio deve nortear o judiciário ao analisar as ações de regresso, ponderando a necessidade de responsabilização dos agentes com a imprescindibilidade de garantir a efetividade e a agilidade da administração pública.

O §5º da Constituição da República declara que a lei estabelecerá os prazos de prescrição para ilícitos praticados por qualquer agente, servidor ou não, que causem prejuízos ao erário, **ressalvadas as respectivas ações de ressarcimento**.

Esse parágrafo trata da **imprescritibilidade** das ações de ressarcimento ao erário, ou seja, independentemente do tempo transcorrido, o Estado pode buscar o ressarcimento de danos causados ao patrimônio público por atos ilícitos. Isso reforça o princípio da moralidade administrativa e o dever de zelo pelo patrimônio público, assegurando que atos lesivos praticados por agentes públicos ou terceiros possam ser objeto de ação de ressarcimento a qualquer tempo, sem que sejam atingidos pela prescrição.

Importante destacar que, enquanto as ações de ressarcimento ao erário são imprescritíveis, a legislação pode estabelecer prazos de prescrição para outras formas de ilícitos, que não resultem diretamente em prejuízos financeiros ao Estado, mas ainda assim representem condutas reprováveis por parte dos agentes. Isso significa que certos atos ilícitos podem estar sujeitos a limitações temporais para a sua persecução, mas aqueles que resultam em dano ao patrimônio público não se enquadram nessa limitação, reforçando o compromisso com a integridade das finanças públicas.

O art. 28 da Lei de Introdução às Normas do Direito Brasileiro menciona que *O agente público responderá pessoalmente por suas decisões ou opiniões técnicas em caso de dolo ou erro grosseiro. (Incluído pela Lei nº 13.655, de 2018) (Regulamento)*

Assim surgiu a discussão doutrinária acerca do alcance da referida norma, se estaria a regular o conceito de culpa para fins de responsabilização do agente público, havendo manifestação do STF no seguinte sentido:

> Ementa: Direito administrativo. Ação direta de inconstitucionalidade. Medida Provisória nº 966/2020. Art. 28 da LINDB. Arts. 12 e 14 do Decreto nº 9.830/2019. Responsabilidade civil e administrativa de agentes públicos. Hipóteses de dolo ou erro grosseiro. 1. Ação direta de inconstitucionalidade que questiona a limitação da responsabilidade civil e administrativa dos agentes públicos às hipóteses de "erro grosseiro" e de "dolo", com base no art. 28 da Lei de Introdução às Normas do Direito Brasileiro (LINDB), nos arts. 12 e 14 do Decreto nº 9.830/2019 e na Medida Provisória nº 966/2020. 2. A medida provisória questionada (MP nº 966/2020) perdeu a eficácia em decorrência do término do prazo para sua votação pelo Congresso Nacional, o que enseja o prejuízo parcial das ações diretas. **3. O art. 37, § 6º, da CF não impõe um dever absoluto de responsabilidade em caso de qualquer espécie de culpa.** É competência do **legislador ordinário dimensionar adequadamente a culpa juridicamente relevante para fins da responsabilidade civil regressiva do agente público.** 4. Essa definição deve respeitar o princípio da proporcionalidade, em especial na sua vertente de vedação à proteção insuficiente. Caso o legislador restrinja demasiadamente o conceito de culpa do administrador, de modo a inviabilizar sua responsabilização em casos verdadeiramente graves, estaremos diante de uma afronta ao art. 37, § 6º, da CF e ao princípio republicano. 5. A restrição da responsabilidade pessoal do agente público às hipóteses de dolo ou erro grosseiro não é, em tese, inconstitucional. Eventuais situações de incompatibilidade com a Constituição serão verificadas, caso a caso, **na qualificação do que seja erro grosseiro, que deve abranger as noções de imprudência, negligência e imperícia, quando efetivamente graves.** 6. Perda parcial do objeto da ação quanto ao pedido de declaração de inconstitucionalidade da Medida Provisória nº 966/2020, e, na parte conhecida, improcedência do pedido de declaração de inconstitucionalidade do art. 28 da LINDB e dos arts. 12 e 14 do Decreto nº 9.830/2019. Fixação da seguinte tese de julgamento: "1. Compete ao legislador ordinário dimensionar o conceito de culpa previsto no art. 37, § 6º, da CF, respeitado o princípio da proporcionalidade, em especial na sua vertente de vedação à proteção insuficiente. 2. Estão abrangidas pela ideia de erro grosseiro as noções de imprudência, negligência e imperícia, quando efetivamente graves."

> (STF - ADI: 6421 DF, Relator: Min. LUÍS ROBERTO BARROSO, Data de Julgamento: 11/03/2024, Tribunal Pleno, Data de Publicação: PROCESSO ELETRÔNICO DJe-s/n DIVULG 16-04-2024 PUBLIC 17-04-2024)

Assim, verifica-se que o conceito de culpa abrange apenas as situações de dolo ou erro grosseiro, sendo que este abrange os conceitos de imprudência, negligência ou imperícia graves, podendo o legislador ordinário delimitar a abrangência do conceito de culpa para fins de responsabilização do agente público.

28

CONTRATOS DE GESTÃO

O §8º do artigo 37 da Constituição Federal do Brasil introduz a figura dos contratos de gestão no âmbito da Administração Pública, como uma ferramenta para promover a eficiência e a qualidade na prestação de serviços públicos. Este parágrafo estabelece que:

> § 8º A autonomia gerencial, orçamentária e financeira dos órgãos e entidades da administração direta e indireta poderá ser ampliada mediante contrato, a ser firmado entre seus administradores e o poder público, que tenha por objeto a fixação de metas de desempenho para o órgão ou entidade, cabendo à lei dispor sobre: (Incluído pela Emenda Constitucional nº 19, de 1998) (Regulamento) (Vigência)
>
> I - o prazo de duração do contrato; (Incluído pela Emenda Constitucional nº 19, de 1998)
>
> II - os controles e critérios de avaliação de desempenho, direitos, obrigações e responsabilidade dos dirigentes; (Incluído pela Emenda Constitucional nº 19, de 1998)
>
> III - a remuneração do pessoal. (Incluído pela Emenda Constitucional nº 19, de 1998)

Os contratos de gestão representam um **mecanismo de modernização da gestão pública**, inserindo práticas de gestão por resultados nas atividades administrativas. Essa modalidade contratual permite uma maior flexibilidade administrativa e a possibilidade de implementar um modelo de gestão focado no alcance de **objetivos e metas previamente estabelecidos**, promovendo uma cultura de **eficiência e responsabilidade na administração**.

28.1. PRINCIPAIS CARACTERÍSTICAS DOS CONTRATOS DE GESTÃO:

Autonomia Ampliada: Os contratos de gestão conferem maior autonomia gerencial, orçamentária e financeira aos órgãos e entidades envolvidos, permitindo-lhes gerir seus recursos de maneira mais flexível e alinhada às necessidades e aos objetivos específicos de suas atividades.

Fixação de Metas: Um elemento central dos contratos de gestão é a definição clara de metas de desempenho que o órgão ou entidade se compromete a alcançar. Essas metas devem ser mensuráveis e realistas, proporcionando um parâmetro objetivo para avaliar o desempenho da entidade.

Avaliação de Desempenho: Os contratos estabelecem mecanismos de monitoramento e avaliação do desempenho da entidade em relação às metas acordadas. Esses mecanismos visam garantir a transparência e a *accountability* (obrigação de prestar contas, ser transparente e responder por ações, decisões e políticas implementadas por indivíduos, organizações ou governos) na gestão pública.

Responsabilização dos Gestores: Os contratos de gestão também definem os direitos, obrigações e responsabilidades dos gestores dos órgãos e entidades, vinculando sua atuação ao cumprimento das metas estabelecidas e à eficiente utilização dos recursos públicos.

Flexibilidade Remuneratória: Pode haver previsão de remuneração variável para os servidores, baseada no alcance das metas e no desempenho individual e institucional, incentivando a busca pela excelência na prestação dos serviços.

28.2. IMPACTO E RELEVÂNCIA

A adoção de contratos de gestão reflete um movimento **de reforma administrativa voltado para a modernização e a eficiência da Administração Pública.** Ao focar no desempenho e na obtenção de resultados concretos, essa abordagem busca superar os modelos burocráticos tradicionais, que muitas vezes se mostram engessados e pouco responsivos às demandas da sociedade.

Além disso, os contratos de gestão fomentam uma cultura de meritocracia na gestão pública, valorizando a iniciativa, a inovação e o comprometimento dos servidores com a qualidade e a eficácia dos serviços prestados à população. Nesse sentido, contribuem para uma administração mais dinâmica, transparente e alinhada aos princípios de eficiência, eficácia e efetividade que devem nortear a atuação do Estado.

6.21 Organização funcional do Estado: princípio da separação dos poderes - essência, evolução, significado e atualidade.

29

ORGANIZAÇÃO FUNCIONAL DO ESTADO – SEPARAÇÃO DOS PODERES

29.1. EVOLUÇÃO HISTÓRICA

O princípio da separação dos poderes tem sua base formada a partir dos estudos de Aristóteles, em *Política*, Montesquieu, em *O espírito das leis* e em John Locke, com o *Segundo tratado do governo civil*.

A ideia central da separação de poderes é evitar o arbítrio e o desrespeito aos direitos fundamentais do homem, com base na garantia de manutenção do Estado Democrático de Direito (MORAES, 2023).

O embrião da teoria da separação de poderes leva em consideração a identificação de diferentes funções estatais, ainda que concentradas em um único poder soberano, conforme é notado em Aristóteles em sua obra *Política* (LENZA, 2023). Assim foram identificadas ao menos 3 funções exercidas por este poder soberano, sendo as de editar normas gerais e abstratas, direcionadas a todos, aplicação destas normas, com a administração pública e a função de julgamento, com a solução de conflitos.

Por sua vez, Montesquieu, em sua obra *O Espírito das Leis* identifica a divisão funcional e a divisão orgânica de funções. Segundo ele, as funções, anteriormente identificadas por Aristóteles, devem ser divididas entre órgãos distintos, autônomos e independentes entre si para que não haja mais a figura de um único soberano, contrapondo o Absolutismo e dando base à diversos movimentos como as revoluções americana e francesa.

Assim, é possível concluir que a teoria da separação dos Poderes tem por **finalidade** a limitação do Poder do Estado, que, através de um mecanismo sensível de equilíbrio, não tome medidas de modo a limitar ou lesionar os direitos e garantias fundamentais. A ideia de que haja órgãos separados no exercício desses Poderes tem por objetivo evitar abusos e arbítrios de um soberano, rompendo de vez com as ideias absolutistas.

29.2. TRIPARTIÇÃO DOS PODERES NA CONSTITUIÇÃO FEDERAL

> Art. 2º São Poderes da União, independentes e harmônicos entre si, o Legislativo, o Executivo e o Judiciário.

Verifica-se que no Brasil adotamos a teoria da tripartição de Poderes, sendo que cada Poder tem suas **funções típicas** e suas **funções atípicas,** sempre observada a harmonia e independência dos Poderes. Esta harmonia e independência é adotada pelo sistema de freios e contrapesos, por meio do qual um Poder tem prerrogativas de controlar os atos de outro Poder, gerando um equilíbrio no sistema.

As **Funções Típicas de cada Poder** podem ser assim definidas:

a) Poder Executivo: exerce a atividade administrativa e a prática de atos de chefe de estado e chefe de governo, executando as leis e colocando em prática as políticas públicas pré-estabelecidas.

b) Poder Legislativo: é o órgão legislativo que elabora as normas genéricas e abstratas, correspondendo à vontade do povo, impondo deveres e obrigações aos cidadãos através da lei. Além disso, é do órgão legislativo a incumbência de controlar os atos do órgão executivo, podendo responsabilizar o Chefe do executivo por seus atos.

c) Poder Judiciário: o órgão judiciário é incumbido da tarefa de resolução de demandas judiciais, impondo uma solução definitiva e obrigatória às partes.

Quando falamos em funções atípicas de cada Poder, seria a possibilidade de um Poder exercer as funções de outro de forma extraordinária, senão vejamos:

a) O Presidente da República tem a possibilidade de editar leis delegadas, em caso de delegação por parte do CN. Além disso, pode editar medidas provisórias com força de Lei, exercendo, assim, extraordinariamente a atividade legislativa. Além disso, dentro da própria administração pública Federal há órgãos administrativos responsáveis por julgarem demandas administrativas, resolvendo eventuais conflitos, porém sem o caráter da definitividade, sendo possível a rediscussão sobre o tema perante o Poder Judiciário.

b) O órgão legislativo é quem JULGA o Presidente da República em caso de crime de responsabilidade, assim exercendo função judicante. Além disso, a administração de funcionários também é incumbência do órgão legislativo, exercendo assim atividade administrativa, de forma excepcional.

c) Por fim o órgão judicial também exerce administração de seu pessoal, pagamentos, férias entre outros. Além disso também dispõe de iniciativa privativa de algumas leis, como a Lei de Organização Judiciária, exercendo atipicamente a função legislativa.

6.22 Poder Legislativo: funções, organização e funcionamento. Espécies normativas. Processo legislativo. Complementar nº 95/1998 (Consolidação Legislativa).

30

O PODER LEGISLATIVO

30.1. ESTRUTURA DO PODER LEGISLATIVO

No Brasil, adotada a forma de Estado Federativo, vigora o **bicameralismo federativo**, sendo que o Poder Legislativo Federal é dividido em Câmara dos Deputados (representantes do povo) e Senado Federal (representantes dos Estados e do Distrito Federal). É assim que preconiza os arts. 44 a 47 da CF:

> Art. 44. O Poder Legislativo é exercido pelo **Congresso Nacional**, que se compõe da **Câmara dos Deputados e do Senado Federal.**
>
> Parágrafo único. Cada legislatura terá a duração de quatro anos.
>
> Art. 45. A Câmara dos Deputados compõe-se de **representantes do povo, eleitos**, pelo sistema **proporcional**, em cada Estado, em cada Território e no Distrito Federal.
>
> § 1º O número total de Deputados, bem como a representação por Estado e pelo Distrito Federal, **será estabelecido por lei complementar, proporcionalmente à população**, procedendo-se aos ajustes necessários, no ano anterior às eleições, para que nenhuma daquelas unidades da Federação tenha menos de oito ou mais de setenta Deputados. (Vide Lei Complementar nº 78, de 1993)
>
> § 2º Cada Território elegerá quatro Deputados.
>
> Art. 46. O Senado Federal compõe-se **de representantes dos Estados e do Distrito Federal**, eleitos segundo o princípio **majoritário.**
>
> § 1º Cada Estado e o Distrito Federal elegerão três Senadores, com mandato de **oito anos.**

> § 2º A representação de cada Estado e do Distrito Federal será renovada de **quatro em quatro anos**, alternadamente, **por um e dois terços.**
>
> § 3º Cada Senador será eleito com dois suplentes.
>
> Art. 47. Salvo disposição constitucional em contrário, as deliberações de cada Casa e de suas Comissões serão tomadas por **maioria** dos votos, **presente** a **maioria absoluta** de seus membros.

Por fim, cumpre ressaltar que apenas o **Poder Legislativo Federal** adota o modelo do bicameralismo, sendo que os **Poderes Legislativos Estaduais, Municipais e Distrital adotam o modelo unicameral,** compostos apenas pelas Assembleias Legislativas, Câmaras Municipais e Câmara Legislativa, respectivamente (arts. 27, 29, 32 e 33, par. 3º, da CF).

Câmara dos Deputados

- Deputados Federais
- Mandato: 4 anos (1 legislatura)
- Representantes do Povo
- Sistema Eletivo Proporcional
- 513 Deputados (LC 78/93)- mínimo 8 deputados e máximo 70 por Estado
- A cada eleição todos os membros são trocados
- **Territórios:** quando criados terão o número fixo de 4 deputados.

Senado Federal

- Senadores
- Mandato: 8 anos (2 legislaturas)
- Representantes dos Estados e do DF
- Sistema Eletivo Majoritário
- 3 por Estado e 3 do DF - total 81
- Os Senadores são trocados a cada 4 anos na proporção 1/3 e 2/3.

Congresso Nacional = Câmara dos Deputados + Senado Federal

30.2. ATRIBUIÇÕES DO CONGRESSO NACIONAL

As atribuições do Congresso Nacional estão listadas nos arts. 48 a 50 da Constituição, sendo necessária sua leitura para posteriores ponderações.

SEÇÃO II

DAS ATRIBUIÇÕES DO CONGRESSO NACIONAL

Art. 48. Cabe ao Congresso Nacional, **com a sanção do Presidente da República**, não exigida esta para o especificado nos arts. 49, 51 e 52, dispor sobre todas as matérias de competência da União, especialmente sobre:

I - sistema tributário, arrecadação e distribuição de rendas;

II - plano plurianual, diretrizes orçamentárias, orçamento anual, operações de crédito, dívida pública e emissões de curso forçado;

III - fixação e modificação do efetivo das Forças Armadas;

IV - planos e programas nacionais, regionais e setoriais de desenvolvimento;

V - limites do território nacional, espaço aéreo e marítimo e bens do domínio da União;

VI - incorporação, subdivisão ou desmembramento de áreas de Territórios ou Estados, ouvidas as respectivas Assembleias Legislativas;

VII - transferência temporária da sede do Governo Federal;

VIII - concessão de anistia;

IX - organização administrativa, judiciária, do Ministério Público e da Defensoria Pública da União e dos Territórios e organização judiciária e do Ministério Público do Distrito Federal; (Redação dada pela Emenda Constitucional nº 69, de 2012) (Produção de efeito)

X - criação, transformação e extinção de cargos, empregos e funções públicas, observado o que estabelece o art. 84, VI, b; (Redação dada pela Emenda Constitucional nº 32, de 2001)

XI - criação e extinção de Ministérios e órgãos da administração pública; (Redação dada pela Emenda Constitucional nº 32, de 2001)

XII - telecomunicações e radiodifusão;

XIII - matéria financeira, cambial e monetária, instituições financeiras e suas operações;

XIV - moeda, seus limites de emissão, e montante da dívida mobiliária federal.

XV - fixação do subsídio dos Ministros do Supremo Tribunal Federal, observado o que dispõem os arts. 39, § 4º; 150, II; 153, III; e 153, § 2º, I. (Redação dada pela Emenda Constitucional nº 41, 19.12.2003)

Art. 49. É da competência **exclusiva** do Congresso Nacional:

I - resolver definitivamente sobre tratados, acordos ou atos internacionais que acarretem encargos ou compromissos gravosos ao patrimônio nacional;

II - autorizar o Presidente da República a declarar guerra, a celebrar a paz, **a permitir que forças estrangeiras transitem pelo território nacional ou nele permaneçam temporariamente**, ressalvados os casos previstos em lei complementar;

III - **autorizar** o Presidente e o Vice-Presidente da República a se ausentarem do País, quando a ausência **exceder a quinze dias**;

IV - **aprovar** o estado de defesa e a intervenção federal, autorizar o estado de sítio, ou suspender qualquer uma dessas medidas;

V - sustar os atos normativos do Poder Executivo que exorbitem do poder regulamentar ou dos limites de delegação legislativa;

VI - mudar temporariamente sua sede;

VII - fixar idêntico subsídio para os Deputados Federais e os Senadores, observado o que dispõem os arts. 37, XI, 39, § 4º, 150, II, 153, III, e 153, § 2º, I; (Redação dada pela Emenda Constitucional nº 19, de 1998)

VIII - fixar os subsídios do Presidente e do Vice-Presidente da República e dos Ministros de Estado, observado o que dispõem os arts. 37, XI, 39, § 4º, 150, II, 153, III, e 153, § 2º, I; (Redação dada pela Emenda Constitucional nº 19, de 1998)

IX - **julgar** anualmente as contas prestadas pelo Presidente da República e apreciar os relatórios sobre a execução dos planos de governo;

X - **fiscalizar e controlar, diretamente, ou por qualquer de suas Casas, os atos do Poder Executivo, incluídos os da administração indireta**;

XI - zelar pela preservação de sua competência legislativa em face da atribuição normativa dos outros Poderes;

XII - **apreciar os atos de concessão e renovação de concessão de emissoras de rádio e televisão**;

XIII - escolher **dois terços dos membros do Tribunal de Contas da União**;

XIV - aprovar iniciativas do Poder Executivo referentes a atividades nucleares;

XV - autorizar referendo e convocar plebiscito;

XVI - **autorizar**, em **terras indígenas**, a **exploração e o aproveitamento de recursos hídricos e a pesquisa e lavra de riquezas minerais**;

XVII – aprovar, previamente, a alienação ou concessão de terras públicas com área superior a dois mil e quinhentos hectares.

XVIII – decretar o estado de calamidade pública de âmbito nacional previsto nos arts. 167-B, 167-C, 167-D, 167-E, 167-F e 167-G desta Constituição. (Incluído pela Emenda Constitucional nº 109, de 2021)

Por fim, o art. 50 estabelece a prerrogativa convocatória das Casas Legislativas para fins de controle dos atos dos membros integrantes do Poder Executivo, que deverão prestar informações sob pena de crime de responsabilidade. Trata-se de verdadeiro meio de **controle administrativo externo** no âmbito da Administração Pública Federal.

Art. 50. A Câmara dos Deputados e o Senado Federal, ou qualquer de suas Comissões, poderão **convocar Ministro de Estado**, quaisquer titulares de órgãos diretamente subordinados à Presidência da República ou o Presidente do Comitê Gestor do Imposto sobre Bens e Serviços para **prestarem, pessoalmente, informações sobre assunto previamente determinado, importando crime de responsabilidade a ausência sem justificação adequada.** (Redação dada pela Emenda Constitucional nº 132, de 2023)

§ 1º Os Ministros de Estado poderão comparecer ao Senado Federal, à Câmara dos Deputados, ou a qualquer de suas Comissões, **por sua iniciativa e mediante entendimentos com a Mesa respectiva, para expor assunto de relevância de seu Ministério.**

§ 2º As Mesas da Câmara dos Deputados e do Senado Federal poderão **encaminhar pedidos escritos de informações a Ministros de Estado ou a qualquer das pessoas referidas no caput deste artigo, importando em crime de responsabilidade a recusa, ou o não - atendimento, no prazo de trinta dias, bem como a prestação de informações falsas.** (Redação dada pela Emenda Constitucional de Revisão nº 2, de 1994)

30.3. DA CÂMARA DOS DEPUTADOS

O art. 51 estabelece a competência privativa da Câmara dos Deputados, dentre elas a autorização de instauração de processo contra o Presidente, Vice-Presidente e Ministros de Estado:

SEÇÃO III

DA CÂMARA DOS DEPUTADOS

Art. 51. Compete privativamente à Câmara dos Deputados:

I - autorizar, por dois terços de seus membros, a instauração de processo contra o Presidente e o Vice-Presidente da República e os Ministros de Estado;

II - proceder à tomada de contas do Presidente da República, quando não apresentadas ao Congresso Nacional dentro de sessenta dias após a abertura da sessão legislativa;

III - elaborar seu regimento interno;

IV - dispor sobre sua organização, funcionamento, polícia, criação, transformação ou extinção dos cargos, empregos e funções de seus serviços, e a iniciativa de lei para fixação da respectiva remuneração, observados os parâmetros estabelecidos na lei de diretrizes orçamentárias; (Redação dada pela Emenda Constitucional nº 19, de 1998)

V - **eleger membros do Conselho da República**, nos termos do art. 89, VII.

30.4. DO SENADO FEDERAL

Após análise da competência privativa da Câmara dos Deputados, passamos à análise da competência privativa do Senado Federal, a qual inclui um rol bem mais extenso de atribuições, conforme declara o art. 52, sendo grifado o que entendemos ser de maior importância para provas de concursos públicos:

SEÇÃO IV

DO SENADO FEDERAL

Art. 52. Compete privativamente ao Senado Federal:

I - **processar e julgar o Presidente e o Vice-Presidente da República nos crimes de responsabilidade**, bem como os Ministros de Estado e os Comandantes da Marinha, do Exército e da Aeronáutica **nos crimes da mesma natureza conexos com aqueles**; (Redação dada pela Emenda Constitucional nº 23, de 02/09/99)

II **processar e julgar** os Ministros do Supremo Tribunal Federal, os membros do Conselho Nacional de Justiça e do Conselho Nacional do Ministério Público, o Procurador-Geral da República e o Advogado-Geral da União nos crimes de responsabilidade; (Redação dada pela Emenda Constitucional nº 45, de 2004)

III - aprovar **previamente**, por voto secreto, **após argüição pública**, a escolha de:

a) **Magistrados**, nos casos estabelecidos nesta Constituição;

b) **Ministros do Tribunal de Contas da União** indicados pelo Presidente da República;

c) **Governador de Território**;

d) **Presidente e diretores do banco central**;

e) **Procurador-Geral da República**;

f) **titulares de outros cargos que a lei determinar**;

IV - aprovar previamente, por voto secreto, após argüição em sessão secreta, a escolha dos **chefes de missão diplomática de caráter permanente**;

V - **autorizar operações externas de natureza financeira**, de **interesse da União, dos Estados, do Distrito Federal, dos Territórios e dos Municípios**;

VI - fixar, por proposta do **Presidente da República**, **limites** globais para o montante da **dívida consolidada da União, dos Estados, do Distrito Federal e dos Municípios**;

VII - dispor sobre limites globais e condições para as **operações de crédito externo e interno** da União, dos Estados, do Distrito Federal e dos Municípios, de suas autarquias e demais entidades controladas pelo Poder Público federal;

VIII - dispor sobre limites e condições para a concessão de **garantia da União em operações de crédito externo e interno**;

IX - estabelecer limites globais e condições para o montante da **dívida mobiliária dos Estados, do Distrito Federal e dos Municípios**;

X - **suspender a execução, no todo ou em parte, de lei declarada inconstitucional por decisão definitiva do Supremo Tribunal Federal**;

XI - aprovar, por **maioria absoluta** e por voto secreto, a exoneração, de ofício, do **Procurador-Geral da República** antes do término de seu mandato;

XII - elaborar seu regimento interno;

XIII - dispor sobre sua organização, funcionamento, polícia, criação, transformação ou extinção dos cargos, empregos e funções de seus serviços, e a iniciativa de lei para fixação da

> respectiva remuneração, observados os parâmetros estabelecidos na lei de diretrizes orçamentárias; (Redação dada pela Emenda Constitucional nº 19, de 1998)
>
> XIV - eleger membros do **Conselho da República**, nos termos do art. 89, VII.
>
> XV - avaliar periodicamente a funcionalidade do Sistema Tributário Nacional, em sua estrutura e seus componentes, e o desempenho das administrações tributárias da União, dos Estados e do Distrito Federal e dos Municípios. (Incluído pela Emenda Constitucional nº 42, de 19.12.2003)
>
> Parágrafo único. Nos casos previstos nos incisos I e II, funcionará como Presidente o do Supremo Tribunal Federal, limitando-se a condenação, que somente será proferida por dois terços dos votos do Senado Federal, à perda do cargo, com inabilitação, por oito anos, para o exercício de função pública, sem prejuízo das demais sanções judiciais cabíveis.

30.5. DOS MEMBROS DO CONGRESSO NACIONAL - ESTATUTO DOS CONGRESSISTAS

Para que os Deputados e Senadores exerçam seu mandato de forma livre, sem interferências indevidas ou perseguições, a própria Constituição outorga uma série de prerrogativas aos eleitos. As prerrogativas podem ser divididas em pelo menos três categorias: Imunidades, Prerrogativas de foro, de serviço militar, vencimentos e isenção do dever de testemunhar, além das incompatibilidades, que serão estudados doravante.

30.5.1. Imunidades Materiais

> SEÇÃO V
>
> DOS DEPUTADOS E DOS SENADORES
>
> Art. 53. Os Deputados e Senadores são invioláveis, civil e penalmente, por quaisquer de suas opiniões, palavras e votos. (Redação dada pela Emenda Constitucional nº 35, de 2001)

Em virtude desta imunidade, não cabe responsabilização penal, civil ou administrativa do congressista por delitos contra a honra. Afasta, inclusive, o pedido de explicações em relação aos congressistas, por meio de interpelação judicial.

A imunidade material só protege os congressistas quando suas manifestações se derem **no exercício do mandato.** Se as manifestações parlamentares **guardarem conexão com o desempenho do mandato, ou tiverem sido proferidas em razão dele, estarão protegidas pela imunidade, qualquer que seja o local em que tenham sido proferidas**, ainda que fora do recinto da própria Casa legislativa. Ao contrário, **se o ato praticado não é motivado pelo exercício da função**, o parlamentar fica sujeito à aplicação do Direito comum, como cidadão.

As manifestações proferidas dentro da Casa Legislativa têm **presunção** de que são pertinentes à atividade parlamentar.

A condição político-partidária do suplente de congressista **não lhe confere as garantias e prerrogativas constitucionais inerentes ao titular do mandato eletivo.** O suplente, enquanto ostentar essa específica condição, não se qualifica como membro do Poder Legislativo, e, por isso, não faz jus a qualquer prerrogativa de ordem parlamentar.

A imunidade **só protege o congressista**, não se estendendo a outras pessoas que porventura participem dos trabalhos legislativos, mas não sejam detentoras de mandato eletivo.

A imunidade material **não alcança as manifestações proferidas com finalidade político-eleitoral**, por exemplo, as ofensas proferidas por parlamentar candidato à reeleição em relação a seu adversário político.

A imunidade não alcança, ainda, **as investigações instauradas pela Justiça Eleitoral**, haja vista que tais investigações eleitorais têm natureza extrapenal, cuja finalidade restringe-se à imposição de sanções típicas de direito eleitoral.

30.5.2. Imunidade formal

Protege o parlamentar contra a prisão e, nos crimes praticados após a diplomação, torna possível a sustação do andamento do processo penal instaurado pelo STF.

Não afasta a ilicitude da conduta do parlamentar. Os parlamentares respondem pelos crimes praticados segundo as mesmas leis aplicáveis aos indivíduos em geral.

> § 2º Desde a expedição do diploma, os membros do Congresso Nacional **não poderão ser presos**, salvo em **flagrante de crime**

> **inafiançável.** Nesse caso, **os autos serão remetidos dentro de vinte e quatro horas à Casa respectiva, para que, pelo voto da maioria de seus membros, resolva sobre a prisão.** (Redação dada pela Emenda Constitucional nº 35, de 2001)

A imunidade formal abrange os crimes praticados após a diplomação bem como aqueles praticados em data anterior. Esta imunidade impede a condução coercitiva do parlamentar que se negar a comparecer a interrogatório.

> § 3º Recebida a denúncia contra o Senador ou Deputado, por crime ocorrido **após a diplomação**, o Supremo Tribunal Federal dará ciência à Casa respectiva, que, por iniciativa de partido político nela representado e pelo voto da maioria de seus membros, **poderá, até a decisão final, sustar o andamento da ação.** (Redação dada pela Emenda Constitucional nº 35, de 2001)

Para a instauração de processo criminal congressista não há a necessidade de autorização da Casa Legislativa, apenas a possibilidade de que haja a sustação do andamento da referida ação, referente aos crimes praticados após a diplomação do mandato em curso.

A imunidade formal em relação ao processo só alcança crimes **praticados após a diplomação do mandato em curso**. Se o crime foi praticado antes da diplomação do mandato em curso, **não há que se falar em imunidade**, isto é, não há nenhuma possibilidade de a Casa Legislativa **sustar o andamento da ação**.

O procedimento de sustação não será instaurado de ofício pela respectiva Casa, apenas **após a iniciativa de partido político nela representado**. A provocação poderá ocorrer a qualquer momento, desde o recebimento da denúncia ou queixa-crime pelo STF até a decisão final do Tribunal, ou até o término do mandato, se este ocorrer antes.

A votação deve se dar por maioria absoluta dos membros da respectiva casa, em votação ostensiva e nominal.

> **Súmula 704/STF:** Não viola as garantias do juiz natural, da ampla defesa e do devido processo legal a atração por continência ou conexão do processo do corréu ao foro por prerrogativa de função de um dos denunciados.

O que se observa é que, na prática, sempre que possível, o STF decide pelo **desmembramento** do processo, mantendo consigo apenas o julgamento da autoridade com prerrogativa de foro; o julgamento conjunto pelo

STF tem ocorrido somente em situações excepcionais, em que os fatos se revelem de tal forma imbricados que a cisão, por si só, implique prejuízo a seu esclarecimento.

Se houver concurso de agentes do parlamentar com quem não ostenta a prerrogativa de foro e a respectiva Casa votar pela sustação do andamento do processo em curso no STF, este deverá ser separado, enviando-se os autos à justiça comum, para que esta prossiga no julgamento do coautor não parlamentar, pois somente este é detentor da imunidade formal.

A imunidade formal veda apenas a prisão penal cautelar (provisória) do parlamentar, ou seja, não proíbe a prisão decorrente de sentença judicial transitada em julgado, como no caso de Deputado Federal condenado definitivamente pelo STF (info 712).

> § 4º O pedido de sustação será apreciado pela Casa respectiva no prazo improrrogável de **quarenta e cinco dias do seu recebimento pela Mesa Diretora.** (Redação dada pela Emenda Constitucional nº 35, de 2001)
>
> § 5º A sustação do processo **suspende a prescrição**, enquanto durar o mandato. (Redação dada pela Emenda Constitucional nº 35, de 2001)

Medidas cautelares (319, CPP): o STF pode impor livremente medidas cautelares substitutas da prisão em face aos parlamentares, todavia se a referida medida impedir, direta ou indiretamente, que o congressista exerça o seu mandato, deverá haver apreciação pela respectiva casa legislativa, nos termos do art. 53, §2º.

30.5.3. Foro Especial em Razão da Função

Engloba todas as infrações penais, como as contravenções, crimes eleitorais, ou mesmo os crimes dolosos contra a vida. A prerrogativa de foro impõe também que todos os inquéritos policiais contra congressista sejam instaurados perante o STF, ao qual caberá, no que se refere à apuração dos supostos crimes atribuídos a parlamentares federais, ordenar toda e qualquer providência necessária à obtenção de dados probatórios essenciais à demonstração da alegada prática delituosa, inclusive a decretação de quebra de sigilo bancário, bem como determinar a adoção de quaisquer outras medidas com vistas a apuração dos ilícitos.

A autoridade policial não pode sequer indiciar o agente político sem autorização prévia do foro especial.

Com relação às ações cíveis, o STF **não tem competência originária** - ações de improbidade administrativa, ações populares, ações civis públicas, ações cautelares, ações ordinárias, declaratórias e medidas cautelares-, mesmo que instauradas contra congressistas ou contra qualquer das autoridades que, em matéria penal, dispõem de prerrogativa de foro perante a Corte Suprema, ou que, em sede de mandado de segurança, estão sujeitas à jurisdição imediata do Tribunal.

> § 1º Os Deputados e Senadores, desde a expedição do diploma, serão submetidos a julgamento perante o **Supremo Tribunal Federal**. (Redação dada pela Emenda Constitucional nº 35, de 2001)
>
> Art. 102. Compete ao Supremo Tribunal Federal, precipuamente, a guarda da Constituição, cabendo-lhe:
>
> I - processar e julgar, originariamente:
>
> b) nas **infrações penais** comuns, o Presidente da República, o Vice-Presidente, os membros do Congresso Nacional, seus próprios Ministros e o Procurador-Geral da República;
>
> c) nas infrações penais comuns e nos crimes de responsabilidade, os Ministros de Estado e os Comandantes da Marinha, do Exército e da Aeronáutica, ressalvado o disposto no art. 52, I, os membros dos Tribunais Superiores, os do Tribunal de Contas da União e os chefes de missão diplomática de caráter permanente; (Redação dada pela Emenda Constitucional nº 23, de 1999)
>
> d) o habeas corpus, sendo paciente qualquer das pessoas referidas nas alíneas anteriores; o mandado de segurança e o habeas data contra atos do Presidente da República, das Mesas da Câmara dos Deputados e do Senado Federal, do Tribunal de Contas da União, do Procurador-Geral da República e do próprio Supremo Tribunal Federal;

O início da prerrogativa de foro se dá com a expedição do diploma, e cessa com o término do mandato, todavia, caso o STF tenha iniciado o julgamento de um congressista, a perda superveniente de mandato eletivo não afastará a prerrogativa de foro.

30.5.4. Afastamento do Poder Legislativo

> Art. 56. Não perderá o mandato o Deputado ou Senador:
>
> I - investido no cargo de Ministro de Estado, Governador de Território, Secretário de Estado, do Distrito Federal, de Território, de Prefeitura de Capital ou chefe de missão diplomática temporária;
>
> II - licenciado pela respectiva Casa por motivo de doença, ou para tratar, sem remuneração, de interesse particular, desde que, neste caso, o afastamento não ultrapasse cento e vinte dias por sessão legislativa.

O congressista afastado de suas funções parlamentares para exercer cargo no Poder Executivo **não dispõe de imunidades (material e processual).** Portanto não estão protegidas as manifestações do congressista afastado do Legislativo, estando **suspensas** as imunidades, enquanto permanecer no desempenho dessa atribuição no Poder Executivo.

A prerrogativa de foro perante o STF é mantida, em relação aos crimes comuns, haja vista que a investidura no novo cargo, por disposição expressa da CF, não lhe retira a condição de deputado ou senador.

O afastamento também não impede a instauração de processo disciplinar perante a respectiva Casa Legislativa.

30.5.5. Desobrigação de testemunhar

> § 6º Os Deputados e Senadores não serão obrigados a testemunhar sobre informações recebidas ou prestadas em razão do exercício do mandato, nem sobre as pessoas que lhes confiaram ou deles receberam informações. (Redação dada pela Emenda Constitucional nº 35, de 2001)

Essa prerrogativa não abrange a sua **obrigação de testemunhar quando convocado na condição de cidadão comum**, sobre fatos que nada tenham a ver com o exercício da atividade congressual, no interesse de instrução penal ou civil.

Os congressistas dispõem, ainda, da prerrogativa processual de serem inquiridos em local, dia e hora previamente ajustados entre eles e a autoridade competente, quando arrolados como testemunhas ou quando ostentarem a condição de ofendidos (vítimas).

O STF, no entanto, tem reiterado que **essa prerrogativa não se estende ao parlamentar quando indiciado em inquérito policial ou quando figurar como réu em processo penal.** Vale lembrar que nestes casos, não poderá sofrer condução coercitiva, ainda que determinada pelo STF, se deixar de atender à convocação para responder a interrogatório.

30.5.6. Incorporação às Forças Armadas

> § 7º A incorporação às Forças Armadas de Deputados e Senadores, embora militares e ainda que em tempo de guerra, dependerá de prévia licença da Casa respectiva. (Redação dada pela Emenda Constitucional nº 35, de 2001)

Mesmo que o congressista seja militar, a Casa Legislativa **poderá denegar** a sua incorporação às Forças Armadas.

30.5.7. Subsistência das imunidades

> § 8º As imunidades de Deputados ou Senadores subsistirão durante o estado de sítio, só podendo ser suspensas mediante o voto de dois terços dos membros **da Casa respectiva**, nos casos de atos praticados fora do recinto do Congresso Nacional, que sejam incompatíveis com a execução da medida. (Incluído pela Emenda Constitucional nº 35, de 2001)

Os atos praticados dentro do Congresso Nacional, **mesmo durante a vigência do estado de sítio, são amparados pelas imunidades.** A suspensão só se dá em relação aos atos praticados fora do recinto do CN.

30.5.8. Incompatibilidades

> Art. 54. Os Deputados e Senadores não poderão:
>
> I - desde a **expedição do diploma**:
>
> a) firmar ou manter contrato com pessoa jurídica de direito público, autarquia, empresa pública, sociedade de economia mista ou empresa concessionária de serviço público, salvo quando o contrato obedecer a cláusulas uniformes;

> b) aceitar ou exercer cargo, função ou emprego remunerado, inclusive os de que sejam demissíveis "ad nutum", nas entidades constantes da alínea anterior;

Cláusulas uniformes são aquelas que não podem ser pactuadas pelas partes, cabendo ao contratante apenas **aderir** às condições estipuladas em contrato (contrato de adesão). Ex. contrato de prestação de serviço de energia elétrica, fornecimento de água etc.

> II - **desde a posse**:
>
> a) ser proprietários, controladores ou diretores de empresa que goze de favor decorrente de contrato com pessoa jurídica de direito público, ou nela exercer função remunerada;
>
> b) ocupar cargo ou função de que sejam demissíveis "ad nutum", nas entidades referidas no inciso I, "a";
>
> c) patrocinar causa em que seja interessada qualquer das entidades a que se refere o inciso I, "a";
>
> d) ser titulares de mais de um cargo ou mandato público eletivo.

30.5.9. Perda do mandato

> Art. 55. Perderá o mandato o Deputado ou Senador:
>
> I - que infringir qualquer das proibições estabelecidas no artigo anterior;
>
> II - cujo procedimento for declarado incompatível com o decoro parlamentar;
>
> III - que deixar de comparecer, em cada sessão legislativa, à terça parte das sessões ordinárias da Casa a que pertencer, salvo licença ou missão por esta autorizada;
>
> IV - que perder ou tiver suspensos os direitos políticos;
>
> V - quando o decretar a Justiça Eleitoral, nos casos previstos nesta Constituição;
>
> VI - que sofrer condenação criminal em sentença transitada em julgado.

Nos casos I, II e VI a perda do mandato **não será automática**, dependendo de juízo político de conveniência do Plenário da Casa Legislativa.

> § 2º Nos casos dos incisos I, II e VI, a perda do mandato será decidida pela Câmara dos Deputados ou pelo Senado Federal,

> por maioria absoluta, mediante provocação da respectiva Mesa ou de partido político representado no Congresso Nacional, assegurada ampla defesa. (Redação dada pela Emenda Constitucional nº 76, de 2013)

Para perda do mandato, deverá ser assegurada a ampla defesa. O procedimento se dará somente após provocação da respectiva Mesa ou de partido político representado no CN. Após esta provocação, só haverá a perda pela votação da **maioria absoluta dos seus membros**, em votação nominal (voto aberto).

Se o Deputado ou Senador for condenado a **mais de 120 dias em regime fechado: a perda do cargo será uma consequência lógica da condenação.** Neste caso, caberá à Mesa respectiva apenas declarar que houve a perda (sem poder discordar da decisão do STF), nos termos do art. 55, III e §3º da CF (**ausência à terça parte das sessões ordinárias**).

Quanto ao inciso II (procedimento incompatível com o decoro parlamentar), estabelece o §1º:

> § 1º – É incompatível com o decoro parlamentar, além dos casos definidos no regimento interno, o abuso das prerrogativas asseguradas a membro do Congresso Nacional ou a percepção de vantagens indevidas.

Decoro parlamentar representa o **conjunto de regras que deve reger a conduta dos parlamentares**, mesmo quando afastados do Legislativo para o desempenho de cargo no Poder Executivo. A competência para aferir eventual infringência é da respectiva casa.

> § 3º – Nos casos previstos nos incisos III a V, a perda será declarada pela Mesa da Casa respectiva, de ofício ou mediante provocação de qualquer de seus membros, ou de partido político representado no Congresso Nacional, assegurada ampla defesa.

Nesses casos (III a V) não há espaço para juízo de conveniência da Casa Legislativa. A Mesa está obrigada a declarar a perda do cargo.

Processo de cassação de mandato parlamentar e autocontenção do Poder Judiciário: O STF só pode interferir em procedimentos legislativos (ex. processo de cassação) em uma das seguintes hipóteses:

a) Para assegurar cumprimento da Constituição Federal

b) Para proteger direitos fundamentais

c) Para resguardar os pressupostos de funcionamento da democracia e das instituições republicanas.

Em se tratando de processos de cunho acentuadamente político, como é o caso da cassação de mandato parlamentar, o STF deve se pautar pela deferência (respeito) às decisões do Legislativo e pela autocontenção (*judicial self-restraint* - o judiciário deixa de atuar em questões estritamente políticas), somente intervindo em casos excepcionalíssimos.

30.5.10. Renúncia ao mandato

> § 4º A renúncia de parlamentar submetido a processo que vise ou possa levar à perda do mandato, nos termos deste artigo, terá seus efeitos suspensos até as deliberações finais de que tratam os §§ 2º e 3º. (Incluído pela Emenda Constitucional de Revisão nº 6, de 1994)

Caso a renúncia seja realizada antes do início do processo de perda do mandato, será plenamente válida, hipótese que o processo sequer será iniciado.

Caso seja posterior, os efeitos ficarão suspensos até as deliberações finais da Casa, a respeito da perda ou não do mandato.

Caso o parlamentar tenha perdido o mandato após a instauração do respectivo processo, nos termos dos §§ 2º e 3º do art. 55, terá também a sua inelegibilidade pelo prazo de 8 anos, subsequentes ao término da legislatura em que deveria findar o seu mandato, nos termos do art. 1º, I, b, da LC 64/90.

> Art. 1º São inelegíveis:
>
> I - para qualquer cargo:
>
> b) os membros do Congresso Nacional, das Assembleias Legislativas, da Câmara Legislativa e das Câmaras Municipais, que hajam perdido os respectivos mandatos por infringência do disposto nos incisos I e II do art. 55 da Constituição Federal, dos dispositivos equivalentes sobre perda de mandato das Constituições Estaduais e Leis Orgânicas dos Municípios e do Distrito Federal, para as eleições que se realizarem durante o período remanescente do mandato para o qual foram eleitos e nos oito anos subsequentes ao término da legislatura; (Redação dada pela LCP 81, de 13/04/94)

30.5.11. Manutenção do mandato

> Art. 56. Não perderá o mandato o Deputado ou Senador:
>
> I – investido no cargo de Ministro de Estado, Governador de Território, Secretário de Estado, do Distrito Federal, de Território, de Prefeitura de Capital ou chefe de missão diplomática temporária;
>
> II – licenciado pela respectiva Casa por motivo de doença, ou para tratar, sem remuneração, de interesse particular, desde que, neste caso, o afastamento não ultrapasse cento e vinte dias por sessão legislativa.

No caso do inciso I, o parlamentar poderá optar pela remuneração do mandato eletivo, afastando-se as imunidades processuais e materiais, permanecendo, todavia, a prerrogativa de foro e dever de obediência ao decoro parlamentar.

> § 1º O suplente será convocado nos casos de vaga (perda do mandato, falecimento etc), de investidura em funções previstas neste artigo ou de licença superior a cento e vinte dias.
>
> § 2º Ocorrendo vaga e não havendo suplente, far-se-á eleição para preenchê-la se faltarem mais de quinze meses para o término do mandato.
>
> § 3º Na hipótese do inciso I, o Deputado ou Senador poderá optar pela remuneração do mandato.

30.5.12. Deputados estaduais, distritais e vereadores

Os deputados estaduais e distritais dispõem das mesmas prerrogativas atribuídas aos congressistas, por força do §1º do art. 27 da CF:

> Art. 27. § 1º Será de quatro anos o mandato dos Deputados Estaduais, aplicando-sê-lhes as regras desta Constituição sobre sistema eleitoral, inviolabilidade, imunidades, remuneração, perda de mandato, licença, impedimentos e incorporação às Forças Armadas.

Os vereadores **não dispõem das mesmas prerrogativas e imunidades asseguradas aos congressistas**. Só possuem imunidade material, sendo invioláveis por suas palavras, opiniões e votos no exercício do mandato e na circunscrição do município (CF, art. 29, VIII)

VIII - inviolabilidade dos Vereadores por suas opiniões, palavras e votos no exercício do mandato e na circunscrição do Município; (Renumerado do inciso VI, pela Emenda Constitucional nº 1, de 1992)

IX - proibições e incompatibilidades, no exercício da vereança, similares, no que couber, ao disposto nesta Constituição para os membros do Congresso Nacional e na Constituição do respectivo Estado para os membros da Assembleia Legislativa; (Renumerado do inciso VII, pela Emenda Constitucional nº 1, de 1992)

Portanto, os vereadores poderão sofrer persecução penal por quaisquer delitos, sem possibilidade de sustação do andamento da ação pela câmara municipal. Poderão ser presos durante a vigência do mandato, pois não são a eles aplicáveis as prerrogativas da imunidade processual em relação à prisão, prevista no §2º do art. 53 da CF.

Por fim, caso os vereadores se manifestem, mesmo que no exercício da vereança, fora das circunscrições municipais, poderão responder pelas suas manifestações.

30.6. DAS REUNIÕES

O Congresso Nacional se reúne em pelo menos quatro sessões, conforme art. 57 e seguintes.

a) Sessão ordinária (art. 57 *caput*)
b) Sessão extraordinária (art. 57, § 6º)
c) Sessão conjunta (art. 57, §3º)
d) Sessão preparatória (art. 57, §4º)

30.6.1. Sessão Legislativa Ordinária

Art. 57. O Congresso Nacional reunir-se-á, anualmente, na Capital Federal, de 2 de fevereiro a 17 de julho e de 1º de agosto a 22 de dezembro. (Redação dada pela Emenda Constitucional nº 50, de 2006)

§ 1º As reuniões marcadas para essas datas serão transferidas para o primeiro dia útil subsequente, quando recaírem em sábados, domingos ou feriados.

> § 2º A sessão legislativa não será interrompida sem a aprovação do projeto de lei de diretrizes orçamentárias.

A sessão legislativa ordinária compreende os períodos de 2 de fevereiro a 17 de julho e 1 de agosto a 22 de dezembro. Uma legislatura é composta de quatro sessões legislativas.

Nos períodos de recesso parlamentar (23 de dezembro a 1 de janeiro e 18 a 31 de julho, o Congresso Nacional poderá se reunir **extraordinariamente**. Nos termos do art. 58, §4º, durante o recesso parlamentar haverá uma Comissão representativa do Congresso Nacional, com atribuições definidas no regimento comum.

> § 4º Durante o recesso, haverá uma Comissão representativa do Congresso Nacional, eleita por suas Casas na última sessão ordinária do período legislativo, com atribuições definidas no regimento comum, cuja composição reproduzirá, quanto possível, a proporcionalidade da representação partidária.

30.6.2. Hipóteses de Convocação Extraordinária

As hipóteses de convocação extraordinária do Congresso Nacional estão elencadas no §6º do art. 57 da CF:

> Art. 57, § 6º A convocação extraordinária do Congresso Nacional far-se-á: (Redação dada pela Emenda Constitucional nº 50, de 2006)
>
> I – pelo **Presidente do Senado Federal**, em caso de **decretação de estado de defesa ou de intervenção federal**, de pedido de **autorização** para a decretação de estado de sítio e **para o compromisso e a posse do Presidente e do Vice-Presidente da República**;
>
> II – pelo **Presidente da República**, pelos **Presidentes da Câmara dos Deputados e do Senado Federal** ou a **requerimento da maioria dos membros de ambas as Casas**, em caso de urgência ou interesse público relevante, em todas as hipóteses deste inciso com a **aprovação da maioria absoluta de cada uma das Casas do Congresso Nacional.** (Redação dada pela Emenda Constitucional nº 50, de 2006)
>
> § 7º Na sessão legislativa extraordinária, o Congresso Nacional **somente deliberará sobre a matéria para a qual foi convocado,** ressalvada a hipótese do § 8º deste artigo, **vedado o pagamento**

de parcela indenizatória, em razão da convocação. (Redação dada pela Emenda Constitucional nº 50, de 2006)

§ 8º Havendo **medidas provisórias** em vigor na data de convocação extraordinária do Congresso Nacional, **serão elas automaticamente incluídas na pauta da convocação.** (Incluído pela Emenda Constitucional nº 32, de 2001)

30.6.3. Da Sessão Conjunta

Art. 57, § 3º Além de outros casos previstos nesta Constituição, a Câmara dos Deputados e o Senado Federal reunir-se-ão em sessão conjunta para:

I - inaugurar a sessão legislativa;

II - elaborar o regimento comum e regular a criação de serviços comuns às duas Casas;

III - receber o **compromisso** do Presidente e do Vice-Presidente da República;

IV - conhecer do veto e sobre ele deliberar.

30.6.4. Das Sessões Preparatórias

§ 4º Cada uma das Casas reunir-se-á em sessões preparatórias, a partir de 1º de fevereiro, no primeiro ano da legislatura, para a posse de seus membros e eleição das respectivas Mesas, para mandato de 2 (dois) anos, vedada a recondução para o mesmo cargo na eleição imediatamente subsequente. (Redação dada pela Emenda Constitucional nº 50, de 2006)

O § 4º do artigo 57 estabelece procedimentos importantes para a organização legislativa no Brasil, especialmente em relação à Câmara dos Deputados e ao Senado Federal. Este parágrafo determina que:

Sessões Preparatórias: No início de cada legislatura, que tem a duração de quatro anos, ambas as Casas do Congresso Nacional (Câmara dos Deputados e Senado Federal) devem realizar sessões preparatórias. Estas sessões têm início no dia 1º de fevereiro do primeiro ano de cada legislatura.

Objetivo das Sessões: As sessões preparatórias têm dois propósitos principais:

Posse dos Membros: Servem para a posse dos novos membros do Congresso, ou seja, os deputados federais e senadores eleitos pelo voto popular nas eleições que ocorrem a cada quatro anos para a Câmara dos Deputados e, para o Senado, a cada quatro ou oito anos, dependendo do ciclo eleitoral (uma vez que o mandato de senador é de oito anos, mas as eleições são alternadas para um terço e dois terços da Casa).

Eleição das Mesas: As sessões também são destinadas à eleição das Mesas Diretoras de cada Casa, que são os órgãos responsáveis pela direção dos trabalhos legislativos. A Mesa Diretora é composta pelo Presidente da Casa e outros cargos, como Vice-Presidentes e Secretários.

Mandato das Mesas: O mandato dos membros eleitos para compor as Mesas Diretoras é de dois anos, permitindo uma renovação no meio da legislatura.

Vedação à Recondução: Existe uma proibição expressa à recondução dos membros das Mesas para os mesmos cargos na eleição imediatamente subsequente. Isso significa que um parlamentar que ocupou um cargo específico na Mesa Diretora não pode ser reeleito para o mesmo cargo na próxima eleição para a Mesa, que ocorre dois anos depois. Essa regra visa promover a renovação e evitar a concentração de poder nas mãos de um único parlamentar ou grupo.

Cumpre ressaltar que essa vedação somente se aplica dentro da mesma legislatura, sendo que, se forem legislaturas diferentes (período de 4 anos), não há vedação da recondução do parlamentar ao cargo de presidente da respectiva mesa. Tal disposição está expressa no art. 5.º, § 1.º, RICD, ao estabelecer não ser considerada recondução **a eleição para o mesmo cargo em legislaturas diferentes, ainda que sucessivas**.

A inclusão desta disposição pela Emenda Constitucional nº 50 de 2006 teve como objetivo fortalecer o princípio democrático dentro do funcionamento das Casas Legislativas, assegurando a alternância e a diversidade na ocupação de cargos de liderança e na direção dos trabalhos legislativos. O Parecer 555/98 da CCJ do Senado Federal dispõe no mesmo sentido.

A **Mesa** é o órgão diretivo de cada casa e do Congresso Nacional, sendo esta presidida pelo Presidente do Senado Federal:

> § 5º A Mesa do Congresso Nacional será presidida pelo Presidente do Senado Federal, e os demais cargos serão exercidos, alternadamente, pelos ocupantes de cargos equivalentes na Câmara dos Deputados e no Senado Federal.

30.7. DAS COMISSÕES PARLAMENTARES

Dentro de cada casa haverá comissões permanentes e temporárias, consoante o estabelecido no regimento ou ato que resultar a sua criação conforme o art. 58 da CF/88.

> SEÇÃO VII
>
> DAS COMISSÕES
>
> Art. 58. O Congresso Nacional e suas Casas terão comissões **permanentes e temporárias**, constituídas na forma e com as atribuições previstas no respectivo regimento ou no ato de que resultar sua criação.
>
> § 1º Na constituição das Mesas e de cada Comissão, é assegurada, tanto quanto possível, a representação proporcional dos partidos ou dos blocos parlamentares que participam da respectiva Casa.
>
> § 2º Às comissões, **em razão da matéria** de sua competência, cabe:
>
> I - discutir e votar projeto de lei que dispensar, na forma do regimento, a competência do Plenário, salvo se houver recurso de um décimo dos membros da Casa;
>
> II - realizar audiências públicas com entidades da sociedade civil;
>
> III - convocar Ministros de Estado para prestar informações sobre assuntos inerentes a suas atribuições;
>
> IV - receber petições, reclamações, representações ou queixas de qualquer pessoa contra atos ou omissões das autoridades ou entidades públicas;
>
> V - solicitar depoimento de qualquer autoridade ou cidadão;
>
> VI - apreciar programas de obras, planos nacionais, regionais e setoriais de desenvolvimento e sobre eles emitir parecer.

30.7.1. Comissão Parlamentar de Inquérito

Tema de fundamental importância neste ponto é o estudo das CPIs que está previsto no §3º do art. 58 da CF, senão vejamos:

> § 3º As **comissões parlamentares de inquérito**, que terão **poderes de investigação próprios das autoridades judiciais**, além de outros previstos nos regimentos das respectivas Casas, serão criadas pela Câmara dos Deputados e pelo Senado Federal, em

> conjunto ou separadamente, mediante **requerimento de um terço de seus membros**, para a apuração de **fato determinado e por prazo certo**, sendo suas conclusões, se for o caso, encaminhadas ao **Ministério Público, para que promova a responsabilidade civil ou criminal dos infratores.**

Requisitos para criação da CPI:

a) Requerimento de 1/3 dos membros da Casa Legislativa
b) Indicação de fato determinado a ser objeto de investigação
c) Prazo certo para conclusão dos trabalhos, sendo permitidas prorrogações, desde que na mesma legislatura

O **fato determinado** limita o objeto de investigação, garantindo aos investigados que não sejam obrigados a prestar depoimentos ou informações não conexas com o fato apontado como motivador da criação. Pode ser mais de um fato desde que sejam determinados. Não há impedimento à investigação de fatos inicialmente desconhecidos, que surgirem durante a investigação, conexos ao fato motivador da criação da CPI.

Segundo o STF, a criação da CPI independe de deliberação plenária, considerando a sua criação a partir da apresentação do requerimento ao Presidente da Casa Legislativa, que não poderá frustrar a criação nem apreciar o mérito sobre o objeto da investigação parlamentar, incumbindo-lhe apenas ordenar que o requerimento seja numerado e publicado.

A criação de CPIs é matéria de observância obrigatória pelas casas legislativas estaduais, que não poderão estabelecer outros requisitos para a criação de CPIs. Todavia, não há óbice para que estabeleçam regimentalmente limites para a criação simultânea de CPIs.

Poderes de investigação

Os poderes de investigação das CPIs criadas pelas Casas do Congresso Nacional não alcançam fatos ligados estritamente à competência dos estados, do DF e dos municípios. Em respeito ao pacto federativo, esses assuntos não poderão ser investigados por CPIs do Congresso Nacional, pois tratar-se-ia de interferência indevida da União na esfera de autonomia desses entes federados.

Da mesma forma, os poderes da investigação parlamentar não alcançam os chamados atos de natureza jurisdicional (**decisões judiciais**). Assim não se pode convocar magistrado para prestar esclarecimentos sobre ato jurisdicional, por violação à separação de poderes. Por sua vez, quando o magistrado atua em função atípica administrativa, poderá ser convocado na CPI.

A CPI também pode convocar integrantes da população indígena, desde que no âmbito da área indígena, em dia e hora previamente acordados com a comunidade e com a presença de representante da FUNAI e de um antropólogo com conhecimento da mesma comunidade.

As CPIs só podem investigar fatos determinados relacionado ao interesse público, sendo afastados os atos privados, salvo se houver repercussão de interesse público.

Direitos dos depoentes

A CPI pode convocar e inquirir pessoas, **seja na condição de testemunha, seja na condição de investigado**. Pode, até mesmo, lançar mão da polícia judiciária para localizar testemunha cujo endereço seja desconhecido, para o fim de procede à intimação. Podem, ainda, determinar a condução coercitiva de testemunha, no caso de recusa ao comparecimento.

O depoente tem o direito de permanecer calado (*nemo tenetur se detegere*), mesmo na condição de testemunha, caso possa acarretar autoincriminação. Também pode invocar o direito ao sigilo profissional, negando-se a responder às indagações relacionada ao exercício de sua atividade, todavia este fato não o desobriga de comparecer perante a CPI.

Também é direito do depoente ser assistido por advogado em seus depoimentos nas sessões de CPI (investigado ou testemunha). O acesso à justiça também é garantido, respeitando-se a competência constitucional (CPI Federal - STF - **ato do CN, suas Casas e seus órgãos**).

O procedimento é inquisitório não havendo falar em contraditório ou ampla defesa.

Competência

a) Convocar particulares e autoridades públicas para depor, como testemunhas ou investigados, observado o CPP - pessoalmente - inclusive com a possibilidade de marcação de dia e hora para serem inquiridas.

b) Poderão determinar a condução coercitiva da testemunha no caso de recusa ao comparecimento, não alcançando o investigado (*nemo tenetur se detegere*)

c) Tem a competência para determinar diligências, perícias e exames que entenderem necessários, bem como requisitar informações e buscar todos os meios de prova legalmente admitidos.

d) Poderão determinar a busca e apreensão de documentos, desde que essa medida não implique violação do domicílio (reserva jurisdicional).

e) **Determinar a quebra dos sigilos fiscal, bancário e telefônico, desde que pertinentes e imprescindíveis à investigação**, devidamente fundamentadas, limitadas no tempo e tomadas pela maioria absoluta de seus membros.

a. Sigilo Telefônico = registros telefônicos da pessoa.
b. Interceptação Telefônica = conteúdo da conversa
c. Obs.: as CPIs estaduais dispõe de competência para determinar a quebra do sigilo bancário.

Incompetência

Os limites dos poderes das CPIs são encontrados na cláusula de reserva de jurisdição. São exemplos:

a) Determinação de prisão, salvo em flagrante.
b) Medidas cautelares penais ou civis
c) Busca e apreensão domiciliar de documentos
d) Anulação de atos do Poder Executivo
e) Quebra de sigilo judicial
f) Interceptação das comunicações telefônicas

CPI não acusa, não processa, não julga, não condena, não impõe pena.

O trabalho da CPI esgota-se na elaboração do **relatório final** da investigação, sendo encaminhado ao MP para que este promova a responsabilidade civil ou criminal dos infratores. O relatório também poderá ser encaminhado a outros órgãos do Estado (RFB, TCU, CGU etc.) para adoção das providências de sua alçada.

Controle Judicial: Nas CPIs instaladas no âmbito do Congresso Nacional, a competência será do STF, nos termos do art. 102, I, i, da CF.

Publicidade: a CPI não poderá conferir publicidade indevida aos dados sigilosos obtidos em razão das investigações de sua competência.

30.8. DO PROCESSO LEGISLATIVO

> SEÇÃO VIII
>
> DO PROCESSO LEGISLATIVO
>
> SUBSEÇÃO I
>
> DISPOSIÇÃO GERAL
>
> Art. 59. O processo legislativo compreende a elaboração de:
>
> I - emendas à Constituição;
>
> II - leis complementares;
>
> III - leis ordinárias;
>
> IV - leis delegadas;
>
> V - medidas provisórias;
>
> VI - decretos legislativos;
>
> VII - resoluções.
>
> Parágrafo único. Lei complementar disporá sobre a elaboração, redação, alteração e consolidação das leis.

30.8.1. Processo legislativo ordinário

Desdobra-se em 3 fases: fase introdutória (iniciativa), fase constitutiva (votação e sanção ou veto) e fase complementar (promulgação e publicação).

Fase introdutória

> Art. 61. A **iniciativa** das leis complementares e ordinárias cabe a qualquer membro ou Comissão da Câmara dos Deputados, do Senado Federal ou do Congresso Nacional, ao Presidente da República, ao Supremo Tribunal Federal, aos Tribunais Superiores, ao Procurador-Geral da República e aos cidadãos, na forma e nos casos previstos nesta Constituição.

Firmou-se o entendimento que o **Tribunal de Contas** detém a iniciativa da lei (ou leis) que regule seus cargos, serviços e funções, por força do disposto no art. 73 c/c 96, II, da CF. Contempla também o poder de iniciativa da lei de organização do MP que atua junto à Corte de Contas (CF, art. 130).

O legitimado que apresentou o projeto de lei pode solicitar a sua retirada, o que implicará a desistência do prosseguimento da apreciação da respectiva matéria. Porém, o requerimento de desistência poderá ser deferido ou indeferido pelas Casas Legislativas, de acordo com as regras regimentais.

A iniciativa é parlamentar quando atribuída aos membros do CN. Diz-se extraparlamentar quando órgãos e pessoas não integrantes do CN podem apresentar projetos: Chefe do Executivo, Tribunais, PGR e os cidadãos (iniciativa popular).

A iniciativa é dita **geral** quando não contempla especificamente a matéria a ser deliberada, ressalvadas as hipóteses de iniciativa reservada. Na atual CF: de qualquer deputado ou senador, do Presidente da República, qualquer comissão das Casas do CN e aos cidadãos.

A iniciativa é **restrita** quando outorgada a determinada autoridade ou órgão: PGR (art. 128, §§ 2º e 5º), Tribunais (CF, arts. 93 e 96, II)

A iniciativa é **reservada** (exclusiva ou privativa) quando só determinado órgão ou autoridade tem o poder de propor leis sobre certa matéria.

A iniciativa é dita **concorrente** quando pertence, simultaneamente, a mais de um legitimado. Ex: lei sobre organização do MPU, concorrente entre o Presidente da República e o PGR.

Por fim, fala-se em iniciativa **vinculada** para designar aquelas situações em que o legitimado é obrigado a dar início ao processo legislativo (PPA, LDO, LOA etc.).

Iniciativa e Casa Iniciadora

A iniciativa de cada parlamentar ou comissão é exercida perante sua respectiva Casa. A iniciativa do Presidente da República, do STF, dos Tribunais Superiores, do PGR e dos cidadãos (iniciativa popular) será exercida **perante a Câmara dos Deputados.** Caso a iniciativa seja de Comissão Mista do Congresso Nacional, o projeto deverá ser apresentado alternadamente na Câmara e no Senado, conforme o Regimento Comum do Congresso Nacional (art. 142).

Iniciativa Popular

- 1% do eleitorado nacional
- 5 estados
- Mínimo 0,3% dos eleitores de cada Estado

> § 2º A iniciativa popular pode ser exercida pela apresentação à Câmara dos Deputados de projeto de lei subscrito por, no mínimo, um por cento do eleitorado nacional, distribuído pelo menos por cinco Estados, com não menos de três décimos por cento dos eleitores de cada um deles.

No âmbito dos estados-membros e do DF, a CF determina que lei do respectivo ente federado disponha sobre iniciativa popular no processo legislativo (CF, art. 27, §4º, e art. 32, §3º)

No âmbito dos municípios, a CF estabelece a obrigatoriedade de iniciativa popular no processo legislativo, prescrevendo que essa iniciativa deverá se efetivar mediante a apresentação à Câmara Municipal de projetos de lei de interesse específico do município, da cidade ou de bairros, através de manifestação de, pelo menos, 5% do eleitorado (CF, art. 29, XIII).

O projeto de lei de iniciativa popular deverá circunscrever-se a **um só assunto**, e não poderá ser rejeitado por vício de forma, cabendo à Câmara dos Deputados, por meio de seu órgão competente, providenciar a correção de eventuais impropriedades de técnica legislativa ou de redação.

Ademais, seguirá o **processo legislativo ordinário**, sendo cabível emendas parlamentares ou rejeição por qualquer das Casas do Legislativo (exceto por vício de forma), estará sujeito à sanção ou veto do chefe do Executivo etc.

Iniciativa privativa do Chefe do Poder Executivo

> § 1º São de iniciativa privativa do Presidente da República as leis que:
>
> I - fixem ou modifiquem os efetivos das Forças Armadas;
>
> II - disponham sobre:
>
> a) criação de cargos, funções ou empregos públicos na administração direta e autárquica ou aumento de sua remuneração;
>
> b) organização administrativa e judiciária, matéria tributária e orçamentária, serviços públicos e pessoal da administração dos Territórios;
>
> c) servidores públicos da União e Territórios, seu regime jurídico, provimento de cargos, estabilidade e aposentadoria; (Redação dada pela Emenda Constitucional nº 18, de 1998)
>
> d) organização do Ministério Público e da Defensoria Pública da União, bem como normas gerais para a organização do Ministério Público e da Defensoria Pública dos Estados, do Distrito Federal e dos Territórios;
>
> e) criação e extinção de Ministérios e órgãos da administração pública, observado o disposto no art. 84, VI; (Redação dada pela Emenda Constitucional nº 32, de 2001)
>
> f) militares das Forças Armadas, seu regime jurídico, provimento de cargos, promoções, estabilidade, remuneração, reforma e

> transferência para a reserva. (Incluída pela Emenda Constitucional nº 18, de 1998)

Iniciativa do Poder Judiciário

> Art. 93. Lei complementar, de iniciativa do Supremo Tribunal Federal, disporá sobre o Estatuto da Magistratura...
>
> Art. 96 II - ao Supremo Tribunal Federal, aos Tribunais Superiores e aos Tribunais de Justiça propor ao Poder Legislativo respectivo, observado o disposto no art. 169:
>
> a) a alteração do número de membros dos tribunais inferiores;
>
> b) a criação e a extinção de cargos e a remuneração dos seus serviços auxiliares e dos juízos que lhes forem vinculados, bem como a fixação do subsídio de seus membros e dos juízes, inclusive dos tribunais inferiores, onde houver; (Redação dada pela Emenda Constitucional nº 41, 19.12.2003)
>
> c) a criação ou extinção dos tribunais inferiores;
>
> d) a alteração da organização e da divisão judiciárias;
>
> Art. 125, § 1º A competência dos tribunais será definida na Constituição do Estado, sendo a lei de organização judiciária de iniciativa do Tribunal de Justiça.

Além desses dispositivos, o STF entende que a iniciativa legislativa, no que respeita à **criação de sistema de conta única de depósitos judiciais e extrajudiciais**, cabe ao Poder Judiciário, sendo inconstitucional a deflagração do processo legislativo pelo chefe do Poder Executivo.

Iniciativa da lei de organização do MP

Cabe ao Presidente da República (art. 61, §1º, II, d). Todavia o art. 128, §5º dispõe:

> § 5º Leis complementares da União e dos Estados, cuja iniciativa é facultada aos respectivos Procuradores-Gerais, estabelecerão a organização, as atribuições e o estatuto de cada Ministério Público, observadas, relativamente a seus membros:

Trata-se de competência concorrente entre o Presidente da República e o PGR, bem como do Governador de Estado e do PGJ.

Essa competência não se aplica aos MP que atuam junto aos Tribunais de Contas, uma vez que estes integram a estrutura das respectivas Cortes de Contas. Nesse caso a sua organização deverá ser veiculada por meio de lei ordinária de iniciativa privativa do respectivo Tribunal de contas.

Prazo para exercício de iniciativa reservada: **não pode ser fixado prazo,** ficando à discricionariedade de quem tem a iniciativa de propositura da legislação. O STF tem declarado a inconstitucionalidade de dispositivos de Constituições estaduais que fixam prazos para que o Chefe do Executivo ou Poder Judiciário apresente o projeto de lei de sua iniciativa privativa.

O que pode acontecer é o reconhecimento da mora legislativa por **mandado de injunção,** declarando-se a inconstitucionalidade de sua inércia.

Cabe ressaltar que essa vedação quanto à fixação de prazo não se aplica, evidentemente às hipóteses em que o próprio texto da Constituição Federal - originário ou derivado - fixa prazo para a apresentação de determinados projetos de lei.

Iniciativa privativa e emenda parlamentar: O projeto apresentado por legitimado reservado **poderá ser emendado pelos congressistas,** desde que:

a) O conteúdo da emenda seja pertinente à matéria tratada no projeto de lei

b) A emenda **não acarrete aumento de despesa nos projetos de iniciativa do Presidente da República** (ressalvado o disposto no art. 166, §§3º e 4º) e nos projetos sobre organização dos serviços administrativos da Câmara dos Deputados, do Senado Federal, dos tribunais federais e do MP.

Vício de iniciativa e sanção: a sanção do Chefe do Executivo tem o condão de suprir vício havido na apresentação do projeto de lei? **A sanção do projeto de lei não convalida o defeito de iniciativa.** Portanto, o defeito de iniciativa não é suprido pela posterior sanção do Chefe do Executivo. Prevalece a **inconstitucionalidade formal.**

Fase constitutiva

Abolição da aprovação por decurso de prazo: Não há como o Poder Legislativo aprovar tacitamente, por decurso de prazo, projetos de lei no Brasil. Apenas o silencio do Chefe do Executivo que implicará em sanção tácita (CF, art. 66, §3º)

> Art. 66 § 3º Decorrido o prazo de quinze dias, o silêncio do Presidente da República importará sanção.

Atuação prévia das comissões

Na casa legislativa iniciadora, o projeto de lei passará, então, para a fase de instrução, sendo submetido à apreciação das comissões. Em regra, são 2 apreciações, em primeiro lugar na **comissão temática ou técnica e posteriormente na comissão de constituição e justiça**, para análise formal e constitucional da proposta.

As comissões temáticas discutirão sobre o conteúdo da proposta, podendo apresentar emendas ou simplesmente um parecer, a favor ou contra a aprovação da matéria, que terá o caráter meramente **opinativo**. O parecer negativo não implica rejeição do projeto.

Feito isso, o projeto será encaminhado ao parecer da CCJ, que é terminativo, não meramente opinativo. Significa que se a CCJ apresentar **parecer negativo, o projeto será rejeitado e arquivado**, não havendo mais nenhuma tramitação.

Aprovado nas comissões, o projeto será encaminhado ao **plenário** da Casa respectiva.

Deliberação plenária

Na Casa Legislativa, o projeto em votação será aprovado por maioria simples ou relativa (CF, art. 47), se se tratar de **lei ordinária**, ou por maioria absoluta (CF, art. 69), caso se trate de **lei complementar**.

Devidamente instruído, o projeto será posto em discussão e, no passo seguinte, em votação, sempre na forma estabelecida nos regimentos internos das Casas Legislativas.

Na Casa iniciadora, o projeto será aprovado ou rejeitado.

a) Aprovação - o projeto segue para a casa revisora
b) Rejeição - o projeto será arquivado, aplicando-se-lhe o princípio da **irrepetibilidade** art. 67 da CF:

> Art. 67. A matéria constante de projeto de lei rejeitado somente poderá constituir objeto de novo projeto, na mesma **sessão legislativa**, mediante proposta da **maioria absoluta dos membros** de qualquer das Casas do Congresso Nacional.

Na casa revisora, após a tramitação regimental (comissões, discussão e votação), uma destas três hipóteses pode ocorrer:

a) O projeto ser aprovado como foi recebido da Casa iniciadora - segue para sanção/veto
b) Ser aprovado com emendas - o projeto voltará à Casa iniciadora, para que esta aprecie exclusivamente as emendas.

a. Se as emendas forem aceitas – enviado para a sanção/veto

b. Se rejeitadas, o projeto é enviado sem as emendas para sanção/veto (com o texto originário)

c) Ser rejeitado – arquivado, observado o art. 67

Há a predominância da atuação da Casa iniciadora sobre os trabalhos da Casa revisora.

Sanção/Veto

Após aprovação nas duas Casas do Congresso Nacional, o projeto será encaminhado ao Presidente da República, para o fim de sanção ou veto.

Sanção **expressa**: formaliza **por escrito** o ato de sanção, no **prazo de 15 dias úteis**, contados da data do recebimento. Subsequentemente promulgará e determinará a publicação da lei.

Sanção **tácita**: Ocorrerá se o Presidente da República deixar transcorrer o prazo de 15 dias úteis, contados da data do recebimento do projeto, **sem emitir qualquer manifestação quanto a ele.**

Nessa hipótese o Presidente disporá do prazo de 48 horas para promulgar a lei resultante da sanção tácita. Se não o fizer nesse prazo, o **Presidente do senado, em igual prazo a promulgará. Se este não o fizer, no prazo estabelecido, caberá ao Vice-presidente do Senado fazê-lo.**

> Art. 66 § 1° – Se o Presidente da República considerar o projeto, no todo ou em parte, inconstitucional ou contrário ao interesse público, vetá-lo-á total ou parcialmente, no prazo de quinze dias úteis, contados da data do recebimento, e comunicará, dentro de quarenta e oito horas, ao Presidente do Senado Federal os motivos do veto.
>
> Art. 66 § 7° Se a lei não for promulgada dentro de quarenta e oito horas pelo Presidente da República, nos casos dos § 3° e § 5°, o Presidente do Senado a promulgará, e, se este não o fizer em igual prazo, caberá ao Vice-Presidente do Senado fazê-lo.

Veto: poderá ser **jurídico** (inconstitucionalidade) ou **político** (contrário ao interesse público). Em caso de veto, haverá a comunicação ao Presidente do Senado os motivos do veto, no **prazo de 48 horas.**

> Art. 66 § 4° O veto será apreciado em sessão conjunta, dentro de trinta dias a contar de seu recebimento, só podendo ser rejeitado pelo voto da maioria absoluta dos Deputados e Senadores.

> (Redação dada pela Emenda Constitucional nº 76, de 2013) - a votação é nominal.
>
> Art. 66 § 6º Esgotado sem deliberação o prazo estabelecido no § 4º, o veto será colocado na ordem do dia da sessão (conjunta) imediata, sobrestadas as demais proposições, até sua votação final. (Redação dada pela Emenda Constitucional nº 32, de 2001)

Caso o veto seja mantido, o projeto será arquivado, aplicando-se-lhe o art. 67 da CF.

O veto poderá ser total, rejeitando o projeto em sua inteireza, ou parcial, observado o art. 66 §2º.

> § 2º O veto parcial somente abrangerá texto integral de artigo, de parágrafo, de inciso ou de alínea.

Características do veto:

a) Expresso
b) Formal
c) Motivado
d) Supressivo
e) Superável ou relativo
f) Irretratável
g) Insuscetível de apreciação judicial
h) Pode incidir sobre texto adotado pelo próprio Chefe do Executivo

Aprovação nas comissões: é possível a aprovação de projetos **diretamente pelas comissões**, o que a doutrina denomina delegação *interna corporis*, sem que o projeto passe pelo plenário das Casas. **Cabe ao regimento das Casas Legislativas especificar os projetos que poderão ser votados em caráter definitivo nas comissões,** sem necessidade de deliberação plenária.

Os congressistas podem inibir a deliberação conclusiva da comissão mediante recurso de 1/10 dos membros da respectiva casa, submetendo à votação no plenário.

Fase complementar

– Promulgação: ato solene que atesta a existência da lei, inovando a ordem jurídica.

Há casos em que a promulgação é ato de competência originária do Poder Legislativo.

A EC será promulgada pelas mesas da Câmara e do Senado.

O decreto legislativo, ato privativo do Congresso Nacional, será promulgado pelo Presidente do CN (é o presidente do Senado)

A resolução é promulgada pelo Presidente do órgão que a edita.

- Publicação: trata-se de pressuposto de eficácia. É exigência necessária para a entrada em vigor da lei, para a produção de seus efeitos. Realiza-se pela inserção da lei no Diário Oficial.

Procedimento legislativo sumário

Não há diferenciação com relação ao ordinário, diferenciando-se apenas na existência de prazos constitucionalmente fixados para que as Casas do Congresso Nacional deliberem sobre o projeto apresentado.

> Art. 64. A discussão e votação dos projetos de lei de iniciativa do Presidente da República, do Supremo Tribunal Federal e dos Tribunais Superiores terão início na Câmara dos Deputados.
>
> § 1º O Presidente da República poderá solicitar urgência para apreciação de projetos de sua iniciativa.
>
> § 2º Se, no caso do § 1º, a Câmara dos Deputados e o Senado Federal não se manifestarem sobre a proposição, cada qual sucessivamente, em até quarenta e cinco dias, sobrestar-se-ão todas as demais deliberações legislativas da respectiva Casa, com exceção das que tenham prazo constitucional determinado, até que se ultime a votação. (Redação dada pela Emenda Constitucional nº 32, de 2001)
>
> § 3º A apreciação das emendas do Senado Federal pela Câmara dos Deputados far-se-á no prazo de dez dias, observado quanto ao mais o disposto no parágrafo anterior.
>
> § 4º Os prazos do § 2º não correm nos períodos de recesso do Congresso Nacional, nem se aplicam aos projetos de código.

Não é necessário que o projeto seja de iniciativa privativa do Presidente da República, apenas que o projeto seja de sua iniciativa.

Iniciativa

- Projeto de iniciativa do Presidente da República
- A Casa Iniciadora será a Câmara dos Deputados
- **Pedido de urgência** do Presidente da República

Apreciação

- A Câmara dos Deputados e o Senado Federal têm 45 dias para manifestação, sob pena de trancamento de pauta.
- O trancamento de pauta não atinge as deliberações que tenham prazo constitucional determinado.

Emendas

- Se o Senado Federal apresentar emendas ao projeto, a Câmara terá o prazo de 10 dias para se manifestar, sob pena de trancamento de pauta, conforme §2º

Com a solicitação de urgência, o processo legislativo se findará em, no máximo, 100 dias (45 em cada Casa + 10 dias para apreciação das emendas), desconsiderados os períodos de recesso do CN. O procedimento sumário **não é aplicável aos projetos de Códigos.**

Além dos projetos de lei de iniciativa do PR, quando há solicitação de urgência, a própria CF estabelece que a apreciação dos atos de outorga ou renovação de concessão, permissão ou autorização para serviços de radiofusão sonora e de sons e imagens obedecerá ao regime de urgência, no prazo fixado pelo art. 64, §§2º e 4º da CF (art. 223, §1º – O Congresso Nacional apreciará o ato de outorga ou renovação no referido prazo, a partir do recebimento da mensagem)

Além dessas formas de urgência, os respectivos regimentos internos das Casas Legislativas podem estabelecer outras regras para a solicitação de urgência por parte dos parlamentares (urgência regimental).

30.8.2. Lei Ordinária

É a lei "geral e abstrata" (lei material), todavia existem casos de leis individuais e concretas, denominadas "lei formal".

Será cabível lei ordinária, sempre que a Constituição não especifique instrumento legislativo diverso. Sua aprovação dar-se-á por maioria simples.

> Art. 47. Salvo disposição constitucional em contrário, as deliberações de cada Casa e de suas Comissões serão tomadas por maioria dos votos, presente a maioria absoluta de seus membros.

Lei Complementar

A iniciativa é a mesma da lei ordinária (art. 61) e sua aprovação dar-se-á por maioria absoluta (art. 69).

> Art. 61. A iniciativa das leis complementares e ordinárias cabe a qualquer membro ou Comissão da Câmara dos Deputados, do Senado Federal ou do Congresso Nacional, ao Presidente da República, ao Supremo Tribunal Federal, aos Tribunais Superiores, ao Procurador-Geral da República e aos cidadãos, na forma e nos casos previstos nesta Constituição.
>
> Art. 69. As leis complementares serão aprovadas por maioria absoluta.

A Constituição Estadual pode exigir lei complementar em hipóteses outras, além daquelas que estão previstas na Constituição Federal. Não há exigência de simetria entre a CF e as Constituições estaduais. (ADI 2.314/RJ)

30.8.3. Emendas à Constituição

O artigo 60 da Constituição Federal do Brasil estabelece os procedimentos para a sua própria emenda, ou seja, para alterações em seu texto. Este artigo define quem pode propor emendas à Constituição e os processos pelos quais estas propostas devem passar para se tornarem efetivas. A emenda constitucional é um instrumento de extrema importância, pois permite que a Constituição seja atualizada e adaptada às mudanças sociais, políticas e econômicas do país, mantendo-a relevante e eficaz ao longo do tempo.

A proposta de emenda à Constituição (PEC) pode ser iniciada por **um terço** dos membros da Câmara dos Deputados ou do Senado Federal, pelo Presidente da República ou por **mais da metade** das Assembleias Legislativas das unidades da Federação, cada uma delas manifestando-se pela **maioria de seus membros**. Isso garante que uma ampla gama de entidades representativas possa iniciar o processo de emenda, refletindo a diversidade de interesses e visões dentro do Estado brasileiro.

O processo de emenda não é trivial, exigindo discussão e votação em **dois turnos** em cada Casa do Congresso Nacional, e a aprovação necessita do apoio de **três quintos** dos votos dos membros de cada Casa, reforçando o caráter extraordinário da emenda constitucional e assegurando que mudanças na lei máxima do país sejam fruto de um amplo consenso.

Após a aprovação pelas duas Casas, a emenda é promulgada pelas Mesas da Câmara dos Deputados e do Senado Federal, recebendo um número de ordem. Essa formalidade conclui o processo de emenda, integrando formalmente a alteração ao texto constitucional.

O § 4º impõe limites substanciais ao poder de emenda, proibindo expressamente qualquer proposta que vise abolir aspectos fundamentais do Estado Democrático de Direito brasileiro, como a forma federativa de Estado, o sufrágio universal, a separação dos poderes e os direitos e garantias individuais. Essas cláusulas pétreas são intocáveis e preservam a essência da Constituição, garantindo a permanência dos valores fundamentais da República.

Além disso, o artigo 60 estabelece que não é possível emendar a Constituição em períodos de intervenção federal, estado de defesa ou estado de sítio, garantindo a estabilidade constitucional em momentos de crise. E, por fim, uma matéria rejeitada ou considerada prejudicada não pode ser objeto de uma nova proposta de emenda **na mesma sessão legislativa**, evitando a reiteração de debates sobre temas já decididos.

> Art. 60. A Constituição poderá ser emendada mediante **proposta**:
>
> I - de **um terço**, no mínimo, dos membros da Câmara dos Deputados ou do Senado Federal;
>
> II - do Presidente da República;
>
> III - de **mais da metade das Assembleias Legislativas** das unidades da Federação, manifestando-se, cada uma delas, pela **maioria relativa** de seus membros.
>
> § 1º A Constituição não poderá ser emendada na vigência de **intervenção federal, de estado de defesa ou de estado de sítio**.
>
> § 2º A proposta será discutida e votada em cada Casa do Congresso Nacional, em **dois turnos**, considerando-se aprovada se obtiver, em ambos, **três quintos dos votos** dos respectivos membros.
>
> § 3º A emenda à Constituição será **promulgada** pelas **Mesas da Câmara dos Deputados e do Senado Federal,** com o respectivo número de ordem.
>
> § 4º Não **será objeto de deliberação** a proposta de emenda tendente a abolir:
>
> I - a forma federativa de Estado;

II - o voto direto, secreto, universal e periódico;

III - a separação dos Poderes;

IV - os direitos e garantias individuais.

§ 5º A matéria constante de proposta de emenda rejeitada ou havida por prejudicada não pode ser objeto de nova proposta **na mesma sessão legislativa.**

Limitações ao Poder de Reforma

- Limitações **temporais** = lapso de tempo - não estão presentes na nossa vigente Constituição.
- Limitações **circunstanciais** = situações anormais ou excepcionais - intervenção federal, estado de defesa e estado de sítio.
- Limitações **processuais ou formais (art. 60, I a III,** §2, 3 e 5).
  - relativas à iniciativa de apresentação de uma PEC;
  - relativas à deliberação para aprovação da proposta;
  - relativas à promulgação da emenda;
  - relativas à vedação de reapreciação de PEC rejeitada na mesma sessão legislativa.
- Limitações **materiais** - podem ser expressas (cláusulas pétreas) ou implícitas. Uma das limitações implícitas é a impossibilidade de alteração do próprio art. 60, §4, tendo em vista que se trata de cláusula que estabelece quais são as cláusulas pétreas. Assim não existe a possibilidade de se suprimir o referido parágrafo para posteriormente haver a alteração das cláusulas pétreas (teoria da dupla revisão).

Controle judicial do processo de emenda à constituição

Tem por finalidade:

a) Fiscalizar a observância do rito legislativo constitucionalmente estabelecido para a aprovação de proposta de emenda (Controle Formal).

b) Para evitar a deliberação sobre proposta de emenda tendente a abolir cláusula pétrea, nos termos do art. 60, §4º da CF (controle material).

Tal controle só é permitido na via incidental, através de Mandado de Segurança, sendo a legitimidade atribuída a qualquer parlamentar do Congresso

Nacional. Não se admite esse controle mediante ação direta de inconstitucionalidade (ADI), porquanto o ajuizamento de tal ação pressupõe uma norma pronta e acabada, já publicada, inserida no ordenamento jurídico. Busca-se o trancamento do processo legislativo, em qualquer fase que se encontre.

Tal meio de controle é melhor estudado no tema de controle constitucional.

30.8.4. Medidas Provisórias

> Art. 62. Em caso de **relevância e urgência**, o Presidente da República poderá adotar medidas provisórias, com força de lei, devendo submetê-las de imediato ao Congresso Nacional. (Redação dada pela Emenda Constitucional nº 32, de 2001)
>
> § 1º É **vedada** a edição de medidas provisórias sobre matéria: (Incluído pela Emenda Constitucional nº 32, de 2001)
>
> I - relativa a: (Incluído pela Emenda Constitucional nº 32, de 2001)
>
> a) nacionalidade, cidadania, direitos políticos, partidos políticos e direito eleitoral; (Incluído pela Emenda Constitucional nº 32, de 2001)
>
> b) direito penal, processual penal e processual civil; (Incluído pela Emenda Constitucional nº 32, de 2001)
>
> c) organização do Poder Judiciário e do Ministério Público, a carreira e a garantia de seus membros; (Incluído pela Emenda Constitucional nº 32, de 2001)
>
> d) planos plurianuais, diretrizes orçamentárias, orçamento e créditos adicionais e suplementares, ressalvado o previsto no art. 167, § 3º; (Incluído pela Emenda Constitucional nº 32, de 2001)
>
> II - que vise a detenção ou sequestro de bens, de poupança popular ou qualquer outro ativo financeiro; (Incluído pela Emenda Constitucional nº 32, de 2001)
>
> III - reservada a lei complementar; (Incluído pela Emenda Constitucional nº 32, de 2001)
>
> IV - já disciplinada em projeto de lei aprovado pelo Congresso Nacional e pendente de sanção ou veto do Presidente da República. (Incluído pela Emenda Constitucional nº 32, de 2001)
>
> § 2º Medida provisória que implique instituição ou majoração de impostos, exceto os previstos nos arts. 153, I, II, IV, V, e 154, II, só produzirá efeitos no **exercício financeiro** seguinte se houver

sido convertida em lei até o último dia daquele em que foi editada. (Incluído pela Emenda Constitucional nº 32, de 2001)

§ 3º As medidas provisórias, ressalvado o disposto nos §§ 11 e 12 perderão eficácia, desde a edição, se não forem convertidas em lei no prazo de **sessenta dias**, prorrogável, nos termos do § 7º, **uma vez por igual período**, devendo o Congresso Nacional disciplinar, por decreto legislativo, as relações jurídicas delas decorrentes. (Incluído pela Emenda Constitucional nº 32, de 2001)

§ 4º O prazo a que se refere o § 3º contar-se-á da publicação da medida provisória, suspendendo-se durante os períodos de recesso do Congresso Nacional. (Incluído pela Emenda Constitucional nº 32, de 2001)

§ 5º A deliberação de cada uma das Casas do Congresso Nacional sobre o mérito das medidas provisórias dependerá de juízo prévio sobre o atendimento de seus pressupostos constitucionais. (Incluído pela Emenda Constitucional nº 32, de 2001)

§ 6º Se a medida provisória não for apreciada **em até quarenta e cinco** dias contados de sua publicação, entrará **em regime de urgência**, subsequentemente, em cada uma das Casas do Congresso Nacional, ficando sobrestadas, até que se ultime a votação, todas as demais deliberações legislativas da Casa em que estiver tramitando. (Incluído pela Emenda Constitucional nº 32, de 2001)

§ 7º Prorrogar-se-á uma única vez por igual período a vigência de medida provisória que, no prazo de **sessenta dias**, contado de sua publicação, não tiver a sua votação encerrada nas duas Casas do Congresso Nacional. (Incluído pela Emenda Constitucional nº 32, de 2001)

§ 8º As medidas provisórias terão sua votação iniciada **na Câmara dos Deputados.** (Incluído pela Emenda Constitucional nº 32, de 2001)

§ 9º Caberá à comissão mista de Deputados e Senadores examinar as medidas provisórias e sobre elas emitir parecer, antes de serem apreciadas, em sessão separada, pelo plenário de cada uma das Casas do Congresso Nacional. (Incluído pela Emenda Constitucional nº 32, de 2001)

§ 10. É vedada a reedição, na mesma sessão legislativa, de medida provisória que tenha sido rejeitada ou que tenha perdido sua eficácia por decurso de prazo. (Incluído pela Emenda Constitucional nº 32, de 2001)

§ 11. Não editado o decreto legislativo a que se refere o § 3º até sessenta dias após a rejeição ou perda de eficácia de medida

> provisória, as relações jurídicas constituídas e decorrentes de atos praticados durante sua vigência conservar-se-ão por ela regidas. (Incluído pela Emenda Constitucional nº 32, de 2001)
>
> § 12. Aprovado projeto de lei de conversão alterando o texto original da medida provisória, esta manter-se-á integralmente em vigor até que seja sancionado ou vetado o projeto. (Incluído pela Emenda Constitucional nº 32, de 2001)

- Iniciativa do Presidente da República, havendo relevância e urgência.
- A matéria não pode ser de competência privativa expressa na CF.
- A MP é enviada de imediato ao CN, que terá o prazo de 60 dias (+60 automaticamente) para apreciá-la.
- O prazo não corre nos recessos do CN.
- Serão apreciadas por Comissão Mista – o parecer é opinativo.
- A substituição do parecer da Comissão Mista pelo parecer do relator implica inconstitucionalidade formal (ADI 4.029/DF), portanto é de observância obrigatória.
- Emitido o parecer, o plenário das Casas Legislativas, iniciando-se pela Câmara dos Deputados, examinará a MP e:
  a) Se for convertida integralmente em Lei, será promulgada pelo presidente do Senado, com a remessa à publicação;
  b) Se for integralmente rejeitada, será arquivada. O CN baixa ato a declarando insubsistente e disciplina, através de decreto legislativo, no prazo de 60 dias contados da rejeição ou da perda de eficácia por decurso de prazo, as relações jurídicas dela decorrentes; caso o CN não edite o DL neste prazo, as relações jurídicas permanecerão regidas pela MP;
  c) Caso sejam introduzidas modificações no texto adotado pelo PR, a MP será transformada em projeto de lei de conversão e, após aprovação, será remetida ao PR para que sancione ou vete.

Durante o trâmite legislativo, a MP poderá receber emendas parlamentares, desde que haja pertinência temática entre estas e o conteúdo da norma original (contrabando legislativo – ADI 5.127/DF).

Em virtude do princípio da irrepetibilidade (art. 67 da CF) o PR não pode editar MP para disciplinar matéria que já tenha sido objeto de projeto de lei anteriormente rejeitado na mesma sessão legislativa.

> A norma inscrita no art. 67 da Constituição – que consagra o postulado da irrepetibilidade dos projetos rejeitados na mesma sessão legislativa – não impede o presidente da República de submeter, à apreciação do Congresso Nacional, reunido em convocação extraordinária (CF, art. 57, § 6º, II), projeto de lei versando, total ou parcialmente, a mesma matéria que constitui objeto de medida provisória rejeitada pelo Parlamento, em sessão legislativa realizada no ano anterior. O presidente da República, no entanto, sob pena de ofensa ao princípio da separação de poderes e de transgressão à integridade da ordem democrática, não pode valer-se de medida provisória para disciplinar matéria que já tenha sido objeto de projeto de lei anteriormente rejeitado na mesma sessão legislativa (RTJ 166/890, rel. min. Octavio Gallotti). Também pelas mesmas razões, o chefe do Poder Executivo da União não pode reeditar medida provisória que veicule matéria constante de outra medida provisória anteriormente rejeitada pelo Congresso Nacional (RTJ 146/707-708, rel. min. Celso de Mello).
>
> [ADI 2.010 MC, rel. min. Celso de Mello, j. 30-10-1999, P, DJ de 12-4-2002.]

Art. 246 da CF: os artigos que tenham sido modificados entre a EC 5/95 e 32/01 não podem ser regulamentados por MP.

> Art. 246. É vedada a adoção de medida provisória na regulamentação de artigo da Constituição cuja redação tenha sido alterada por meio de emenda promulgada entre 1º de janeiro de 1995 até a promulgação desta emenda, inclusive. (Redação dada pela Emenda Constitucional nº 32, de 2001)

As medidas provisórias editadas até a EC 32/01 continuam em vigor até que outra medida provisória a revogue ou que o CN delibere sobre elas. A deliberação se dará consoante o processo anterior à referida emenda, em sessão conjunta do Congresso Nacional.

A MP pode ser revogada por outro ato da mesma espécie, todavia não pode ser retirada de pauta de apreciação do CN a pedido do PR. A MP revogadora de outra MP suspende a eficácia desta até a apreciação da revogadora no CN. Caso o CN rejeite ou não aprecie a MP revogadora, a anterior retoma seu curso de andamento do dia do prazo em que foi suspensa.

A MP suspende a eficácia de leis pretéritas que forem com ela incompatíveis. Se houver rejeição da MP, a lei pretérita voltará automaticamente a produzir efeitos.

Admite-se excepcional controle judiciário sobre os conceitos de relevância e urgência quando restar evidente o excesso no poder de legislar, tornando a MP ilegítima. A lei de conversão não convalida os vícios existentes na MP, sendo possível o exame pelo Poder Judiciário mesmo após a conversão em lei da MP.

Os Estados-membros e os municípios também poderão editar MPs, desde que haja previsão nas respectivas constituições e leis orgânicas, respeitados os limites estabelecidos na CF.

30.8.5. Leis delegadas

> Art. 68. As leis delegadas serão elaboradas pelo Presidente da República, que deverá solicitar a delegação ao Congresso Nacional.
>
> § 1º Não serão objeto de delegação os atos de competência exclusiva do Congresso Nacional, os de competência privativa da Câmara dos Deputados ou do Senado Federal, a matéria reservada à lei complementar, nem a legislação sobre:
>
> I – Organização do Poder Judiciário e do Ministério Público, a carreira e a garantia de seus membros;
>
> II – Nacionalidade, cidadania, direitos individuais, políticos e eleitorais;
>
> III – planos plurianuais, diretrizes orçamentárias e orçamentos.
>
> § 2º A delegação ao Presidente da República terá a forma de resolução do Congresso Nacional, que especificará seu conteúdo e os termos de seu exercício.
>
> § 3º Se a resolução determinar a apreciação do projeto pelo Congresso Nacional, este a fará em votação única, vedada qualquer emenda.

São elaboradas pelo Presidente da República, que solicitará a competente delegação ao Congresso Nacional (CF, art. 68)

Na delegação **típica** a edição, promulgação e publicação da lei delegada se dará inteiramente no âmbito da Presidência da República.

A resolução poderá determinar a apreciação do projeto pelo Congresso Nacional, caso em que a delegação será **atípica.** O PR edita a lei e submete à votação do CN, que sobre ele deliberará, em **votação única**, vedada qualquer emenda. Somente poderá aprovar ou rejeitar, integralmente, o projeto elaborado pelo PR. Caso o projeto seja aprovado, a lei delegada será encaminhada ao PR para que a promulgue e publique.

Se ocorrer rejeição integral, aplica-se o princípio da irrepetibilidade (art. 67)

A delegação não vincula o PR, e não obsta que o CN trate sobre a mesma matéria mediante lei. O CN também pode revogar a delegação.

Caso o PR extrapole os limites da delegação, caberá a sustação dos atos pelo Poder Legislativo (veto legislativo).

30.8.6. Decretos legislativos

São atos do **Congresso Nacional** destinados ao tratamento de matérias da sua **competência exclusiva,** para as quais a CF dispensa a sanção presidencial. **Não há decreto legislativo na Câmara dos Deputados, tampouco no Senado Federal.**

A CF não disciplinou o procedimento legislativo para elaboração do decreto legislativo, **cabendo ao regimento interno das Casas Legislativas o processo de formação.** Será realizado obrigatoriamente pelas duas Casas do CN e não haverá participação do PR no procedimento, para o fim de sanção, veto ou promulgação.

30.8.7. Resoluções

São atos utilizados pelas **Casas Legislativas,** separadamente, ou pelo CN, para dispor **sobre assuntos políticos e administrativos** de sua competência, que não sejam sujeitos à reserva de lei. Basicamente são as **matérias dos arts. 51 e 52 da CF.**

A CF também não estabeleceu processo legislativo para a elaboração da resolução, deixando à competência do **Regimento Interno das Casas Legislativas e do CN** e não haverá participação do PR no procedimento, para o fim de sanção, veto ou promulgação.

6.23 Poder Executivo: Presidente da República, Governadores e Prefeitos – eleição, reeleição, perda do mandado, impedimento, substituição, sucessão, vacância, responsabilidade e atribuições. Ministros de Estado, Conselho da República e Conselho de Defesa Nacional.

31

DO PODER EXECUTIVO

Conforme já abordado quando falada da teoria da tripartição de poderes, o Poder Executivo (ou órgão executivo) é aquele incumbido de exercer atividades de Chefe de Estado e de Governo, além da atividade administrativa (funções típicas). No Brasil, o sistema de Governo adotado é o Presidencialista, no qual o Presidente da República exerce tanto a função de Chefe de Estado quanto a de Chefe de Governo **(executivo monocrático)**, o que foi ratificado através do plebiscito do art. 2 da ADCT. Assim o principal personagem do Poder Executivo, é o Presidente da República, nos termos do art. 76 e seguintes da CF.

> SEÇÃO I
>
> DO PRESIDENTE E DO VICE-PRESIDENTE DA REPÚBLICA
>
> Art. 76. O Poder Executivo é exercido pelo Presidente da República, **auxiliado** pelos Ministros de Estado.
>
> O art. 77 dispõe expressamente as regras eletivas do Presidente e Vice-Presidente da República, sendo de fundamental importância a leitura consoante a seguir:
>
> Art. 77. A eleição do Presidente e do Vice-Presidente da República realizar-se-á, simultaneamente, no primeiro domingo de outubro, em primeiro turno, e no último domingo de outubro, em segundo turno, se houver, do ano anterior ao do término do mandato presidencial vigente. (Redação dada pela Emenda Constitucional nº 16, de 1997)
>
> § 1º A eleição do Presidente da República **importará a do Vice-Presidente** com ele registrado.

Diferentemente do pleito americano, no qual a eleição do Vice-Presidente é separada do Presidente, no Brasil a eleição do Presidente importa necessariamente a do Vice-presidente registrado.

> § 2º Será considerado eleito Presidente o candidato que, registrado por partido político, obtiver a **maioria absoluta de votos**, não computados os em branco e os nulos (**sistema majoritário**).
>
> § 3º Se nenhum candidato alcançar maioria absoluta na primeira votação, far-se-á **nova eleição** em até vinte dias após a proclamação do resultado, concorrendo os dois candidatos mais votados e considerando-se eleito aquele que obtiver a **maioria dos votos válidos.**
>
> § 4º Se, antes de realizado o segundo turno, ocorrer morte, desistência ou impedimento legal de candidato, convocar-se-á, dentre os remanescentes, **o de maior votação.**
>
> § 5º Se, na hipótese dos parágrafos anteriores, remanescer, em segundo lugar, mais de um candidato com a mesma votação, qualificar-se-á o mais **idoso.**

O art. 78 traz a previsão acerca da posse do Presidente e do Vice-Presidente.

> Art. 78. O Presidente e o Vice-Presidente da República tomarão posse em **sessão do Congresso Nacional**, prestando o compromisso de manter, defender e cumprir a Constituição, observar as leis, promover o bem geral do povo brasileiro, sustentar a união, a integridade e a independência do Brasil.
>
> Parágrafo único. Se, decorridos **dez dias** da data fixada para a posse, o Presidente ou o Vice-Presidente, salvo motivo de força maior, **não tiver assumido o cargo, este será declarado vago.**
>
> Art. 79. Substituirá o Presidente, no caso de **impedimento, e suceder- lhe-á,** no de vaga, o Vice-Presidente.
>
> Parágrafo único. O Vice-Presidente da República, além de outras atribuições que lhe forem conferidas por lei complementar, **auxiliará** o Presidente, sempre que por ele convocado para **missões especiais.**

O art. 79 da CF fala em **impedimento** e **vacância.** O **impedimento** tem caráter provisório (doença, viagem, férias etc.), enquanto a vacância tem caráter permanente (morte, cassação, renúncia). Por sua vez, o art. 80 estabelece a ordem de sucessão do Presidente da República e do Vice-Presidente em caso de impedimento ou vacância:

> Art. 80. Em caso de impedimento do Presidente e do Vice-Presidente, ou vacância dos respectivos cargos, **serão sucessivamente chamados ao exercício da Presidência o Presidente da Câmara dos Deputados, o do Senado Federal e o do Supremo Tribunal Federal.**

Ordem Sucessória Presidencial

- Vice-Presidente
- Presidente da Câmara dos Deputados
- Presidente do Senado Federal
- Presidente do STF

> Art. 81. **Vagando** os cargos de **Presidente e Vice-Presidente** da República, far-se-á eleição **noventa dias** depois de aberta a última vaga.
>
> § 1º - Ocorrendo a vacância nos últimos **dois anos do período presidencial**, a **eleição para ambos os cargos será feita trinta dias depois da última vaga,** pelo Congresso Nacional, na forma da lei.
>
> § 2º - Em qualquer dos casos, os eleitos deverão completar o período de seus antecessores.

O art. 81 prevê a hipótese de **vacância** dos cargos de Presidente e Vice--Presidente, caso em que ocorrerá nova eleição (eleições diretas, por sufrágio universal) após **90 dias** depois de aberta a última vaga.

Do §1º se extrai que caso a vacância se dê nos dois últimos anos do período presidencial, a eleição será feita, **trinta dias** depois da última vaga, **pelos representantes do Congresso Nacional (eleições indiretas).** Caso ocorra a vacância nos dois primeiros anos, convoca-se novas eleições.

O eleito completará o período subsistente.

> Art. 82. O mandato do Presidente da República é de **4 (quatro) anos** e terá início em **5 de janeiro do ano seguinte ao de sua eleição.** (Redação dada pela Emenda Constitucional nº 111, de 2021)
>
> Art. 83. O Presidente e o Vice-Presidente da República não poderão, sem **licença do Congresso Nacional**, ausentar-se do País por período **superior a quinze dias, sob pena de perda do cargo.**

É importante se atentar que a data de posse do Presidente da República foi alterada pela EC nº 111/21, sendo estabelecido o dia 05 de janeiro como a data de Posse (anteriormente era dia 01 de janeiro).

31.1. DAS ATRIBUIÇÕES DO PRESIDENTE DA REPÚBLICA

As atribuições do Presidente da República estão expressamente previstas na Constituição Federal no art. 84, sendo que neste artigo há dispositivos que contém funções de Chefe de Estado (representando a República Federativa do Brasil em âmbito internacional), como nos incisos VII, VIII e XIX e de Chefe de Governo (atos de administração e natureza política), incisos I a VI; IX a XVIII e XX a XXVII. O **rol é meramente exemplificativo** (art. 84, XXVII).

> Art. 84. Compete privativamente ao Presidente da República:
>
> I - nomear e exonerar os Ministros de Estado;
>
> II - exercer, com o auxílio dos Ministros de Estado, a direção superior da administração federal;
>
> III - iniciar o processo legislativo, na forma e nos casos previstos nesta Constituição;
>
> IV - sancionar, promulgar e fazer publicar as leis, bem como expedir decretos e regulamentos para sua fiel execução;
>
> V - vetar projetos de lei, total ou parcialmente;
>
> VI - dispor, mediante decreto, sobre: (Redação dada pela Emenda Constitucional nº 32, de 2001)
>
> a) organização e funcionamento da administração federal, quando **não** implicar aumento de despesa **nem** criação ou extinção de órgãos públicos; (Incluída pela Emenda Constitucional nº 32, de 2001)
>
> b) **extinção** de funções ou cargos públicos, quando vagos; (Incluída pela Emenda Constitucional nº 32, de 2001)
>
> VII - manter relações com Estados estrangeiros e acreditar seus representantes diplomáticos;
>
> VIII - celebrar tratados, convenções e atos internacionais, sujeitos a referendo do Congresso Nacional;
>
> IX - decretar o estado de defesa e o estado de sítio;
>
> X - decretar e executar a intervenção federal;
>
> XI - remeter mensagem e plano de governo ao Congresso Nacional por ocasião da abertura da sessão legislativa, expondo a situação do País e solicitando as providências que julgar necessárias;

XII - conceder indulto e comutar penas, com audiência, se necessário, dos órgãos instituídos em lei;

XIII - exercer o **comando supremo das Forças Armadas**, nomear os Comandantes da Marinha, do Exército e da Aeronáutica, promover seus oficiais-generais e nomeá-los para os cargos que lhes são privativos; (Redação dada pela Emenda Constitucional nº 23, de 02/09/99)

XIV - nomear, após **aprovação pelo Senado Federal**, os Ministros do Supremo Tribunal Federal e dos Tribunais Superiores, os Governadores de Territórios, o Procurador-Geral da República, o presidente e os diretores do banco central e outros servidores, quando determinado em lei;

XV - nomear, observado o disposto no art. 73, os Ministros do Tribunal de Contas da União;

XVI - nomear os magistrados, nos casos previstos nesta Constituição, e o Advogado-Geral da União;

XVII - nomear membros do Conselho da República, nos termos do art. 89, VII;

XVIII - convocar e presidir o Conselho da República e o Conselho de Defesa Nacional;

XIX - **declarar guerra**, no caso de agressão estrangeira, **autorizado pelo Congresso Nacional** ou **referendado por ele**, quando ocorrida no **intervalo das sessões legislativas**, e, nas mesmas condições, **decretar**, total ou parcialmente, a **mobilização nacional**;

XX - **celebrar a paz, autorizado ou com o referendo do Congresso Nacional;**

XXI - conferir condecorações e distinções honoríficas;

XXII - permitir, **nos casos previstos em lei complementar**, que **forças estrangeiras transitem pelo território nacional ou nele permaneçam temporariamente**;

XXIII - enviar ao Congresso Nacional o plano plurianual, o projeto de lei de diretrizes orçamentárias e as propostas de orçamento previstos nesta Constituição;

XXIV - prestar, **anualmente**, ao Congresso Nacional, dentro de **sessenta dias após a abertura da sessão legislativa**, as contas referentes ao exercício anterior;

XXV - prover e extinguir os cargos públicos federais, na forma da lei;

XXVI - editar **medidas provisórias** com força de lei, nos termos do art. 62;

> XXVII – exercer outras atribuições previstas nesta Constituição.
>
> XXVIII – propor ao Congresso Nacional a **decretação do estado de calamidade pública de âmbito nacional** previsto nos arts. 167-B, 167-C, 167-D, 167-E, 167-F e 167-G desta Constituição. (Incluído pela Emenda Constitucional nº 109, de 2021)
>
> Parágrafo único. O Presidente da República **poderá delegar** as atribuições mencionadas nos incisos VI, XII e XXV, primeira parte, aos **Ministros de Estado, ao Procurador-Geral da República ou ao Advogado-Geral da União**, que observarão os limites traçados nas respectivas delegações.

Vale ressaltar o Parágrafo Único que permite a delegação de funções do Presidente da República para **Ministros de Estado, Procurador-Geral da República e ao Advogado-Geral da União**. As atribuições delegáveis são as dos incisos VI, XII e XXV, primeira parte.

31.2. DA RESPONSABILIDADE DO PRESIDENTE DA REPÚBLICA

O art. 85 da CF prevê os crimes de responsabilidade que podem ser praticados pelo Presidente da República, sendo verdadeiras infrações político-administrativas, que, estando caracterizado o cometimento de um destes crimes, o PR será submetido ao processo de *impeachment*.

> Art. 85. São crimes de responsabilidade **os atos** do Presidente da República **que atentem contra a Constituição Federal** e, especialmente, contra:
>
> I – a existência da União;
>
> II – o livre exercício do Poder Legislativo, do Poder Judiciário, do Ministério Público e dos Poderes constitucionais das unidades da Federação;
>
> III – o exercício dos direitos políticos, individuais e sociais;
>
> IV – a segurança interna do País;
>
> V – a probidade na administração;
>
> VI – a lei orçamentária;
>
> VII – o cumprimento das leis e das decisões judiciais.
>
> Parágrafo único. **Esses crimes serão definidos em lei especial, que estabelecerá as normas de processo e julgamento.**

Acerca do Parágrafo Único do art. 85 da CF, temos a Súmula Vinculante nº. 46/STF:

A definição dos crimes de responsabilidade e o estabelecimento das respectivas normas de processo e julgamento são de competência legislativa privativa da União.

A referida legislação é a Lei 1.079/50, a qual foi recepcionada pela CF/88 e alterada pela Lei 10.028/00. Com relação ao procedimento, a ADPF 378 admitiu aplicação subsidiária do RICD e do RISF no processamento e julgamento do processo de *impeachment*.

A CF previu ainda linhas gerais procedimentais para o processo de responsabilização do Presidente da República, nos termos seguintes:

> Art. 86. Admitida a acusação contra o Presidente da República, por dois terços da Câmara dos Deputados, será ele submetido a julgamento perante o **Supremo Tribunal Federal**, nas **infrações penais comuns**, ou perante o **Senado Federal**, nos **crimes de responsabilidade.**
>
> § 1º O Presidente ficará **suspenso** de suas funções:
>
> I – nas infrações penais comuns, se **recebida a denúncia ou queixa-crime pelo Supremo Tribunal Federal;**
>
> II – nos crimes de responsabilidade, após a **instauração do processo pelo Senado Federal.**
>
> § 2º Se, decorrido o prazo de **cento e oitenta dias**, o julgamento não estiver concluído, cessará o afastamento do Presidente, sem prejuízo do regular prosseguimento do processo.
>
> § 3º Enquanto não sobrevier **sentença condenatória**, nas infrações comuns, o Presidente da República **não estará sujeito a prisão.**
>
> § 4º O Presidente da República, na vigência de seu mandato, não pode ser responsabilizado por **atos estranhos ao exercício de suas funções.**

31.3. DOS MINISTROS DE ESTADO

Os Ministros de Estado, nos termos do art. 76 da CF, são auxiliares do Presidente da República e são escolhidos livremente por ele, para fins de exercício da direção da Administração Federal. São demissíveis *ad nutum*. Em regra, o ministro pode ser nato ou naturalizado, exceto para o cargo de Ministro de Estado da Defesa, conforme art. 12, §3º, VII.

> Art. 87. Os Ministros de Estado serão escolhidos dentre brasileiros maiores de **vinte e um anos** e no exercício dos direitos políticos.

> Parágrafo único. Compete ao Ministro de Estado, **além de outras atribuições (rol exemplificativo)** estabelecidas nesta Constituição e na lei:
>
> I – exercer a orientação, coordenação e supervisão dos órgãos e entidades da administração federal na área de sua competência e referendar os atos e decretos assinados pelo Presidente da República;
>
> II – expedir **instruções** para a execução das leis, decretos e regulamentos;
>
> III – apresentar ao Presidente da República relatório anual de sua gestão no Ministério;
>
> IV – praticar os atos pertinentes às atribuições que lhe forem outorgadas ou delegadas pelo Presidente da República.
>
> Art. 88. A lei disporá sobre a criação e extinção de Ministérios e órgãos da administração pública. (Redação dada pela Emenda Constitucional nº 32, de 2001)

Os Ministros de Estado podem ser sujeitos ativos de crime de responsabilidade nos termos do art. 50, *caput,* e 58, III, bem como art. 50, §2º, todos esses dispositivos estudados no tópico do Poder Legislativo, que são reproduzidos infra.

> Art. 50. A Câmara dos Deputados e o Senado Federal, ou qualquer de suas Comissões, poderão convocar Ministro de Estado, quaisquer titulares de órgãos diretamente subordinados à Presidência da República ou o Presidente do Comitê Gestor do Imposto sobre Bens e Serviços para prestarem, pessoalmente, informações sobre assunto previamente determinado, importando crime de responsabilidade a ausência sem justificação adequada. (Redação dada pela Emenda Constitucional nº 132, de 2023)
>
> § 2º As Mesas da Câmara dos Deputados e do Senado Federal poderão encaminhar pedidos escritos de informações a Ministros de Estado ou a qualquer das pessoas referidas no caput deste artigo, importando em crime de responsabilidade a recusa, ou o não – atendimento, no prazo de trinta dias, bem como a prestação de informações falsas. (Redação dada pela Emenda Constitucional de Revisão nº 2, de 1994)
>
> Art. 58. O Congresso Nacional e suas Casas terão comissões permanentes e temporárias, constituídas na forma e com as atribuições previstas no respectivo regimento ou no ato de que resultar sua criação.
>
> § 2º Às comissões, em razão da matéria de sua competência, cabe:
>
> III – convocar Ministros de Estado para prestar informações sobre assuntos inerentes a suas atribuições;

Além disso, nos termos do art. 52, I, e art. 85, poderão praticar crimes de responsabilidade conexos e da mesma natureza que os crimes de responsabilidade praticados pelo Presidente da República.

Neste último caso (crimes de responsabilidade ou comuns conexos aos crimes de responsabilidade do PR), os Ministros de Estado serão julgados perante o Senado Federal (art. 52, I), desde que autorizado o processo na Câmara dos Deputados (art. 51, I). Caso não haja conexão entre os crimes dos Ministros com o do PR, aqueles serão julgados no STF (art. 102, I, c). Neste último caso não há necessidade de autorização da Câmara dos Deputados.

31.4. DO CONSELHO DA REPÚBLICA E DO CONSELHO DE DEFESA NACIONAL

Conforme redação dos arts. 89 e 91 da Constituição, o Conselho da República e o Conselho de Defesa Nacional, são órgãos superiores de consulta do PR, sendo presididos e convocados por ele. Suas decisões não têm caráter vinculante, sendo de caráter meramente opinativo.

> SUBSEÇÃO I
>
> DO CONSELHO DA REPÚBLICA
>
> Art. 89. O Conselho da República é órgão superior de consulta do Presidente da República, e dele participam:
>
> I - o Vice-Presidente da República;
>
> II - o Presidente da Câmara dos Deputados;
>
> III - o Presidente do Senado Federal;
>
> IV - os líderes da maioria e da minoria na Câmara dos Deputados;
>
> V - os líderes da maioria e da minoria no Senado Federal;
>
> VI - o Ministro da Justiça;
>
> VII - seis cidadãos brasileiros natos, com mais de trinta e cinco anos de idade, sendo dois nomeados pelo Presidente da República, dois eleitos pelo Senado Federal e dois eleitos pela Câmara dos Deputados, todos com mandato de três anos, vedada a recondução.

As atribuições do Conselho da República estão previstas no art. 90 da CF, sem prejuízo da Lei 8.041/90 que regula a organização e funcionamento do respectivo Conselho:

> Art. 90. Compete ao Conselho da República pronunciar-se sobre:
>
> I - intervenção federal, estado de defesa e estado de sítio;

> II - as questões relevantes para a estabilidade das instituições democráticas.
>
> § 1º O Presidente da República **poderá convocar Ministro de Estado** para participar da reunião do Conselho, quando constar da pauta questão relacionada com o respectivo Ministério.
>
> § 2º A lei regulará a organização e o funcionamento do Conselho da República. (Vide Lei nº 8.041, de 1990)

A participação no Conselho da República é considerada atividade relevante e não remunerada, nos termos do art. 3º, §4º, da Lei 8.041/90.

Por sua vez, o Conselho de Defesa Nacional é regulamentado pela Lei 8.183/91, tendo atribuição para opinar nos assuntos relacionados com **a soberania nacional** e a **defesa do Estado democrático**.

> SUBSEÇÃO II
>
> DO CONSELHO DE DEFESA NACIONAL
>
> Art. 91. O Conselho de Defesa Nacional é órgão de consulta do Presidente da República nos assuntos relacionados com a soberania nacional e a defesa do Estado democrático, e dele participam como membros natos:
>
> I - o Vice-Presidente da República;
>
> II - o Presidente da Câmara dos Deputados;
>
> III - o Presidente do Senado Federal;
>
> IV - o Ministro da Justiça;
>
> V - o Ministro de Estado da Defesa; (Redação dada pela Emenda Constitucional nº 23, de 1999)
>
> VI - o Ministro das Relações Exteriores;
>
> VII - o Ministro do Planejamento.
>
> VIII - os Comandantes da Marinha, do Exército e da Aeronáutica. (Incluído pela Emenda Constitucional nº 23, de 1999)

As atribuições do Conselho de Defesa Nacional estão previstas no art. 91, §1º:

> § 1º Compete ao Conselho de Defesa Nacional:
>
> I - opinar nas hipóteses de declaração de guerra e de celebração da paz, nos termos desta Constituição;
>
> II - opinar sobre a decretação do estado de defesa, do estado de sítio e da intervenção federal;

> III – propor os critérios e condições de utilização de áreas indispensáveis à segurança do território nacional e opinar sobre seu efetivo uso, especialmente na faixa de fronteira e nas relacionadas com a preservação e a exploração dos recursos naturais de qualquer tipo;
>
> IV – estudar, propor e acompanhar o desenvolvimento de iniciativas necessárias a garantir a independência nacional e a defesa do Estado democrático.
>
> § 2º A lei regulará a organização e o funcionamento do Conselho de Defesa Nacional. (Vide Lei nº 8.183, de 1991)

A participação no CDN também constitui serviço público relevante e sem remuneração (art. 7º da Lei 8.183/91).

Com relação aos membros, verifica-se que há diferenças de composição entre os conselhos, sendo importante ressaltar essas diferenças de forma esquematizada:

Conselho da República	Conselho de Defesa Nacional
Vice-Presidente da República	Vice-Presidente da República
Presidente da Câmara dos Deputados	Presidente da Câmara dos Deputados
Presidente do Senado Federal	Presidente do Senado Federal
os líderes da maioria e da minoria na Câmara dos Deputados	
os líderes da maioria e da minoria no Senado Federal	
o Ministro da Justiça	o Ministro da Justiça
seis cidadãos brasileiros natos, com mais de trinta e cinco anos de idade, sendo dois nomeados pelo Presidente da República, dois eleitos pelo Senado Federal e dois eleitos pela Câmara dos Deputados, todos com mandato de três anos, vedada a recondução.	
	o Ministro de Estado da Defesa
	o Ministro das Relações Exteriores
	o Ministro do Planejamento
	os Comandantes da Marinha, do Exército e da Aeronáutica

32

PODER JUDICIÁRIO: FUNÇÕES, ORGANIZAÇÃO, COMPETÊNCIAS, FUNCIONAMENTO E SÚMULAS VINCULANTES

Alcino Souza

O Judiciário constitui um dos três poderes reconhecidos expressamente pela Constituição da República (art. 2º), sendo independente em relação aos demais; a ele foi atribuída a tarefa de declarar o Direito e de julgar[1].

Neste tópico, dedicado ao Poder Judiciário, previsto no Capítulo III do Título IV (Organização dos poderes, Constituição Federal de 1988), abordaremos os principais temas, como: as funções, estrutura, competências e o próprio funcionamento do sistema judicial brasileiro.

Ainda neste ambiente, exploraremos a organização dos órgãos judiciários, como suas cortes superiores, os tribunais regionais federais, tribunais estaduais, entre outros, assim como as garantias dos seus membros e a função de guardião da Constituição, competindo-lhe julgar ações de controle de constitucionalidade e garantir a efetividade dos direitos fundamentais.

32.1. FUNÇÕES DO PODER JUDICIÁRIO

O Poder Judiciário tem como função precípua ou típica a prestação da tutela jurisdicional, aplicando a norma a casos concretos e decidindo quem tem razão de acordo com o Direito.

---

1 TAVARES, André R. Curso de direito constitucional. Editora Saraiva, 2023. p. 389.

Isso resulta na coisa julgada, uma decisão imutável, após o trânsito em julgado. Além disso, como competências secundárias ou atípicas, o Judiciário também administra sua economia interna e, em certos casos, legisla, criando seus regimentos e demais normas gerais de administração judiciária.

Neste sentido, se considerarmos a administração da justiça no sentido amplo, de forma concomitante, o Judiciário se autoadministra enquanto desempenha seu papel principal, observando e defendendo a Constituição Federal, assim como interpretando a constitucionalidade das leis.

O Poder Judiciário tem por função típica a jurisdicional, inerente à sua natureza. Exerce, ainda, funções atípicas, de natureza executivo-administrativa (organização de suas secretarias — art. 96, I, "b"; concessão de licença e férias a seus membros, juízes e servidores imediatamente vinculados — art. 96, I, "f"), bem como funções atípicas de natureza legislativa (elaboração do regimento interno — art. 96, I, "a")[2].

Nesta perspectiva, aponta-se o importante princípio da autonomia da jurisdição que tem como elementos estruturantes, a autonomia administrativa, a autonomia financeira e, sobretudo a autonomia funcional.

Ao discorrer sobre o tema, o eminente ministro Luís Roberto Barroso ensina que[3]:

> "A autonomia administrativa do Poder Judiciário relaciona-se ao poder de gerenciar seu próprio funcionamento interno. Isso inclui a eleição de seus órgãos diretivos, a organização de suas secretarias e serviços auxiliares, a concessão de licenças e férias aos seus membros e servidores, o provimento dos cargos necessários à administração da Justiça e a criação de novas varas judiciárias. Tem o objetivo de garantir uma operação eficiente e livre da interferência de outros Poderes.
>
> A autonomia financeira diz respeito ao gerenciamento dos recursos financeiros necessários ao seu funcionamento. Nesse sentido, cabe ao Judiciário elaborar suas propostas orçamentárias, observados os limites fixados na lei de diretrizes orçamentárias conjuntamente com demais Poderes (CF, art. 99, §1º, e 165, II).

2 LENZA, Pedro. Direito Constitucional. (Coleção esquematizado®) Editora Saraiva, 2024, p. 398.

3 BARROSO, Luís R. Curso de direito constitucional contemporâneo. Editora Saraiva, 2024, p. 321.

> Tais propostas são elaboradas pelos Presidentes do Supremo Tribunal Federal e dos Tribunais Superiores, no âmbito da União, e pelos Presidentes dos Tribunais de Justiça, no âmbito dos Estados, Distrito Federal e Territórios (CF, art. 99, §§ 1º e 2º). O Judiciário faz jus, ainda, ao repasse mensal dos duodécimos que lhe são devidos e que não podem ser indevidamente retidos pelo Executivo (CF, art. 168).
>
> Por fim, a autonomia funcional diz respeito às garantias institucionais da magistratura e ao regime jurídico que lhe é aplicável, voltados a assegurar que os seus membros possam julgar os casos que lhes são submetidos com independência e imparcialidade".

As funções típicas e atípicas do Poder Judiciário constroem um complexo sistema que garantem sua auto-organização e regular exercício de suas competências, assim como a independência dos seus membros para a eficaz aplicação da jurisdição, seu principal mister constitucional.

32.2. ORGANIZAÇÃO JUDICIÁRIA

O Poder Judiciário brasileiro é composto por dois eixos distintos, sendo o âmbito federal e a esfera estadual. A estrutura do Judiciário segue a forma federativa clássica, com coexistência da Justiça federal e a Justiça estadual.

A competência da Justiça federal é enunciativa, isto é, traz previsões expressas, enquanto a Justiça estadual se adequa a competência residual. Ainda nesta subdivisão, a Justiça federal pode ser comum ou especializada, formada também pela Justiça do Trabalho, a Justiça Militar e a Justiça Eleitoral, enquanto na Justiça estadual, há somente a Justiça Militar especializada, nos Estado da federação onde couber sua criação.

A divisão da Justiça é estabelecida pela Constituição Federal, e a jurisdição estadual não deriva das leis estaduais, mas sim da Constituição Federal. Lembre-se que não há uma Justiça municipal no Brasil, apenas a Justiça local de âmbito estadual.

Cumpre acentuar que existem Tribunais denominados de superposição, como o Superior Tribunal de Justiça e o Supremo Tribunal Federal, que, com mais propriedade, devem ser denominados Tribunais nacionais.

O Superior Tribunal de Justiça é a última instância do Judiciário em matéria de leis. O Supremo Tribunal Federal é o órgão de cúpula do Poder

Judiciário, decidindo em última instância sobre os litígios intersubjetivos, sendo o defensor da Constituição.[4]

Em semelhança ao que ocorre na Justiça Federal, também há expressa previsão de Tribunais nacionais especializados, como o Tribunal Superior Eleitoral, o Superior Tribunal Militar e o Tribunal Superior do Trabalho, não havendo hierarquia recursal entre as respectivas cortes.

Neste ponto, cumpre destacar que, embora não tenha como função típica o exercício da jurisdição propriamente dita, também compõe a estrutura do Poder Judiciário, o Conselho Nacional de Justiça, tendo a atribuição de controlar a atuação administrativa e financeira do Poder Judiciário, além de fiscalizar o cumprimento dos deveres funcionais dos juízes.

Os Tribunais Superiores, sejam os nacionais (STF e STJ) ou especializados (TSE, TST e STM), assim como os Tribunais Regionais Federais, Tribunais Regionais do Trabalho, Tribunais Regionais Eleitorais e Tribunais da Justiça Militar tem sua formação e estruturas primárias previstas na própria Constituição Federal de 1988, a partir dos arts. 101, 103-B, 104, 106, 107, 111, 111-A, 115, 118, 119, 120, 122 e 123 da CF/88.

Destaca-se que, quando aos Estados-Membros, em regra, a organização da Justiça será realizada pelas previsões constantes nas Constituições Estaduais e demais normas institucionais, observados os princípios e balizamentos estabelecidos na Constituição Federal de 1988, conforme o Art. 125 do texto constitucional.

32.3. COMPETÊNCIAS DOS ÓRGÃOS DO PODER JUDICIÁRIO

Assim como as estruturas, as competências dos órgãos do Poder Judiciário também estão previamente balizadas na Constituição Federal, tendo suas particularidades descritas nas Constituições Estaduais, no caso dos órgãos estaduais, além de previsões legislativas próprias, leis de organização judiciária, regimentos internos e demais normas.

32.4. OS TRIBUNAIS SUPERIORES

O **Supremo Tribunal Federal (STF)** exerce duas funções específicas na organização judiciária brasileira. Inicialmente, a corte constitucional, exerce

4 TAVARES, André R. Curso de direito constitucional. Editora Saraiva, 2023. p. 388.

a função de proteger a Constituição Federal, como um verdadeiro guardião, solucionando conflitos jurídico-constitucionais, além de analisar e julgar as ações diretas de inconstitucionalidade.

A composição e forma de ingresso no também chamado Tribunal Constitucional está prevista no art. 101 da CF/88, descrevendo que o Supremo Tribunal Federal será integrado por 11 (onze) ministros, desde que atendidos os seguintes requisitos:

- Cidadãos com mais de trinta e cinco e menos de setenta anos de idade;
- Notável saber jurídico e reputação ilibada;
- Indicados e nomeados pelo Presidente da República;
- Prévia aprovação da escolha pela maioria absoluta do Senado Federal;

O outro aspecto é a competência do STF, como órgão máximo do Poder Judiciário, para julgar casos concretos, tanto originariamente, quanto em última instância, tendo vista as previsões de foro por prerrogativa de função, matéria ou conflito de competências, conflitos entre entes federados entre outros previsto no art. 102 da Constituição Federal[5]:

> Art. 102. Compete ao Supremo Tribunal Federal, precipuamente, a guarda da Constituição, cabendo-lhe:
>
> I – processar e julgar, originariamente:
>
> a) a ação direta de inconstitucionalidade de lei ou ato normativo federal ou estadual e a ação declaratória de constitucionalidade de lei ou ato normativo federal;
>
> b) nas infrações penais comuns, o Presidente da República, o Vice-Presidente, os membros do Congresso Nacional, seus próprios Ministros e o Procurador-Geral da República;
>
> c) nas infrações penais comuns e nos crimes de responsabilidade, os Ministros de Estado e os Comandantes da Marinha, do Exército e da Aeronáutica, ressalvado o disposto no art. 52, I, os membros dos Tribunais Superiores, os do Tribunal de Contas da União e os chefes de missão diplomática de caráter permanente;
>
> d) o *habeas corpus,* sendo paciente qualquer das pessoas referidas nas alíneas anteriores; o mandado de segurança e o *habeas*

5 Disponível em: https://www.planalto.gov.br/ccivil_03/Constituicao/Constituicao.htm: acesso: 15/03/2024.

data contra atos do Presidente da República, das Mesas da Câmara dos Deputados e do Senado Federal, do Tribunal de Contas da União, do Procurador-Geral da República e do próprio Supremo Tribunal Federal;

e) o litígio entre Estado estrangeiro ou organismo internacional e a União, o Estado, o Distrito Federal ou o Território;

f) as causas e os conflitos entre a União e os Estados, a União e o Distrito Federal, ou entre uns e outros, inclusive as respectivas entidades da administração indireta;

g) a extradição solicitada por Estado estrangeiro;

i) o *habeas corpus*, quando o coator for Tribunal Superior ou quando o coator ou o paciente for autoridade ou funcionário cujos atos estejam sujeitos diretamente à jurisdição do Supremo Tribunal Federal, ou se trate de crime sujeito à mesma jurisdição em uma única instância;

j) a revisão criminal e a ação rescisória de seus julgados;

l) a reclamação para a preservação de sua competência e garantia da autoridade de suas decisões;

m) a execução de sentença nas causas de sua competência originária, facultada a delegação de atribuições para a prática de atos processuais;

n) a ação em que todos os membros da magistratura sejam direta ou indiretamente interessados, e aquela em que mais da metade dos membros do tribunal de origem estejam impedidos ou sejam direta ou indiretamente interessados;

o) os conflitos de competência entre o Superior Tribunal de Justiça e quaisquer tribunais, entre Tribunais Superiores, ou entre estes e qualquer outro tribunal;

p) o pedido de medida cautelar das ações diretas de inconstitucionalidade;

q) o mandado de injunção, quando a elaboração da norma regulamentadora for atribuição do Presidente da República, do Congresso Nacional, da Câmara dos Deputados, do Senado Federal, das Mesas de uma dessas Casas Legislativas, do Tribunal de Contas da União, de um dos Tribunais Superiores, ou do próprio Supremo Tribunal Federal;

r) as ações contra o Conselho Nacional de Justiça e contra o Conselho Nacional do Ministério Público;

II – julgar, em recurso ordinário:

> a) o *habeas corpus*, o mandado de segurança, o *habeas data* e o mandado de injunção decididos em única instância pelos Tribunais Superiores, se denegatória a decisão;
>
> b) o crime político;
>
> III – julgar, mediante recurso extraordinário, as causas decididas em única ou última instância, quando a decisão recorrida:
>
> a) contrariar dispositivo desta Constituição;
>
> b) declarar a inconstitucionalidade de tratado ou lei federal;
>
> c) julgar válida lei ou ato de governo local contestado em face desta Constituição.
>
> d) julgar válida lei local contestada em face de lei federal.
>
> § 1º A arguição de descumprimento de preceito fundamental, decorrente desta Constituição, será apreciada pelo Supremo Tribunal Federal, na forma da lei.
>
> § 2º As decisões definitivas de mérito, proferidas pelo Supremo Tribunal Federal, nas ações diretas de inconstitucionalidade e nas ações declaratórias de constitucionalidade produzirão eficácia contra todos e efeito vinculante, relativamente aos demais órgãos do Poder Judiciário e à administração pública direta e indireta, nas esferas federal, estadual e municipal.
>
> § 3º No recurso extraordinário o recorrente deverá demonstrar a repercussão geral das questões constitucionais discutidas no caso, nos termos da lei, a fim de que o Tribunal examine a admissão do recurso, somente podendo recusá-lo pela manifestação de dois terços de seus membros.

O **Superior Tribunal de Justiça (STJ)** é o guardião do direito objetivo federal, competente para uniformizar a interpretação das leis federais em todo o país, além de ter competência originária para julgar algumas autoridades detentoras de foro especial, alguns conflitos de competência e homologação de sentença estrangeira, conforme o art. 105 da CF/88[6].

> Art. 105. Compete ao Superior Tribunal de Justiça:
>
> I – processar e julgar, originariamente:
>
> a) nos crimes comuns, os Governadores dos Estados e do Distrito Federal, e, nestes e nos de responsabilidade, os desembargadores

6 Disponível em: https://www.planalto.gov.br/ccivil_03/Constituicao/Constituicao.htm: acesso: 15/03/2024.

dos Tribunais de Justiça dos Estados e do Distrito Federal, os membros dos Tribunais de Contas dos Estados e do Distrito Federal, os dos Tribunais Regionais Federais, dos Tribunais Regionais Eleitorais e do Trabalho, os membros dos Conselhos ou Tribunais de Contas dos Municípios e os do Ministério Público da União que oficiem perante tribunais;

b) os mandados de segurança e os *habeas data* contra ato de Ministro de Estado, dos Comandantes da Marinha, do Exército e da Aeronáutica ou do próprio Tribunal;

c) os *habeas corpus*, quando o coator ou paciente for qualquer das pessoas mencionadas na alínea "a", ou quando o coator for tribunal sujeito à sua jurisdição, Ministro de Estado ou Comandante da Marinha, do Exército ou da Aeronáutica, ressalvada a competência da Justiça Eleitoral;

d) os conflitos de competência entre quaisquer tribunais, ressalvado o disposto no art. 102, I, "o", bem como entre tribunal e juízes a ele não vinculados e entre juízes vinculados a tribunais diversos;

e) as revisões criminais e as ações rescisórias de seus julgados;

f) a reclamação para a preservação de sua competência e garantia da autoridade de suas decisões;

g) os conflitos de atribuições entre autoridades administrativas e judiciárias da União, ou entre autoridades judiciárias de um Estado e administrativas de outro ou do Distrito Federal, ou entre as deste e da União;

h) o mandado de injunção, quando a elaboração da norma regulamentadora for atribuição de órgão, entidade ou autoridade federal, da administração direta ou indireta, excetuados os casos de competência do Supremo Tribunal Federal e dos órgãos da Justiça Militar, da Justiça Eleitoral, da Justiça do Trabalho e da Justiça Federal;

i) a homologação de sentenças estrangeiras e a concessão de exequatur às cartas rogatórias;

j) os conflitos entre entes federativos, ou entre estes e o Comitê Gestor do Imposto sobre Bens e Serviços, relacionados aos tributos previstos nos arts. 156-A e 195, V;

II – julgar, em recurso ordinário:

a) os habeas corpus decididos em única ou última instância pelos Tribunais Regionais Federais ou pelos tribunais dos Estados, do Distrito Federal e Territórios, quando a decisão for denegatória;

b) os mandados de segurança decididos em única instância pelos Tribunais Regionais Federais ou pelos tribunais dos Estados, do Distrito Federal e Territórios, quando denegatória a decisão;

c) as causas em que forem partes Estado estrangeiro ou organismo internacional, de um lado, e, do outro, Município ou pessoa residente ou domiciliada no País;

III - julgar, em recurso especial, as causas decididas, em única ou última instância, pelos Tribunais Regionais Federais ou pelos tribunais dos Estados, do Distrito Federal e Territórios, quando a decisão recorrida:

a) contrariar tratado ou lei federal, ou negar-lhes vigência;

b) julgar válido ato de governo local contestado em face de lei federal; (Redação dada pela Emenda Constitucional nº 45, de 2004)

c) der a lei federal interpretação divergente da que lhe haja atribuído outro tribunal.

Na forma do art. 104 da CF/88, o Superior Tribunal de Justiça compõe-se de, no mínimo, 33 (trinta e três) ministros que atendam às exigências e rigorosa distribuição:

- Nomeados pelo Presidente da República;
- Brasileiros com mais de trinta e cinco e menos de setenta anos de idade;
- Detentor de notável saber jurídico e reputação ilibada;
- Prévia aprovação da escolha pela maioria absoluta do Senado Federal, sendo;
- 1/3 (um terço) dentre juízes dos Tribunais Regionais Federais;
- 1/3 (um terço) dentre desembargadores dos Tribunais de Justiça, indicados em lista tríplice elaborada pelo próprio Tribunal;
- 1/3 (um terço), em partes iguais, dentre advogados e membros do Ministério Público Federal, Estadual, do Distrito Federal e Territórios, alternadamente, indicados na forma do art. 94.

O **Tribunal Superior do Trabalho (TST)**, tem sua competência definida em Lei, mas, a emenda no 45/2004 ampliou a competência da Justiça do Trabalho, ao modificar e ampliar o art. 114, criando, inclusive, novos parágrafos.

Além do que uma nova organização e forma de composição foram elaboradas para os Tribunais Regionais do Trabalho, conforme preceitua o art. 115, alterado pela EC no 45/2004.

A propósito, a Súmula Vinculante nº 53 assevera que "*a competência da Justiça do Trabalho prevista no art. 114, VIII, da Constituição Federal alcança a execução de ofício das contribuições previdenciárias relativas ao objeto da condenação constante das sentenças que proferir e acordos por ela homologados*"[7].

A Emenda Constitucional nº 92/2016 acrescentou um terceiro parágrafo ao art. 111-A, apontando a competência do TST para processar e julgar, originariamente, a reclamação para a preservação de sua competência e garantia da autoridade de suas decisões.

Finalmente, a Justiça do Trabalho é responsável por resolver conflitos individuais e coletivos entre empregados e empregadores, incluindo litígios com entes públicos e administrações diretas e indiretas tendo sua competência acertada no art. 114 da CF/88[8]:

> Art. 114. Compete à Justiça do Trabalho processar e julgar: (Redação dada pela Emenda Constitucional nº 45, de 2004) (Vide ADIN 3392) (Vide ADIN 3432)
>
> I as ações oriundas da relação de trabalho, abrangidos os entes de direito público externo e da administração pública direta e indireta da União, dos Estados, do Distrito Federal e dos Municípios; (Incluído pela Emenda Constitucional nº 45, de 2004)
>
> II as ações que envolvam exercício do direito de greve; (Incluído pela Emenda Constitucional nº 45, de 2004)
>
> III as ações sobre representação sindical, entre sindicatos, entre sindicatos e trabalhadores, e entre sindicatos e empregadores; (Incluído pela Emenda Constitucional nº 45, de 2004)
>
> IV os mandados de segurança, *habeas corpus* e *habeas data* , quando o ato questionado envolver matéria sujeita à sua jurisdição; (Incluído pela Emenda Constitucional nº 45, de 2004)
>
> V os conflitos de competência entre órgãos com jurisdição trabalhista, ressalvado o disposto no art. 102, I, o; (Incluído pela Emenda Constitucional nº 45, de 2004)
>
> VI as ações de indenização por dano moral ou patrimonial, decorrentes da relação de trabalho; (Incluído pela Emenda Constitucional nº 45, de 2004)

---

7 Disponível em: https://jurisprudencia.stf.jus.br/pages/search/seq-sumula809/false. acesso: 15/03/2024.

8 Disponível em: https://www.planalto.gov.br/ccivil_03/Constituicao/Constituicao.htm: acesso: 15/03/2024.

> VII as ações relativas às penalidades administrativas impostas aos empregadores pelos órgãos de fiscalização das relações de trabalho; (Incluído pela Emenda Constitucional nº 45, de 2004)
>
> VIII a execução, de ofício, das contribuições sociais previstas no art. 195, I, a , e II, e seus acréscimos legais, decorrentes das sentenças que proferir; (Incluído pela Emenda Constitucional nº 45, de 2004)
>
> IX outras controvérsias decorrentes da relação de trabalho, na forma da lei.

O **Superior Tribunal Militar (STM)** é integrado por quinze Ministros vitalícios, nomeados pelo Presidente da República, depois de aprovados pelo Senado Federal. Na sua composição há três oficiais-generais da Marinha, quatro oficiais-generais do Exército, três oficiais-generais da Aeronáutica, todos da ativa e do posto mais elevado da carreira, além de cinco civis, também indicados pelo Presidente da República, na forma do art. 123 da CF/88.

A **Justiça Militar** é responsável por processar e julgar crimes militares definidos em lei, nos termos do art. 124 da CF/88. Na lição do Ministro Luís Barroso, conceitua-se crime militar como o ato configurador de violação de dever militar ou de lesão a bem jurídico militar, devendo-se conferir-lhe interpretação estrita, dada a natureza especial da infração[9].

Nesse sentido, o STF já reconheceu que a competência da Justiça Militar se fixa com base no tipo de delito, e não na pessoa de quem o pratica, de modo que se o ilícito militar for praticado por civil, o julgamento caberá à Justiça Militar[10].

Importa destacar que a Emenda Constitucional n. 45/2004 afastou a competência da Justiça Militar estadual os crimes dolosos contra a vida, atribuídos ao Tribunal do Júri.

Todavia, quanto à competência da Justiça Militar da União, nos casos de crimes dolosos contra a vida praticados por militares das Forças Armadas contra civis, a Lei n. 13.491/2017 apontou a justiça castrense da união para processar e julgar nas hipóteses de:

---

9 BARROSO, Luís R. Curso de direito constitucional contemporâneo. Editora Saraiva, 2024, p.329.

10 STF, Segunda Turma, HC 110.237, Rel. Min. Celso de Mello, j. 04.03.2013.

- cumprimento de atribuições que lhes forem estabelecidas pelo Presidente da República ou pelo Ministro de Estado da Defesa;
- ação que envolva a segurança de instituição militar ou de missão militar, mesmo que não beligerante;
- atividade de natureza militar, de operação de paz, de garantia da lei e da ordem ou de atribuição subsidiária;

A **Justiça Eleitoral** é responsável pela organização e apuração das eleições, garantindo o direito constitucional ao voto direto e sigiloso. Além disso, tem competência para julgar irregularidades eleitorais e pode decretar a perda de mandato eletivo.

O **Tribunal Superior Eleitoral**, na forma do art. 119 da CF/88, é integrado por, no mínimo, sete membros, sendo:

- 03 (três) juízes escolhidos dentre os Ministros do Supremo Tribunal Federal;
- 02 (dois) juízes dentre os Ministros do Superior Tribunal de Justiça;
- 02 (dois) juízes selecionados pelo Presidente da República, dentre seis advogados de notável saber jurídico e idoneidade moral, indicados pelo Supremo Tribunal Federal;

Embora tenha previsão expressa na Constituição de 1988, legislador constituinte remeteu à lei complementar dispor sobre a competência da Justiça Eleitoral, na forma do art. 121 da CF/88. De regra, além das funções jurisdicionais típicas de seus órgãos, exerce funções administrativas e normativas para além daquelas necessárias à sua auto-organização e administração.

Para tanto, o Código Eleitoral (Lei 4.735/1965 atribui à Justiça Eleitoral as **funções jurisdicionais**, relacionadas aos conflitos de interesses quanto ao desenvolvimento das eleições, as **funções administrativas** no sentido de organizar e controlar as eleições, fiscalizar a prestação de contas e a apuração dos resultados das eleições e as **funções normativas** no que tange à expedição resoluções que regulamentam o próprio Código Eleitoral, atividade exercida pelo TSE.

A **Justiça Federal** comum é composta por juízes federais que atuam tanto na primeira instância quanto nos tribunais regionais federais, além dos juizados especiais federais.

A sua competência é delimitada nos artigos 108 e 109 da Constituição Federal e abrange casos como crimes políticos, infrações penais contra a

União, processos envolvendo entidades estrangeiras e direitos indígenas, entre outros[11].

> Art. 108. Compete aos Tribunais Regionais Federais:
>
> I – processar e julgar, originariamente:
>
> a) os juízes federais da área de sua jurisdição, incluídos os da Justiça Militar e da Justiça do Trabalho, nos crimes comuns e de responsabilidade, e os membros do Ministério Público da União, ressalvada a competência da Justiça Eleitoral;
>
> b) as revisões criminais e as ações rescisórias de julgados seus ou dos juízes federais da região;
>
> c) os mandados de segurança e os *habeas data* contra ato do próprio Tribunal ou de juiz federal;
>
> d) os habeas corpus, quando a autoridade coatora for juiz federal;
>
> e) os conflitos de competência entre juízes federais vinculados ao Tribunal;
>
> II – julgar, em grau de recurso, as causas decididas pelos juízes federais e pelos juízes estaduais no exercício da competência federal da área de sua jurisdição.
>
> Art. 109. Aos juízes federais compete processar e julgar:
>
> I – as causas em que a União, entidade autárquica ou empresa pública federal forem interessadas na condição de autoras, rés, assistentes ou oponentes, exceto as de falência, as de acidentes de trabalho e as sujeitas à Justiça Eleitoral e à Justiça do Trabalho;
>
> II – as causas entre Estado estrangeiro ou organismo internacional e Município ou pessoa domiciliada ou residente no País;
>
> III – as causas fundadas em tratado ou contrato da União com Estado estrangeiro ou organismo internacional;
>
> IV – os crimes políticos e as infrações penais praticadas em detrimento de bens, serviços ou interesse da União ou de suas entidades autárquicas ou empresas públicas, excluídas as contravenções e ressalvada a competência da Justiça Militar e da Justiça Eleitoral;
>
> V – os crimes previstos em tratado ou convenção internacional, quando, iniciada a execução no País, o resultado tenha ou devesse ter ocorrido no estrangeiro, ou reciprocamente;

11 Disponível em: https://www.planalto.gov.br/ccivil_03/Constituicao/Constituicao.htm: acesso: 15/03/2024.

V-A as causas relativas a direitos humanos a que se refere o § 5º deste artigo; (Incluído pela Emenda Constitucional nº 45, de 2004)

VI - os crimes contra a organização do trabalho e, nos casos determinados por lei, contra o sistema financeiro e a ordem econômico-financeira;

VII - os *habeas corpus*, em matéria criminal de sua competência ou quando o constrangimento provier de autoridade cujos atos não estejam diretamente sujeitos a outra jurisdição;

VIII - os mandados de segurança e os *habeas data* contra ato de autoridade federal, excetuados os casos de competência dos tribunais federais;

IX - os crimes cometidos a bordo de navios ou aeronaves, ressalvada a competência da Justiça Militar;

X - os crimes de ingresso ou permanência irregular de estrangeiro, a execução de carta rogatória, após o "exequatur", e de sentença estrangeira, após a homologação, as causas referentes à nacionalidade, inclusive a respectiva opção, e à naturalização;

XI - a disputa sobre direitos indígenas.

A **Justiça Estadual** se compõe por duas instâncias, sendo em primeiro grau, juízes de direito, tribunal do Júri e juizados especiais e, no segundo grau, o Tribunal de Justiça, de acordo com expressa previsão constitucional e ordinária (art. 98, §1º, da CF/88 e Lei n. 9.099/1995).

Como já descrevemos, a Justiça Estadual tem sua estrutura definida na Constituição Estadual e demais normas de organização judiciária, art. 125, §1º, da CF/88. Convém destacar a possibilidade de criação da Justiça Militar estadual, nos estados com efetivo superior a vinte mil militares, de acordo com o art. 125, §3º, da CF/88.

A competência da Justiça Estadual comum é residual. Assim como sua estrutura e organização, a competência dos tribunais estaduais deve ser definida nas Constituições dos Estados e nas leis de organização judiciária de iniciativa dos Tribunais de Justiça, tendo inclusive autorização do legislador constituinte federal para exercer o controle concentrado da constitucionalidade, semelhante àquele desempenhado pelo STF, em face da Constituição Estadual, por nos moldes da união.

O **Conselho Nacional de Justiça - CNJ** tem expressa previsão no art. 103-B, *caput*, da Constituição Federal de 1988, onde elenca sua composição e, no corpo do dispositivo, descreve suas atribuições, forma de ingresso e funcionamento. O **CNJ** é formado por 15 (quinze) membros com mandato de dois anos, admitida uma recondução, sendo:

- o Presidente do Supremo Tribunal Federal, que será o Presidente do órgão;
- 01 (um) Ministro do Superior Tribunal de Justiça, indicado pelo respectivo tribunal, que exercerá a função de Corregedor-Geral;
- 01 (um) Ministro do Tribunal Superior do Trabalho, indicado pelo respectivo tribunal;
- 01 (um) desembargador de Tribunal de Justiça, indicado pelo Supremo Tribunal Federal;
- 01 (um) juiz estadual, indicado pelo Supremo Tribunal Federal;
- 01 (um) juiz de Tribunal Regional Federal, indicado pelo Superior Tribunal de Justiça;
- 01 (um) juiz federal, indicado pelo Superior Tribunal de Justiça;
- 01 (um) juiz de Tribunal Regional do Trabalho, indicado pelo Tribunal Superior do Trabalho;
- 01 (um) juiz do trabalho, indicado pelo Tribunal Superior do Trabalho;
- 01 (um) membro do Ministério Público da União, indicado pelo Procurador-Geral da República;
- 01 (um) membro do Ministério Público estadual, escolhido pelo Procurador-Geral da República dentre os nomes indicados pelo órgão competente de cada instituição estadual;
- 02 (dois) advogados, indicados pelo Conselho Federal da Ordem dos Advogados do Brasil;
- 02 (dois) cidadãos, de notável saber jurídico e reputação ilibada, indicados um pela Câmara dos Deputados e outro pelo Senado Federal;

Observe que, com exceção do Presidente do CNJ que já é o próprio ministro presidente do Supremo Tribunal Federal – STF, os demais integrantes são nomeados pelo Presidente da República, após aprovação do Senado Federal.

Nessa sistemática, é importante salientar também que, embora oficiem junto ao CNJ, o Procurador-Geral da República e o Presidente do Conselho Federal da Ordem dos Advogados do Brasil não são membros integrantes do respectivo conselho.

A rigor, o CNJ tem como principais atribuições o controle do funcionamento do Poder Judiciário, com vistas a conferir maior eficiência, devendo exercer o controle administrativo, financeiro e disciplinar do Poder Judiciário, além de expedir atos regulamentares, além de produzir relatórios periódicos sobre o funcionamento dos órgãos judiciais, assim como políticas públicas para seu aprimoramento, conforme descreve o art. 125, §4º, da CF/88.

A Constituição Federal de 1988 também elencou **garantias** funcionais aos órgãos do poder judiciário **e vedações.** As garantias básicas são a de vitaliciedade, inamovibilidade e irredutibilidade de subsídios. O propósito é garantir a independência dos magistrados, dando-lhes segurança e serenidade para julgar, protegendo-o da opressão dos poderosos e do medo de decidir contra quem quer que seja.

A **vitaliciedade** consiste na perda do cargo apenas em virtude de sentença judicial transitada em julgado, alcançada após um estágio de vitaliciamento de dois anos, período em que o cargo pode ser tomado por decisão do tribunal a que estiver vinculado.

A **inamovibilidade** é a garantia de que o juiz não será removido do seu local de atuação compulsoriamente. A remoção compulsória apenas será admitida como pena disciplinar aplicada pelo Tribunal ao qual o juiz está vinculado ou pelo CNJ, exigindo-se, em qualquer caso, o voto da maioria absoluta. Todavia, convém perceber que essa garantia da magistratura se aplica ao juiz de primeiro grau que ainda está em estágio de vitaliciamento, ou seja, ao juiz substituto, segundo jurisprudência do STF[12].

A irredutibilidade de Subsídios é garantia dos trabalhadores e dos servidores públicos em geral, tendo expressa previsão nos arts. 7º, VI, 39, § 2º, da CF/88).

As **vedações aos magistrados** estão no art. 95, parágrafo único, da CF/88, que, dentre outras finalidades, buscam preservar a imparcialidade nos julgamentos, embora a legislação processual pátria também traga situações particulares em que os juízes não deverão exercer a jurisdição em benefício da imparcialidade dos julgamentos, sobretudo quanto a qualidade das partes. Desta feita, aos magistrados é vedado:

---

12 MOTTA, Sílvio. Direito Constitucional. 29. ed. Grupo GEN, 2021. p. 772.

- exercer, ainda que em disponibilidade, outro cargo ou função, salvo uma no magistério;
- receber, a qualquer título ou pretexto, custas ou participação em processo;
- dedicar-se a atividade político-partidária;
- receber, a qualquer título ou pretexto, auxílios ou contribuições de pessoas físicas, entidades públicas ou privadas, ressalvadas as exceções previstas em lei;
- e exercer a advocacia no juízo ou tribunal do qual se afastou, antes de decorridos três anos do afastamento do cargo por aposentadoria ou exoneração.

A criação da **súmula vinculante**, a partir da Emenda Constitucional nº 45/04, teve como base a adequação do modelo da *common law* (direito consuetudinário) para realidade judicial Brasileira, fundada no sistema romano-germânico (sistema legal), com a finalidade de fomentar interpretação jurídica única para identifica situação jurídica (constitucional ou legal), além de efetivar o princípio da celeridade processual, impedindo, inclusive, a eternização de conflitos cujo posicionamento jurídico o STF já definira.

Em síntese, buscava-se assegurar a segurança jurídica e o princípio da igualdade, pois os órgãos do Poder Judiciário não devem aplicar as leis e atos normativos aos casos concretos de forma a criar ou aumentar desigualdades arbitrárias, devendo, pois, utilizar-se de todos os mecanismos constitucionais no sentido de conceder às normas jurídicas uma interpretação única e igualitária[13].

O procedimento para criação, edição e cancelamento está descrito no art. 103-A da CF/88 e na Lei nº 11.417/06, além do próprio regimento interno do Supremo Tribunal Federal – STF, na forma a seguir:

- O **Supremo Tribunal Federal é o único órgão que poderá editar súmulas vinculantes;**
- As **súmulas vinculantes poderão ser editadas de ofício ou por provocação** de qualquer dos **colegitimados** para o ajuizamento de **ações diretas de inconstitucionalidade** que possuem legitimação constitucional;

13 MORAIS, Alexandre de. Direito Constitucional. 39. ed. Grupo GEN, 2023. p. 916.

- **A Lei nº 11.417/06 ampliou o rol de legitimados** para propor edição, revisão ou cancelamento de enunciado de súmula vinculante, **observadas a pertinência temática:** Defensor Público da União, Tribunais Superiores, aos Tribunais de Justiça de Estados ou do Distrito Federal e Territórios, aos TRFs, TRTs, TREs e aos Tribunais Militares;
- **Exige *quorum* qualificado de maioria de 2/3 dos membros do STF** para votação para a edição, revisão ou cancelamento de enunciados de súmulas vinculantes;
- **Em regra, efeitos vinculantes com eficácia imediata**, embora seja **possível a modulação dos efeitos**, considerando razões de segurança jurídica ou de excepcional interesse público;
- Deve-se obedecer ao **prazo de 10 dias,** após a sessão em que editar, rever ou cancelar enunciado de súmula com efeito vinculante, **para que o STF publique o ato;**

33

FUNÇÕES ESSENCIAIS À JUSTIÇA: MINISTÉRIO PÚBLICO. ADVOCACIA. DEFENSORIA PÚBLICA

Inicialmente, cumpre observar que, embora façam parte do poder executivo, como o **Ministério Público, a Advocacia Pública e a Defensoria Pública** e, no caso da **Advocacia particular**, fora das estruturas de estatais, as instituições que materializam as funções essenciais à justiça tem íntima relação com a atividade do Poder Judiciário, sendo imprescindíveis ao regular exercício da própria jurisdição.

Neste ponto, ensina o Professor Sylvio Motta[1]:

> A Carta Política relaciona quatro funções essenciais à Justiça: O Ministério Público, a Advocacia Geral da União, a Advocacia (liberal, particular) e a Defensoria Pública. Lidamos aqui com instituições e atividades que, gravitando ao redor do Poder Judiciário, se tornam indispensáveis ao seu funcionamento. Com efeito, em nosso sistema existe o princípio da inércia da jurisdição, cujo postulado é de que o juiz não tem iniciativa, só intervindo em alguma questão quando solicitado (invocado, provocado). Quem tem iniciativa e o poder de movimentar a máquina judicial são os titulares das funções essenciais à Justiça.

33.1. MINISTÉRIO PÚBLICO

Até a promulgação da Constituição de 1988, o Ministério Público estava sob a égide do poder Executivo, atuando de forma hibrida, uma vez que

1 MOTTA, Sílvio. Direito Constitucional. 29. ed. Grupo GEN, 2021. p. 788.

atendia na defesa da ordem jurídica e direitos fundamentais, porém, também exercia a representação judicial e extrajudicial das entidades federadas, além da defesa do Legislativo no que tange às normas por ele produzidas.

A título de curiosidade e, diante das variações de questões das bancas de concursos públicos, por vezes, no intuito de apontar os segmentos das funções exercidas pelos órgãos ministeriais, o Ministério Público também é chamado de *custos legis* (fiscal da lei), *custos constitucionis* (fiscal da Constituição) ou *ombudsman* (ouvidor da sociedade);

O marco legislativo mais importante foi a própria opção da Constituição de 1988 que elevou o Ministério Público à função essencial da Justiça desvinculando, pelo menos do ponto vista topográfico, de quaisquer dos Poderes do Estado, embora não se caracterize como um quarto poder.

Nessa toada, comprovadamente, nosso sistema constitucional atual concedeu maior autonomia ao Ministério Público, apontando no seu art. 127 da CF/88 o conceito do MP como **instituição permanente, essencial à função jurisdicional do Estado, incumbindo-lhe a defesa da ordem jurídica, do regime democrático e dos interesses sociais e individuais indisponíveis.**

No mesmo dispositivo (art. 127 da CF), especificamente no § 1º, também estão elencados os 03 (três) princípios institucionais do Ministério Público, quais sejam: unidade, indivisibilidade e independência funcional[2]:

> Art. 127. O Ministério Público é instituição permanente, essencial à função jurisdicional do Estado, incumbindo-lhe a defesa da ordem jurídica, do regime democrático e dos interesses sociais e individuais indisponíveis.
>
> § 1º - São **princípios institucionais do Ministério Público a unidade, a indivisibilidade e a independência funcional.**

Em rápida análise, o **princípio da unidade** indica que os membros do Ministério Público integram um só órgão, sob a direção de um só procurador-geral, embora entenda-se que a unidade é configurada internamente em cada Ministério Público, ou seja, há uma chefia para o Ministério Público da União - MPU (PGR) e uma chefia no Ministério Público Estadual - MPE (PGJ).

2 Disponível em: https://www.planalto.gov.br/ccivil_03/Constituicao/Constituicao.htm: acesso: 16/03/2024.

Neste cenário, o STF reconhece a legitimidade do membro do MP Estadual para interpor recurso diretamente no STF e no STJ nos processos em que tenha atuado na primeira instância.

O **princípio da indivisibilidade** é desdobramento da unidade, uma vez que é possível que um membro do MP substitua outro, dentro da mesma função, pois quem exerce os atos não é a pessoa do promotor, e sim, o órgão do Ministério Público como instituição.

No viés do **princípio da independência funcional**, o membro do MP é livre e independente, não ficando sujeito às ordens de seu superior hierárquico ou mesmo de outro Poder, embora haja a hierarquia no sentido administrativo, mas nunca de natureza funcional.

A autonomia administrativa está prevista no § 2º do art. 127 da CF/88, onde, ao MP está a atribuição de propor ao Poder Legislativo a criação e extinção de seus cargos e serviços auxiliares, provendo-os por concurso público de provas ou de provas e títulos, política remuneratória e os planos de carreira.

Ainda como consequência, a autonomia deferida pela Constituição fez com que o STF aplicasse o entendimento de que o Ministério Público não se submete a controle interno, feito pelo Executivo (STF, ADI n. 2.513[3]), estando sim, sujeito ao controle externo, realizado pelo Legislativo com o apoio dos Tribunais de Contas, e ao controle feito pelo Conselho Nacional do Ministério Público - CNMP.

Na sua estrutura, o Ministério Público tem dois ramos de atuação, sendo, a rigor, o Ministério Público da União - MPU, com atuação na esfera federal e o Ministério Público dos Estados, atuante nas unidades federativas. Ainda nesta perspectiva, o MPU é composto por outros órgãos, a depender da especialidade, na forma disposta no art. 128 da CF/88[4]:

> Art. 128. O Ministério Público abrange:
>
> I - o Ministério Público da União, que compreende:
>
> a) o Ministério Público Federal;
>
> b) o Ministério Público do Trabalho;

3 (STF - ADI: 2513 RN, Relator: Min. CELSO DE MELLO, Data de Julgamento: 22/04/2020, Data de Publicação: DJe-109 05/05/2020).

4 Disponível em: https://www.planalto.gov.br/ccivil_03/Constituicao/Constituicao.htm: acesso: 16/03/2024.

c) o Ministério Público Militar;

d) o Ministério Público do Distrito Federal e Territórios;

II – os Ministérios Públicos dos Estados.

Embora não esteja nesse elenco do art. 128 da CF/88, há também o **Ministério Público que atua junto aos tribunais de contas**. De acordo com o art. 130 da CF/88, aos membros do Ministério Público junto aos Tribunais de Contas se aplicam as mesmas disposições pertinentes a direitos, vedações e forma de investidura inerentes aos outros membros do MP.

Porém, é necessária muita atenção porque, no que concerne à autonomia administrativa e financeira, ao processo de escolha, nomeação e destituição de seu titular e ao poder de iniciativa dos projetos de lei relativos à sua organização, o chamado MP de Contas não dispõe de tais prerrogativas, conforme entendimento do STF, na ADI n. 2378, razão pela qual cabe ao respectivo Tribunal de Contas a iniciativa de projetos de lei de interesse do MP/Contas[5].

A organização do Ministério Público da União é matéria a ser tratada em lei complementar cuja iniciativa é concorrente entre o Procurador-Geral da República (chefe do MPU) e o Presidente da República.

Por outro lado, os Ministérios Públicos dos Estados são organizados em lei complementar estadual, de iniciativa concorrente entre o Governador do Estado e o respectivo Procurador-Geral de Justiça (chefe do MP estadual).

Em regulamentação as regras da CF/88, a Lei Complementar Federal n.º 75/93 dispõe sobre a organização, as atribuições e o estatuto do Ministério Público da União. A lei n.º 8.625/93, Lei Orgânica Nacional do Ministério Público, dispõe sobre normas gerais para a organização do Ministério Público dos Estados.

O chefe do MPU é o procurador-geral da República – PGR, nomeado pelo presidente da República, dentre integrantes da carreira, com mais de 35 anos, após a aprovação de seu nome pela maioria absoluta dos membros do Senado Federal, para mandato de dois anos, permitida a recondução.

Observe algumas peculiaridades quanto a ascensão e manutenção no cargo do chefe do MPU, uma vez que, inicialmente, **não há limitação no número**

5 (STF – ADI: 2378 GO, Relator: MIN. ILMAR GALVÃO, Data de Julgamento: 16/12/1998, Data de Publicação: DJe-109 22/03/2001).

de reconduções, contudo, em todas as reconduções, será necessária a aprovação pelo Senado. De outra forma, na escolha do PGR (Chefe do MPU), **não há elaboração de lista tríplice**, exigindo-se apenas que a indicação recaia sobre um integrante da carreira.

Observe que, embora tenha se tornado uma tradição que a Associação dos Procuradores da República promova uma votação interna e apresente uma lista com os 03 (três) membros, mais votados, ao Presidente da República, não há obrigatoriedade de escolher um nome fora da sugestão, fato que não gera qualquer ilegalidade.

A destituição do PGR também é possível antes do término do prazo de dois anos, dependendo da iniciativa do presidente da República e de autorização de maioria absoluta do Senado.

Neste tema, é necessário ter cautela, pois a regra para o Ministério Público Estadual é diferente. Nos estados, há lista tríplice, elaborada entre integrantes da carreira, sendo que todos os membros (Promotores e Procuradores de Justiça) participam da votação.

Após a formação da lista com os 03 (três) membros mais votados, a sugestão é encaminhada para o Chefe do Poder Executivo para que faça a escolha de um dos nomes apresentados. O indicado terá mandato de dois anos, permitida uma recondução.

O artigo 129 da CF/88 lista as funções institucionais do Ministério Público, dentre elas podemos apontar:

- **promover, privativamente, a ação penal pública**, na forma da lei;
- **zelar pelo efetivo respeito dos Poderes Públicos e dos serviços de relevância pública aos direitos assegurados nesta Constituição**, promovendo as medidas necessárias a sua garantia;
- **promover o inquérito civil e a ação civil pública**, para a proteção do patrimônio público e social, do meio ambiente e de outros interesses difusos e coletivos;
- **promover a ação de inconstitucionalidade ou representação para fins de intervenção** da União e dos Estados, nos casos previstos nesta Constituição;
- **defender judicialmente os direitos e interesses** das **populações indígenas**;

- **expedir notificações nos procedimentos administrativos de sua competência**, requisitando informações e documentos para instruí-los, na forma da lei complementar respectiva;
- **exercer o controle externo da atividade policial**, na forma da lei complementar mencionada no artigo anterior;
- **requisitar diligências investigatórias e a instauração de inquérito policial, indicados os fundamentos jurídicos de suas manifestações processuais;**
- **exercer outras funções que lhe forem conferidas**, desde que compatíveis com sua finalidade, **sendo-lhe vedada a representação judicial e a consultoria jurídica de entidades públicas.**

O rol do art. 129 da CF/88 é exemplificativo, uma vez que ao Ministério Público cabe exercer outras funções desde que compatíveis com suas finalidades.

Ao falar da ação penal pública (art. 129, I, CF/88), não significa, contudo, que apenas o Ministério Público possa promovê-la, pois a norma processual prevê a possibilidade da ação penal subsidiária da pública, sempre que o órgão do Ministério Público deixar de ajuizar ação no prazo que lhe cabe.

A função de promover o inquérito civil e a ação civil pública traz exclusividade quanto ao primeiro, porém, o Ministério Público não é o único legitimado da ação civil pública, considerando, inclusive, o rol de legitimados da ação civil pública vem disciplinado no art. 5° da Lei 7.347 (Lei da Ação Civil Pública).

Ainda em relação aos incisos I e VII, respetivamente, monopólio da ação penal pública e controle externo da atividade policial, em razão da teoria dos poderes implícitos, a doutrina passou a questionar a possibilidade do Ministério Público conduzir, sem a polícia, investigação.

Neste sentido, fundamentando-se na **teoria dos poderes implícitos**, que defende que "aquele que tem competência explícita na constituição para a prática de determinado ato, tem resguardado, também, mesmo implicitamente, os meios necessários para a prática do ato", foi pavimentado o entendimento majoritário no sentido que o Ministério Público tem poder investigatório.

Todavia, o membro ministerial não **poderá presidir inquérito policial, sendo esta atribuição exclusiva do Delegado de Polícia, devendo, em todo caso, ser excepcional** a investigação criminal realizada exclusividade pelo Ministério Pública.

As garantias institucionais, assim como as funcionais do Ministério Público tem previsão primária no art. 127, § 2º, da CF/88, seguindo, em linhas gerais, as mesmas regras já estudadas em relação ao Poder Judiciário.

Os membros do Ministério Público possuem a garantia funcional da **vitaliciedade, inamovibilidade e irredutibilidade de subsídios.**

A vitaliciedade é adquirida após o transcurso do período probatório, isto é, 02 (dois) anos de efetivo exercício do cargo. A vitaliciedade resguarda a perda do cargo apenas em razão de **sentença judicial, transitada em julgado. A inamovibilidade**, por sua vez, impede a remoção ou promoção unilateral (sem consentimento) do membro do Ministério Público.

Admite-se, excepcionalmente, que seja o membro removido em caso de interesse público e decisão, por maioria absoluta, dos membros do órgão colegiado do Conselho Nacional do Ministério Público, assegurada a ampla defesa.

Por fim, pela garantia da **irredutibilidade de subsídios**, é vedada a redução nominal do subsídio do membro do Ministério Público.

Destaca-se que, quanto às prerrogativas dos membros da magistratura e do MP, o STF entende que, com a aposentadoria, acaba o foro por prerrogativa de função, devendo o processo passar a tramitar na 1ª instância (STF, RE 549.560)

O Conselho Nacional do Ministério Público - CNMP foi criado pela EC 45/04, também conhecida como Reforma do Judiciário. Ao CNMP compete o controle da atuação administrativa e financeira do Ministério Público e do cumprimento dos deveres funcionais de seus membros.

A competência do CNMP para rever processos disciplinares abrange apenas os Membros do MPU e do MPE, não se estendendo para punições impostas a servidor do Ministério Público.

Em sua composição, o CNMP é constituído por 14 (quatorze) membros, presidido pelo Procurador Geral da República, sendo os demais nomeados pelo Presidente da República, depois de aprovada a escolha pela maioria absoluta do Senado Federal, para um mandato de dois anos, admitida uma recondução, na forma do art. 130-A da CF/88:

- 04 (quatro) membros do Ministério Público da União, assegurada a representação de cada uma de suas carreiras;
- 03 (três) membros do Ministério Público dos Estados;

- 02 (dois) juízes, indicados um pelo Supremo Tribunal Federal e outro pelo Superior Tribunal de Justiça;
- 02 (dois) advogados, indicados pelo Conselho Federal da Ordem dos Advogados do Brasil;
- 02 (dois) cidadãos de notável saber jurídico e reputação ilibada, indicados um pela Câmara dos Deputados e outro pelo Senado Federal.

33.2. ADVOCACIA PÚBLICA

Na leitura do art. 131 da CF/88, enxergamos as atribuições precípuas da Advocacia-Geral da União que, diretamente ou indiretamente (através de órgão vinculado), deve representar a União, judicial e extrajudicialmente, além de sua lei complementar dispor sobre sua organização e funcionamento, inclusive as atividades de consultoria e assessoramento jurídico do Poder Executivo.

Perceba que, quando falamos sobre as atribuições do Ministério Público, antes da CF/88, algumas das atuais funções da advocacia pública eram exercidas pelo membro do *"parquet"*, sendo-lhe vedadas após a promulgação no atual texto constitucional.

Na leitura da obra do ministro e professor Alexandre de Moraes[6] é bem esclarecida essa importante modificação:

> "A Constituição Federal de 1988, já não era sem tempo, rompeu a tradição existente da representação judicial da União ser exercida pelo Ministério Público, transformando-o em defensor da sociedade e criando uma instituição diretamente ligada ao Poder Executivo para exercer esse importante mister".

Na sua estrutura, a Advocacia-Geral da União – AGU tem por chefe o Advogado-Geral da União que tem sua escolha realizada pelo Presidente da República, dentre cidadãos maiores de 35 (trinta e cinco) anos, de notável saber jurídico e reputação ilibada, sem, necessariamente, pertencer a carreira da AGU.

O ingresso nas carreiras da instituição, em obediência as regras gerais de acesso ao serviço público estatutário, dependerá de aprovação em concurso público de provas e títulos.

---

6 MORAIS, Alexandre de. Direito Constitucional. 39. ed. Grupo GEN, 2023. p. 747.

Na atribuição de, no controle concentrado, fazer a defesa da lei ou ato normativo questionado junto ao STF, a AGU atua como *defensor legis* (curador da lei), que não se limitando somente às leis ou atos normativos federais, uma vez que à Advocacia-Geral da União também incumb defender as normas estaduais e as distritais de natureza estadual que sejam atacadas via ADI, na forma do § 3º do artigo 103 da Constituição[7]:

§ 3º Quando o Supremo Tribunal Federal apreciar a inconstitucionalidade, em tese, de norma legal ou ato normativo, citará, previamente, o Advogado-Geral da União, que defenderá o ato ou texto impugnado.

O texto constitucional usa o termo afirmativo, determinando que a AGU, na pessoa do seu Chefe maior, faça a defesa da norma, no sentido de formar um contraditório, em favor da lei questionada como inconstitucional.

Na esfera estadual, em observância ao princípio da simetria constitucional, os Procuradores dos Estados e do Distrito Federal, exercerão a representação judicial e a consultoria jurídica das respectivas unidades federadas, tendo seu ingresso submetido às regras do concurso público de provas e títulos, conforme o art.132 da CF/88, assegurada a estabilidade após 03 (três) anos de efetivo exercício, mediante avaliação de desempenho perante os órgãos próprios, após relatório circunstanciado das corregedorias.

Importa assinalar que a representação judicial das unidades federativas abrange somente a administração direta, autárquica e fundacional, não alcançando, porém, eventuais entes de direito privado da administração estadual.

Tal entendimento foi esposado pelo STF, na ADI 3536/SC, que pacificou o tema[8]:

> "a atuação de órgãos da Advocacia Pública em prol de empresas públicas e sociedades de economia mista, além de descaracterizar o perfil constitucional atribuído às Procuradorias dos Estados, implicaria favorecimento indevido a entidades que não gozam do regime jurídico de Fazenda Pública, em afronta ao princípio constitucional da isonomia"

7 Disponível em: https://www.planalto.gov.br/ccivil_03/Constituicao/Constituicao.htm: acesso: 16/03/2024.

8 STF, ADI 3536/SC, Pleno, rel. Min. Alexandre de Moraes, j. 3-10-2019.

33.3. ADVOCACIA PARTICULAR

Inicialmente, o exercício da advocacia privada já vem descrita como espécie de garantia fundamental do cidadão, conforme o artigo 5.º, inciso LXIII, da Constituição Federal de 1988, quando aponta como direitos do preso a assistência de advogado.

> Art. 5.º"..."
>
> LXIII – o preso será informado de seus direitos, entre os quais o de permanecer calado, sendo-lhe assegurada a assistência da família e de advogado;

Além de estar inserida no rol das Funções Essenciais à Justiça, a Advocacia teve especial tratamento no art. 133 da CF/88 que, expressamente, assegurou a indispensabilidade do advogado à administração da Justiça, assim como sua inviolabilidade, nos atos e manifestações, no exercício da função.

A Lei Federal n.º 8.906/1994, Estatuto da Advocacia e Ordem dos Advogados do Brasil – EAOAB, regulamenta a atuação, direitos, garantias e deveres do advogado, no exercício da função.

Alguns pontos importantes para explorar em provas de concurso público, tem relação com a inviolabilidade e indispensabilidade do advogado. No que tange à indispensabilidade, mesmo havendo expressa previsão na CF/88, ocorrerão algumas hipóteses que não será obrigatória, como no processo administrativo disciplinar, conforme a Súmula vinculante n.º 05 do STF[9]:

> "A falta de defesa técnica por advogado no processo administrativo disciplinar não ofende a Constituição"

Vale ressaltar que a citada Súmula vinculante n.º 05 do STF não se aplica aos PADs de natureza penal.

A inviolabilidade, a princípio, alcança os crimes de injúria e difamação, embora não seja absoluta, pois o advogado responderá por eventuais excessos praticados, mesmo no exercício de suas funções. Por outro lado, os crimes de calúnia e desacato não estão abrangidos pela inviolabilidade constitucional, conforme entendimento do STF, na ADI n. 1.127[10].

---

9 Disponível em: https://portal.stf.jus.br/jurisprudencia/sumariosumulas.asp?base=26&sumula=1199. Acesso: 18/03/2024.

10 Rcl 5826, Relator(a): CÁRMEN LÚCIA, Relator(a) p/ Acórdão: DIAS TOFFOLI, Tribunal Pleno, julgado em 18-03-2015, ACÓRDÃO ELETRÔNICO DJe-151 DIVULG 31-07-2015 PUBLIC

Outros aspectos importantes têm relação com os casos de prisão de advogados, assim como a inviolabilidade do seu escritório profissional. Neste ponto, o Estatuto da OAB assegura que, antes do trânsito em julgado da sentença, os advogados somente poderão ser recolhidos em Sala de Estado-maior.

No mesmo diploma legal está assegurado que o escritório de advocacia é inviolável. Todavia, o STF trouxe o entendimento que a inviolabilidade não pode ser invocada quando o próprio advogado seja suspeito da prática de crime ou a clientes que estejam com ele na empreitada criminosa (STF, INQ n. 2.424[11] e INQ n. 4.074[12]).

33.4. DEFENSORIA PÚBLICA.

A partir do mandamento constitucional do inciso LXXIV do art. 5.º da CF/88 que assegurou a assistência jurídica integral e gratuita aos que comprovarem insuficiência de recursos, à Defensoria Pública, instituição permanente e essencial, coube a orientação jurídica, a promoção dos direitos humanos e a defesa, em todos os graus, judicial e extrajudicial, dos direitos individuais e coletivos, de forma integral e gratuita, especificamente ao público necessitado, também chamados de hipossuficientes, na forma do art. 134 da CF/88:

> Art. 134. A Defensoria Pública é instituição permanente, essencial à função jurisdicional do Estado, incumbindo-lhe, como expressão e instrumento do regime democrático, fundamentalmente, a orientação jurídica, a promoção dos direitos humanos e a defesa, em todos os graus, judicial e extrajudicial, dos direitos individuais e coletivos, de forma integral e gratuita, aos necessitados, na forma do inciso LXXIV do art. 5º desta Constituição Federal.

No exercício das suas atribuições, o legislador constituinte também estabeleceu princípios institucionais à Defensoria Pública, semelhantes ao Ministério Público, como a unidade, a indivisibilidade e a independência funcional, aplicando-se ainda, no que couber, o disposto no art. 93 e no inciso II do art.

03-08-2015.

11 ARE 1320336 AgR, Relator(a): EDSON FACHIN, Segunda Turma, julgado em 20-09-2021, PROCESSO ELETRÔNICO DJe-194 DIVULG 28-09-2021 PUBLIC 29-09-2021.

12 AP 1030, Relator(a): EDSON FACHIN, Segunda Turma, julgado em 22-10-2019, ACÓRDÃO ELETRÔNICO DJe-029 DIVULG 12-02-2020 PUBLIC 13-02-2020.

96 da CF/88, isto é, a possibilidade de auto-organizar sua carreira, forma de ingresso entre outros.

A Lei Complementar no 80/1994 traz as previsões quanto à organização da Defensoria Pública da União, do Distrito Federal e dos Territórios, estabelece normas gerais para organização da Defensorias Públicas nas Unidades Federativas.

A estrutura da Defensoria Pública é formada pela Defensoria Pública da União – DPU, a Defensoria Pública do Distrito Federal e dos Territórios, além das Defensorias Públicas dos Estados – DPEs.

A partir de então é importante apontar alguns aspectos sobre as garantias funcionais dos seus membros, assim como, algumas competências e legitimidades:

a) **Garantias dos defensores públicos federais:** a independência funcional no desempenho de suas atribuições, a inamovibilidade, a irredutibilidade de vencimentos e a estabilidade, na forma do art. 43 da Lei Complementar n.º 80/94[13];

b) **Legitimidade para propor ação civil pública:** na defesa de interesses coletivos ou individuais homogêneos, na forma do art. 5.º, II, da Lei n.º 7.347/1985 e entendimento do STF, na ADI 3943, Rel. Min. Cármen Lúcia, 6/5/2015)[14].

c) **Autonomia funcional e administrativa:** assegurada a iniciativa de sua proposta orçamentária dentro dos limites estabelecidos na lei de diretrizes orçamentárias e subordinação, observado o art. 99, § 2.º da CF/88;

d) **Capacidade postulatória do Defensor Público:** decorre exclusivamente de sua nomeação e posse para o exercício do cargo público, estando sujeito a sua Lei orgânica e não ao Estatuto da OAB, na forma do art. 4.º, § 6.º da LC 80/94.

Ainda sobre a capacidade postulatória e a eventual submissão as regras gerais para todos os advogados, conforme o Estatuto da OAB, o ministro Alexandre de Morais ensina que, embora deva ter inscrição nos quadros da

13 Disponível em: https://www.planalto.gov.br/ccivil_03/leis/lcp/lcp80.htm. Acesso: 29/03/2024.

14 ADI 3943, Relator(a): CÁRMEN LÚCIA, Tribunal Pleno, julgado em 07-05-2015, ACÓRDÃO ELETRÔNICO DJe-154 DIVULG 05-08-2015 PUBLIC 06-08-2015 RTJ VOL-00236-01 PP-00009.

Ordem dos Advogados do Brasil – OAB, o membro da Defensoria Pública não está sujeito ao respectivo Estatuto classista[15]:

> "A exigência prevista na Lei Complementar 80/94, de que o candidato ao cargo de defensor público deve comprovar sua inscrição na Ordem dos Advogados do Brasil OAB, não conduz à inarredável conclusão de que o Defensor Público deve estar inscrito nos registros da entidade.
>
> O art. 4º, § 6º, da Lei Complementar 80/94, na redação dada pela Lei Complementar 132/09, dispõe que a capacidade postulatória do defensor decorre exclusivamente de sua nomeação e posse no cargo público, para se dedicar unicamente à nobre missão institucional de proporcionar o acesso dos assistidos à ordem jurídica justa", concluindo que "Logo, o Defensor Público submete-se somente ao regime próprio da Defensoria Pública, sendo inconstitucional a sua sujeição também ao Estatuto da OAB"."

Para finalizarmos, vamos trazer as Súmulas do STF e STF aplicáveis ao tema das Funções Essenciais à Justiça:

- **Súmula Vinculante n. 5** – *"A falta de defesa técnica por advogado no processo administrativo disciplinar não ofende a Constituição"*.
- **Súmula Vinculante n. 14** – *"É direito do defensor, no interesse do representado, ter acesso amplo aos elementos de prova que, já documentados em procedimento investigatório realizado por órgão com competência de polícia judiciária, digam respeito ao exercício do direito de defesa"*.
- **Súmula Vinculante n. 35** – *"A homologação da transação penal prevista no artigo 76 da Lei n. 9.099/1995 não faz coisa julgada material e, descumpridas suas cláusulas, retoma-se a situação anterior, possibilitando-se ao Ministério Público a continuidade da persecução penal mediante oferecimento de denúncia ou requisição de inquérito policial"*.

Súmulas do STF (não vinculantes)

- **Súmula n. 644** – *"Ao titular do cargo de procurador de autarquia não se exige a apresentação de instrumento de mandato para representá-la em juízo"*.

15 MORAIS, Alexandre de. Direito Constitucional. 39. ed. Grupo GEN, 2023. p. 752.

- **Súmula n. 643** – *"O Ministério Público tem legitimidade para promover ação civil pública cujo fundamento seja a ilegalidade de reajuste de mensalidade escolares".*
- **Súmula n. 614** – *"Somente o procurador-geral da Justiça tem legitimidade para propor ação direta interventiva por inconstitucionalidade de Lei Municipal".*
- **Súmula n. 524** – *"Arquivado o inquérito policial, por despacho do juiz, a requerimento do promotor de justiça, não pode a ação penal ser iniciada, sem novas provas".*
- **Súmula n. 210** – *"O assistente do Ministério Público pode recorrer, inclusive extraordinariamente, na ação penal, nos casos dos arts. 584, § 1º, e 598 do Código de Processo Penal".*

Súmulas do STJ

- **Súmula n. 604** – *"O mandado de segurança não se presta para atribuir efeito suspensivo a recurso criminal interposto pelo Ministério Público".*
- **Súmula n. 601** – *"O Ministério Público tem legitimidade ativa para atuar na defesa de direitos difusos, coletivos e individuais homogêneos dos consumidores, ainda que decorrentes da prestação de serviço público".*
- **Súmula n. 594** – *"O Ministério Público tem legitimidade ativa para ajuizar ação de alimentos em proveito de criança ou adolescente independentemente do exercício do poder familiar dos pais, ou do fato de o menor se encontrar nas situações de risco descritas no art. 98 do Estatuto da Criança e do Adolescente, ou de quaisquer outros questionamentos acerca da existência ou eficiência da Defensoria Pública na comarca".*
- **Súmula n. 533** – *"Para o reconhecimento da prática de falta disciplinar no âmbito da execução penal, é imprescindível a instauração de procedimento administrativo pelo diretor do estabelecimento prisional, assegurado o direito de defesa, a ser realizado por advogado constituído ou defensor público nomeado".*
- **Súmula n. 421** – *"Os honorários advocatícios não são devidos à Defensoria Pública quando ela atua contra a pessoa jurídica de direito público à qual pertença".*
- **Súmula n. 329** – *"O Ministério Público tem legitimidade para propor ação civil pública em defesa do patrimônio público".*

34

DEFESA DO ESTADO E DAS INSTITUIÇÕES DEMOCRÁTICAS. ESTADO DE DEFESA. ESTADO DE SÍTIO. FORÇAS ARMADAS. SEGURANÇA PÚBLICA. POLÍCIA CIVIL

O título V da Constituição Federal de 1988, descrito como Defesa do Estado e das Instituições Democráticas, está subdividido em 02 (dois) capítulos, estando, no capitulo I, o chamado de **Sistema Constitucional de Crises**, dedicado a tratar do **Estado de Defesa e do Estado do Sítio** (art. 136 ao art. 141 da CF/88) que, em casos excepcionais, autoriza a restrição significativa de direitos fundamentais.

No capítulo II, o legislador constituinte apresenta os **salvaguardas da sociedade**, por meio das **Forças Armadas** (art. 142 e art. 143 da CF/88) e, sobretudo, pelos órgãos da **Segurança Pública elencados no** art. 144 da CF/88.

José Afonso da Silva, na sua obra, "Comentário contextual à Constituição, citado por Pedro Lenza "[1], escreve que o sistema constitucional de crises são normas que visam à estabilização e à defesa da Constituição contra processos violentos de mudança ou perturbação da ordem constitucional, mas também à defesa do Estado quando a situação crítica derive de guerra externa. Então, a legalidade normal é substituída por uma legalidade extraordinária, que define e rege o estado de exceção.

1 LENZA, Pedro. Direito Constitucional. (Coleção esquematizado®) Editora Saraiva, 2024, p. 538.

34.1. ESTADO DE DEFESA E ESTADO DE SÍTIO

O **Estado de Defesa** tem previsão no art. 136 da CF/88, sendo competência privativa do Presidente da República para decretá-lo, conforme o art. 84, IX da norma constitucional, ouvidos o Conselho da República e o Conselho de Defesa Nacional, tendo como finalidades:

- preservar ou prontamente restabelecer;
- em locais restritos e determinados;
- a ordem pública ou a paz social, ameaçadas por;
- grave e iminente instabilidade institucional;
- ou atingidas por calamidades de grandes proporções na natureza;

O estado de defesa tem prazo delimitado, na forma do art. 136, § 2º, da CF/88, e não será superior a trinta dias, podendo ser prorrogado uma vez, por igual período, se persistirem as razões que justificaram a sua decretação.

O decreto que instituir o Estado de Defesa especificará o tempo de sua duração, as áreas abrangidas, além de indicar as medidas coercitivas, dentre as seguintes:

- restrições aos direitos de reunião, ainda que exercida no seio das associações;
- sigilo de correspondência;
- sigilo de comunicação telegráfica e telefônica;
- ocupação e uso temporário de bens e serviços públicos, na hipótese de calamidade pública, respondendo a União pelos danos e custos decorrentes;

Durante o estado de defesa, tendo em vista a natureza da medida extraordinária, alguns procedimentos deverão ser observados quanto eventuais prisões por crime contra o Estado, quais sejam:

- a prisão, determinada pelo executor da medida, será por este comunicada imediatamente ao juiz competente, que a relaxará, se não for legal, facultado ao preso requerer exame de corpo de delito à autoridade policial;
- a comunicação será acompanhada de declaração, pela autoridade, do estado físico e mental do detido no momento de sua autuação;
- a prisão ou detenção de qualquer pessoa não poderá ser superior a dez dias, salvo quando autorizada pelo Poder Judiciário;
- é vedada a incomunicabilidade do preso;

Neste ponto, observe que o **decreto do Estado de Defesa** se submete a **controle a posteriori do Congresso Nacional**, inclusive na hipótese de prorrogação. A regra dos parágrafos do art. 136 da CF/88 aponta o processamento:

- No prazo de 24 horas, deverá haver a remessa ao Poder Legislativo;
- Convocação extraordinária, no prazo de 5 (cinco) dias, com quórum de maioria absoluta, do Congresso Nacional;
- Manifestação sobre o decreto presidencial, no prazo de 10 (dez) dias, contados do recebimento, devendo continuar funcionando enquanto vigorar o estado de defesa;
- Rejeitado o decreto, cessa imediatamente o estado de defesa;

O **Estado de Sítio** tem seu procedimento tratado no artigo 137 da Constituição Federal de 1988. A exemplo do Estado de Defesa, também é competência privativa do Presidente da República decretar o Estado de Sítio, com previsão no mesmo dispositivo, art. 84, IX, da norma constitucional.

Ao contrário do Estado de Defesa, após ouvir o Conselho da República e o de Defesa Nacional, o Presidente só pode decretar o **Estado de Sítio**, com **autorização prévia do Congresso Nacional**.

Há duas hipóteses que autorizam o uso da medida extrema:

- Comoção grave de repercussão nacional ou ocorrência de fatos que comprovem a ineficácia de medida tomada durante o estado de defesa;
- Declaração de estado de guerra ou resposta a agressão armada estrangeira;

A decisão do Congresso Nacional também dependerá de **quorum de maioria absoluta**. Importante destacar que há notável diferença quanto ao prazo de duração da medida extrema, a depender da hipótese, isto é:

- grave comoção ou ineficácia do estado de defesa, teremos o **prazo de até 30 (trinta) dias, prorrogáveis, sucessivamente,** obedecendo sempre o limite máximo de 30 (trinta) dias em quaisquer das prorrogações;
- guerra ou agressão armada estrangeira, **a medida durará todo o período necessário**, não havendo como predeterminá-lo;

Igualmente, as medidas possíveis a serem implementadas sob a égide do Estado de Sítio, dependerá do motivo que ensejou a decretação, pois haverá delimitações quando se tratar de **comoção grave ou insuficiência do estado de defesa**, conforme previsão do art. 139 da CF/88[2]:

> Art. 139. Na vigência do estado de sítio decretado com fundamento no art. 137, I, só poderão ser tomadas contra as pessoas as seguintes medidas:
>
> I – obrigação de permanência em localidade determinada;
>
> II – detenção em edifício não destinado a acusados ou condenados por crimes comuns;
>
> III – restrições relativas à inviolabilidade da correspondência, ao sigilo das comunicações, à prestação de informações e à liberdade de imprensa, radiodifusão e televisão, na forma da lei;
>
> IV – suspensão da liberdade de reunião;
>
> V – busca e apreensão em domicílio;
>
> VI – intervenção nas empresas de serviços públicos;
>
> VII – requisição de bens.
>
> Parágrafo único. Não se inclui nas restrições do inciso III a difusão de pronunciamentos de parlamentares efetuados em suas Casas Legislativas, desde que liberada pela respectiva Mesa.

A requisição de bens, prevista no art. 5º da CF/88 permite que o poder público possa usar a propriedade particular em casos de iminente perigo público, devendo indenizar se houver prejuízo. Neste ponto, é importante ter atenção uma vez que, em regra, a União não pode requisitar bens e serviços dos outros entes da Federação, sendo a exceção os estados de defesa e de sítio.

A contrário senso, leia-se que, sendo o motivo da decretação do Estado de Sítio, a guerra ou agressão externa, pelo menos, em tese, todas as garantias podem ser relativizadas, inclusive, a possibilidade da pena de morte, em casos específicos.

Outros pontos importantes sobre o Estado de Defesa e Estado de Sítio tem relação ao acompanhamento e fiscalização das medidas tomadas durante que caberá a uma comissão composta de 05 (cinco) membros, designados pela mesa do Congresso Nacional, em comum acordo com os líderes partidários.

Ainda na vigência do estado de defesa e estado de sítio a Constituição Federal não poderá ser emendada, por limitações circunstanciais tratadas no § 1º do artigo 60 da CF/88.

---

2 Disponível em: https://www.planalto.gov.br/ccivil_03/Constituicao/Constituicao.htm: acesso: 25/03/2024.

Finalmente, superado o prazo e os motivos que ensejaram o estado de defesa ou o estado de sítio, cessarão também seus efeitos. Porém, poderão ser responsabilizados pelos ilícitos cometidos os executores ou agentes.

34.2. FORÇAS ARMADAS

O art. 142 da CF/88 destaca a composição, principais fundamentos, características e funções precípuas das Forças Armadas, sendo permanente e regular, constituída pelo Exército, pela Marinha e pela Aeronáutica, sob a égide da hierarquia e a disciplina.

As Forças Armadas estão sob o comando do Presidente da República e se destinam à defesa da Pátria, à garantia dos poderes constitucionais e, por iniciativa de qualquer destes, (Executivo, Legislativo ou Judiciário), da lei e da ordem.

Ainda nesta perspectiva, em observância ao art. 61 da CF/88, cabe privativamente ao Presidente da República a iniciativa de leis que:

- fixem ou modifiquem os efetivos das Forças Armadas;
- disponham sobre militares das Forças Armadas, seu regime jurídico, provimento de cargos, promoções, estabilidade, remuneração, reforma e transferência para a reserva.

O art. 142, § 2.º, da CF/88, em regra, impede o habeas corpus em relação a punições disciplinares militares. O princípio universal é que o Poder Judiciário deve evitar interferir na disciplina militar, pois há natureza própria e peculiar.

Os incisos do §3.º do art. 142 estabelecem algumas regras do quotidiano dos servidores públicos militares:

- As patentes, com prerrogativas, direitos e deveres a elas inerentes, são conferidas pelo Presidente da República e asseguradas em plenitude aos oficiais da ativa, da reserva ou reformados, sendo-lhes privativos os títulos e postos militares e, juntamente com os demais membros, o uso dos uniformes das Forças Armadas;
- O militar em atividade que tomar posse em cargo ou emprego público civil permanente, ressalvada a hipótese prevista no art. 37, inciso XVI, alínea "c", será transferido para a reserva, nos termos da lei;
- O militar da ativa que, de acordo com a lei, tomar posse em cargo, emprego ou função pública civil temporária, não eletiva, ainda que da administração indireta, ressalvada a hipótese prevista no art. 37, inciso XVI, alínea "c", ficará agregado ao respectivo quadro e somente poderá, enquanto permanecer nessa situação, ser promovido por antiguidade,

contando-se lhe o tempo de serviço apenas para aquela promoção e transferência para a reserva, sendo depois de dois anos de afastamento, contínuos ou não, transferido para a reserva, nos termos da lei;

- Ao militar são proibidas a sindicalização e a greve;
- O militar, enquanto em serviço ativo, não pode estar filiado a partidos políticos;
- O oficial só perderá o posto e a patente se for julgado indigno do oficialato ou com ele incompatível, por decisão de tribunal militar de caráter permanente, em tempo de paz, ou de tribunal especial, em tempo de guerra;
- O oficial condenado na justiça comum ou militar a pena privativa de liberdade superior a dois anos, por sentença transitada em julgado, será submetido ao julgamento previsto no inciso anterior
- VIII – aplica-se aos militares o disposto no art. 7º, incisos VIII, XII, XVII, XVIII, XIX e XXV, e no art. 37, incisos XI, XIII, XIV e XV, bem como, na forma da lei e com prevalência da atividade militar, no art. 37, inciso XVI, alínea "c";
- A lei disporá sobre o ingresso nas Forças Armadas, os limites de idade, a estabilidade e outras condições de transferência do militar para a inatividade, os direitos, os deveres, a remuneração, as prerrogativas e outras situações especiais dos militares, consideradas as peculiaridades de suas atividades, inclusive aquelas cumpridas por força de compromissos internacionais e de guerra.

Algumas questões importantes merecem atenção quanto às restrições e possibilidades aos militares. A exclusão do Serviço Militar, por exemplo, para as mulheres, os eclesiásticos e os que alegarem imperativo de consciência, embora a lei possa atribuir outros encargos.

De acordo com o Professor Sylvio Motta[3], há que se tomar algumas cautelas durante o exercício da escusa de consciência:

> "Três cuidados, porém: 1º) o que o cidadão pode evitar é o serviço militar, mas não pode recusar-se a prestar o serviço alternativo; 2º) o serviço alternativo deve ser similar ao militar em termos de duração, não podendo veicular alguma espécie de "punição" por força da escusa de consciência (ex.: caso o serviço alternativo

3 MOTTA, Sílvio. Direito Constitucional. 29. ed. Grupo GEN, 2021. p. 829.

> durasse dois anos em vez de um, como é no serviço militar); 3º) repare que a exceção só é admitida em tempos de paz, já que em caso de guerra o imperativo de sobrevivência da pátria deve superar os de consciência. Por outro lado, se a pessoa realmente estiver firme em seus motivos, certamente se manterá recalcitrante, caso em que estará sujeita às penalidades previstas".

No que diz respeito ao direito e exercício de greve, a própria Constituição negou tal direito de greve aos integrantes das Forças Armadas e às forças auxiliares, leia-se: Polícia Militar e Corpo de Bombeiro Militar.

Todavia, o Supremo Tribunal Federal ampliou o rol, apontando a restrição a todos os servidores elencados no Art.144 da CF/88 (Segurança Pública), isto é, não podem exercer o direito de greve. A proibição do direito de greve que alcançava os servidores militares passou a valer de modo global para policiais civis, federais, rodoviários e demais servidores públicos que atuem diretamente na área de segurança, como é o caso de agentes penitenciários (STF, ARE 654.432)

Em relação ao limite de idade, seja nas carreiras militares ou policiais, é necessário seguir a Súmula 683/STF, segundo a qual o limite de idade para a inscrição em concurso público só se legitima quando possa ser justificado pela natureza das atribuições do cargo a ser preenchido

34.3. SEGURANÇA PÚBLICA

O art. 144 da CF/1988 determina que a segurança pública é dever do Estado, momento em que também a assegura como direito e responsabilidade de todos. Ainda no caput do dispositivo, estão descritos seus objetivos, quais sejam: a preservação da ordem pública e da incolumidade das pessoas e do patrimônio.

A política de segurança é implementada pela polícia administrativa, polícia de segurança (preventiva ou ostensiva) e pela polícia judiciária ou investigativa. Na análise do Professor Sylvio Motta[4], quanto à função, há 03 tipos de atividade de polícia:

> "Dentre alguma divergência doutrinária, podemos dizer que existem três espécies de polícia, enquanto atividade:
>
> 1) **Polícia Administrativa**: cuida de bens, serviços e atividades. Tem íntima relação com o exercício do poder de polícia (conceituado no art. 78 do CTN).

4 MOTTA, Sílvio. Direito Constitucional. 29. ed. Grupo GEN, 2021. p. 841.

> 2) **Polícia de Segurança**: realiza a atividade preventiva, procurando impedir o cometimento de infrações penais. Atua de modo ostensivo, isto é, visivelmente (carros caracterizados, uniformes etc.). É realizada principalmente pelas polícias militares.
>
> 3) **Polícia Judiciária**: tem por finalidade a apuração das infrações penais e sua autoria. Atua repressivamente, isto é, após o cometimento de crime ou contravenção. Sua função básica é a investigação, de modo que atua descaracterizadamente (sem uniformes etc.). A polícia Judiciária da União é feita pela Polícia Federal e a dos Estados pelas Polícias Civis".

Os órgãos indicados pela Constituição Federal como encarregados pela segurança pública são:

- Polícia Federal;
- Polícia Rodoviária Federal;
- Polícia Ferroviária Federal;
- Polícias Civis;
- Polícias Militares e Corpos de Bombeiros Militares;
- Polícias Penais Federal, Estaduais e Distrital.

De acordo com decisão do Supremo Tribunal Federal, não poderá legislação estadual criar órgãos diversos de segurança pública, de forma diferente da estabelecida no art. 144 da Constituição Federal[5]:

> "impossibilidade de criação de novos órgãos estaduais: Impossibilidade da criação, pelos Estados-membros, de órgão de segurança pública diverso daqueles previstos no art. 144 da Constituição. [...] Ao Instituto-Geral de Perícias, instituído pela norma impugnada, são incumbidas funções atinentes à segurança pública. Violação do art. 144, c/c o art. 25 da Constituição da República"

Com relação ao direito de greve nas carreiras de segurança pública, o STF reafirmou entendimento no sentido de que é inconstitucional o exercício do direito de greve por parte de Policiais Civis e demais servidores públicos que atuem diretamente na área de segurança pública.

As principais funções dos órgãos já estão descritas nos parágrafos do art. 144 da CF/88, embora, cada uma delas, tenha legislações próprias que esmiúçam outras atribuições e garantias.

5 ADI 2.827, rel. Min. Gilmar Mendes, j. 16-9-2010, P, DJE de 6-4-2011.

A polícia federal, instituída por lei como órgão permanente, organizado e mantido pela União e estruturado em carreira, destina-se a apurar infrações penais:

- contra a ordem política e social;
- ou em detrimento de bens, serviços e interesses da União ou de suas entidades autárquicas e empresas públicas;
- cuja prática tenha repercussão interestadual ou internacional e exija repressão uniforme, segundo se dispuser em lei;
- prevenir e reprimir o tráfico ilícito de entorpecentes e drogas afins, o contrabando e o descaminho, sem prejuízo da ação fazendária e de outros órgãos públicos nas respectivas áreas de competência;

Além de exercer algumas atividades específicas:

- exercer as funções de polícia marítima, aeroportuária e de fronteiras;
- exercer, com exclusividade, as funções de polícia judiciária da União;

A Polícia Federal exerce a função hibrida expressa, isto é, desempenha atribuições de polícia administrativa e polícia judiciária. Na sua atuação investigativa, tem as atribuições de prevenir e reprimir o tráfico ilícito de entorpecentes e exercer, com exclusividade, as funções de polícia judiciária da União. No seu viés administrativo, há as funções de polícia marítima, aeroportuária e de fronteiras.

A Polícia Federal não investiga apenas crimes federais (de competência da Justiça Federal), uma vez que outros crimes, de competência da Justiça Estadual, poderão ser investigados, na forma da Lei n. 10.446/2002, em rol exemplificativo, inclusive paralelamente à Polícia Civil:

- sequestro, cárcere privado e extorsão mediante sequestro se o agente foi impelido por motivação política ou quando praticado em razão da função pública exercida pela vítima;
- formação de cartel;
- relativas à violação a direitos humanos, que a República Federativa do Brasil se comprometeu a reprimir em decorrência de tratados internacionais de que seja parte;
- furto, roubo ou receptação de cargas, inclusive bens e valores, transportadas em operação interestadual ou internacional, quando houver indícios da atuação de quadrilha ou bando em mais de um Estado da Federação;
- falsificação, corrupção, adulteração ou alteração de produto destinado a fins terapêuticos ou medicinais e venda, inclusive pela internet,

depósito ou distribuição do produto falsificado, corrompido, adulterado ou alterado;

- furto, roubo ou dano contra instituições financeiras, incluindo agências bancárias ou caixas eletrônicos, quando houver indícios da atuação de associação criminosa em mais de um Estado da Federação;
- quaisquer crimes praticados por meio da rede mundial de computadores que difundam conteúdo misógino, definidos como aqueles que propagam o ódio ou a aversão às mulheres (incluído pela Lei n. 13.642/2018).

A polícia rodoviária federal, órgão permanente, organizado e mantido pela União e estruturado em carreira, destina-se, na forma da lei, ao patrulhamento ostensivo das rodovias federais.

A Lei n. 12.775/2012 prevê o cargo de Policial Rodoviário Federal como de nível superior, tendo as seguintes atribuições, dentre outras:

- atividades de natureza policial envolvendo a fiscalização;
- patrulhamento e policiamento ostensivo;
- atendimento e socorro às vítimas de acidentes rodoviários e demais atribuições relacionadas com a área operacional do Departamento de Polícia Rodoviária Federal

A polícia ferroviária federal, órgão permanente, organizado e mantido pela União e estruturado em carreira, destina-se, na forma da lei, ao patrulhamento ostensivo das ferrovias federais.

A carreira de policial ferroviário federal precisa ser regulamentada e o preenchimento dos seus cargos, após serem criados por iniciativa do Poder Executivo, terá de ser feito por meio de concurso público.

Às polícias civis, dirigidas por delegados de polícia de carreira, incumbem, ressalvada a competência da União, as funções de polícia judiciária e a apuração de infrações penais, exceto as militares.

A atribuição de investigação da Polícia Civil não exclui o poder de investigação atribuído a outras autoridades, como Ministério Público e Comissões Parlamentares de Inquérito. Como já decidiu o STF[6]:

> "os arts. 5º, LIV e LV, 129, III e VIII, e 144, IV, § 4º, da CF não tornam a investigação criminal exclusividade da polícia nem afastam os poderes de investigação do Ministério Público"

6 (RE 593.727, rel. p/ o ac. Min. Gilmar Mendes, DJE de 8-9-2015).

A partir do ano de 2013, os Delegados de Polícia gozam de uma garantia legal de inamovibilidade, nos termos do art. 2º, § 5º da Lei n. 12.830/2013 que assegurou que a remoção do delegado de polícia dar-se-á somente por ato fundamentado.

A investigação é a atribuição principal da Polícia Civil, sendo regulamentada pelo Código de Processo Penal e pela Lei n.º 12.830/2013. De acordo com o art. 6º do Código de Processo Penal, logo que tiver conhecimento da prática da infração penal, a autoridade policial deverá:

- dirigir-se ao local, providenciando para que não se alterem o estado e a conservação das coisas, até a chegada dos peritos criminais;
- apreender os objetos que tiverem relação com o fato, após liberados pelos peritos criminais;
- colher todas as provas que servirem para o esclarecimento do fato e suas circunstâncias;
- ouvir o ofendido;
- ouvir o indicado [...];
- proceder a reconhecimento de pessoas e coisas e a acareações;
- determinar, se for o caso, que se proceda a exame de corpo de delito e a quaisquer outras perícias;
- ordenar a identificação do indiciado pelo processo datiloscópico, se possível, e fazer juntar aos autos sua folha de antecedentes;
- averiguar a vida pregressa do indiciado, sob o ponto de vista individual, familiar e social [...];
- colher informações sobre a existência de filhos, respectivas idades e se possuem alguma deficiência e o nome e o contato de eventual responsável pelos cuidados dos filhos, indicado pela pessoa presa"

O indiciamento é ato privativo de delegado de polícia, dando-se por ato fundamentado, mediante análise técnico-jurídica do fato, que deverá indicar a autoria, materialidade e as suas circunstâncias.

Todavia, segundo o STF[7], embora o indiciamento seja ato exclusivo da autoridade policial, em se tratando de investigados com prerrogativa de função,

7 (Pet 3825 QO, rel. Min. Sepúlveda Pertence, relator p/ Acórdão Min. Gilmar Mendes, Tribunal Pleno, 10-10-2007).

esse indiciamento deve ser precedido de autorização do Tribunal competente para julgar a autoridade:

> "A Polícia Federal não está autorizada a abrir de ofício inquérito policial para apurar a conduta de parlamentares federais ou do próprio Presidente da República (no caso do STF). No exercício da competência penal originária do STF (CF, art. 102, I, 'b', c/c Lei n. 8.038/90, art. 2º e RI/STF, arts. 230 a 234), a atividade de supervisão judicial deve ser constitucionalmente desempenhada durante toda a tramitação das investigações, desde a abertura dos procedimentos investigatórios até o eventual oferecimento, ou não, de denúncia, pelo dominus litis. Segunda Questão de Ordem resolvida no sentido de anular o ato formal de indiciamento promovido pela autoridade policial em face do parlamentar investigado"

As polícias judiciárias (Polícia Federal, no âmbito federal, e as Polícias Civis) integram o Poder Executivo e se subordinam ao seu chefe (presidente da República, no âmbito federal e governadores dos estados, no âmbito estadual).

Às polícias militares cabem a polícia ostensiva e a preservação da ordem pública; aos corpos de bombeiros militares, além das atribuições definidas em lei, incumbe a execução de atividades de defesa civil.

Às polícias penais, vinculadas ao órgão administrador do sistema penal da unidade federativa a que pertencem, cabe a segurança dos estabelecimentos penais.

A Polícia Penal teve seu marco legal mais importante na promulgação da Emenda Constitucional no 104/2019 que institui órgão como medida para melhorar o gerenciamento do sistema penitenciário.

As novas carreiras tiveram atribuições administrativas mais ampliadas, visto que, além de zelar pela população carcerária e pela gestão das unidades prisionais, passam a responder pela segurança da unidade prisional e pelo transporte de detentos, até então tais atribuições pertenciam às polícias civis e militares (nos Estados e no Distrito Federal) e à Polícia Federal (no âmbito da União).

A Emenda Constitucional n.º 104/2019 trouxe mudança de redação no art. 21, XIV da CF/88, dedicando à União a responsabilidade de organizar e manter a polícia civil, a polícia penal, a polícia militar e o corpo de bombeiros militar do Distrito Federal, bem como prestar assistência financeira ao Distrito Federal para a execução de serviços públicos, por meio de fundo próprio;

35

ORDEM SOCIAL: FUNDAMENTOS E OBJETIVOS. SEGURIDADE SOCIAL. EDUCAÇÃO, CULTURA E DESPORTO. COMUNICAÇÃO SOCIAL, MEIO AMBIENTE, FAMÍLIA, CRIANÇA, ADOLESCENTE, IDOSO E ÍNDIO

No título VIII da Constituição Federal de 1988 está prevista a Ordem Social, a partir do art. 193, figurando como conjunto de normas, instituições e costumes que regulam a vida dos indivíduos e suas relações que, fundamentado no constitucionalismo social, exigiu a atuação do Estado para garantir direitos sociais e igualdade material.

Neste tema estão presentes normas relacionadas ao bem-estar da população, aprofundando e disciplinando direitos sociais, como o direito à seguridade social, o primado do trabalho, o bem-estar e à justiça social, em consonância com outros objetivos constitucionais como a erradicação da pobreza e a promoção do bem de todos sem discriminação.

De acordo com o Professor Flávio Martins[1], a ordem social é um conjunto de norma que tem tripla finalidade: direitos sociais, instituições sociais e bem-estar social e à harmonia social:

> "Ordem Social é o conjunto de dispositivos constitucionais que possuem tripla finalidade: a primeira finalidade é concretizar os

1 MARTINS, Flávio. Curso de direito constitucional. Editora Saraiva, 2024. p. 820.

> direitos sociais previstos na Constituição Federal (como saúde, educação e previdência social, por exemplo). A segunda finalidade desses dispositivos é regular instituições sociais e bens jurídicos previstos constitucionalmente, indispensáveis à existência do bem-estar social (como a tutela do meio ambiente, a proteção constitucional da família). Por fim, a terceira finalidade, visando ao bem-estar social e à "harmonia social" (expressão prevista no Preâmbulo), é proteger constitucionalmente algumas pessoas mais vulneráveis, que constituem uma minoria jurídica: criança, adolescente, jovem, idoso e indígenas"

No bojo da ordem social estão tratados diversos direitos e instituições sociais, além da proteção a públicos vulneráveis:

- Da Seguridade Social
- Da Educação, da Cultura e do Desporto
- Da Ciência, Tecnologia e Inovação
- Da Comunicação Social
- Do Meio Ambiente
- Da Família, da Criança, do Adolescente, do Jovem e do Idoso
- Dos Índios

35.1. SEGURIDADE SOCIAL

A seguridade social é formada pela saúde, previdência e assistência social. Os três pilares da seguridade social fazem parte de um todo, devendo ser planejadas e executadas de forma concatenadas. A seguridade social é fundada nos seguintes princípios constitucionais:

- **Universalidade da cobertura e do atendimento;**
- **Uniformidade e equivalência dos benefícios e serviços às populações urbanas e rurais**
- **Seletividade e distributividade na prestação dos benefícios e serviços**
- **Irredutibilidade do valor dos benefícios**
- **Equidade na forma de participação no custeio**
- **Diversidade da base de financiamento**

- **Caráter democrático e descentralizado da administração, mediante gestão quadripartite**

A **Saúde** é direito de todos e dever do Estado, garantido mediante **políticas sociais e econômicas** que visem à redução do risco de doença e de outros agravos e ao **acesso universal** e **igualitário** às ações e serviços para sua promoção, proteção e recuperação, conforme art. 196 da CF/88.

Embora a **regulamentação, fiscalização** e **controle** das ações e serviços da saúde seja competência do Poder Público, sua **execução** não é monopólio estatal, podendo ser realizada através de terceiros e pela iniciativa privada.

O texto constitucional estabelece ainda que a assistência à saúde é **livre à iniciativa privada, uma vez que as** instituições privadas podem participar do sistema único de saúde de forma complementar, mediante contrato de direito público ou convênio, inclusive tendo preferência as entidades filantrópicas e as sem fins lucrativos.

O art. 198 da CF/88 institui constitucionalmente o Sistema Único de Saúde (SUS), integrando uma rede **regionalizada** e **hierarquizada**, fundada nas seguintes diretrizes:

- **Descentralização**, com direção única em cada esfera de governo.
- **Atendimento integral**, com prioridade para as atividades preventivas, sem prejuízo dos serviços assistenciais;
- **Participação da comunidade**, de forma a assegurar a participação dos indivíduos na formulação das políticas públicas de saúde.

O art. 200 da CF/88 estabelece as competências do SUS:

- Controlar e fiscalizar **procedimentos, produtos e substâncias** relacionadas à saúde e participar da produção de medicamentos, equipamentos, imunobiológicos e hemoderivados e outros insumos;
- Executar as ações de **vigilância sanitária e epidemiológica**, bem como as de **saúde do trabalhador**;
- Ordenar a **formação** de recursos humanos na área de saúde;
- Participar da **formulação** da política e da **execução** das ações de saneamento básico;
- Incrementar, em sua área de atuação, o **desenvolvimento científico e tecnológico** e a **inovação**;

- Fiscalizar e inspecionar **alimentos**, compreendido o controle de seu teor nutricional, bem como bebidas e águas para consumo humano;
- Participar do controle e fiscalização da produção, transporte, guarda e utilização de substâncias e produtos **psicoativos, tóxicos** e **radioativos**;
- Colaborar na **proteção do meio ambiente**, nele compreendido o do trabalho.

A **previdência social**, por sua vez, é um direito social para a proteção dos indivíduos diante situações inesperadas ou eventos de risco. Destina-se a seus beneficiários, que podem ser os **segurados** ou **dependentes**.

O art. 201 da Constituição trata da **Previdência Social apontando seu** caráter **contributivo** e **filiação obrigatória**, observados ainda critérios que preservem o equilíbrio financeiro e atuarial, tendo por finalidade atender:

- Cobertura dos eventos de **incapacidade temporária** ou **permanente** para o trabalho e idade avançada;
- Proteção à **maternidade**, especialmente à **gestante**;
- Proteção ao trabalhador em situação de **desemprego involuntário**;
- Salário-família e auxílio-reclusão para os dependentes dos segurados de **baixa renda**.

A **assistência social** será prestada a **quem dela necessitar**, em consonância com os objetivos da república relacionados à erradicação da pobreza e da marginalização, bem como à redução das desigualdades sociais.

Importante destacar que seu financiamento **independe de contribuições** à seguridade social, ao contrário da previdência que tem vinculação entre os segurados.

Os **objetivos** da assistência social são listados no art. 203 da CF/88:

- Proteção à família, à maternidade, à infância, à adolescência e à velhice;
- Amparo às crianças e adolescentes **carentes**;
- Promoção da **integração** ao mercado de trabalho;
- Habilitação e reabilitação das **pessoas portadoras de deficiência** e a promoção de sua integração à vida comunitária;
- Garantia de um salário mínimo de benefício mensal à **pessoa portadora de deficiência** e ao **idoso** que comprovem não possuir meios de prover à própria manutenção ou de tê-la provida por sua família, conforme dispuser a lei.

Na forma do art. 204 da CF/88, as ações governamentais relacionadas à assistência social serão realizadas com **recursos do orçamento da seguridade social**, entre **outras fontes, devendo seguir as** diretrizes da:

- **Descentralização político-administrativa**, cabendo a coordenação e as normas gerais à esfera federal e a coordenação e a execução dos respectivos programas às esferas estadual e municipal, bem como a entidades beneficentes e de assistência social;
- **Participação da população**, por meio de organizações representativas, na formulação das políticas e no controle das ações em todos os níveis;

Embora os recursos da seguridade social sejam a fonte primaria de receita da assistência social, os Estados e o Distrito Federal poderão financiar programas de inclusão e promoção social até cinco décimos por cento de sua receita tributária líquida.

Nesta perspectiva, veda-se o emprego dos valores para o pagamento de pessoal e seus encargos sociais, assim como serviço da dívida ou qualquer outra despesa corrente não vinculada diretamente aos investimentos ou ações apoiados.

35.2. EDUCAÇÃO, CULTURA E DESPORTO.

35.2.1. Educação

Inicialmente, o imperativo da norma contida no art. 205 da Constituição Federal de 1988 aduz que **a educação** constitui direito de todos e dever do Estado e da família, e será promovida e incentivada com a colaboração da sociedade, visando ao pleno desenvolvimento da pessoa, seu preparo para o exercício da cidadania e sua qualificação para o trabalho.

Nesta toada, o ensino terá seus paramentos e balizas mínimas previstas nos seguintes princípios, conforme art. 206 da CF/88[2]:

- igualdade de condições para o acesso e permanência na escola;

---

2 Disponível em: https://www.planalto.gov.br/ccivil_03/Constituicao/Constituicao.htm: acesso: 25/03/2024.

- liberdade de aprender, ensinar, pesquisar e divulgar o pensamento, a arte e o saber;
- pluralismo de ideias e de concepções pedagógicas, e coexistência de instituições públicas e privadas de ensino;
- gratuidade do ensino público em estabelecimentos oficiais;
- valorização dos profissionais do ensino, garantidos, na forma da lei, planos de carreira para o magistério público, com piso salarial profissional e ingresso exclusivamente por concurso público de provas e títulos;
- gestão democrática do ensino público, na forma da lei;
- garantia de padrão de qualidade;
- piso salarial profissional nacional para os profissionais da educação escolar pública, nos termos de lei federal;
- garantia do direito à educação e à aprendizagem ao longo da vida;

Ainda neste seguimento, com o objetivo de assegurar acesso mais igualitários à educação, o STF trouxe a Súmula Vinculante n.º 12: "A cobrança de taxa de matrícula nas universidades públicas viola o disposto no art. 206, IV, da Constituição Federal".

A autonomia didático-científica, administrativa e de gestão financeira e patrimonial das universidades está prevista no art. 207 da CF/88, embora exija que as entidades atuem segundo o princípio de indissociabilidade entre ensino, pesquisa e extensão.

O art. 208 da CF/88 dispõe que o dever do Estado na área educacional será efetivado mediante o cumprimento das seguintes garantias:

- educação básica obrigatória e gratuita dos 4 (quatro) aos 17 (dezessete) anos de idade, assegurada inclusive sua oferta gratuita para todos os que a ela não tiveram acesso na idade própria;
- progressiva universalização do ensino médio gratuito;
- atendimento educacional especializado aos portadores de deficiência, preferencialmente na rede regular de ensino;
- educação infantil, em creches e pré-escolas, às crianças até 5 (cinco) anos de idade;
- acesso aos níveis mais elevados do ensino, da pesquisa e da criação artística, segundo a capacidade de cada um;
- oferta de ensino noturno regular, adequado às condições do educando;

- atendimento ao educando, em todas as etapas da educação básica, por meio de programas suplementares de material didático-escolar, transporte, alimentação e assistência à saúde.

No mesmo dispositivo constitucional, especificamente, nos parágrafos 1.º, 2.º e 3.º, respectivamente, há a previsão do acesso ao ensino obrigatório e gratuito, sendo, porém, direito público subjetivo. Nesta leitura está ainda a responsabilização da autoridade competente no caso do não oferecimento do ensino obrigatório, assim como sua oferta irregular.

No último trecho, compete ao Poder Público recensear os educandos no ensino fundamental, fazer-lhes a chamada e zelar, junto aos pais ou responsáveis, pela frequência à escola.

Os artigos 209, 210 e 211, da CF/88, trazem regras de execução e implementação do ensino, assim como o formato curricular, horário regular, matrícula facultativa e, inclusive o emprega da língua oficial, assegurada às comunidades indígenas também a utilização de suas línguas maternas e de seus processos próprios de aprendizagem, além da atuação dos diversos entes federados na área do ensino:

- O art. 209 CF/88: assegura a liberdade de atuação, na área educacional, à iniciativa privada, uma vez cumpridas as normas gerais da educação nacional e obtida a autorização do Poder Público.
- O art. 210 CF/88: os currículos escolares das séries iniciais, estatui que serão fixados conteúdos mínimos para o ensino fundamental, de maneira a assegurar formação básica comum e respeito aos valores culturais e artísticos, nacionais e regionais.
- O ensino constitui disciplina a ser professada no horário regular das escolas públicas de ensino fundamental, mas que a matrícula dos alunos na disciplina é facultativa.
- O ensino fundamental regular será ministrado em língua portuguesa, mas é assegurada às comunidades indígenas também a utilização de suas línguas maternas e de seus processos próprios de aprendizagem.
- O art. 211 CF/88: À União caberá organizar o sistema federal de ensino e o dos Territórios, financiar as instituições de ensino públicas federais e exercer, em matéria educacional, função redistributiva e supletiva, de forma a garantir equalização de oportunidades educacionais e padrão mínimo de qualidade do ensino mediante assistência técnica e financeira aos Estados, ao Distrito Federal e aos Municípios.

- Aos Municípios incumbe prioritariamente atuar no ensino fundamental e na educação infantil.
- Assim, os Estados e o Distrito Federal deverão atuar prioritariamente no ensino fundamental e médio.

O art. 212 da CF/88, assim como seus parágrafos, trouxeram as regras de emprego mínimo de recursos a serem aplicados anualmente da área da educação, além da execução e controle orçamentário:

- a União aplicará, anualmente, nunca menos de dezoito, e os Estados, o Distrito Federal e os Municípios vinte e cinco por cento, no mínimo, da receita resultante de impostos;
- a distribuição dos recursos públicos assegurará prioridade ao atendimento das necessidades do ensino obrigatório, no que se refere a universalização, garantia de padrão de qualidade e equidade, nos termos do plano nacional de educação
- os programas suplementares de alimentação e assistência à saúde serão financiados com recursos provenientes de contribuições sociais e outros recursos orçamentários;
- a educação básica pública terá como fonte adicional de financiamento a contribuição social do salário-educação, recolhida pelas empresas na forma da lei;
- É vedado o uso dos recursos referidos no caput e nos §§ 5o e 6o deste artigo para pagamento de aposentadorias e de pensões;
- Na hipótese de extinção ou de substituição de impostos, serão redefinidos os percentuais referidos no caput deste artigo e no inciso II do caput do art. 212-A, de modo que resultem recursos vinculados à manutenção e ao desenvolvimento do ensino, bem como os recursos subvinculados aos fundos de que trata o art. 212-A desta Constituição, em aplicações equivalentes às anteriormente praticadas;
- A lei disporá sobre normas de fiscalização, de avaliação e de controle das despesas com educação nas esferas estadual, distrital e municipal;
- Os Estados, o Distrito Federal e os Municípios destinarão parte dos recursos a que se refere o *caput* do art. 212 desta Constituição à manutenção e ao desenvolvimento do ensino na educação básica e à remuneração condigna de seus profissionais.

O art. 213 da CF/88 aduz que os recursos públicos serão destinados às escolas públicas, podendo ser dirigidos a escolas comunitárias, confessionais ou filantrópicas, definidas em lei, desde que comprovem finalidade não lucrativa e apliquem seus excedentes financeiros em educação, além de assegurar a destinação de seu patrimônio a outra escola comunitária, filantrópica ou confessional, ou ao Poder Público, no caso de encerramento de suas atividades.

Finalmente, o art. 214 da CF/88 prevê que lei estabelecerá o plano nacional de educação, de duração plurianual, visando à articulação e ao desenvolvimento do ensino em seus diversos níveis e à integração das ações do Poder Público que conduzam à:

- erradicação do analfabetismo;
- universalização do atendimento escolar;
- melhoria da qualidade do ensino;
- formação para o trabalho;
- promoção humanística, científica e tecnológica do País;
- estabelecimento de meta de aplicação de recursos públicos em educação como proporção do produto interno bruto.

35.2.2. Cultura

No que diz respeito à cultura, art. 215 da Constituição Federal de 1988 assegura que o Estado garantirá a todos o pleno exercício dos direitos culturais e acesso às fontes da cultura nacional, e apoiará e incentivará a valorização e a difusão das manifestações culturais.

Nesse intento, ao Estado caberá proteger as manifestações das culturas populares, indígenas e afro-brasileiras, e das de outros grupos participantes do processo civilizatório nacional.

A regulamentação das normas referentes à cultura dependerá de lei que pavimente o Plano Nacional de Cultura, com duração plurianual, visando o desenvolvimento cultural do País e à integração das ações do poder público que conduzam à:

- defesa e valorização do patrimônio cultural brasileiro;
- produção, promoção e difusão de bens culturais;

- formação de pessoal qualificado para a gestão da cultura em suas múltiplas dimensões;
- democratização do acesso aos bens de cultura;
- valorização da diversidade étnica e regional.

O alcance e conceito de patrimônio cultural do nosso país recaí, a princípio, em bens de natureza material e imaterial, tomados individualmente ou em conjunto, portadores de referência à identidade, à ação, à memória dos diferentes grupos formadores da sociedade brasileira que, dentro do art. 216 da CF/88, incluem:

- as formas de expressão;
- os modos de criar, fazer e viver, as criações científicas, artísticas e tecnológicas;
- as obras, objetos, documentos, edificações e demais espaços destinados às manifestações artístico-culturais
- os conjuntos urbanos e sítios de valor histórico, paisagístico, artístico, arqueológico, paleontológico, ecológico e científico.

Os parágrafos 1º, 5º e 6º do art. 216, apontam regras gerais de proteção do patrimônio cultural como o tombamento e a desapropriação, além de prevê a possibilidade dos Estados e do Distrito Federal vincular recursos ao fundo estadual de fomento à cultura.

O art. 216-A da CF/88 faculta aos estados e municípios que legislem sobre o tema referentes à cultura, nas suas respectivas áreas de competência.

A Lei nº 14.835/2024 instituiu o marco regulatório do Sistema Nacional de Cultura (SNC). Referida norma estabelece um sistema organizado em regime de colaboração entre os entes federativos, promovendo a gestão conjunta das políticas públicas de cultura. Ao regulamentar o artigo 231 da Constituição Federal, a lei reforça o compromisso do Estado brasileiro com a proteção e promoção da diversidade cultural, garantindo que todos os cidadãos tenham acesso aos bens e serviços culturais.

35.2.3. Desporto

Em dispositivo único, (art. 217) a Constituição Federal de 1988 estatui como dever estatal e direito de todos, o fomento das práticas desportivas formais e não formais, atendidos alguns requisitos:

- a autonomia das entidades desportivas dirigentes e associações, quanto a sua organização e funcionamento;
- a destinação de recursos públicos para a promoção prioritária do desporto educacional e, em casos específicos, para a do desporto de alto rendimento;
- o tratamento diferenciado para o desporto profissional e o não profissional;
- a proteção e o incentivo às manifestações desportivas de criação nacional.

Ainda no art. 217, notadamente nos §§ 1.º e 2.º, há importante previsão sobre a Justiça Desportiva, uma vez que, além de conceder o caráter vinculante à sua utilização, retira do Poder Judiciário a possibilidade de ser acionado em ações relativas à disciplina e às competições desportivas antes de esgotarem as instâncias da justiça desportiva, na forma regulada em lei.

Neste ponto, trata-se de verdadeira exceção ao princípio da inafastabilidade da jurisdição, assegurada como regra geral no art. 5.º, XXXV, da CF/88, uma vez que condiciona a utilização da esfera jurisdicional ao prévio exaurimento das instâncias administrativas da justiça desportiva.

Nessa perspectiva, aos demandantes da Justiça Desportiva, o § 2.º do art. 217 estabeleceu o prazo máximo de 60 (sessenta) dias, contados da instauração do processo, para que seja proferida a decisão final, caso contrário, superado o período, sem a solução do litígio, pode o demandante acessar a via jurisdicional ordinária.

No sentido de estabelecer norma de conteúdo programático, no § 3.º do art. 217, o legislador constitucional assevera que o Poder Público incentivará o lazer, como forma de promoção social.

35.3. COMUNICAÇÃO SOCIAL

O capítulo dedicado à comunicação social, inicia com o art. 220 da Constituição Federal de 1988, assegurando, deste logo, a liberdade quanto à manifestação do pensamento, a criação, a expressão e a informação, observado o disposto nesta Constituição.

No mesmo sentido, observado o disposto no art. 5º, IV, V, X, XIII e XIV, da CF/88, nenhuma lei conterá dispositivo que possa constituir embaraço à plena liberdade de informação jornalística em qualquer veículo de comunicação social, assim como é vedada toda e qualquer censura de natureza política, ideológica e artística, previsões expressas nos §§ 1.º e 2.º do art. 220 da CF/88.

A lei federal, entre outras previsões, tem a responsabilidade de estabelecer os meios legais que garantam à pessoa e à família a possibilidade de se defenderem de programas ou programações de rádio e televisão que contrariem o disposto no art. 221, seguindo os princípios:

- preferência a finalidades educativas, artísticas, culturais e informativas;
- promoção da cultura nacional e regional e estímulo à produção independente que objetive sua divulgação;
- regionalização da produção cultural, artística e jornalística, conforme percentuais estabelecidos em lei;
- respeito aos valores éticos e sociais da pessoa e da família;

Outros pontos abordados que importam destaque são relacionados a:

- regulamentação da propaganda de produtos, práticas e serviços que possam ser nocivos à saúde e ao meio ambiente.
- os meios de comunicação social eletrônica, independentemente da tecnologia utilizada para a prestação do serviço, também deverão observar os princípios enunciados no art. 221, na forma de lei específica;
- garantia da prioridade de profissionais brasileiros na execução de produções nacionais.
- Competência do Poder Executivo outorgar e renovar concessão, permissão e autorização para o serviço de radiodifusão sonora e de sons e imagens, observado o princípio da complementaridade dos sistemas privado, público e estatal.
- A propriedade de empresa jornalística e de radiodifusão sonora e de sons e imagens é privativa de brasileiros natos ou naturalizados há mais de dez anos, ou de pessoas jurídicas constituídas sob as leis brasileiras e que tenham sede no País

35.4. MEIO AMBIENTE

O meio ambiente equilibrado está entre os chamados direitos de terceira geração, abrangendo os direitos difusos, coletivos, meta ou transindividuais, como é o caso do meio ambiente, da proteção aos consumidores, a aposentadoria entre outros.

Em pronunciamento sobre o tema, o Supremo Tribunal Federal decidiu que[3]:

> "o direito à integridade do meio ambiente - típico direito de terceira geração - constitui prerrogativa jurídica de titularidade coletiva, refletindo, dentro do processo de afirmação dos direitos humanos, a expressão significativa de um poder atribuído, não ao indivíduo identificado em sua singularidade, mas, num sentido verdadeiramente mais abrangente, à própria coletividade social. Enquanto os direitos de primeira geração (direitos civis e políticos) - que compreendem as liberdades clássicas, negativas ou formais - realçam o princípio da liberdade e os direitos de segunda geração (direitos econômicos, sociais e culturais) - que se identificam com as liberdades positivas, reais ou concretas - acentuam o princípio da igualdade, os direitos de terceira geração, que materializam poderes de titularidade coletiva atribuídos genericamente a todas as formações sociais, consagram o princípio da solidariedade e constituem um momento importante no processo de desenvolvimento, expansão e reconhecimento dos direitos humanos, caracterizados, enquanto valores fundamentais indisponíveis, pela nota de uma essencial inexauribilidade".

Com o objetivo de assegurar a efetividade desse direito, incumbe ao poder público:

- preservar e restaurar os processos ecológicos essenciais e prover o manejo ecológico das espécies e ecossistemas;
- preservar a diversidade e a integridade do patrimônio genético do País e fiscalizar as entidades dedicadas à pesquisa e manipulação de material genético;
- definir, em todas as unidades da Federação, espaços territoriais e seus componentes a serem especialmente protegidos, sendo a alteração e a supressão permitidas somente através de lei, vedada qualquer utilização que comprometa a integridade dos atributos que justifiquem sua proteção;

---

3 MS 22.164, rel. Min. Celso de Mello, Pleno, j. 30-10-1995.

- exigir, na forma da lei, para instalação de obra ou atividade potencialmente causadora de significativa degradação do meio ambiente, estudo prévio de impacto ambiental, a que se dará publicidade;
- controlar a produção, a comercialização e o emprego de técnicas, métodos e substâncias que comportem risco para a vida, a qualidade de vida e o meio ambiente;
- promover a educação ambiental em todos os níveis de ensino e a conscientização pública para a preservação do meio ambiente;
- proteger a fauna e a flora, vedadas, na forma da lei, as práticas que coloquem em risco sua função ecológica, provoquem a extinção de espécies ou submetam os animais a crueldade.
- manter regime fiscal favorecido para os biocombustíveis e para o hidrogênio de baixa emissão de carbono, na forma de lei complementar, a fim de assegurar-lhes tributação inferior à incidente sobre os combustíveis fósseis, capaz de garantir diferencial competitivo em relação a estes, especialmente em relação às contribuições de que tratam o art. 195, I, "b", IV e V, e o art. 239 e aos impostos a que se referem os arts. 155, II, e 156-A.

Outro tema de relevante importância, quanto ao meio ambiente, é do art. 225, § 3º, da CF/88, que prevê a possibilidade de responsabilização penal da pessoa jurídica nos crimes ambientais[4]:

> § 3º As condutas e atividades consideradas lesivas ao meio ambiente sujeitarão os infratores, pessoas físicas ou jurídicas, a sanções penais e administrativas, independentemente da obrigação de reparar os danos causados.

Neste caso, as condutas e atividades consideradas lesivas ao meio ambiente sujeitarão os infratores, pessoas físicas ou jurídicas, a sanções penais e administrativas, independentemente da obrigação de reparar os danos causados. Na prática, as pessoas físicas e jurídicas estão sujeitas a responsabilização penal, civil e administrativa quando praticarem atos lesivos ao meio ambiente.

Destaca-se que a doutrina penal-ambiental possuía o entendimento da aplicação da teoria da dupla imputação nos crimes ambientais quando a

4 Disponível em: https://www.planalto.gov.br/ccivil_03/Constituicao/Constituicao.htm: acesso: 28/03/2024.

acusação criminal recaísse sobre a pessoa jurídica, isto é, seria imprescindível acusar não só a pessoa jurídica, mas também a pessoa física (sócio ou diretor) responsável pela conduta.

Porém, o STF trouxe interpretação diversa, afirmando que a acusação sobre a pessoa jurídica não dependia que se responsabilizasse também a pessoa física. Desta feita, o processo para apurar eventuais crimes ambientais pode tramitar somente contra a pessoa jurídica (STF, RE n. 548.181)[5].

35.5. FAMÍLIA, CRIANÇA, ADOLESCENTE, IDOSO E ÍNDIO

No capítulo VII (Título VIII), a Constituição Federal tratou de importantes temas como a família, a criança, o adolescente e o idoso.

A família é declarada como base da sociedade, tendo especial proteção do Estado, de acordo com o art. 226 da CF/88. Os parágrafos do citado dispositivo constitucional apontam regramentos sobre o instituto do casamento, união estável, além de conceitos de unidade familiar, os deveres dos cônjuges, assim como a possibilidade da dissolução da sociedade conjugal e o planejamento familiar:

- § 1º O casamento é civil e gratuita a celebração;
- § 2º O casamento religioso tem efeito civil, nos termos da lei;
- § 3º Para efeito da proteção do Estado, é reconhecida a união estável entre o homem e a mulher como entidade familiar, devendo a lei facilitar sua conversão em casamento;
- § 4º Entende-se, também, como entidade familiar a comunidade formada por qualquer dos pais e seus descendentes;
- § 5º Os direitos e deveres referentes à sociedade conjugal são exercidos igualmente pelo homem e pela mulher;
- § 6º O casamento civil pode ser dissolvido pelo divórcio;
- § 7º Fundado nos princípios da dignidade da pessoa humana e da paternidade responsável, o planejamento familiar é livre decisão do casal, competindo ao Estado propiciar recursos educacionais

5 RE 548181, Relator(a): ROSA WEBER, Primeira Turma, julgado em 06-08-2013, ACÓRDÃO ELETRÔNICO DJe-213 DIVULG 29-10-2014 PUBLIC 30-10-2014 RTJ VOL-00230-01 PP-00464.

e científicos para o exercício desse direito, vedada qualquer forma coercitiva por parte de instituições oficiais ou privadas;

- § 8º O Estado assegurará a assistência à família na pessoa de cada um dos que a integram, criando mecanismos para coibir a violência no âmbito de suas relações;

O dispositivo constitucional seguinte traz a proteção à infância e à juventude, nos termos do art. 227 da CF/88[6]:

> Art. 227. É dever da família, da sociedade e do Estado assegurar à criança, ao adolescente e ao jovem, com absoluta prioridade, o direito à vida, à saúde, à alimentação, à educação, ao lazer, à profissionalização, à cultura, à dignidade, ao respeito, à liberdade e à convivência familiar e comunitária, além de colocá-los a salvo de toda forma de negligência, discriminação, exploração, violência, crueldade e opressão.

O Estatuto da Criança e do Adolescente – ECA (Lei n.º 8.069/90) considera-se criança a pessoa com até 12 anos de idade, e adolescente a pessoa entre 12 e 18 anos de idade.

No plano da assistência integral à saúde da criança, do adolescente e do jovem, é admitida a participação de entidades não governamentais, mediante políticas específicas e observados os seguintes princípios:

- aplicação de percentual dos recursos públicos destinados à saúde na assistência materno-infantil;
- criação de programas de prevenção e atendimento especializado para as pessoas portadoras de deficiência física, sensorial ou mental;
- integração social do adolescente e do jovem portador de deficiência, mediante o treinamento para o trabalho e a convivência,
- facilitação do acesso aos bens e serviços coletivos, com a eliminação de obstáculos arquitetônicos e de todas as formas de discriminação.

No § 3.º do art. 227 da CF/88, o direito a proteção especial das crianças e adolescentes abrangerá os seguintes aspectos:

6 Disponível em: https://www.planalto.gov.br/ccivil_03/Constituicao/Constituicao.htm: acesso:15/03/2024.

- idade mínima de quatorze anos para admissão ao trabalho, observado o disposto no art. 7º, XXXIII;
- garantia de direitos previdenciários e trabalhistas;
- garantia de acesso do trabalhador adolescente e jovem à escola;
- garantia de pleno e formal conhecimento da atribuição de ato infracional, igualdade na relação processual e defesa técnica por profissional habilitado, segundo dispuser a legislação tutelar específica;
- obediência aos princípios de brevidade, excepcionalidade e respeito à condição peculiar de pessoa em desenvolvimento, quando da aplicação de qualquer medida privativa da liberdade;
- estímulo do Poder Público, através de assistência jurídica, incentivos fiscais e subsídios, nos termos da lei, ao acolhimento, sob a forma de guarda, de criança ou adolescente órfão ou abandonado;
- programas de prevenção e atendimento especializado à criança, ao adolescente e ao jovem dependente de entorpecentes e drogas afins.

Os parágrafos seguintes, do mesmo art. 227 da CF/88, seguem dispondo sobre a criança e o adolescente e, nesse momento, alerta e determina punição aos autores de abuso, violência e exploração sexual contra esse público vulnerável, assegura a supervisão pelo Poder Público no processo de adoção e afasta quaisquer designações discriminatórias relativas à filiação, havidos ou não da relação do casamento, ou por adoção.

Importantíssima previsão traz o art. 228 da CF/88 quando declara os menores de 18 anos penalmente inimputáveis, estando sujeitos às normas da legislação especial, no caso específico, pelo Estatuto da Criança e do Adolescente - ECA (Lei n.º 8.069/90).

O princípio da solidariedade está insculpido nos artigos 229 e 230 da CF/88, onde determina que os pais têm o dever de assistir, criar e educar os filhos menores, e os filhos maiores têm o dever de ajudar e amparar os pais na velhice, carência ou enfermidade.

Outros dois públicos vulneráveis, pessoas idosas e deficientes físicos tem proteção expressa nos artigos 230 e 227, § 2.º, da CF/88. O legislador assegurou a regra protetiva das pessoas portadoras de deficiência, independentemente de idade, impondo que a lei disponha sobre:

- normas de construção dos logradouros e dos edifícios de uso público;
- fabricação de veículos de transporte coletivo, adaptados, a fim de garantir o pleno acesso a tais pessoas;

No que tange às pessoas idosas, o dispositivo constitucional afirma que a família, a sociedade e o Estado têm o dever de amparar as pessoas idosas, assegurando sua participação na comunidade, defendendo sua dignidade e bem-estar e garantindo-lhes o direito à vida.

Os programas de auxílio aos idosos serão executados preferencialmente no seu domicílio, e aqueles que ultrapassarem a idade de 65 anos gozam do direito de gratuitamente utilizarem-se de transportes coletivos urbanos.

Dos índios

Na regra constitucional do art. 231, são reconhecidos aos índios sua organização social, costumes, línguas, crenças e tradições, e os direitos originários sobre as terras que tradicionalmente ocupam, competindo à União demarcá-las, proteger e fazer respeitar todos os seus bens".

Na definição de terras tradicionalmente ocupadas pelos índios estão enquadradas:

- as terras que os indígenas ocupam de forma permanente;
- as utilizadas para sua atividade produtiva;
- as indispensáveis à conservação dos recursos ambientais necessários para seu bem-estar e à sua reprodução física e cultural, segundo seus usos, costumes e tradições (art. 231, § 1º);
- sendo tais terras propriedade da União, embora os indígenas têm direito à posse permanente.

Aos índios cabe o usufruto exclusivo sobre as riquezas do solo, rios e lagos nelas existentes. Importante destacar que, o aproveitamento de recursos hídricos e a pesquisa e a lavra das riquezas minerais em terras indígenas, depende de autorização do Congresso Nacional, desde que consultadas as comunidades envolvidas e assegurada aos indígenas a participação no resultado da extração.

Outras características importantes sobre as terras consideradas de assentamento indígena é que:

- para a União e para os indígenas, são indisponíveis e inalienáveis (não podem ser negociadas), e os direitos delas decorrentes imprescritíveis;
- veda-se a remoção dos grupos indígenas de suas terras, salvo, ad referendum do Congresso Nacional, em caso de catástrofe ou epidemia que ponha em risco sua população, ou no interesse da soberania do País;
- são nulos e extintos, e, assim, destituídos de eficácia jurídica, quaisquer negócios jurídicos que tenham como objeto a ocupação, o domínio ou a posse das terras tradicionalmente (somente estas) ocupadas pelos índios;
- a exploração dos recursos naturais nelas existentes, ressalvado relevante interesse da União;
- veda-se a existência de atividade garimpeira sob a forma de cooperativas nas áreas indígenas;

Na representação dos índios, nos conflitos jurídicos, é conferido aos indígenas, suas comunidades e organizações a legitimidade ativa para defender em juízo seus direitos, devendo o Ministério Público intervir em todos os atos processuais.

Vale lembrar que a constituição outorgou ao Ministério Público, a legitimação para atuar em juízo na defesa dos interesses indígenas, o que não afasta a possibilidade dos próprios indígenas, individual ou coletivamente, atuarem de forma legitima.

EDITORA JusPODIVM
www.editorajuspodivm.com.br

JUS3624
Log&Print Gráfica, Dados Variáveis e Logística S.A.